SAM CHAITON / TERRY SWINTON

Hurricane

Buch

Im Jahre 1966 sprach eine ausschließlich aus Weißen bestehende Jury den schwarzen Mittelgewichtsboxer Rubin Hurricane Carter schuldig, drei weiße Männer in einer Bar in New Jersey ermordet zu haben. Eingesperrt in seine Gefängniszelle, beginnt der unschuldige Carter gegen seine Wut anzuschreiben und verfaßt die Geschichte seines Lebens. Jahre später stößt der in Kanada lebende junge Schwarze Lesra auf Carters Aufzeichnungen. Von dessen Unschuld überzeugt, bringt er den Fall gemeinsam mit seinen engagierten Freunden wieder ins Rollen ...

Den dramatischen Kampf des Boxers Rubin »Hurricane« Carter gegen Rassismus und für seine Freiheit verfilmte Regisseur Norman Jewison, der zuletzt mit *The Thomas Crown Affair* und *Mondsüchtig* Furore machte, mit Denzel Washington in der Hauptrolle.

Für seine herausragende schauspielerische Leistung als »Hurricane« erhielt Denzel Washington den Golden Globe.

Autoren

Sam Chaiton und Terry Swinton gehörten der Gruppe von Freunden an, die sich für die Befreiung von Rubin »Hurricane« Carter einsetzte. Gemeinsam untersuchten sie die umfangreichen Akten des Falles Carter und schrieben den Tatsachenbericht, der dem US-Bundesgericht vorgelegt wurde und schließlich zur Freilassung Carters führte.

Sam Chaiton
Terry Swinton

Hurricane

Die wahre Geschichte
des Rubin »Hurricane« Carter

Aus dem Amerikanischen
von Elke Bahr

GOLDMANN

Die Originalausgabe erschien 1991 unter dem Titel
»Lazarus and the Hurricane – The Untold Story
of the Freeing of Rubin ›Hurricane‹ Carter«
bei Penguin Books Canada Limited

Umwelthinweis:
Alle bedruckten Materialien dieses Taschenbuches
sind chlorfrei und umweltschonend.

Deutsche Erstveröffentlichung März 2000

Umschlaggestaltung: Design Team München
Umschlagfoto: © Buena Vista International
und Beacon Communications, LLC
Satz: DTP Service Apel, Hannover
Druck: Elsnerdruck, Berlin
Verlagsnummer: 44715
Redaktion: Petra Zimmermann
JE · Herstellung: Heidrun Nawrot
Made in Germany
ISBN 3-442-44715-1

3 5 7 9 10 8 6 4 2

Für
Jumping Mouse,
die nichts erschrecken konnte,
und für
Eagleshield,
für den eine Wanderung durch die Berge
wirklich eine Wanderung durch die Berge ist.

Anmerkung des Autors

Die in diesem Buch verarbeiteten Informationen über den Fall Carter basieren, soweit nicht anders belegt, auf dem einige zehntausend Seiten umfassenden Aktenmaterial, das die Verhandlungsprotokolle der Untersuchungs- und Beweisaufnahmeverfahren sowie der kompletten beiden Hauptverhandlungen vor dem Schwurgericht enthält, die Aufzeichnungen der Polizei, die Ermittlungsberichte und Notizen, eidesstattliche Erklärungen, Aussagen, Urkunden, Schriftsätze und Urteilsbegründungen.

Viele Behauptungen und Indizien, die die Staatsanwaltschaft vorgebracht hat, sind im Lauf der Jahre von den Gerichten oder den Tatsachen widerlegt worden. Auf diese haltlosen Beschuldigungen wird hier nur eingegangen, soweit sie für Rubin Carters Befreiung von Belang sind. Eine lückenlose Wiedergabe des zweiundzwanzigjährigen Rechtsstreits wäre weder praktikabel noch sinnvoll und hätte auch wenig mit der eigentlichen Geschichte des Buches zu tun.

Um dem Leser die Orientierung zu erleichtern, ist im Anhang eine kurze Chronologie des Falles Carter beigefügt.

Friedensbrücke

An der Ausfahrt Porter Avenue verließen sie die Autobahn, unter einem Schild hinweg, auf dem zu lesen stand: »Friedensbrücke nach Kanada«. Am Boden lagen nur noch Reste von Schnee – ungewöhnlich für Anfang März –, aber die Kälte war geblieben. Die frische Nachtluft schimmerte rot im Nebel der Auspuffschwaden, die um die Rücklichter des draußen hinziehenden Autostroms waberten; im Wageninnern mischte sich der Heizungsdunst mit dem Geruch der abgewetzten Ledersitze. In dem betagten Mercedes steckte immer noch eine Menge Leben, wie er da so munter über die Buffalo Street brummte, an einer Reihe schindelgedeckter Häuser viktorianischer Bauart vorbei, um schließlich mit einem kühnen Rechtsschlenker auf die Zufahrt zur Brücke zu schwenken. Die Zeit der Ängste und Prüfungen war endlich vorbei, sie waren zu Hause – und in Hochstimmung.

Sie zahlten die Mautgebühren, überquerten die Brücke, auf der das Sternenbanner Seite an Seite mit dem roten Ahornblatt auf weißem Grund wehte, und reihten sich in die Warteschlange vor dem kanadischen Zoll ein.

»Wo wohnen Sie?«

»In Toronto.«

»Toronto.«

»New Jersey.«

»Welche Nationalität?«

»Kanadier.«

»Kanadier.«

»Amerikaner.«

»Darf ich um die Pässe oder Geburtsurkunden bitten?«

Der Zollbeamte warf einen kurzen Blick auf die Papiere und nahm den Amerikaner auf dem Beifahrersitz ins Visier.

»Der Grund Ihres Aufenthalts?«

»Ich besuche meine Freunde hier. In Toronto.«

»Wie lange beabsichtigen Sie, in Kanada zu bleiben?«

»Ich weiß nicht. Ein paar Wochen vielleicht.«

»Haben Sie vor, in Kanada zu arbeiten?«

»Nein, Sir. Ich . . . ich bin nur auf Urlaub.«

Der Amerikaner erhielt einen farbigen Zettel und wurde angewiesen, sich im Einwanderungsbüro zu melden. Das Gebäude lag am anderen Ende des Parkplatzes, und die drei Männer wirkten sichtlich nervös, als sie darauf zuhielten und die wenigen Stufen zum Eingang hinaufgingen.

Im Schein der Neonlampen bot sich das typische Bild einer staatlichen Behörde, recht ruhig allerdings, da zur Zeit keine Sprechstunden stattfanden. Das Trio bewegte sich zum Empfangstisch, und der Amerikaner reichte seinen Laufzettel einem grauhaarigen Mann von Ende Vierzig.

»Was kann ich für Sie tun?« erkundigte sich der Beamte des Einwanderungsbüros. Nachdem er die gepflegte Erscheinung des Amerikaners ausgiebig gemustert hatte, das elegante Tweedjackett und dem farblich darauf abgestimmten Rollkragenpullover, senkte er den Blick auf das Formular.

»Haben Sie dem Zoll gesagt, daß Sie hier arbeiten wollen?«

»Nein«, entgegnete der Amerikaner.

»Was wollen Sie denn dann hier tun?«

»Freunde besuchen«, erklärte er. »Und ein bißchen herumreisen.«

»Wenn das alles ist, warum hat man Sie dann zu uns geschickt?«

Der Amerikaner zuckte mit den Achseln und schüttelte den Kopf. Eine Bewegung, die offenbar Anlaß zu einer weiteren Frage gab.

»Sind Sie schon einmal inhaftiert worden?«

Der Afro-Amerikaner zögerte einen Moment. »Ja«, sagte er schließlich und dachte: Jetzt geht das Ganze von vorne los. Die beiden Kanadier standen hilflos da und verfolgten, wie der Beamte exakt auf die Fragen zielte, die sie gehofft hatten, nicht von ihm zu hören.

»Sind Sie schon einmal wegen eines Verbrechens verurteilt worden?«

»Ja . . .«

»Wie Sie wissen, ist eine Einreise in dieses Land damit unzulässig.«

»A-A-Aber . . .« Angesichts der Gefahr, so kurz vor dem Ziel wieder weggeschickt zu werden, kam das längst überwunden geglaubte Stottern wieder hoch.

Der Beamte setzte die Befragung fort. Routiniert und in streng dienstlichem Ton.

»Haben Sie eine Haftstrafe abgebüßt?«

»Ja.«

»Wie lange?«

Pause. »Zwanzig Jahre.«

»Für welches Delikt?«

»Mord.«

»Demnach haben Sie die volle Strafe abgesessen, sind inzwischen entlassen und wollen nun zu uns nach Kanada. Wie ich schon sagte . . .«

»Nein, es war nicht die volle Zeit.«

»Nicht? Wieviel hatten Sie denn?«

»Dreimal lebenslänglich.«

»Also wurde Ihre Strafe ausgesetzt, bis sich neue Beweise ergeben . . .«

»Nein, ich wurde freigesprochen.«

»Oh . . . heißt das, daß sich endlich jemand gemeldet und die Tat gestanden hat?«

»Nein.«

»Wie sind Sie denn rausgekommen aus dem Knast?«

»Das Urteil wurde revidiert.«

»Von wem?«

»Vom Gericht ... vom Bundesgericht ... das heißt, von drei Bundesgerichten. Dem Bundesbezirksgericht von Newark, der Berufungskammer am Dritten Oberlandesgericht von Philadelphia und dem Obersten Bundesgericht der Vereinigten Staaten.«

»Hmmm.«

»Und zum Schluß hat der Staat New Jersey alle Anklagepunkte fallengelassen.«

»Sagen Sie, wie war noch gleich Ihr Name?« wollte der Beamte wissen.

»Rubin Carter.«

»Waren Sie nicht grade noch im Fernsehen?« forschte der Mann. »Bei ›Good Morning, America‹ oder so was in der Art?«

Rubin nickte.

»Ich hab's gewußt – Sie sind mir doch gleich so bekannt vorgekommen!« Er drehte sich zu einem Kollegen im hinteren Teil des Büros um. »He, Joe!« rief er, und seine Stimme klang jetzt deutlich aufgeregt. »Das ist er! Der Typ, von dem ich vorhin geredet hab! Rubin ›Hurricane‹ Carter! Der Preisboxer! Der Knabe, den sie grade freigelassen haben! Hat zwanzig Jahre gesessen, für etwas, was er gar nicht verbrochen hat!«

Er wandte sich Rubin wieder zu, packte dessen Hand und schüttelte sie kräftig. »Meine Glückwünsche, Mr. Carter«, sagte er. »Und herzlich willkommen in Kanada!«

Als Rubin, Sam und Terry das Gebäude verließen, hatten sie Tränen in den Augen, und daran war nicht nur die kalte Nachtluft schuld.

»Ich frage mich, was er ausgerechnet in Kanada will«, meinte der Beamte zu seinem Kollegen, während die Tür hinter den drei Männern ins Schloß fiel. Es war eine typisch kanadische Untertreibung, da sich der Officer eher geschmeichelt fühlte, weil ein Mann wie Rubin »Hurricane« Carter sein Land gewählt hatte – trotzdem war ihm die ganze Geschichte ein Rätsel.

Rubin hätte ihm alles erklären können, aber weder er noch seine beiden Freunde wußten so recht, wo sie anfangen sollten. Es hätte bedeutet, weit über ein Jahrzehnt zurückzugehen, mindestens bis 1979. Von Lazarus bis hin zu »Hurricane«, weil damit alles angefangen hatte. Außerdem war die ganze Geschichte so voll von unwahrscheinlichen Zufällen, seltsamen Zusammentreffen und überraschenden Wendungen Dickensscher Prägung, daß ihnen der Beamte ohnehin nicht geglaubt hätte.

Erster Teil

Wer die ganze Hand nimmt ...

Um mit den Worten meines Vaters zu sprechen: »Wenn du einem Nigger den kleinen Finger reichst, nimmt er gleich die ganze Hand ... Lernen verdirbt den besten Nigger der Welt ...«

Frederick Douglass:
My Bondage and My Freedom

1

An einem sonnigen Tag im September 1979 hatte sich eine Gruppe von Freunden in der Ankunftshalle des Toronto International Airport versammelt. Es waren acht Personen, überwiegend Anfang Dreißig. Ihre Herkunft – Schotten, Engländer, Österreicher, Deutsche, Juden – entsprach der multikulturellen Vielfalt Kanadas, des Landes, in dem sie alle aufgewachsen und zu Wohlstand gekommen waren.

Von oben meldete der Monitor, daß Flug Nr. 709 der Air Canada aus New York pünktlich gelandet war. Die Spannung in der Gruppe war deutlich spürbar und durchdrungen von einer leisen Beklommenheit angesichts der Verantwortung, die nun auf sie zukam. Sie wußten, daß sie als gute Freunde aufeinander zählen konnten und die Last gemeinsam tragen würden. Was sie allerdings nicht wußten und auch kaum ahnen konnten, war das Ausmaß, in dem man ihre vereinten Kräfte während der kommenden Jahre brauchen und nutzen sollte.

Die meisten von ihnen hatten sich schon in den Sechzigern während ihrer Studienzeit an der Universität von Toronto kennengelernt und ein allgemeines Unbehagen an den herrschenden Zuständen geteilt. Einige waren als Anti-Vietnam-Aktivisten für die Sache der Wehrdienstverweigerer eingetreten, andere hatten sich der Kunst der »Performance« gewidmet. Ein Teil hatte sich sozial engagiert, für geistig Behinderte die einen, für Drogenabhängige die anderen. Da waren Kathy und Michael, Lisa und Terry, Marty und Gus, Mary und Sam – Kinder der wohlhabenden, privilegierten Klasse und des WASP-Establishments neben den Nachkommen einst armer Einwanderer; der Neffe eines SS-Offiziers der Nazis und der Sohn von Überlebenden aus Bergen-Belsen. Sich die Eltern auch nur in einem Raum vorzustellen, war undenkbar und hätte zweifellos den Dritten Weltkrieg ausgelöst. Die Gruppe der Kinder jedoch hatte seit fast zehn Jahren in Eintracht miteinander gelebt und bei vielen verschiedenen Projekten und geschäftlichen Unternehmungen zusammengearbeitet.

»Da ist er!« rief Kathy, als ein stämmiger junger Schwarzer mit vollem Schwung auf die Gruppe zurannte. Sein Haar war millimeterkurz geschnitten, und er trug glänzend schwarze ausgefranste Hosen mit roten Streifen an den Außennähten, ein kirschfarbenes T-Shirt aus Polyester und spitz zulaufende graue Schuhe, die um einige Nummern zu groß waren. Seine Hand umklammerte eine Einkaufstüte aus Papier, die den Rest seiner weltlichen Habe enthielt.

»Hi, ihr . . . Tach, zusammen!«

»Lesra!« tönte es zurück. »Du hast es geschafft!«

Lesra verzog das Gesicht zu einem breiten Grinsen, das einen halb abgesplitterten Vorderzahn enthüllte, während ihn die anderen packten und an sich drückten.

»Was ist mit deinen Haaren passiert?« erkundigte sich Terry. »Wo ist der Afro-Look geblieben?«

»Wo lebst du denn?« kam es entrüstet. »Marke Cäsar ist total angesagt!« Alles lachte, froh, ihn endlich wiederzusehen.

Die meisten aus der Gruppe hatten Lesra im Sommer in New York kennengelernt, bei den Recherchen zu einer geplanten Risikobeteiligung am Forschungsinstitut der Environmental Protection Agency (EPA) in Brooklyn, einer Umweltschutzorganisation, bei der man Lesra und William, einen weiteren jungen Schwarzen, im Rahmen des staatlichen Sommer-Beschäftigungsprogramms für die City-Jugend untergebracht hatte.

Beide waren fünfzehn, ansonsten aber ein eher ungleiches Paar wie aus den Comics von Mutt und Jeff: Lesra war gerade anderthalb Meter hoch, William hingegen über einsachtzig.

Ihre »Arbeit« bestand darin, ab und an ein Nickerchen zu halten, literweise Coca Cola zu schlucken, sich Verfolgungsjagden und Boxkämpfe zu liefern und überhaupt rundum auszuleben. Wenn andere dabei waren, gaben sie sich äußerst einsilbig, legten aber einen beachtlichen Einfallsreichtum an den Tag, wenn sie sich unbeobachtet glaubten und zum Spaß die wildesten Verwünschungen über ihre jeweiligen Mütter ausstießen. Alles in allem waren sie mit den Umgangsformen, die im Arbeitsleben herrschten, offenkundig weder vertraut noch im mindesten bekannt gemacht worden.

Als die Kanadier eintrafen, hatte man die beiden Knaben noch kurz zuvor mit der Aufgabe betraut, einen der Meßwagen, mit denen die Abgaswerte der New Yorker Taxiflotte ermittelt wurden, abzuspritzen – ein Unterfangen, das jäh endete, nachdem die Wasserspiele in eine Prügelei ausarteten und Lesras Kopf so unsanft aufs Pflaster schlug, daß man ihn ins Krankenhaus schaffen mußte. Anschließend hatte man sie in den klimatisierten Bürotrakt verbannt und zur Strafe mit den Telefonen spielen lassen, was Lesras Lieblingsbeschäftigung war. Nicht nur wegen der Klimaanlage, sondern weil er zu Hause nicht über den Luxus eines Telefons verfügte.

Der Trupp von Weißen, der aus irgendeiner Ecke aufgetaucht war, die sich »Kanada« schimpfte, der so komisch redete, ständig Witze machte und einen Haufen Fragen stellte, zog Lesra und William magisch an. Sie folgten ihm durch sämtliche Anlagen der EPA, von den Büros zu den Garagen in die Computerabteilung, mit einem lauten »Kanada voraus!«, sobald ihre Köpfe im Türrahmen auftauchten, unter den Abzugshauben oder über den Kühltanks, immer bemüht, niemandem im Weg zu sein und doch am Nabel des Geschehens. Trotz der guten Absichten rasteten sie allerdings bei jeder Gelegenheit aus und fingen an, sich wüst zu beschimpfen.

Lesra war extrovertierter als William, der gewöhnlich kaum ein Wort über die Lippen brachte. Einmal, als Lesra Michael mit dem üblichen »He, Kanada, wie isses?« begrüßt hatte, gab ihm Michael diskret zu verstehen: »Ich sag dir was, Lesra – Leute, die aus Kanada kommen, nennt man einfach *Kanadier*, okay?« Von da an hieß der Schlachtruf: »Kanadier voraus!«

Lesras Sprache war für die Kanadier nahezu unverständlich, trotzdem ließ sich allmählich herausfiltern, daß er innerhalb von Brooklyn im Bezirk Bushwick lebte, zusammen mit Vater, Mutter und sieben Geschwistern.

Als sich Terry, Michael und Lisa eines Tages anboten, ihn mit dem Wagen nach Hause zu bringen, stellte sich heraus, daß Lesra den Weg nicht kannte – abgesehen von der Strecke, die er täglich per U-Bahn zurücklegte, um zur Arbeit zu kommen. »Kein Problem, dann nehmen wir eben die Karte«, meinten die drei, förderten einen Plan von Brooklyn zutage und legten ohne Zögern eine Route fest, die auf direktem Weg von der EPA im Bezirk Greenpoint zur Linden Street in Bushwick führte.

Allerdings gab es manches, das der Stadtplan nicht enthüllte. Zum Beispiel, daß man eine Wüste von desolaten Behausungen durchquerte, daß man Block für Block verlassene, ausgebrannte, heruntergekommene Häuserleichen passierte; über Straßen, auf denen zerschellte Flaschen verstreut lagen, zerfetzte Matratzen und der vergessene Müll von Monaten; die bevölkert waren mit Menschen, unter denen kein weißes Gesicht vorkam, in deren Fassade sich das tragische Zerrbild ihrer trostlosen Umgebung widerspiegelte. Auch über die Topographie der Gegend gab der Stadtplan nichts bekannt.

Über die Stellen, wo die müden Wohnwaben in sich zusammengefallen waren und ihre sperrigen Reste zu Bergen von Schutt auf den Gehsteigen hochgetürmt hatten, als hätte ein Riese achtlos in den Bau getreten, sich die Trümmer von den Füßen geschüttelt und sie auf der Straße verteilt. Die Überlebenden machten einfach nur einen Bogen um die Steinhaufen oder spazierten darüber hinweg, als wären sie ein Teil der Landschaft geworden.

Die Kanadier waren fassungslos angesichts der Ausmaße des Ghettos, der Beklemmung, die es auslöste. Das war kein Arme-Leute-Kiez im Taschenformat – das war Elend pur, das sich fort und fort ins Endlose erstreckte. Aus dem es kein Entrinnen gab, wenn man einmal hineingeriet.

Endlich hatten sie die Linden Street, die sich in nichts von zahllosen anderen Ausfallstraßen des Broadway unterschied, erreicht und steuerten auf Lesras Haus zu. Gleich nebenan waren sämtliche Türen und Fenster mit Brettern vernagelt. Dahinter hatten sich, wie Lesra lapidar mitteilte, die Junkies und Alkis verkrochen.

Die Kanadier fühlten sich aus tausend Augen beobachtet. Hinter jedem Türspalt, jedem Fenster rätselte man, was die weißen Exoten in der Nachbarschaft zu suchen hatten, und kam zu dem Schluß, daß es sich um Sozialarbeiter handeln mußte, die einen jungen Streuner zu Hause ablieferten. Betont cool, obwohl er sich ausgesprochen wichtig fühlte, hüpfte Lesra aus dem Wagen der Kanadier, die sich ebenfalls bemühten, möglichst unbekümmert auszusehen, als hätte diese Fahrt durch die Hölle auch für sie nichts Besonderes gehabt.

Selbst nach der Rückkehr ins heimische Toronto fiel es ihnen schwer, die Erinnerung an Lesra und William loszuwerden. Als das jährliche Karibik-Festival – ein rauschendes Fest zu Ehren der westindischen Kultur – näher rückte, kam Kathy auf die Idee, alle beide für das betreffende lange Wochenende einzufliegen. Der Gedanke wurde begeistert aufgenommen und ausführlich erörtert. Denn so schön es auch war, Lesra und William die Stadt zu zeigen, sich an den Steel Drums zu freuen und den fabelhaften Kostümen bei der großen Karibik-Parade – war es vielleicht doch eher unfair, sie mit einem Lebensstil zu konfrontieren, der jenseits ihrer Erfahrungen und Möglichkeiten lag, mußten sie nicht notwendigerweise frustriert sein, wenn sie in die trostlosen Sackgassen ihres Ghettos zurückkehrten? Nach eingehender Gewissenserforschung kam man zu dem Schluß, daß der potentielle Nutzen eines derartigen Experiments etwaige Rückschläge allemal aufwog. Unwissenheit war gewiß kein Tor zur Glückseligkeit, aber es war sehr gut möglich, daß der Blick in eine andere Welt die Neugier der Jungs weckte und sie befähigte, ihren Horizont zu erweitern.

Die Reise in die Wege zu leiten, erforderte einige logistische Anstrengungen, da Lesras Eltern kein Telefon hatten und schwer zu erreichen waren. Aber schließlich gaben beide Eltern ihre Zustimmung, nachdem der Leiter des EPA-Instituts – ein umgänglicher Mann ungarischer Abstammung – die beiden Jungs mit einem Empfehlungsschreiben für die Kanadier nach Hause geschickt und die Reisepläne befürwortet hatte.

Endlich lagen auch die Flugtickets am Schalter der Air Canada im New Yorker Airport LaGuardia bereit, aber Lesra glaubte nicht daran. Das Ganze war viel zu schön, um wahr zu sein, und garantiert fauler Zauber. Allerdings hielten ihn die Zweifel nicht davon ab, den entscheidenden ersten Schritt zu tun – sich zum Flughafen zu begeben. Schließlich hatte er noch nie einen Flughafen gesehen, überlegte er, und selbst wenn die Tickets nicht da waren, na und? Auf alle Fälle würden er und William ihren Spaß haben und sich angucken, wie die Flugzeuge rauf und runter kamen. Daß die Tickets dann *doch* bereitlagen, war nur der Auftakt zu einer ganzen

Serie von Überraschungen, die Lesra und William auf dieser Reise erwartete.

Zunächst waren da die üblichen Abenteuer, auf die jeder amerikanische Teenager neugierig war: zum ersten Mal von zu Hause weg zu sein, zum ersten Mal zu fliegen, zum ersten Mal fremde Geldscheine in der Tasche zu haben, die viel bunter waren als das eintönige US-Dollar-Grün. Was die Jungs allerdings wirklich faszinierte, war der banale alltägliche Kleinkram, den die Kanadier für selbstverständlich hielten.

Das Haus der Gastgeber thronte hoch oben auf einem bewaldeten Hang. Obwohl es mitten in Toronto lag, fühlte man sich wie auf dem Land. Von einer städtischen Kulisse konnte jedenfalls keine Rede sein, zumindest nicht für Lesra und William. Auf Gras zu laufen war ihnen so fremd, daß sie ständig stolperten und Probleme hatten, die sanftesten Hügel zu erklimmen. Ein Stück Gras oder nackte Erde unter den Füßen war für sie ungefähr so substanzlos wie Knetmasse, und die Schilder in den Parks mit der Aufschrift »Bitte über die Grünflächen gehen« kamen ihnen vor wie eine Aufforderung, sich ins Verderben zu stürzen. Dabei waren sie in ihrem eigenen Revier durchaus wendig und geschickt, wenn es Hindernisse wie Dächer oder Schuttberge zu nehmen galt.

Sperrige Objekte wie Bäume kamen allerdings auf Brooklyns Dächern oder den Straßen einer »richtigen« Stadt überhaupt nicht vor. Schon gar nicht die Silberbirke hinter dem Haus, die es vor allem William angetan hatte. Immer wieder lehnte er dagegen, betastete fasziniert die losen Fetzen der hauchdünnen Rinde und grübelte, was das war und wie die Farbe wohl hineinkam. Schließlich hatte er das Rätsel gelöst: Jemand mußte den Baum weiß gestrichen haben, und nun blätterte die Tünche ab!

Für Lesra war es eher mysteriös, welchen Ursprung die gespenstischen Schatten haben mochten, die nachts über die Fenster zur Hangseite huschten. Die Kombination von Mond, Wind und Bäumen kann eben erstaunlich beängstigend sein, wenn man nur an das Heulen von Polizeisirenen gewöhnt ist, an das Krachen von Schüssen, das Rascheln und Huschen von Ratten, das Rangeln und Wimmern von Junkies und Säufern.

Um den Kulturschock ein wenig zu mildern, bot man den Knaben einen nächtlichen Ausflug zur Yonge Street, in den schäbigsten Abschnitt der Straße, der wenigstens entfernt an New Yorks 42nd Street erinnerte. Der Verkehr schleppte sich im Stop and Go dahin. Bei jedem mit Graffiti besprühten Haus begannen sich die Jungs ein Stück heimischer zu fühlen.

»Ab nach New Yaaawk!« brüllte Lesra, einen Arm triumphierend aus dem Fenster gereckt, den anderen angewinkelt, um William in die Rippen zu knuffen. Dann lehnten sich beide entspannt in die Polster zurück, um das vertraute Neonlicht, das Gedrängel auf den Trottoirs und vor den Topless Bars zu genießen.

Plötzlich beugten sie sich vor, Mund und Augen entgeistert aufgerissen, und renkten sich die Hälse aus, während ihr Blick von vorn über die Seitenfenster zur Heckscheibe wanderte. Die Kanadier schauten sich suchend um, um festzustellen, was die Aufmerksamkeit der beiden erregt hatte, konnten aber nur einen etwa zwölf bis dreizehn Jahre alten Radfahrer entdecken, der einen Anhänger mit einem Eisverkaufsstand hinter sich herzog.

»Probier die Nummer mal in New Yawk!« rief William aus dem Fenster. Offenbar ein absurder Gedanke, der die beiden veranlaßte, sich vor Lachen zu kugeln. Als Lesra für einen Moment wieder zu sich kam, erklärte er: In Brooklyn »würd' das keine Sekunde dauern«, bis man dem Knaben seinen Anhänger, sein Rad, sein Geld und alles übrige, was ihm gehörte, weggenommen hätte. »Oder er hat 'n Riesen-

Oschi von Ballermann!« tönte William, und sie lachten wieder, bis es weh tat.

Der Karibik-Umzug am darauffolgenden Tag gab weiteren Anlaß zum Staunen. Statt des Autos nahm man die U-Bahn, ein Verkehrsmittel, das man in Brooklyn schlicht »Zug« nannte, weil es sich meistens um Hochbahnen handelte. Der erst kürzlich eröffnete Bahnhof St. Clair West hatte schon gar keine Ähnlichkeit mit dem, was die Kids aus Brooklyn kannten. Er war weiträumig und glänzend, im positiven Sinne, und die Kunst an den Wänden kam nicht aus der Spraydose. Lesra und William waren überzeugt, daß man sie gleich wieder vor die Tür setzen würde »mit dem Arsch zuerst«, daß sie sich in einen dieser Hotelpaläste verirrt hatten, reserviert für Superreiche und Drogenbosse, wie sie regelmäßig in der Fernsehserie »Starsky & Hutch« zu besichtigen waren. Schließlich fuhr eine blitzende Bahn ein – die für Lesra und William eindeutig brandneu sein mußte, da sie »noch nicht« mit Graffiti bedeckt war –, und sie stiegen ein, freundlich belächelt von den mitreisenden Passagieren.

In der Innenstadt angekommen, fanden sie im Schatten der Ahornbäume gegenüber vom Trinity College einen guten Platz, um sich jederzeit in das bunte Treiben stürzen zu können und gleichzeitig freie Sicht auf die Zugstrecke rund um Queen's Park zu haben. Kurz darauf wogten bereits die ersten Tanz- und Gesangsgruppen winkend und hüftschwingend vorbei, begleitet vom Getöse der Jazz- und Steelbands. Lesra und William standen da wie hypnotisiert.

Jede »Mas« (Maskerade)-Band hatte ihren eigenen »König« und die dazugehörige »Königin«, beide ausstaffiert mit märchenhaften Kostümen, an denen alles glitzerte, wippte und wirbelte. Die karibischen Klänge der Trommeln – Reggae, Calypso, Afrokubanisch – waren so unwiderstehlich, daß es jedem unmöglich wurde, sich *nicht* im Rhythmus der Musik zu bewegen, ob er nun aus Kanada, Amerika, Westindien oder vom Mars kam. Jede Band hatte Hunderte von Mitläufern, weiße wie schwarze, die sich auf der Straße austanzten und gelegentlich in die Menge ausschwärmten, um auf diese Weise die Kluft zwischen Akteur und Zuschauer zu schließen. Selbst die Cops wiegten sich im Karibik-Rhythmus, wie die beiden Jungen bemerkten.

Die Mischung von Ehrfurcht und Wonne auf ihren Gesichtern war für die Kanadier ein noch größeres Vergnügen als der Umzug selbst. Lesra und William konnten es kaum fassen, daß so viele Menschen auf so engem Raum so unbefangen ihren Spaß hatten – und das ohne Probleme. Kein Schuß weit und breit, keine Schlägerei, nicht mal ein kleiner Streit.

Das Ende der Parade gab ihnen den Rest. Kaum war der letzte Wagen vorbeigezogen, tauchte von irgendwo aus dem Nichts ein halbes Dutzend Männer in Overalls auf. »Wer is'n das?« erkundigte sich Lesra entgeistert, während er beobachtete, wie die Truppe ein Kunststück ohnegleichen vollführte. Leere Dosen, Eistüten und Filmhüllen verschwanden wie von Zauberhand, und im Nu hatten die Müllsammler- und Reinigungswagen die gepflegte Avenue wieder in ihren ursprünglichen Zustand versetzt.

»Mann, die meinen's ja echt ernst mit dem Müll!« stellte Lesra fest.

»Ja«, gab Sam lachend zu, »Abfall verstößt hier gegen das Gesetz. In Kanada kannst du eingebuchtet werden, wenn du deinen Müll einfach fallen läßt.«

Lesra hielt das selbstverständlich für einen Scherz, bis ihn ein Ausflug in den Zoo am darauffolgenden Tag ins Grübeln brachte. Sie hatten eben einen Erfrischungsstand verlassen, und Lesra schlang einen Schokoriegel in sich hinein. Als er den letzten Bissen im Mund hatte, öffnete er automatisch die Hand, ließ die Papierhülle fallen und ging weiter. Plötzlich tippte ihm jemand auf die Schulter. Alarmiert drehte er sich um – auf den Straßen von Brooklyn wußte man schließlich nie, was sich so alles von hinten heranpirschte – und bemerkte mit wachsendem Entsetzen einen Polizisten, der ihm mit finsterer Miene seltsame Handzeichen machte. Der Cop war ein großer bulliger Kerl, und seine Zeichensprache war unbegreiflich. Er deutete immer wieder auf den Boden und dann hinüber zum Erfrischungsstand.

Es dauerte einen Moment, bis Lesra begriffen hatte und sich in jäher Erkenntnis die Hand vor den Mund hielt. Offenbar wollte ihm der Polizist sagen, daß er das anstößige Stück Papier aufheben und in den nächsten Abfallkorb werfen sollte. »Braver Junge, so ist's recht«, sagte der Polizist, als sich Lesra fast überschlug, den Abfall aufzusammeln und in dem vorgesehenen Behälter zu deponieren. Schließlich hatte er ja nichts Böses tun wollen, und ganz bestimmt hatte er keine Lust, ins Gefängnis gesteckt zu werden.

Wenn Lesra und William manche Landessitte rätselhaft erschien, fanden umgekehrt die Kanadier den Mangel an Basiswissen bei den beiden mindestens ebenso unbegreiflich und ihre »Erziehung« geradezu erschreckend. Daß ihnen Bäume und saubere Straßen und gepflegte U-Bahnen exotisch vorkamen, war schon skandalös genug. Und es war eigentlich auch nicht überraschend, daß sie nicht wußten, wie viele Erdteile es gab (schon das Wort »Kontinent« hatten sie anscheinend nie zuvor gehört). Aber was die Kanadier wirklich verblüffte, war die Tatsache, daß Lesra und William nicht einmal wußten, wie das Land hieß, in dem sie lebten. Sie wußten nur, daß sie irgendwo an einem Ort mit dem Namen »New Yawk« lebten – war das vielleicht ein Land?

Obwohl sie weder mit Städten noch Ländern oder Staaten etwas anzufangen wußten, konnten sie mühelos den Wortlaut des Treuegelöbnisses auf die amerikanische Verfassung, des *»Pledge of Allegiance«* wiedergeben:

I pledge allegiance to the flag
Of the United States of America
And to the republic for which it stands,

(Ich gelobe Treue zur Flagge
der Vereinigten Staaten von Amerika
und zu der Republik, für die sie steht.)

Nichtsdestotrotz hatten sie keine Vorstellung, was die Wörter »geloben« oder »Treue« bedeuteten, von »Republik« ganz zu schweigen. Auf die Frage, was mit dem Gedanken des »für etwas stehen« gemeint war, ließ sich nicht mehr aus ihnen herauslocken als ein Schulterzucken und ein leerer Blick.

Dabei war Lesra kurz davor, in die elfte Klasse zu wechseln, und hatte als Drittbester von vierundvierzig Mitschülern bei Bushwick abgeschlossen! Was mochte das heißen für die übrigen einundvierzig? Wie war es möglich, daß so offenkundig wache, gewitzte, neugierige und aufmerksame Fünfzehnjährige so uninformiert sein konnten? Es waren nicht einmal Aussteiger oder Gammler – diese Jungen gingen nach wie vor brav zur Schule! Wie war es möglich, auf der High School zu sein – offenbar mit gutem Erfolg – und nichts zu wissen?

Den Kanadiern wurde ganz übel beim Gedanken an die Konsequenzen solcher Zustände. Wenn man vom Einzelfall aufs Ganze schloß, lief es darauf hinaus, daß die gesamte Jugend der Innenstadt praktisch keinerlei Erziehung genoß. Im Elend eines Ghettos aufzuwachsen, um die Chancen gebracht zu werden, die der Zugang zu mehr Bildung eröffnete, hieß also, zu lebenslanger Armut verurteilt zu sein, mit allen daraus erwachsenden Leiden. Eine trostlose Perspektive, die kein Mensch verdient hatte. Wo blieb da die *Pledge of Allegiance*, die Lesra und William täglich aufsagten, und das hehre Gedankengut, das sich in den beiden Schlußzeilen ausdrückte?

One nation under God, undivisible,
With liberty and justice for all.

(Eine Nation, unteilbar, unter Gottes Schutz,
in Freiheit und Gerechtigkeit für alle.)

Lesra wollte Anwalt werden, wenn er erst erwachsen war. Er wußte zwar nicht, was dazu gehörte, er wußte nur, daß die Leute ihr Geld zum Anwalt trugen, wenn sie in Schwierigkeiten steckten – und Schwierigkeiten hatten die Leute aus Lesras Umfeld eigentlich dauernd. Sein älterer Bruder hatte schon im Gefängnis gesessen, und die Kanadier konnten sich leicht vorstellen, daß Lesras Chancen, einen Anwalt zu *brauchen,* bei weitem größer waren, als einer zu werden.

Daß sie etwas tun könnten, um dieses Mißverhältnis auszugleichen – wenn auch nur in bescheidenem Rahmen –, kam ihnen allerdings erst Wochen später in den Sinn, als Michael, Lisa und Terry zu weiteren Recherchen bei der EPA erneut nach Brooklyn mußten. Auf diese Weise konnten sie sich noch etwas näher mit Lesra und William befassen und die Gelegenheit wahrnehmen, auch die Eltern der beiden kennenzulernen.

Sie hatten bereits vorher eine gewisse Rivalität zwischen den Jungen bemerkt, und der Verdacht, daß die unterschiedlichen wirtschaftlichen Verhältnisse der Familien daran schuld sein könnten, bestätigte sich nun, als sie die beiden zu Hause besuchten. Als William in Toronto gewesen war, hatte er mindestens doppelt so viele Jeans mitgebracht wie Lesra. Auch deren Qualität war deutlich besser gewesen; während Lesras Hosen ungesäumt an ihm herumflatterten, waren Williams Jeans passend zurechtgenäht worden. Außerdem hatte sich William immer beklagt, daß Lesra schon häufig bei ihm zu Hause gewesen war, ohne ihn jemals zu sich einzuladen.

Williams Familie, die Fullers, war tatsächlich besser gestellt. Beide Eltern arbeiteten, und es gab nur noch einen jüngeren Bruder. Sie bewohnten ein kleines zweistöckiges Reihenhaus in Bedford-Stuyvesant, eine ehemals abbruchreife Ruine, die Mister Fuller mit geringen öffentlichen Mitteln in Form einer niedrigen Hypothek von der Stadt erworben und selbst wieder instand gesetzt hatte, komplett mit Installationen, Heizung und Elektrik. William war groß, träumte von einer Zukunft als Basketball-Profi und wuchs – im Vergleich zu Lesras Lebensumständen – in relativ wohlhabenden und geordneten Verhältnissen auf.

Lesras Familie, die Martins, lebte in einer heruntergekommenen Dienstwohnung ehemaliger Eisenbahner, in der obersten Etage eines vierstöckigen Hauses, das längst dem Verfall überlassen war, aber immer noch acht Familien beherbergte. Die Wohnungstür – am Gipfel einer schmalen, baufälligen Treppe ohne Geländer – hatte weder Schloß noch Klinke und war nur von innen zu verriegeln. In der ganzen Wohnung gab es lediglich zwei Fenster: eins zur Frontseite mit Blick auf die Straße und ein weiteres mit der Aussicht auf den gesammelten Schutt des Hinterhofs, das man allerdings schon vor Jahren zugenagelt hatte, um unbefugte Eindringlinge abzuwehren. Seither blieb es geschlossen, selbst im Sommer bei brütender Hitze. Lesra träumte davon, daß sich die Familie eines Tages für eins der »Projekte« qualifizieren würde. Paradoxerweise wünschten sich die Fullers in eben die ratten- und drogenverseuchten Wohlfahrts-Wohnsilos *hinein*, aus denen andere Sozialhilfeempfänger zu entkommen suchten.

Während des Schuljahrs brachte Lesra regelmäßig Geld nach Hause, das er im Supermarkt beim Packen von Einkaufstüten verdiente. Er wollte seinen Eltern helfen und ihnen Grund geben, stolz auf ihn zu sein. Beide Eltern waren arbeitslos; sein Vater Earl hatte Lastwagen entladen, bis ihn ein chronisches Rückenleiden lahmlegte. Alma, seine Mutter, kümmerte sich um die acht Kinder, von denen zwei erst gekommen waren, *nachdem* sie sich eigens einer Sterilisation unterzogen hatte, um weitere Schwangerschaften zu verhindern. Beide Eltern hatten ein Alkoholproblem. Lesras einziger Trost war die Tatsache, daß er im Gegensatz zu den meisten anderen Familien aus seinem Umfeld wenigstens einen Vater hatte, der immer zu Hause war.

Als die drei Kanadier zum zweiten Mal vor Lesras Haus erschienen, nahm die gesamte Nachbarschaft sofort regen Anteil. Von jeder Türschwelle, jeder Veranda starrten Gestalten allen Alters, aller Größe und Statur und lächelten den Besuchern zu. Während Lisa, Terry und Michael langsam die enge Stiege zu Lesras Wohnung erklommen, öffneten sich die Türen, und alle möglichen Nachbarn tauchten auf, um die seltsamen Fremden kennenzulernen, die Lesra diese Reise nach Kanada spendiert hatten. Oben, auf der letzten Stufe, wartete Lesras Vater, ein dünner Mann, der mit seinen zweiundvierzig Jahren älter wirkte, als er war, und bat die Gäste freundlich herein, während er gleichzeitig einen seiner Söhne aus der Tür schob und nach unten in den Laden schickte, um der Gesellschaft – ungeachtet ihrer Proteste – Getränke zu holen. Schließlich ließ man sich Knie an Knie in dem engen Wohnzimmer nieder, wo ein altersschwacher Schwarzweiß-Fernseher vor sich hin dudelte, das Bild zu einem kaum eine Handbreit großen Streifen inmitten des Monitors zusammengepreßt. (Im Gegensatz dazu verfügte Williams Familie über ein freistehendes Farbfernsehgerät neuester Bauart mit riesigem Monitor und glasklarem Bild.) Bei den Martins war fernsehen etwa gleichbedeutend mit Radio hören.

Die Kanadier zögerten nicht, Lesras Eltern persönlich zu versichern, wie sehr sie den Besuch ihres Sohnes in Toronto genossen hatten, wie gut er sich benommen hatte und wie stolz sie auf ihn sein konnten.

Und das waren sie! Wie die meisten anderen Eltern in

dieser Gegend hatten Alma und Earl nur selten ein gutes Wort über ihre Kinder gehört. »Wir haben ihm gute Manieren beigebracht«, meinte Mister Martin. »Er hat gelernt, wie man sich richtig benimmt.«

Auch Alma Martin, eine kleine attraktive Person, nahm die Komplimente strahlend zur Kenntnis. »Wir haben alle unsere Jungs zu Gentlemen erzogen«, fügte sie mit einer Stimme hinzu, die stark an Billy Holiday erinnerte.

Gegen Ende des Sommers, an einem ihrer letzten Tage bei der EPA, schlugen die Kanadier Lesra vor, ihn zur Mittagspause in eins der Einkaufszentren in Queens mitzunehmen. Lesra war sofort Feuer und Flamme. Eine Chance, mit dem Auto herumzukutschieren, ließ er sich grundsätzlich nicht entgehen, außerdem war er gern mit den Kanadiern zusammen. Sie erklärten ihm, daß sie vorhatten, einen Fernsehapparat zu kaufen und nach Kanada mitzunehmen, weil die Geräte in den USA weitaus billiger waren.

Angekommen in der Haushaltswarenabteilung von A & S, einem großen Kaufhaus, gaben sich Lesras Freunde so überwältigt von dem reichhaltigen Angebot, daß sie ihn aufforderten, ihnen bei der Auswahl zu helfen. »Warum suchst du nicht einfach einen aus, der dir gefällt«, schlug Terry vor, worauf Lesra die Modelle eingehend prüfte und schließlich auf einen prächtigen Farbfernseher deutete. »Gut, dann nehmen wir den«, beschloß Terry. Nach einem kurzen Gespräch mit dem Verkäufer erklärte er Lesra, man müsse auf der Rechnung einen amerikanischen Namen nebst Adresse angeben, um den Garantiestempel zu bekommen. »Was meinst du, können wir vielleicht euren Namen benutzen?«

»Von mir aus kein Problem«, antwortete Lesra, und man stellte die Rechnung auf seinen Namen aus.

Als sie den Karton mit dem Fernseher im Kofferraum verstauten, meinte Terry zu Lesra: »Damit du Bescheid weißt, das ist *deiner*. Wir haben dich ein bißchen ausgetrickst, damit du uns verrätst, welcher dir am besten gefällt. Es sollte eine Überraschung sein.«

Lesra schaute ihn fassungslos an. »Du spinnst!«

»Nein«, sagte Lisa, »er ist für dich und deine Familie.«

»Na klar. Logisch.«

»Wirklich«, bestätigte Michael. »Er gehört dir.«

»Mannomannomann!« kommentierte Lesra und gab kein Wort mehr von sich.

Auf der ganzen Rückfahrt zur EPA blieb er stumm, bis Lisa den Gedanken, die ihn nach ihrer Vorstellung beschäftigten, Ausdruck gab.

»Du hast sicher zuerst gedacht, wir machen Witze. Aber inzwischen ist dir wohl wieder eingefallen, daß die Flugtikkets, an die du zu Anfang auch nicht geglaubt hast, doch da waren. Es hat also niemand irgendwelche Spielchen mit dir getrieben, und nun fragst du dich natürlich ›Ist das alles echt? Was ist, wenn's vielleicht doch wahr ist?‹ . . . Stimmt's?«

»Korrekt!« erwiderte Lesra einsilbig.

Nach Büroschluß bestellten die Kanadier ein Taxi, gaben dem Fahrer Lesras Adresse und bezahlten im voraus. Erst als er allein mit der kostbaren Fracht im Taxi saß, wurde Lesra bewußt, daß der Fernsehapparat tatsächlich ihm gehörte, und so schlang er besitzergreifend den drallen Arm um die Mammutbox, während sich der Wagen in Bewegung setzte.

»Soso, dann ist das also dein Fernseher, wie?« erkundigte sich der Taxifahrer in dem Versuch, ein freundliches Gespräch anzufangen.

»Yeah«, erwiderte Lesra wachsam, mit einem Unterton von »Was geht dich das an?«. Vertrauen war nicht Lesras starke Seite, und sein Verdacht schien sich zu bestätigen, als der Fahrer eine andere Route einschlug als die, die ihm von der Fahrt mit den Kanadiern in Erinnerung war. Er schaute den Fahrer messerscharf an, mit seinem grimmigsten ›Unterstehdich-Mister‹-Blick und drückte den Karton noch etwas fester an sich. »Soll sich bloß keiner an meinem Fernseher vergreifen!« redete er sich gut zu. Erst als der Wagen in die Bushwick Avenue einbog und Lesra erkannte, daß er schon fast zu Hause war, ließ die Spannung allmählich nach.

Der Fahrer half ihm, den Karton aus dem Wagen zu heben und bis vor die Haustür zu tragen. »Wie wär's, wenn du reingehst und jemanden holst, der dir beim Tragen hilft?« schlug er vor.

Nix da! dachte Lesra und schüttelte den Kopf. Dieser Stadthansel glaubt wohl, ich bin blöd. Ich laß' doch meinen Karton nicht allein auf der Straße, das würd' er ja mit seinem Taxi auch nicht machen.

Der Fahrer verabschiedete sich, und Lesra wartete, bis sein kleiner Bruder Damon, der draußen in den Trümmern gespielt hatte, nach oben gelaufen war, um den Vater zu holen.

Earl warf einen Blick aus dem Fenster und rief seiner Frau zu: »Alma, die haben dem Jungen doch Tatsache 'n Fernseher gekauft!«

Vater und Sohn schleppten den Karton nach oben, packten ihn aus, stellten den neuen Apparat ins Wohnzimmer und deponierten den alten auf dem Flur. Inzwischen hatte sich die ganze Familie eingefunden. Man versammelte sich vor dem Prunkstück, bewunderte es ausgiebig, wagte aber nicht, es einzuschalten. Nach einer guten Viertelstunde stand Earl auf, um den Stier bei den Hörnern zu packen, schloß den Stecker an und drückte auf den Knopf. Zur grenzenlosen Verblüffung aller funktionierte der Apparat – er funktionierte tatsächlich.

»Der wird sofort angemeldet!« entschied Earl, schnappte sich die Rechnung mit Lesras Namen und machte sich auf den Weg zum Polizeirevier, wo er die Seriennummer des Geräts eintragen ließ. Schließlich mußte man sich absichern, weil man kaum damit rechnen konnte, daß solche feinen Sachen nicht gestohlen wurden.

Wieder zurück in Toronto, wurde den Kanadiern bewußt, daß sie sich regelrecht in Lesra und William verliebt hatten. Vor allem in Lesra, der – vielleicht aufgrund seiner besonders hoffnungslosen Lage – der aufgeschlossenere von beiden war. So kam der Gedanke auf, ihn nach Kanada zu holen und dort auszubilden. Sie hatten die Möglichkeiten und die Mittel, und es erschien ihnen unfair, sie nicht zu nutzen. Ihn zu seinen Altersgenossen in die Schule zu schicken, war zwar vorerst nicht möglich, weil er im Wissen zu weit hinter den anderen zurücklag, aber dafür konnte man ihn zu Hause unterrichten. Wie der Zufall es wollte, war er im gleichen Alter wie Lisas Sohn Marty – das einzige Kind in der Gruppe –, und Marty war selbst über Jahre hinweg von ihnen privat unterrichtet worden.

Marty hatte Leseschwierigkeiten gehabt und war mit acht Jahren von einer schlecht informierten Schulbehörde als geistig zurückgeblieben eingestuft worden. Lisa hatte die Beurteilung angefochten und Marty von Experten auf dem damals noch jungen Gebiet der Erforschung von Lernschwierigkeiten testen lassen. Es zeigte sich, daß er überdurchschnittlich intelligent war, aber an einer schweren Form von Dyslexie litt. Wie es hieß, mußte schon ein Wunder passieren, um mit dieser Lesestörung bis zur achten Klasse zu kommen. Fachliches Training war das Beste, worauf er hoffen konnte. Spezielle Programme gegen Dyslexie wurden von den städtischen Bildungseinrichtungen noch nicht angeboten.

Zu diesem Zeitpunkt hatte sich die Gruppe gerade als »Kommune« etabliert, und man beschloß, die Verantwortung für Martys Erziehung selbst in die Hand zu nehmen. Da ihm sein Unvermögen, Dinge zu tun, die allen anderen Kindern leichtfielen, ohnehin nur Demütigungen, Ängste und Frustrationen bescherte, nahm man ihn aus der Schule. Mit dem Ergebnis, daß er nicht nur lesen, sondern auch andere Kulturen und Religionen aus erster Hand kennenlernte, wenn seine weitläufige »Großfamilie« zu Geschäften in Fernost weilte. Er entwickelte eine Leidenschaft für die Archäologie, machte auf eigene Faust eine Rundreise durch Ägypten und wurde später zum *shawabti* ernannt, zum Führer durch die Tut-ench-Amun-Ausstellung in der Kunstgalerie von Ontario. Im Jahre 1979 war er sechzehn und eben dabei, sich mit Abend- und Fernkursen für die elfte Klasse zu qualifizieren und wieder ins normale Bildungssystem einzugliedern.

Nach diesen Erfahrungen betrachtete sich die Gruppe als leidlich gerüstet für den Umgang mit ausgefallenen Bildungsproblemen. Wenn sich Martys Erfolg als gutes Zeichen werten ließ, war man sicher imstande, auch für Lesra Bedingungen zu schaffen, unter denen er sich entfalten konnte.

Allerdings mußte man bei Lesra noch ein paar andere Probleme berücksichtigen. Wer war man schließlich, Leuten wie Earl und Alma Martin einfach zu sagen, daß ihr Sohn keine Zukunft hatte, wenn er in Brooklyn blieb, daß es besser für ihn war, nach Kanada zu gehen? Warum mußten Weiße den Schwarzen eigentlich immer erklären, was das beste für sie war? War es nicht geradezu obszön, wenn Weiße einem Schwarzen Möglichkeiten eröffneten, die sie ihm vorher streitig gemacht hatten?

Auch die Tatsache, daß Earl und Alma ihren Sohn liebten und auf ihn angewiesen waren, durfte nicht übersehen werden. Lesra trug erheblich zum Wohlergehen der Familie bei, nicht nur durch seine Arbeit, sondern auch dadurch, daß er sich um die jüngeren Brüder kümmerte, Besorgungen machte und seinen Eltern ein wenig Aufmerksamkeit widmete. Wie konnten sie ihren Sohn, wenn auch nur vorübergehend, ziehen lassen mit nichts als der Hoffnung, daß sich eine gute Erziehung langfristig bezahlt machen würde? Lesra hatte zwar gesagt, daß er liebend gern nach Kanada kommen wollte, aber er wußte auch, daß die Entscheidung nicht bei ihm lag.

Schließlich wandten sich die Kanadier an James McRae, einen afro-amerikanischen Dichter, den sie bei der EPA kennengelernt hatten und dessen Brotberuf darin bestand, die New Yorker Taxiflotte auf Stickstoffoxid-Emissionen zu prüfen. Als sie ihn fragten, was er von ihrer Idee hielt, war er sofort begeistert und erbot sich, das Thema mit Lesras Eltern zu besprechen.

Wie sich herausstellte, war McRae bei den Martins hoch willkommen, da Mrs. Martin mit seiner Lyrik vertraut war und einige seiner Bücher gelesen hatte. (Sie gehörte noch einer Generation an, die weitaus gebildeter war als die folgende.) Sie gab ihm zu verstehen, daß sie seinen Besuch als Ehre betrachte und alles, was er zu sagen habe, ernsthaft in Betracht ziehen werde.

»Es wäre eine Schande, eine solche Chance ungenutzt zu lassen. Nichts ist wichtiger im Leben als eine anständige Ausbildung«, meinte McRae und erklärte den Martins, daß die Kanadier beabsichtigten, sie nach Toronto einzuladen, ihnen zu zeigen, wo und wie sie lebten, sie mit Marty bekannt zu machen und sich über Lesras Ausbildung abzustimmen.

Ende des Sommers flog Mr. Martin allein nach Toronto. Lesras Mutter hatte die Reise nicht angetreten und sich statt dessen im voraus mit allen Entscheidungen ihres Mannes einverstanden erklärt. Lesra saß zu Hause wie auf glühenden Kohlen.

Terry und Kathy nahmen Earl am Flughafen in Empfang. Sein Aufzug hätte fünfzehn Jahre früher als letzter Schrei Furore gemacht: grell gemustertes offenes Hemd, Hosen mit Schlag und dazu ein Hut mit schmaler Krempe. Sie nutzten den Heimweg für eine kleine Stadtbesichtigung, und Earl zeigte sich tief beeindruckt von der Sauberkeit rundum. Der Anstrich der Laternenpfähle und die farbigen Schutzzäune um die Baustellen faszinierten ihn ebenso wie die Stille, deren Ursprung ihm erst nach einer ganzen Weile klar wurde. »Man hört ja gar keine Sirenen!« verkündete er schließlich. Im übrigen fand er die Stille ausgesprochen laut.

Er hatte immer schon nach Kanada fahren wollen, erklärte er, aber nie die Gelegenheit gehabt. Terry erkundigte sich, ob das sein erster Flug gewesen sei.

»Nein«, antwortete er, »ich bin schon oft geflogen.«

»Ach, tatsächlich?«

»Bin in Europa gewesen, Japan ... 'ne ganze Menge eben.«

»War das zu der Zeit, als Sie in der Armee waren?« fragte Kathy.

»Nee«, erwiderte Earl und legte eine längere Pause ein. »Als ich noch aufgetreten bin.«

»Aufgetreten?«

»Ehmmm.«

»Lesra hat das nie erwähnt ... Also aufgetreten, ja?«

»Yeah, ich hab' gesungen, in 'ner Gruppe. Lesra weiß davon nichts, oder er erinnert sich nicht. War damals grade erst geboren, der Junge.«

»Wie war denn der Name Ihrer Gruppe?«

»Den kenn' se sowieso nicht. Is lange her.«

»Wie wär's mit einem Versuch? Also, wie hießen Sie?«

»Del Vikings«, sagte er leise.

»Die Del Vikings? Ist das Ihr Ernst?« rief Terry entgeistert und fing an zu singen:

Love, love me, darlin'
Come and go with me ...

Nun war Earl derjenige, der ins Staunen kam. »Sie kennen den Song?« fragte er ungläubig.

»Aber sicher! Jeder kennt den! Das war ein Riesen-Hit! Anfang der Sechziger. Du-woppi-du.«

Die offensichtliche allgemeine Begeisterung rief in Earl, der sich spontan wohler fühlte, liebgewordene Erinnerungen wach. Bisher hatte ihn seine angeborene Schüchternheit davon abgehalten, über seine Vergangenheit zu sprechen oder damit »rumzuprotzen«; schon gar nicht gegenüber seinem Sohn, zumal das alles Lichtjahre von dessen jetzigen Lebensumständen entfernt war. Nun enthüllte er nach etwas freundlicher Überredung, daß er als Backup-Sänger begonnen und es schließlich zum Lead-Sänger der Gruppe gebracht hatte. Bei »The Ed Sullivan Show« hatte er auch den Titel »Come Go With Me« herausgebracht. Die Del Vikings waren durch ganz Amerika, Europa und Japan getourt und mit einer Menge anderer Show-Größen zusammengetroffen; darunter Gladys Knight, Mavis Staples, Ike und Tina Turner.

Nachdem er Marty und die übrigen Hausbewohner kennengelernt hatte, setzte Earl seine Erinnerungen fort. Man verbrachte die halbe Nacht mit seinen Geschichten und dem Hören alter Platten, unter denen Earl vor allem die Rythm-and-Blues-Sammlung gefiel: Elmore James, Otis Spann, Wilson Pickett, Little Walter und Otis Redding. Earl sang mit, aber die einst volle Stimme klang unsicher und geschwächt vom jahrelangen Alkohol- und Zigarettenkonsum. Doch inmitten dieser wehmutsvollen Stimmung wurde viel gelacht.

Nachdem Marty seinen Werdegang geschildert hatte, kamen Sam, Lisa und Terry auf Lesras Fähigkeiten zu sprechen und machten Earl klar, daß sein Sohn, ähnlich wie Marty, unbedingt Privatunterricht brauchte, wenn er es bis zur Universität schaffen wollte. Sie betonten, daß Marty und Lesra gut miteinander auszukommen schienen, und versicherten, Lesra in den Ferien nach Hause zu schicken. Außerdem könne man regelmäßig miteinander telefonieren – per R-Gespräch selbstverständlich, was die Martins betraf. Earl hörte sich alles aufmerksam an, ohne sich jedoch zu äußern.

Bevor er am nächsten Tag wieder zurückflog, brachte jemand das Gespräch auf Lesras ungewöhnlichen Namen und erkundigte sich nach dessen Herkunft.

»Lesra?« staunte Earl, als liege die Antwort auf der Hand. »Na, Sie wissen doch – *Lesra*! Der aus der Bibel.« Plötzlich fiel den Kanadiern der starke Südstaaten-Akzent auf, den er jedes Mal anschlug, wenn er den Namen seines Sohnes aussprach, so daß es sich anhörte wie »Lazra«.

»Oh, Sie meinen *Lazarus*? Diesen Burschen, der von den Toten auferstanden ist?«

»So ist es«, bestätigte Earl, »genau den. Hatte zwei Chancen auf Leben, der Knabe.«

Zwei Tage später meldete sich Earl Martin aus Brooklyn – Lesra konnte seine zweite Chance haben.

2

Lesra wirkte nicht gerade wie das perfekteste Kind, als er nach Kanada zog. Er war klein – zu klein für sein Alter – und viereckig. Sein straffer, kompakter Körper sah aus, als habe man ihn durch eine Presse gezwängt, als sei der Hals wie eine Sprungfeder zwischen den Schultern eingeklemmt. »Ich hab kein'n Hals nich!« pflegte Lesra zu sagen, um die fehlenden Zentimeter an Körpergröße zu erklären. Das Weiß seiner Augen war eher gelb geraten und blutunterlaufen, seine Nase schien ununterbrochen überzufließen, er hatte ständig Kopfschmerzen, und die Bruchstelle an seinem Vorderzahn war so auffällig, daß man nichts anderes mehr wahrnahm, wenn er lächelte. Alles in allem war er ein Trümmerhaufen. Nicht, weil er von Natur aus häßlich gewesen wäre, wie sich herausstellen sollte, sondern weil es an der nötigen Gesundheitsfürsorge gefehlt hatte

Wo Lesra herkam, gab – und gibt es – nur einen Grund, den Arzt aufzusuchen, und das ist gewöhnlich auch die einzige Gelegenheit, ihm *überhaupt* zu begegnen: bei lebensbedrohenden oder gar tödlichen Notfällen. Einem Ghettokind auf dem Sterbebett wird in den Notfallstationen der Krankenhäuser mehr Aufmerksamkeit zuteil als jemals zuvor in seinem ganzen Leben. New Yorker Stadtkliniken mit ihrer Fülle von Möglichkeiten, Stich- und Schußwunden jeder Art zusammenzuflicken, mögen ein guter Übungsplatz für Sanitäter sein (tatsächlich werden Militärärzte hierhin geschickt, um Erfahrungen bei Kampfverletzungen zu sammeln), in der medizinischen Grundversorgung der Bürger haben sie jedoch kläglich versagt. Als man Lesra mit seiner Kopfverletzung, die er sich bei der EPA zugezogen hatte, ins Krankenhaus geschickt hatte, war er erst nach sechs Stunden Wartezeit behandelt und dann ohne röntgenologische Untersuchung wieder entlassen worden. Für den Sozialhilfeempfänger ist das Programm einer allgemeinen und regelmäßigen medizinischen Vorsorgeuntersuchung schlicht lachhaft. Sie findet einfach nicht statt, ist nicht verfügbar; niemand denkt auch nur daran. Man gewöhnt sich daran, mit seinen Leiden zu leben. Nach dem Motto: Was immer dich zwickt – solange du noch lebst, bist du besser dran als andere.

Bevor man daran denken konnte, Lesras Geist zu schulen, mußte man sich also zunächst einmal um seine gesundheitlichen Bedürfnisse kümmern. Wie sich herausstellte, gab es für Lesras Kopfschmerzen gleich zwei Ursachen: übermüdete Augen und exzessiven Zuckerkonsum. Seine Sehkraft war so miserabel, daß er die Augen zusammenkneifen mußte, um jenseits von ein bis zwei Metern überhaupt noch etwas zu erkennen. (Daß seine Sicht korrigiert werden mußte, war eine Überraschung für Lesra, bis ihm einfiel, daß ihm die Schule schon mal eine Brille verordnet hatte; er hatte sie verloren und nicht die Mittel gehabt, sie zu ersetzen.) Seine Gewohnheit, auf alles, was er zu sich nahm – einschließlich Reis, Erbsen und Fleisch –, löffelweise Zucker zu häufen, machte ihn zusätzlich benommen. Als er anfing, eine Brille zu tragen und die Extrarationen Zucker wegzulassen, waren die Kopfschmerzen verschwunden. Die laufende Nase und das ungesunde Aussehen der Augen waren auf eine chronische Infektion zurückzuführen, die sich leicht mit Antibiotika beheben ließ. Erst im nachhinein stellte Lesra verblüfft fest, wie stark ihn die Beschwerden, die er gewohnheitsmäßig ignorierte, beeinträchtigt hatten. Die Erleichterung, die er empfand, war grenzenlos.

Der defekte Vorderzahn ließ sich leicht mit einer Krone reparieren, die fehlende Größe hingegen war schon eher ein Problem. Also wurde ein Spezialist, ein Facharzt für Endokrinologie, zu Rate gezogen, um festzustellen, ob Lesras Kleinwüchsigkeit organische Ursachen hatte und eventuell zu therapieren war. (Lesra war restlos begeistert von so viel Aufmerksamkeit und lächelte ununterbrochen, inzwischen intakt und mit komplettem Gebiß.) Nach eingehender Untersuchung und diversen Tests kam der Arzt zu dem Schluß, daß Lesras Problem nicht auf fehlende Wachstumshormone, sondern auf mangelhafte Ernährung zurückzuführen war; mit einer gehaltvollen Kost konnte er immer noch etliche Zentimeter zulegen.

»Okay«, sagten die Kanadier zu Lesra, »dann starten wir also unser erstes wissenschaftliches Projekt. Mal sehen, was sich mit drei Mahlzeiten am Tag machen läßt.« Um seine Fortschritte dokumentieren zu können, mußte sich Lesra zu Hause vor der Wand aufbauen – an derselben Stelle, wo man Martys Wachstumsskala aufgemalt hatte – und vermessen lassen. Terry markierte den Punkt über Lesras Kopf und schrieb seine Initialen und das Datum dazu. Der erste Eintrag lag bei 1,52 Meter, und obwohl er damit 20 Zentimeter weniger zu bieten hatte als Marty, war Lesra mächtig stolz, überhaupt eine Markierung auf dessen Meßskala hinterlassen zu haben.

Nach Auskunft des Spezialisten konnte das Wachstum auch durch Streß behindert oder gar vorzeitig gestoppt werden, und Lesras Lebensbedingungen waren tatsächlich in jeder Hinsicht geprägt von Mühsal und Strapazen. Wie Millionen anderer Ghettobewohner hatte er permanent unter Streß gestanden, in einem Leben ohne jede Sicherheit und Stabilität. Die Armut der Verhältnisse war nicht nur für die mangelhafte Ernährung und die fehlende medizinische Versorgung verantwortlich, sondern auch ein günstiger Nährboden für Alkoholismus, Drogenmißbrauch und Gewalt. Die Angst war überall, ein ständiger Begleiter bei den einfachsten Aktivitäten. Lesra hatte nie gewußt, ob er oder seine Geschwister nicht vielleicht auf dem Schulweg erschossen würden. Oder in der Schule, wo schwerbewaffnete Cops in den Gängen patrouillierten. Oder auf dem Heimweg. Er wußte nur, daß er jederzeit bereit sein mußte, in Deckung zu gehen. Zu Hause saß man ebenfalls auf dem Pulverfaß, mußte immer auf der Hut sein und darauf gefaßt, schnell einzugreifen, bevor die Alkoholexzesse und Streitereien der Eltern den Siedepunkt erreichten und in Tätlichkeiten ausarteten. Immer wachsam, keinen Moment Ruhe, nirgendwo. Das Bombardement kam von allen Seiten. Auf diesem Kriegsschauplatz gab es keine Etappe, keine Reserve, nur die vorderste Front.

Vor diesem Hintergrund war es nicht überraschend, daß Lesra in seinem neuen Heim in Kanada beim ersten Anzeichen von Ruhe, bei der kleinsten Gesprächspause, im Nu einschlief. Selbst wenn der Fernseher lief und niemand im Raum etwas sagte, war er sofort entschlummert. Er war ein Flüchtling im wahrsten Sinne des Wortes, ein Mensch, der sich zum ersten Mal seit langer Zeit vergleichsweise sicher und aufgehoben fühlt und sich den Luxus gönnt, endlich auszuspannen, sich fallen zu lassen in einen friedlichen Schlaf, wie er für normale Mittelklasseamerikaner selbstverständlich ist. Für Lesra hingegen war Frieden bis vor kurzem unmöglich gewesen.

Seine Sprache bestand aus einer seltsamen Mischung von Straßenjargon, derben Substantiven und Verben (soweit er überhaupt Verben benutzte) und bizarren grammatikalischen Gebilden wie dreifachen Verneinungen. Die Kanadier meinten, er müsse nur sein Vokabular etwas erweitern (was ihm an Worten zur Verfügung stand, ließ sich wahrscheinlich zählen) und ein wenig an seiner Grammatik und an seiner Aussprache arbeiten. Auch gewisse Lücken in Geografie, die sie schon bemerkt hatten, glaubten sie leicht beheben zu können. Von dem, was sie tatsächlich erwartete, hatten sie allerdings keine Vorstellung.

Wie hätten sie aber auch damit rechnen sollen, daß er beispielsweise so gut wie gar nicht lesen konnte? Oder daß sie seine Literaturkenntnisse, so dürftig sie ihnen bereits erschienen waren, immer noch weit überschätzt hatten? Das einzige, was er auf einer bedruckten Seite Papier entziffern konnte, waren die wenigen Worte, die er auswendig gelernt hatte; den Rest reimte er sich einfach zusammen, außerstande, ein ihm unbekanntes Wort auch nur auszusprechen. Er war fast sechzehn Jahre, kurz davor, in die elfte Klasse zu wechseln – und konnte nicht lesen. Man mußte beim Punkt Null anfangen, im ersten Schuljahr!

Es war eine niederschmetternde Erkenntnis mit verheerenden Folgen für Lesras Selbstwertgefühl. Es war Wasser auf die Mühlen seiner Vorurteile, da er insgeheim den Verdacht hegte, daß Schwarze tatsächlich dumm waren. Wenn er und seine schwarzen Klassenkameraden nach zehn Jahren Schule nicht lesen konnten – sagte das nicht genug? Völlig klar, je dunkler, desto dümmer – das hatte er schon sein ganzes Leben lang gehört. Nun hatte er den Beweis.

Und sie sind nicht nur dumm, die Schwarzen, sie sind auch noch gewalttätig, überlegte Lesra. »Ist doch wahr, daß sich immer nur die Nigger kloppen, oder?« erkundigte er sich, kurz nachdem er zu den Kanadiern gezogen war. Eine mitleiderregende Frage, die ihnen Tränen in die Augen trieb. Lesras Selbstwertgefühl war minimal, sein Mangel an Wissen total. In Bushwick waren ihm nur Schwarze begegnet, folglich hatte er auch nur Schwarze kämpfen sehen.

Die Kanadier hatten bald erkannt, daß Lesras Erziehung nicht damit getan war, seine Kenntnisse in Englisch und Geografie aufzufrischen, und auch ein bißchen mehr erforderte, als ihm die Anfangsgründe des Lesens beizubringen, obwohl diese Aufgabe schon schwer genug war. Wenn man überhaupt weiterkommen wollte, mußte man zunächst mal eine ganze Reihe falscher Vorstellungen zurechtrücken, die gesammelten Mißverständnisse und deren schwere Folgen für Lesras Psyche. Immerhin hatte man es mit fünfzehn Jahren negativer Prägung zu tun.

Sie begannen damit, ihm die Bedeutung und den Wert von Bildung klarzumachen. Einer Bildung, die ihm zeigen würde, daß sich alle scheinbar willkürlichen und zusammenhanglosen Ereignisse erklären ließen: Warum Ghettos existierten, warum seine Eltern tranken, warum sich Drogen in seinem Viertel breitgemacht hatten, warum er nicht lesen konnte. Sie machten ihm deutlich, daß das Studium der Geschichte ihm helfen würde, die Welt zu begreifen, wie sie war, und zu verstehen, daß sie nicht immer so ausgesehen hatte. Er würde lernen, daß es für Schwarze seit jeher normal war, sich den Gegebenheiten anzupassen. Daß sie immer zusammengearbeitet hatten, zunächst als Jäger und Sammler und später als Begründer großer afrikanischer Kulturen mit herausragenden Universitäten und Lernzentren. Daß die Art von Afro-Amerikanern, von sich selbst mit abfälligen Wörtern wie »Nigger« zu sprechen, ein Zeichen für Selbsthaß war und das Ergebnis jahrhundertelanger Unterdrückung durch Kolonialismus und Sklaverei. Daß die Mächtigen nach der Devise »Teile und herrsche« verfuhren und es ihnen nur recht war, wenn sich die Schwarzen absonderten, mit Alkohol und

Drogen betäubten und gegenseitig bekämpften, damit die Weißen in aller Ruhe fortfahren konnten, ihren Wohlstand zu mehren, sich exklusiv und überlegen zu fühlen und frei von Verantwortung gegenüber der Geschichte. Er würde herausfinden, daß es vor gar nicht langer Zeit zwei Weltkriege gegeben hatte, die beide von Weißen angezettelt worden waren, daß es Weiße gewesen waren, die sinnlos und grausam Millionen andere Weiße (von den Menschen sonstiger Hautfarben nicht zu reden) abgeschlachtet hatten. Und daß niemand je von Gewalt zwischen Weiß und Weiß oder von einem Rasseproblem gesprochen hatte, obwohl es genau das war.

»Erzogen zu sein«, erklärten ihm die Kanadier, »bedeutet, die Welt zu verstehen, in der man lebt. Imstande zu sein, Fakten und Fiktionen zu unterscheiden, und klug genug, sich nicht täuschen zu lassen.« Ein Appell, der bei Lesra nicht vergebens war – er mochte es gar nicht, wenn man ihn reinlegte.

Eine seiner ersten Aufgaben bestand darin, einmal herauszufinden, was – wenn überhaupt – Menschen unterschiedlicher Hautfarbe voneinander trennte. Auf diese Weise lernte er, daß es einen bestimmten Stoff gab, der für die Hautfärbung verantwortlich war: das Melanin. Je dunkler die Haut, desto höher ihr Melaningehalt, und umgekehrt. Er erfuhr, daß Albinos gar kein Melanin produzierten und deshalb so weiß und geradezu durchscheinend wirkten, bis hin zu den blassen, fast farblosen Augen.

»Melanin schützt den Menschen vor schädlichen Sonnenstrahlen«, klärten ihn die Kanadier auf. »Wenn du also viel davon hast, weil du dunkelhäutig bist, heißt das, daß du einen größeren Schutz hast.«

»Das is alles?« fragte Lesra, der offenbar etwas mehr erwartet hatte.

»Ja, so einfach ist das.«

»Yeah, aber heller ist besser – irgendwie schlauer!« meinte Lesra.

»Stimmt nicht!« widersprachen die Kanadier. »Es gibt keinen Zusammenhang zwischen Hautfarbe und Verstand. Nicht den geringsten.«

Lesra wollte seinen Lehrern gerne glauben, hatte aber sein ganzes Leben lang nur das Gegenteil gehört. Und er selbst war nicht nur dunkelhäutig, er war rabenschwarz; also konnte er nicht besonders schlau sein.

Wie die Kanadier von Lesra erfuhren, pflegten Afro-Amerikaner die kleinsten Farbnuancen ihrer Haut als bedeutungsvolle Unterschiede zu werten. Lesras Schwester beispielsweise war, wie er sich ausdrückte, »zwei Grad« heller als ein Soundso, der wiederum »ein Grad« dunkler war als ein gewisser anderer. Zunächst konnten sich die Kanadier keinen Reim darauf machen. In ihren Augen war es eine makabre Ironie, daß sich Schwarze wünschten, weniger dunkel zu sein, da die Weißen, wie sie Lesra mitteilten, ob liberal oder reaktionär, ohnehin keine Farbnuancen bemerkten, es sei denn, jemand war *sehr* hell oder *sehr* dunkel. Aber selbst wenn der Unterschied zufällig registriert wurde, spielte er für Weiße immer noch keine Rolle – schwarz blieb schwarz!

Sie erzählten Lesra, daß die Hautfarbe über weite Strecken der Menschheitsgeschichte ohne Bedeutung gewesen war und erst zu Zeiten der Sklaverei wichtig wurde, um Besitztümer oder Sachen (schwarze Sklaven) von Menschen (Weiße) zu unterscheiden. Und wenn man in Amerika die heller getönten Schwarzen zu »Haus-Niggern« (domestics) befördert und besser behandelt hatte als die »Feld-Nigger« (field hands), dann nur deshalb, weil die meisten von ihnen die illegitimen Nachkommen eines weißen Herrn und einer afrikanischen Sklavin gewesen waren.

»Könnt ihr auch nich grade stolz drauf sein!« fand Lesra.

»Der ganze Aufstand mit ei'm Grad rauf und ei'm runter, und dann bringt das nichts wie Null!«

In der Tat steckte das Thema Hautfarbe voller Widersprüche, wie Lesra bald feststellte. »Biste weiß, biste groß«, resümierte er, »also biste als Weißester auch der Größte. Warum is'n der Präsident dann kein Albino?« Gegen die schlagende Logik dieses Arguments ließ sich nichts einwenden, zumal es die Vorstellung von der Überlegenheit Weißer auf das reduzierte, was sie dem Kern nach war: absurd. Besonders verblüffend fand Lesra die Tatsache, daß Weiße selbst dunkler sein wollten und gleichzeitig Schwarze diskriminierten. »Ewig das Gebrutzel in der Sonne, daß de meinst, je schwärzer, um so schöner.«

»Lez«, ermahnten ihn seine Lehrer, »du *bist* schön, ganz bestimmt! Du hast wirklich kapiert, worauf's ankommt bei dem ganzen Bildungstraining.«

Solche Gespräche machten Lesra irgendwie konfus. Durch seinen Kopf zog ein sonderbares Sirren, das ihm fremd war und angst machte, er könne krank sein. Seine Neigung zur Hypochondrie – ein Luxus, den er sich in Brooklyn nicht hatte leisten können – ging so weit, daß er sich einbildete, einen Gehirntumor zu haben. Er wußte noch nicht, daß die seltsamen Vibrationen das Ergebnis geistiger Anregung waren, der Effekt des Denkens, der ihn zwar anfangs irritierte, aber schließlich zu einem höchst angenehmen Gefühl wurde, das er unmittelbar mit dem Lernen verband.

Lesras Erziehung war auch für die Kanadier ein Lernprozeß; in mancher Hinsicht war seine Unwissenheit nicht größer als ihre. Schon bald fanden sie heraus, daß seine Art zu sprechen nicht willkürlich war, wie sie anfangs vermutet hatten, sondern ganz bestimmten Mustern folgte. Er sprach Black English, eine eigenständige Sprache mit eigenen Regeln in Stil und Grammatik und so verschieden vom Standard Englisch wie Jiddisch vom Deutschen.

Die Kanadier beschlossen, bei Null anzufangen und Lesra in Standard Englisch zu unterrichten wie in einer beliebigen anderen Fremdsprache. Dazu benutzten sie ein Lehrbuch für Englisch als Zweitsprache, das für Erwachsene konzipiert war und zumindest keinen »Kinnergaatenmist« enthielt, wie Lesra die Texte nannte, die ihm aus Lesefibeln wie »Spaß mit Dick und Jane« vertraut waren.

Sie starteten mit der Konjugation des Verbs »to be«. Als erstes mußte Lesra lernen, was man unter einem Verb verstand (an den Begriff »konjugieren« wagten sie sich vorläufig noch nicht heran), dann ging es um das grammatische Konzept der verschiedenen »Personen« und schließlich um die Bedeutung von Singular und Plural. Am Ende war er genügend vorbereitet, um laut zu wiederholen:

I am; you are; he (she, it) is;
we are; you are; they are

Die zweite Person fand Lesra besonders bemerkenswert, weil sie in Singular und Plural identisch war, was er für einen faulen Trick hielt, bis ihm seine Lehrer versicherten, daß sie ihn keineswegs reinlegen wollten.

»Wie willste denn dann wissen, ob *you are* nur einer is oder 'n ganzer Haufen?« erkundigte er sich ungläubig.

»Im Standard Englisch«, erklärte Sam, »weiß man nicht, ob sich ›*you*‹ auf eine oder auf mehrere Personen bezieht, das ergibt sich erst aus dem Zusammenhang des ganzen Satzes. Manche sagen allerdings auch ›*youse*‹, um die Pluralform deutlich zu machen, aber das gilt nicht als korrekt. Oder es heißt ›*you guys*‹, vor allem hier in der Gegend, womit dann einfach alle gemeint sind. Es kann allerdings verwirrend sein, wenn du glaubst, es bezieht sich nur auf männliche Personen.«

Lesra war restlos irritiert.

Sam versuchte es auf einem anderen Weg. »Gibt es denn im Black English eine Pluralform für *›you‹*?«

Lesra überlegte einen Moment und schüttelte schließlich den Kopf.

»Nun, wie würdest du denn beispielsweise deine Eltern fragen, wie's ihnen geht?«

»Tu ich nich.«

»Stell dir vor, du fährst Weihnachten nach Hause, kommst in die Wohnung und siehst deine Geschwister da sitzen. Was sagst du dann?«

»Frohe Weihnachten!«

Die Kanadier lachten. »Und dann, was noch?«

»Maul halten?«

Alles krümmte sich. Lesras Antwort war nicht gerade das, was man erwartet hatte.

»Wie würdest du denn alle deine Geschwister zusammengenommen fragen, wie's ihnen geht?«

»Tu ich nich ... Also, ich würd' sagen: Wie geht's, *y'all*?«

»Genau, da haben wir's!«

»Was ham wir?«

»*Y'all-you all*! Ihr alle! Zweite Person Plural Black English.«

»*Y'all*? Yeah: *y'all*. In Ordnung – *y'all*!«

»Und was ist, wenn du einen ganzen Haufen von Y'all's vor dir hast? Was sagst du dann?«

»*All y'all*!« tönte Lesra und grinste von Ohr zu Ohr. Black English war offenbar so subtil, daß es nicht nur Singular und Plural in der zweiten Person unterschied, sondern auch noch über eine Art Super-Plural verfügte! Was Lesra betraf, hatte es damit das Standard Englisch um Längen geschlagen. Dabei hatte er geglaubt, Black English sei weniger wert!

Umgekehrt lernten auch die Kanadier Lesras Muttersprache schätzen. Zu diesem Zeitpunkt war gerade der Rap in Brooklyns Straßen aufgekommen, und Lesra hatte ihn nach

Kanada importiert. Wenn er mit Marty zum Tanzen ging, nahm er dem Diskjockey ungeniert das Mikrofon ab, um mit vollem Drive Texte wie diese zu röhren:

Cause my name is Lesra Dee
And I rap quintessentially

And you don't stop
You don't stop
And you don't stop
And you rock!

Me and Supe,
We had a fight,
So I hit 'im in dah head
Wid a kryptonite
I hit him so hard
Went through his brain
And now I'm bustin' out Lois Lane!

And check it out, y'all
And you don't stop
And you don't stop
And you rock!

Auf diese Weise konnte Lesra endlos weitermachen und wurde zum Held der Szene.

Er versuchte auch, seinen Lehrern Black English beizubringen, allerdings mit mäßigem Erfolg*. Black English barg

* Die Ähnlichkeit von Black English und Standard Englisch ist eher verwirrend als erleichternd für den Zugang zu diesem Idiom. Beispielsweise hat ein Wort wie *»raggedy«* (zerlumpt, abgerissen) im Black English weitaus größere Anwendungsmöglichkeiten und umfaßt alles, was nicht

Feinheiten aller Art – beispielsweise in der Abfolge von Handlungen –, die nicht ohne weiteres verständlich waren, wenn man sich ausschließlich an Standard Englisch orientierte. So entsprach etwa der Satz »They be done gone«, wie Lesra den Kanadiern erklärte, dem »They will have left« (sie werden gegangen sein) im Standard Englisch. Der Ausdruck »they gone« bedeutete, daß die betreffenden Personen gerade nicht da waren, während »they *been* gone« (mit einem kurzen »bin« gesprochen) hieß, daß sie schon vor einer ganzen Weile gegangen waren, genauer gesagt, schon so lange weg waren, »daß es einfach Sache ist, Jack!«

Lesras »Schüler« schafften es immerhin, Black English zu verstehen. Mit dem Sprechen haperte es allerdings, weil sie einfach nicht begriffen, wie die Vergangenheitsformen funktionierten und Lesra gestehen mußten, daß sie sich ziemlich dumm vorkamen.

»So isses im Leben«, meinte Lesra tröstend. »Lernen is eben gar nich so leicht.«

Am schwersten fiel es ihm, lesen zu lernen, vor allem deshalb, weil er glaubte, es zu können, was in Wirklichkeit nicht der Fall war. Seine Art zu lesen bestand darin, sich eine vage Vorstellung von Form und Größe eines Wortes zu verschaffen – wie viele »Haken« ober- oder unterhalb der Linie lagen –, diesen Eindruck dann mit den Wortbildern zu vergleichen, die er schon gesehen hatte, und todesmutig zu hoffen, daß er das richtige getroffen hatte. In der Praxis sah das so aus, daß er kurz auf das Wort schaute und dann zur Decke starrte, um den Blitz der Erkenntnis abzuwarten. So

gerade fabrikneu und demnach abgenutzt ist. Hinzu kommt, daß sich selbst Wörter gleicher Bedeutung dennoch häufig in einzelnen Buchstaben oder im Klang unterscheiden. So hieß »phone« (Telefon) bei Lesra *foam,* »bought« (gekauft) wurde zu *brought,* »ever since« (seitdem) zu *every since*, »Lone Ranger« (einsamer Wildhüter/Reiter) zu *Long Ranger,* »credit« zu *credick* und »hippo« (Flußpferd) zu *hippmo.*

hatte er schon als Schüler in Brooklyn gelesen, und zwar verdammt viel, wie er fand.

Infolgedessen konnte er Wörter, die er sich nicht eingeprägt hatte, auch nicht entziffern. Er konnte schwören, daß der Buchstabe »b« wie *br* klang und die Buchstaben »br« wie *b;* »beauty« sprach er aus wie *bruty,* und »brute« (Rohling) war *butte.* Außerdem wußte ja wohl jeder, daß sich der Buchstabe »c« wie *cl* anhörte – seine Wissensmängel waren einfach erschütternd. In Brooklyn hatte er, wie viele andere Mitschüler, gelegentlich einfach mitten im Unterricht den Kopf auf sein Pult gelegt – ein relativ ruhiges Plätzchen im Vergleich zu dem sonstigen Chaos, das ihn umgab – und geschlafen. Ab und an war er wach geworden und hatte ein paar Schnipsel Wissen aufgeschnappt, die er dann zu einem bunten Flickenteppich mit vielen Löchern verwoben hatte. Wenn man Lesra überhaupt beigebracht hatte, daß bestimmte Buchstaben für bestimmte Laute standen, war er wohl – wie die Kanadier vermuteten – gerade aufgewacht, als die verbundenen Konsonanten behandelt wurden, und hatte die Einführungsstunde über die Lautlehre einzelner Konsonanten verpaßt.

Verwunderlich war nur, wie er sich mit diesem Nonsens durchgemogelt hatte. Offenbar hatte niemand etwas Besseres erwartet, was ihm nicht anzulasten war. Lustlose, überlastete und ängstliche Lehrer; unangemessene, kitschige Lehrbücher; hyperaktive, schlecht ernährte Kinder mit Schlafentzug, die in ständiger Angst lebten, kurzum: Bedingungen, die das Lernen für Lesra und seine Mitschüler praktisch unmöglich machten. Und es sah nicht danach aus, als ob irgend jemand ernsthaft ergründen wollte, wie verheerend die Lage tatsächlich war. Antwort-Auswahl- oder Falsch-Richtig-Tests sagten wenig über das Wissen aus, waren aber, wie Lesra berichtete, die einzigen Prüfverfahren, die man je eingesetzt hatte.

»Aber mußtest du denn nicht auch mal was schreiben?« fragten die Kanadier arglos. »Einen Aufsatz oder so was?«

Lesra schüttelte verblüfft den Kopf.

»Und was war mit einem Bericht? Mußtest du denn keine Berichte schreiben?«

»Ich mach' keine Berichte«, erklärte Lesra, und mit diesen vier Worten schien alles gesagt zu sein.

Während seines ersten Jahres in Kanada sah er sich täglich neu mit der traurigen Realität seiner armseligen Vorbildung konfrontiert. Es war schmerzlich, in seinem Alter noch lernen zu müssen, wie man Wörter aussprach. Alles, was er bereits zu wissen glaubte, mußte als unbrauchbar abgelegt werden, so daß er sich absolut dumm vorkam und sein gesamtes Selbstvertrauen verlor. Es gab Phasen, in denen er fast verzweifelte und sich nicht einmal mehr zutraute, auch nur die Schrift auf einer Packung Cornflakes entziffern zu können. Was immer er las, las er gleich zweimal, weil er meinte, es im ersten Durchgang nicht verstanden zu haben.

Tatsächlich fiel ihm gerade das Lesen einschließlich der übrigen Sprachfertigkeiten besonders leicht. Er hatte einen wachen Verstand und eine exzellente Auffassungsgabe. Doch obwohl ihn seine neuen Lehrer ständig lobten, ermutigten und anspornten, war der emotionale Schock fürchterlich.

Er war nie intellektuell gefordert worden und davon überzeugt, selbst der kleinsten Aufgabe nicht gewachsen zu sein. Sich auf eigene Faust ein Buch vorzunehmen, war ihm unvorstellbar und erschreckend, so daß die Kanadier dazu übergingen, ihm abwechselnd laut vorzulesen, um seine Ängste (und seine Einsamkeit) zu zerstreuen. Von Claude Browns *Manchild in the Promised Land* war er besonders angetan und hatte schließlich, nach endlosen Monaten stundenlanger Plackerei, einen weiten Weg zurückgelegt. Er wußte es nur noch nicht.

Der große Durchbruch kam erst, als ihn Lisa, Terry und

Sam eines Tages überredeten, sich mit *My Bondage and My Freedom* zu befassen. »Wir möchten, daß du das hier einmal liest«, sagten sie, als sie ihm die ergreifende Biografie von Frederick Douglass über sein Leben in und nach der Sklaverei reichten. »Es ist Zeit, daß du's mal allein mit etwas Gehaltvollem versuchst.«

Lesra erstarrte in seinen Sofakissen und sah plötzlich ganz winzig aus vor dem Hintergrund der hohen Bücherwände in der hauseigenen Bibliothek. Alles, was er sah, war der Umfang des Buches. »Sieht aus wie'n *foam book*!« meinte er.

»Das ist kein *phone book**, das ist die Lebensgeschichte von Frederick Douglass. Wie er als Sklave in den Südstaaten aufgewachsen ist, wie er lesen lernte und flüchtete und schließlich mit seinen Schriften und Reden zum Vorkämpfer der amerikanischen Sklavenbefreiung wurde. Wir wollen, daß du das liest«, sagte Terry.

»Kann ich nicht, auf keinen Fall!«

»Doch, du kannst. Du mußt es nur wollen.«

»Au«, sagte Lesra nur, überzeugt, daß er die Kanadier jetzt endgültig wütend gemacht hatte. Wußten sie denn nicht, was sie da von ihm verlangten?

»Komm schon, Lez. Du findest es garantiert interessant.«

»Okay, dann könnt ihr mir ja vorlesen.«

»Nein, diesmal machen wir's umgekehrt. Du liest uns vor.« Immer noch skeptisch, schlug Lesra das Buch an einer stark zerlesenen Stelle auf und versuchte sich heftig stammelnd an folgender Passage:

Das häufige Hören der Bibeltexte – die meine Herrin oft laut vorlas, wenn ihr Gatte nicht zugegen war – machte mich bald neugierig auf dieses unbegreifliche Mysterium des Lesens und erweckte in mir den Wunsch zu lernen. Da ich meine Herrin

* Telefonbuch

für freundlich hielt und keine Angst vor ihr hatte (sie hatte mir bis dahin noch keinen Anlaß gegeben), bat ich sie rundheraus, mich im Lesen zu unterrichten, und die gute Frau machte sich ohne Zögern ans Werk. Es dauerte nicht lange, bis ich dank ihres Beistands das Alphabet beherrschte und Wörter mit drei bis vier Buchstaben entziffern konnte. Meine Herrin schien stolz auf meine Fortschritte, fast so stolz wie bei einem eigenen Kind, und da sie davon ausging, daß ihr Gatte davon ebenso angetan sein müsse, machte sie kein Geheimnis aus den Wohltaten, die sie mir erwies. Tatsächlich berichtete sie ihm freudig, wie anstellig sich ihr Schüler zeigte, daß sie vorhatte, mich weiter zu unterrichten, und es sogar als ihre Pflicht empfand, mich zu bilden, um zumindest die Bibel *lesen zu können. Und hier zog die erste Wolke auf über einer verheißungsvollen Zukunft in Baltimore, als Vorbote heftiger Schauer und eisiger Stürme.*

Master Hugh war einigermaßen erstaunt über die Arglosigkeit seiner Gemahlin und enthüllte ihr, zweifellos zum ersten Mal, die wahre Moral der Sklaverei, die besonderen Regeln, die es seitens der Herren und Herrinnen im Umgang mit ihren menschlichen Besitztümern zu beachten galt. Mr. Aude verbot ihr umgehend jeden weiteren Unterricht, mit dem Hinweis, daß es erstens ungesetzlich sei (Sklaven das Lesen beizubringen), zweitens gefährlich und darüber hinaus nur zu unliebsamen Folgen führen könne. In seinen eigenen Worten ausgedrückt, hieß das: »Wenn du einem Nigger ein Zoll überläßt, nimmt er gleich die ganze Elle«; »Er braucht nichts zu wissen außer dem Willen seines Herrn, und dem zu folgen, ist das einzige, was er zu lernen hat.«

Lesra schaute auf und blickte seine Peiniger in einer Mischung aus Triumph und Resignation an. Hatte er ihnen nicht eben bewiesen, daß er recht hatte?

»Ich kann das nicht lesen. Ich versteh' nicht ein verdammtes Wort. Was, zum Teufel, ist das, eine Elle?« fragte er, frustiert, daß schon ein einziges kleines Wort jenseits seines Begriffsvermögens sein sollte.

»Mehr!« sagte Sam und deutete mit gestreckten Armen ein Maß von etwa einem Meter an, während Lesra, der nicht wußte, ob ihm Sam nur das Wort erklären oder ihn auffordern wollte, in der Lektüre fortzufahren, widerstrebend weiterlas:

»Lernen verdirbt den besten Nigger der Welt«; »Wenn du diesem Nigger« – damit war ich gemeint – »das Lesen beibringst ... gibt's bald kein Halten mehr«; »Das macht ihn für alle Zeiten untauglich für seine Pflichten als Sklave« und »Außerdem wird ihm das Lernen nicht guttun, sondern eher schaden, weil es ihn nur deprimiert und unglücklich macht.«; »Wenn du ihm jetzt zeigst, wie man liest, will er als nächstes wissen, wie man schreibt; und wenn er das geschafft hat, läuft er weg und ist allein.« So weit die Grundgedanken von Master Hugh's weisem Orakel ...

Lesra klappte das Buch zu und ließ es auf den Tisch fallen. »Ich kann's nicht!« schluchzte er und beharrte darauf, unter keinen Umständen ein Buch mit so vielen Kommas und derart langen Wörtern lesen zu können – ganz zu schweigen von den kurzen Wörtern und den endlosen Sätzen, die sich über ganze Seiten hinzogen. »Immer im Kreis!«

»Du hast recht, du hast völlig recht.« Seine Peiniger schienen endlich mit ihm einig zu sein. Aber sie hatten ihn auch wirklich unglücklich gemacht.

»Mit dieser Einstellung ist gar nichts möglich«, sagte Lisa. »Abgesehen davon, glaubst du nicht, daß dir ein Mann wie Frederick Douglass, der vor über hundert Jahren in Sklaverei lebte, trotzdem etwas sagen könnte? Was könnte er eventuell mit dir gemeinsam haben?«

Lesra hoffte bereits, sich noch einmal gerettet zu haben, als Sam das Buch wieder aufnahm und weiterlas:

Es war eine neue und besondere Erfahrung, das schmerzliche Geheimnis gelüftet zu haben, gegen das sich mein jugendlicher Verstand so lange – und vergebens – gewehrt hatte, und zu erkennen, wie die Macht des weißen Mannes aussah, mit der sich die Versklavung des schwarzen Mannes aufrechterhalten ließ. »Nun gut«, dachte ich, »Wissen macht ein Kind also untauglich zur Sklaverei.« Eine Auffassung, der ich instinktiv zustimmte; und von diesem Moment an war mir die Richtung klar, die auf direktem Weg von der Sklaverei in die Freiheit führte. Es war genau das, was ich brauchte . . .

Sam gab Lesra das Buch zurück. »Lies es!« drängte er, und Lesra brach in Tränen aus. Das Buch war einfach zu dick und zu schwer, und er kam sich so dumm vor und überhaupt – warum war man so unfair mit ihm?

Seine Peiniger weinten mit ihm, beharrten aber darauf, daß er es schaffen konnte.

»Mach dir keine Gedanken, wenn du einzelne Wörter nicht verstehst«, meinte Lisa. »Es genügt, wenn du das Wesentliche mitkriegst. Du wirst feststellen, daß Frederick Douglass direkt zu dir spricht. Also brauchst du ihm nur zuzuhören, dann wirst du auch verstehen, was er dir zu sagen hat. Du kannst es, ganz bestimmt.«

Lesra fand, daß man seinen Minderwertigkeitsgefühlen nicht die Beachtung schenkte, die sie verdienten. Niemand nahm sie ernst oder schenkte ihnen Glauben. Sie ließen nicht locker, ihm das Buch aufzudrängen. Erbarmungslos.

Schließlich kapitulierte er und nahm das Buch wieder zur Hand. Während er sich tapfer weiterkämpfte, stellte er zu seiner großen Überraschung fest, daß er tatsächlich verstand, was er da las! Douglass' Lebensgeschichte war so faszinierend, seine Leidenschaft so mitreißend, daß sie Lesras Schwierigkeiten mit seiner blumigen viktorianischen Prosa überdeckte und ihn bis zum Ende in Bann hielt. Er war höchst erstaunt, daß es jemanden gab, der aus einem Buch von 1855 zu ihm sprach, jemand, auf den er sich verlassen konnte und der ihn inspirierte.

Eine Welt öffnete sich für ihn, wie sie sich einst durchs Lesen für Frederick Douglass geöffnet hatte, und mit einem Mal fühlte sich Lesra stark und fähig. Nun gab es nichts mehr, das er nicht schaffen konnte. Nachdem er seinen Minderwertigkeitskomplex einmal abgelegt hatte, war er nicht mehr zu bremsen und lernte wie ein Besessener – und seine Fortschritte waren phänomenal.

3

Jeder im Haus wirkte mit an Lesras Lernprozeß, und alles, was man gemeinsam erarbeitete, hatte einen direkten Bezug zu seinem Leben. Beispielsweise ging es in der Geografie nicht um graue abstrakte Theorie, sondern darum, sich in der Welt zurechtzufinden.

Gegenüber einem entlaufenen Sklaven, der nur dem Polarstern folgte, um ins nördliche Kanada zu gelangen, war Lesra noch schlechter dran – er wußte nicht einmal, wo der Norden lag. Er hatte überhaupt keine Vorstellung von Himmelsrichtungen und konnte auch keine Karten lesen. Also startete man mit einem Stadtplan von Toronto. Glücklicherweise war Toronto eine sehr übersichtliche Stadt, und so konnte Lesra aus dem Plan ersehen, daß die meisten Straßen wie auf einem quadratischen Gitter angeordnet waren und entweder senkrecht oder quer dazu verliefen; der »blaue Klecks« am Fuß der Karte stellte den Ontario-See dar.

»Der Ontario-See ist die südliche Begrenzung der Stadt«,

erklärte Kathy. »Und woher wissen wir, daß dort der Süden ist? Weil der Norden auf dieser und auf allen übrigen Karten, falls nichts anderes vermerkt ist, grundsätzlich oben liegt, der Osten rechts, der Westen links und der Süden entsprechend ganz unten.«

»Darum heißt es auch immer ›unten im Süden‹ oder ›oben im Norden‹, fügte Sam hinzu.

Nachdem er den Stadtplan studiert hatte, ging Lesra mit Gus nach draußen und betrachtete das Panorama, aus dem der CN Tower herausragte. »Das höchste freistehende Gebäude der Welt«, wiederholte Gus den Slogan, mit dem die Konstrukteure selbst für ihr Werk zu werben pflegten.

»Weiß ich. Das ist unten am See, stimmt's? Wo die Disco ist, in die wir immer gehen, Marty und ich – ›Sparkles‹.«

»Genau! Und welche Richtung ist das, Lez?«

»Rauf.«

»Nein ... das heißt, ja ... natürlich geht's da rauf, und zwar einhundertvierzehn Stockwerke. Aber du solltest die Bezeichnungen benutzen, die du gerade gelernt hast.«

»Ach, ja – Norden. Das ›Sparkles‹ liegt oben im Norden vom CN Tower.«

»Mmm, ja. Und wo liegt dieser Turm in Relation zu unserem Haus?«

»Was is'n mit dir los, Gus? Das siehste doch – gleich da drüben ...«, alberte Lesra, weil es ihm Spaß machte, Gus aufzuziehen.

Schließlich lernte er, daß man sich in Toronto kaum verlaufen konnte, weil man sich nur nach dem CN Tower umsehen mußte und gute Chancen hatte, ihn auch weiterhin im Süden vorzufinden. Dann brauchte man sich nur noch nach Norden umzudrehen und hatte links den Westen, rechts den Osten und den Süden im Rücken. Nachdem er gelernt hatte, sich zu orientieren, war es ihm auch möglich, öffentliche Verkehrsmittel zu benutzen. Er fand sich im Streckennetz der U-Bahn zurecht und wußte, daß man für die Yonge Street von Norden nach Süden und umgekehrt fuhr, und daß die Linie zur Bloor Street in östlicher oder westlicher Richtung verlief.

Den Globus erforschte er mit Marty, der ihm zeigte, wo Malaysia und der Ferne Osten zu finden waren, alles Orte, die für Lesra besonders plastisch wurden, als er herausfand, daß Marty und die anderen dort gelebt hatten. Anhand des Globus zeichnete Marty die Flugroute nach und erzählte Lesra von den Menschen, die er kennengelernt hatte, von ihren Sitten und Eßgewohnheiten. Auf dem Atlas verfolgten sie die Strecke, die Lesra bei seinen Flügen nach New York nehmen würde, über den Ontario-See und zurück, und die Route über den Atlantik und das Mittelmeer, die Marty bei seiner Reise nach Ägypten zurückgelegt hatte. Marty erzählte ihm nicht nur von den Pyramiden entlang des Nils, sondern auch von den pechschwarzen Nubiern, die ihm in Ägypten begegnet waren, von den Fischern, deren Lebensgrundlagen zerstört waren durch den Assuan-Staudamm, der dem Nil das Wasser entzogen und ihre angestammten Fischgründe vernichtet hatte. Wenn sie gemeinsam die Fernsehnachrichten verfolgten, hatten sie stets den Globus zur Hand und versuchten um die Wette, jeden Ort, der genannt wurde, sofort zu lokalisieren – ein Spiel, das Lesra so begeisterte, daß er sich zum ersten Mal in seinem Leben für Nachrichten interessierte.

Himmelsrichtungen, Atlanten, der Globus und aktuelle Ereignisse – all das war auf einmal nachvollziehbar für Lesra. Die Welt bestand nicht nur aus den drei Häuserblocks vom Bushwick Square, und die Schule war mehr als eine lässige Übung von neun bis drei; hier, in diesem Hause, lernte man rund um die Uhr.

Lesra genoß es, in aller Freiheit mit den Bahnen der TTC kreuz und quer durch die Stadt zu fahren, mit oder ohne Marty. Er kannte nur die Subway von New York, wo man vorher schon wußte, an welchen Stationen die Weißen aussteigen würden, während die Schwarzen ihre Reise ins Herz des Ghettos fortsetzten. Nun fragte er sich, ob man auch hier voraussagen konnte, wann *er* den TTC verließ. Sein Selbstbewußtsein stieg beträchtlich, als er zum ersten Mal an der nächstgelegenen Haltestelle zum Haus ausstieg, und zwar als einziger Schwarzer. Unwillkürlich malte er sich aus, wie ihm die verbliebenen weißen Fahrgäste nachstarrten und sich fragten, was ein schwarzer Junge in dieser feinen Gegend zu suchen hatte. Bis er sich wieder ins Gedächtnis rief, daß dies Toronto war und nicht New York, daß es zwar Viertel gab, die vorwiegend von wohlhabenden Weißen oder anderen ethnischen Gruppen bewohnt waren, daß aber keines davon exklusiv einer Rasse vorbehalten blieb. Er hatte keinen Grund, sich deplaziert zu fühlen, weil es keinen Platz gab, von dem er ausgeschlossen war. Wirklich deplaziert waren nur seine alten Ängste. Solche Einsichten waren für Lesras Entwicklung weitaus wichtiger als die Bewältigung von Faktenwissen.

Als er eines Tages die Treppen zur U-Bahn hinunterging, bemerkte er neben sich eine weiße Frau mittleren Alters, die mit schwerem Gepäck zu kämpfen hatte und offensichtlich bemüht war, ihre Bahn nicht zu verpassen. Nach kurzem Zögern erbot er sich, ihr Gepäck zu tragen, und die Frau willigte begeistert ein, dankbar, einen Helfer gefunden zu haben. Sie rannten die Treppe hinunter, und Lesra sprang auf die Bahn, als sich eben die Türen schlossen. Geistesgegenwärtig schob er sein Knie in die Lücke und hielt die Türflügel fest, bis die Frau ebenfalls in den Waggon geklettert war.

»Nein, so was, so ein höflicher junger Mann – ein richtiger Gentleman!« sagte die Frau, als Lesra das Gepäck auf ihrem Nebensitz deponierte. »Und da heißt es immer, die jungen Leute von heute hätten keine Manieren.«

Sie dankte ihm überschwenglich, und Lesra war richtig

stolz auf sich, geradezu euphorisch. Es war eine Erfahrung, die ihn nachhaltig beeindruckte, von der er aber niemanden erzählte, bis er sie hinreichend verdaut und in allen Details ausgelotet hatte.

»Diese Frau hat mir vertraut!« verkündete er hinterher. »Sie hat mir tatsächlich vertraut!«

»Ist ja fabelhaft«, meinte Lisa, »aber du hast es auch verdient! Das war wirklich sehr aufmerksam von dir.«

»Ja, schon – aber ich hätte doch einfach die Tür zulassen und mich davonmachen können mit ihrem Gepäck! Nicht, daß ich so was tun könnte, aber ich kann mir nicht helfen, ich denke immer ... das ist doch'n Riesenunterschied. Ich meine, ich kann mir nicht helfen, aber in New York wär' ich schon mal als erstes gar nicht auf die Idee gekommen, der Lady meine Hilfe anzubieten, weil sie ja sowieso nein gesagt hätte. Die hätte garantiert gedacht, daß das irgend so 'ne neue Masche ist, daß ich sie beklaue oder so ... Pff!« schnaubte er verächtlich und legte eine Pause ein, um seine Gedanken zu ordnen. »Hier kann ein Mensch wirklich ein Mensch sein! Und nicht irgendwas, vor dem de schon Muffe hast wegen der Hautfarbe. Daß ich schwarz bin, war ihr völlig egal. Was du *tust*, das isses, was zählt!«

Jahre später, als eine Schießerei in der New Yorker Subway durch die gesamte Presse ging, sollte er die Kanadier an diesen Zwischenfall erinnern. Ein Weißer namens Bernhard Goetz hatte einfach seine Waffe gezogen und vier schwarze Jugendliche erschossen, nur aufgrund der Tatsache, daß sich einer der vier genähert und Goetz sofort angenommen hatte, man wolle ihn überfallen und ausrauben.

»Verdammt lang der Weg bis zu der Einstellung von dieser Lady, der ich hier in der U-Bahn begegnet bin!« machte Lesra deutlich. »In New York erwartet alles, was weiß ist, nichts als Ärger von dem schwarzen Jungvolk. Eine gottverdammte Schande ist das!«

Die Kanadier sorgten dafür, daß Lesra auch die weniger noblen Seiten seines Gastlandes kennenlernte: die schändliche Behandlung der Ureinwohner, die noch immer anhielt und vom offenen Landraub bis zum physischen und kulturellen Genozid reichte; der jahrhundertealte Haß im Konflikt zwischen Französisch- und Englisch-Kanadiern; die beschämende Internierung japanisch-stämmiger Kanadier im Zweiten Weltkrieg; die Diskrimierung von Schwarzen in Neuschottland, von Indianern aus Ost und West in Toronto und von Chinesen in Vancouver.

Andere Kulturen kennenzulernen, zu erfahren, wie es Menschen andernorts glückte oder mißlang, miteinander auszukommen, war ein wesentlicher Teil von Lesras Lernprogramm. Unter Anleitung der Kanadier beschäftigte er sich mit Büchern wie *The People of the Deer* und *Never Cry Wolf* von Farley Mowat, mit Laurens Van Der Posts *The Heart of the Hunter,* Peter Freuchens *Book of the Eskimos, Lame Deer, Seeker of Visions* von John Fire/Lame Deer, *Seven Arrows* von Hyemeyohsts Storm und sogar mit *Siddharta* von Hermann Hesse. Er studierte die abendländische Geschichte in ihren beispielhaften wie erbärmlichen Aspekten, von den britischen Monarchen (in deren Stammbaum er sich regelmäßig verirrte, weshalb Gus ein Spiel namens »Wer ist jetzt König?« erfand, um das Ganze anschaulicher zu machen) bis zum Kolonialismus in der Dritten Welt.

Vieles von dem, was Lesra lernte, betraf die afro-amerikanische Geschichte. Er las *From Slavery to Freedom* des Historikers John Hope Franklin und *Before the Mayflower* von Lerone Bennett Jr. Sein Bedarf an schwarzen Helden war groß, und so gaben ihm seine Lehrer eine Auswahl von Biografien berühmter schwarzer Amerikaner wie George Washington Carver, Harriet Tubman, Nat Turner, Dr. Daniel Drew und Robert Franklin Williams. Die Beschäftigung mit den Leistungen dieser Menschen lieferte den nötigen Humus, auf dem Lesras Selbstwertgefühl wachsen und blühen konnte. Er verschlang alles, was es an erstklassigen Titeln über die realen Lebensverhältnisse der Schwarzen Amerikas zu lesen gab: *The Autobiography of Malcolm X*, Richard Wrights autobiografische Bände *Black Boy* und *American Hunger* sowie seine Romane *Native Son* und *The Longest Dream;* außerdem *Coming of Age in Mississippi* von Anne Moody, *The Street* von Ann Petry, *Seize the Time* von Bobby Seale, *Confessions of a White Racist* von Larry L. King, Carter Woodsons Essay *The Miseducation of the Negro* und die Gedichte und Kurzgeschichten von Langston Hughes. Lesras Lesehunger war nicht zu stillen.

Eines Tages, im Spätsommer 1980, etwa ein Jahr nach seiner Ankunft in Kanada veranstalteten die Stadtbüchereien von Toronto einen großen Ausverkauf in einem Warenhaus an der Harbourfront – kein Rockkonzert, kein Baseballspiel der Oberliga, aber dennoch ein öffentliches Ereignis, wie sich herausstellen sollte. Angeboten wurden Tausende von Büchern aus sämtlichen Bibliotheken der Stadt – ausgemusterte Exemplare, die zu abgegriffen waren für den öffentlichen Gebrauch, und fast neuwertige, die als überholt oder nicht mehr populär galten –, das volle Spektrum an Publikationen aus allen Fachgebieten. Gebundene Titel waren für einen ganzen, Taschenbücher für einen Vierteldollar zu haben, und so wurde aus der Raumnot der Bibliotheken eine Fundgrube für Leseratten.

Lesra und seine »Familie« waren früh zur Stelle, stießen jedoch, wie befürchtet, bereits auf lange Warteschlangen. Sie beschlossen, strategisch vorzugehen, sich drinnen in kleinere, effizientere Spähtrupps aufzuteilen und in die Menge zu stürzen. Die Schlacht um die mit Büchern bepackten Tische tobte wild und ließ wenig Raum für eine kritische Prüfung, so daß jeder alles, was auf den ersten Blick auch nur leidlich interessant wirkte, sofort packte und in seinen Karton stopfte.

Zwei Stunden später versammelte sich Lesras Jagdgesellschaft in einem stillen Winkel des Gebäudes, um die Beute zu begutachten. Sie hatten sich mitreißen lassen und es alles in allem auf zehn volle Kartons gebracht, die sie nun gemeinsam sichteten. Als erstes wurden die Duplikate ausgesondert, bis der Fang auf etwa drei Kartons mit den vielversprechendsten Exemplaren geschrumpft war. Eines dieser Exemplare war ein stark zerlesener Band mit dem Titel *The Sixteenth Round: From Number 1 Contender to # 45472* von Rubin »Hurricane« Carter.

Lesra wußte, daß sich ein Buch nicht nach seinem Titel beurteilen ließ, aber er hatte auch gelernt, daß Titel mitunter eine ganze Menge aussagen konnten. Den Band *Joe Louis: A Credit to His Race* hatten sie wegen des wenig ansprechenden Titels aussortiert, obwohl alle den großen Schwergewichts-Champion, um den es ging, kannten und bewunderten. Von dem Mittelgewichtler »Hurricane« Carter wußten sie hingegen wenig, entschieden sich aber trotzdem, *The Sixteenth Round* zu behalten, weil es gleich zwei Fragen zu behandeln schien, die sie oft diskutierten: weshalb der Sport in Amerika eine Plattform war (und das Showgeschäft eine andere), auf der man den Schwarzen gestattete zu reüssieren, und warum so bedeutende Männer, schwarze Helden wie Malcolm X, im Gefängnis landeten. Wie kam es, daß ein großer Boxer – *From Number 1 Contender to # 45472* – von der Nummer eins zu »ferner liefen« wurde? Und welcher Kampf ging über sechzehn Runden, wenn nach dem (zu dieser Zeit) offiziellen Reglement von Boxmeisterschaften nur fünfzehn Runden zugelassen waren?

Von allen Büchern, die sie mit nach Hause nahmen, war es schließlich dieser Titel, den Lesra als ersten aussuchte und las. Aus seinen Seiten sprach Rubin Carter direkt zu ihm, voller

Kraft und Klarheit, mit einer Stimme und in einer Sprache, die Lesra unmittelbar verstand. In aller Deutlichkeit wurde ihm bewußt, daß Carters Leben leicht sein eigenes hätte sein können – und wohl auch gewesen wäre, wenn er in Brooklyn hätte bleiben müssen. Von den Straßen des Ghettos führte der Weg direkt in die Zellen der Gefängnisse.*

Lesra war so erschüttert von seiner Lektüre, daß er den anderen immer wieder Passagen daraus vorlas. Unter anderem eine Stelle, in der Rubin gerade elf und mit Freunden zum Schwimmen gegangen war, an den Passaic Waterfalls in Paterson, New Jersey, wo er aufgewachsen war.

»Hört euch das an«, sagte Lesra, »ihr glaubt es nicht!«

»He, Rube! ... Guck dir mal den Penner an, der da platt auf der Wiese liegt.« Der Junge lachte. »Mann, den hat's aber echt umgehauen, den Typen.«

Ich drehte mich um und schaute in die Richtung, in die er deutete, und tatsächlich, da lag ein weißer Mann im Gras ... Ich wußte gleich, daß er nicht halb so betrunken war, wie er tat ... Er zog sich hoch mit einem übertriebenen Torkeln und stand auf.

»He, komma her, Jungs!« lud er uns lallend ein. »Wollte ma was sehn?« Er streckte die Hand aus, enthüllte eine goldene Armbanduhr und stakste auf uns zu. »Müßt keine Angst ha'm«, meinte er beschwichtigend, »ich tu euch nichts ...« Ich spürte ein Zucken, wie von einer plötzlichen Vorahnung.

»L-l-los, wir verschwinden, Kumpels«, sagte ich und schob

* Einer neueren Studie der NAACP (National Association for the Advancement of Coloured People = Bundesverband zur Förderung Farbiger) zufolge, ist jeder vierte Schwarzamerikaner um die Zwanzig bereits im Gefängnis, auf Bewährung oder bedingtem Hafturlaub; bei den Weißen nur jeder sechzehnte. Insgesamt ist die Zahl junger Schwarzer, die von den Justizbehörden beaufsichtigt werden, größer als die sämtlicher Schwarzer aller Altersgruppen, die ein College besuchen.

die Jungs vor mir her den Weg hinunter, auf dem der Rest der Bande vor fünf Minuten verschwunden war. »K-kommt schon, nichts wie weg hier! ...«

Der Mann schien plötzlich nüchtern geworden zu sein. Bevor wir den Rückzug antreten konnten, stand er mit einem Satz vor uns und versperrte uns den Weg ... Inzwischen war meine böse Ahnung in Angst umgeschlagen ... Ich stotterte: »L-l-l-los ...«

Wieder einmal machte mir das Unvermögen, einen zusammenhängenden Satz herauszubringen, einen Strich durch die Rechnung ... Der Mann packte einen der Jungen um die Taille, ließ sich auf die Knie fallen und bettelte: »Nein! Bitte! Bleib doch bei mir, mein Süßer. Laß die anderen ruhig gehen, wenn sie unbedingt wollen.« Das war der Tropfen, der das Faß zum Überlaufen brachte.

Ich bückte mich nach einer großen Wasserflasche, die zu meinen Füßen lag, gab einen Warnschrei von mir und brüllte den Mann an, daß er meinen Freund loslassen solle ... Dann trat ich einen Schritt zurück und schlug mit aller Kraft zu ... Die Flasche klatschte gegen seinen Schädel, und er kippte langsam zu Boden, während das Blut aus einer offenen Wunde strömte.

»Lauft weg! Schnell!« schrie ich alarmiert, als sich der Mann wieder erhob und wacklig auf die Beine kam. Meine Freunde brauchten keine zweite Aufforderung – sie rannten wie die Hasen.

In meiner Sorge um die anderen hatte ich leider versäumt, die Nummer eins zu schützen, und hing nun selbst buchstäblich in der Luft. Er hatte mich am Kragen und bei den Schenkeln gepackt und ließ mich über seinem Kopf zappeln.

»Ah-haaaaaa, du schwarzes Miststück! ... Ich hab dich! Ich hab dich beim Wickel, und jetzt schmeiß ich deinen dreckigen Arsch über die Klippe ...«

Ich zeterte und jammerte, strampelte und zappelte und

versuchte verzweifelt, mich freizukämpfen, aber der Mann war zu stark für mich. Ich heulte und bettelte noch ein bißchen mehr, aber nichts schien ihn zu beeindrucken. Ich sah nach unten und bemerkte in heller Panik, daß wir uns dem Klippenrand näherten ... Da ich die Hände frei hatte, griff ich in die Tasche und zog mein Fahrtenmesser.

»Du l-l-läßt mich b-b-besser runter, M-m-mann!« warnte ich ihn, als wir nur noch zwei, drei Schritte vom Abgrund entfernt waren.

»Halt's Maul, du Hurensohn, du Sprachkrüppel ... morgen gibt's einen Nigger weniger auf dieser Welt – dich!«

Ich kann nicht genau wiedergeben, was mir in diesem Moment durch den Kopf ging ... aber dieser Mann machte mir einfach angst ... und ich hatte nicht vor, mir weh tun zu lassen, solange ich etwas dagegen unternehmen konnte ... Ich nahm mein Messer und versuchte, es in seinen Schädel zu treiben ...

»Auuuuu, du hast mich gestochen!« kreischte er, warf mich auf den Boden und trat mich in den Bauch. »Aaaaah, du hast das so gewollt, Bursche.« Er stürzte sich auf mich, während ich versuchte, mich hochzukämpfen, das Messer immer noch in der Faust ... Meine Bemühungen, auf die Beine zu kommen, endeten damit, daß ich mich hoffnungslos verhedderte und wieder auf dem Boden landete. Unterdessen war der Mann im Eifer des Gefechts über mich gestolpert und fiel ebenfalls hin, packte mich aber im selben Moment bei den Beinen. Dann warf er sich auf mich und verzog das Gesicht, ächzend und stöhnend vor Wonne.

»Ahhhh, mein Zuckerbaby«, flüsterte er ekstatisch, die Arme um meinen Hals geschlungen und den kratzenden Bart an meiner Wange reibend. »Mmmmm, das fühlt sich aber gut an«, grunzte er noch, als ich ihm mein Messer in die Rippen stieß.

Ich befreite mich von ihm, ließ das Messer aus den schlaffen

Fingern gleiten und sank zu Boden. »O mein Gott«, erinnere ich mich gesagt zu haben, als ich meine blutbedeckten Hände sah. »O mein Gott«, dachte ich, und die Tränen strömten, »was hab ich getan?«

Ich wußte nicht, ob er tot war oder lebendig (letzteres, wie sich herausstellen sollte), ich wußte nur, daß ich sofort von hier verschwinden mußte. In meiner Brust hämmerte eine Steelband, mein Atem ging in kurzen, schnellen Stößen.

»Großer Gott!« stieß Terry hervor. »Und wie ging's dann weiter?«

»Er rannte nach Hause und legte sich ins Bett«, antwortete Lesra. »Hier, hör zu.«

Da lag ich nun im Dunkeln und zitterte immer noch vor Angst. Als ich mich beim Abendessen nicht blicken ließ, kam meine Mutter die Treppen hoch, um nach mir zu sehen. »Rubin?« rief sie mich leise, während sie auf mein Bett zukam, wo ich mich, abwechselnd schwitzend und frierend, unter den Decken verkrochen hatte. »Was hast du, Baby? ... Du siehst gar nicht gut aus. Wie fühlst du dich? Komm, sag der Mama, was ihrem kleinen Mann fehlt«, tröstete sie mich, weil sie wußte, daß etwas wirklich Schlimmes passiert sein mußte, wenn ich weinte.

Aber ich konnte ihr nicht sagen, was los war ... sie hätte es nicht verstanden. Ich verstand es ja selbst nicht ...

In der Nacht wurde ich plötzlich wach von einem grellen Licht, das mir direkt in die Augen schien ... Um mich herum ein lautes Dröhnen und Klirren, das sich in meine Ohren bohrte ... Ich sah einen Haufen komischer kleiner Polizisten auf ihren dicken Motorrädern dahinjagen ... Überall an den Wänden Gestalten mit Schutzhelmen auf dem Kopf ... Ich lachte und lachte ... schrie und schrie. Stechende Schmerzen schossen durch meinen Leib, wie von schrecklichen Wunden.

Ich versuchte vergeblich, den Atem anzuhalten, und schien kurz davor, in Ohnmacht zu fallen.

»Ma! Die Männer, da!« Ich schrie, lachte lauter und lauter ... »Da, Ma, schau! ... Siehst du nichts?« Ich lachte, bis ich mich krümmte unter den quälenden Schmerzen, die mich schüttelten ...

Dann traten zwei Männer in mein Blickfeld, nahmen eine Decke hoch und hielten sie vor die Wände.

»Hilfe, Ma! Mama, hilf mir!« Laut schreiend kämpfte ich mich aus dem Bett und versuchte, hinter die Decke zu sehen. »L-l-laß das nicht zu, Ma! Ich kann nichts sehen! Ich kann die kleinen Männer nicht mehr sehen!« Ich schrie, ich schlug um mich und versuchte verzweifelt, die beiden Männer daran zu hindern, mir die Decke über den Kopf zu werfen.

Plötzlich stach mich etwas ins Hinterteil, das sich wie eine scharfe Nadel anfühlte – und das ist alles, woran ich mich erinnere.

Als ich wieder zu Bewußtsein kam – oder wie immer man das nennen will –, waren zwei volle Tage vergangen. Tage, von denen ich nichts weiß ... Eine Krankheit hatte mich niedergestreckt. Ein Übel, das keinen Namen, aber meine Körpertemperatur auf tödliche 50 Grad Celsius hochgetrieben hatte.

Der Arzt, dessen Stimme mir in jener Nacht so seltsam vorgekommen war, hatte mich auf die Liste der Todeskandidaten gesetzt und geglaubt, daß ich den Morgen nicht erleben würde. Aber das Schicksal hatte es anders gewollt.

»Hört sich fast so an, als hätte Rubin sich selbst genausoviel angetan, wie dem Mann, der ihn angegriffen hat«, meinte Terry.

»Ach, ihr wißt ja noch nicht mal die Hälfte«, stellte Lesra klar. »Der Mann hat sich erholt und *Rubin* beschuldigt, den Überfall begangen zu haben! Vor Gericht haben die Cops den Kerl als Stütze der Gesellschaft bezeichnet. Rubin hat zwar versucht, ihnen zu erzählen, wie's wirklich war, aber seine Eltern wollten einfach nicht glauben, daß ein Weißer so was tun kann. Und der Richter natürlich auch nicht.«

Der Richter thronte hoch über uns, die schwarze Robe leicht flatternd im Wind des riesigen Deckenventilators. »Diese Rowdys mit ihren Messerstechereien sind eine Bedrohung für die ganze Gesellschaft«, verkündete er ..., »und müssen um jeden Preis gestoppt werden ... Rubin Carter, ich wünschte nur, du wärst ein bißchen älter, daß ich dich in ein ordentliches Gefängnis stecken könnte, wo du zweifellos hingehörst und wo man die richtigen Käfige hat für Tiere wie dich ... Da, du müßtest nur mal sehen, wie du mich jetzt anstarrst! Als ob du mich am liebsten gleich auch noch umbringen würdest ... Ich werde dafür sorgen, daß du an einen Ort kommst, der die passenden Mittel hat, dich gefügig zu machen. Ich verurteile dich, Rubin Carter, zur Heim-Unterbringung im Jamesburg State Home für Jungen von heute an bis zum Alter von einundzwanzig Jahren. So sei es.«

... Meine Mutter griff nach meiner Hand und weinte. Ich selbst war wie benommen von dem Schock. Bis einundzwanzig? dachte ich. Verdammt! Das waren noch zehn Jahre. Zehn endlos lange Jahre – ein ganzes Leben.

»Und wißt ihr, was der größte Hammer ist?« fragte Lesra seine kanadischen Freunde, die ganz fasziniert waren von Carters Lebensgeschichte. »Die Polizei wußte ganz genau, daß der Mann auf kleine Jungs scharf war! Die Cops machten sogar ihre Witze, daß sie ihn früher oder später beim Wickel haben würden. Aber natürlich nicht vor dem Richter, sondern draußen vor dem Verhandlungssaal.«

»Ein starkes Stück – das schlägt ja dem Faß den Boden aus ...«, sagte Kathy.

»Kein Gedanke«, fiel ihr Lesra ins Wort, »du solltest erst mal den Rest hören.«

Inzwischen waren die Kanadier total gebannt und ließen sich über die folgenden Tage die ganze Geschichte vorlesen.

Mein Vorname RUBIN stammt aus der biblischen Schöpfungsgeschichte ... Abgesehen davon, daß wir beide schwarz sind, haben die Bibel und ich allerdings wenig gemeinsam.

HURRICANE ist der Name, der mir später im Beruf verliehen wurde. Er beschreibt ziemlich exakt die destruk- tiven Kräfte, die in meiner Seele wüten.

CARTER ist der Name, der meinen Vorfahren gegeben wurde, die als Sklaven in den Baumwollfeldern Georgias und Alabamas arbeiteten. Er ist an mich übergegangen ...

Das Beste, was ich über meine Kindheit sagen kann, ist, daß ich sie überlebt habe.

In den Runden vier bis sieben von *The Sixteenth Round* ging es um die Jahre im Erziehungsheim von Jamesburg, wo der junge Rubin einer haarsträubenden Einführung in die Regeln der »Jugendjustiz« unterzogen wurde. Was ihm dort schon am ersten Tag widerfuhr, war ein Alptraum grenzenlosen Schreckens, den man, wie Lesra fand, unmöglich vergessen konnte. Als erstes mußte Rubin mit den Attacken eines brutalen Schlägers fertigwerden, dann mit dessen Kumpanen und danach mit einer ganzen Bande von Aufsehern, die den Totschläger schwangen. Schließlich mußte er auch noch mitansehen, wie das nächtliche Ritual des sexuellen Mißbrauchs kleinerer, schwächerer Jungs vollzogen wurde. Es dauerte also nicht lange, bis er begriffen hatte, daß er »nicht mehr als Mitglied der normalen bürgerlichen Gesellschaft« anzusehen war. Da es in dieser Umgebung nicht genügte, ein guter Kämpfer zu sein, um sich gegen Gewalt und Demütigungen aller Art zu behaupten, schottete er sich emotional vollständig ab. Es war der »Tod einer jungen Seele«, den Carter so beschrieb:

(In den) folgenden Jahren . . . gab es viele Todesfälle und Selbstmordversuche, mit denen verzweifelte Heiminsassen den Greueln, die man ihnen antat, zu entkommen suchten – junge Burschen, die sich vorher um die Hilfe höherer Instanzen bemüht hatten, nur um dort auf sadistische Techniker zu treffen, die ihnen mit Elektroschock-Experimenten buchstäblich das Gehirn wegbrannten und sie dann umgehend mit rauchendem Schädel nach Jamesburg zurückschickten.

Als er siebzehn war, brachen seine Wächter ihre Zusicherung, ihn wegen guter Führung zu entlassen. Er beschloß, das Versprechen auf seine Art einzulösen, indem er ausbrach und zur Army ging, die allerdings auch keine geeignete Zuflucht vor Ungerechtigkeit war. In den Mannschaftsbussen galt Rassentrennung wie in den »Cottages« von Jamesburg, und wer schwarz war, war zweitklassig. Man schrieb das Jahr 1954, und der Bundesgerichtshof der Vereinigten Staaten hatte im Fall *Brown ./. Erziehungsministerium* soeben bestimmt, daß die Rassentrennung an öffentlichen Schulen gegen die Verfassung verstieß. Doch die Integration brauchte lange, um zu kommen, und die alten Denkweisen noch länger, um zu gehen.

Nachdem Carter ein hartes Training als Fallschirmjäger durchlaufen hatte, wurde er als einer der ersten Afro-Amerikaner in die Rangers aufgenommen, die »Screaming Eagles« des 101. Luftlandebataillons, die als härteste und mutigste Elitetruppe der Army bekannt war. Er wurde in Deutschland stationiert und begegnete dort einem Mann, der sein künftiges Leben nachhaltig beeinflussen sollte. Es war Ali Hasson Muhammad, ein Afrikaner aus dem Sudan, laut Carter »gut zwei Grad dunkler als ich«, »glühend stolz«, aber trotzdem »freundlich und gewinnend«. Hasson zeigte eine »moralische Selbstgenügsamkeit«, eine »seelische Stärke, die alle meine (überlegenen) körperlichen Attribute übertraf.«

Wann immer man sich sah, sprach Hasson über Philosophie und Religion, Afrika und die Sklaverei. Carter hörte ihm zu, wehrte sich aber, Freundschaft zu schließen, außerstande, einem anderen zu vertrauen oder sich auch nur mitzuteilen. Er war nicht einmal fähig zu sprechen, ohne heftigst zu stottern, und so blieb er stumm.

Es dauerte eine Weile, bis Hasson zu diesem kaputten, unwissenden und verstörten jungen Mann durchdrang. Eines Abends, als sie dem Boxteam der Army beim Sparring zusahen und Carter plötzlich stotterte: »Scheiße! I-i-ich kann sie alle platt machen, diese Nigger«, platzte Hasson der Kragen:

»Jetzt versteh' ich, warum du nie den Mund aufmachst«, fuhr er Carter an, »weil dir sonst wohl kein besserer Text einfällt, was? Und wenn du die Klappe schon aufmachst, mußt du dir auch gleich selbst in die Vollen treten.«

Die Vehemenz, mit der sich Hasson über ein Wort wie »Nigger« ereiferte, überraschte Carter. Noch überraschter war er allerdings, als ihn Hasson wegen seiner Prahlerei beim Wort nahm und ein Match zwischen ihm und dem Schwergewichtsmeister der Army arrangierte. Und schließlich überraschte er sich selbst, indem er den Champion in der ersten Runde k.o. schlug. Es endete damit, daß er in die Boxmannschaft aufgenommen und zweimal hintereinander Europameister im Leicht-Weltergewicht wurde. Außerdem erfuhr er eine Menge über sich selbst. Mit Hassons Hilfe belegte er Fortbildungskurse in Deutschland, wurde ein besessener Leser, entwickelte Selbstvertrauen, Stolz auf seine Rasse und einen Wissensdurst, der ihm zusammen mit dem Rest dazu verhalf, sein Stottern zu überwinden:

Ich entwickelte eine besondere Leidenschaft für den verbalen Ausdruck. Nicht einmal Hasson konnte mich davon abhalten, ständig zu reden, ihm von den tausendundeinen Greueln in meinem Leben zu erzählen, die ich so lange fest in der Flasche gehalten hatte.

Carters Teilnahme an den Olympischen Spielen von 1956, für die er aufgestellt war, scheiterte daran, daß seine zweijährige Dienstzeit bei der Army vorbei war und er sich nicht neu verpflichten wollte. Es zog ihn nach Hause, und so kehrte er zu seinen Eltern nach New Jersey zurück als ein ganz neuer Mensch. Ein Mensch mit Würde und Selbstachtung, der mit sich selbst im reinen war.

In den Vereinigten Staaten hatte sich allerdings nichts geändert. Er galt weiter als der »kleine Gangster«, der zwei Jahre zuvor aus dem Erziehungsheim ausgebrochen war. Es spielte keine Rolle, was er inzwischen erreicht hatte, daß er ein normales bürgerliches Leben führen wollte, einen Job und eine Freundin gefunden und ein eigenes Auto gekauft hatte. Mitten in der Nacht stürmte die Polizei sein Haus, verhaftete ihn wegen seiner Flucht aus Jamesburg und sperrte ihn in die Besserungsanstalt von Annandale.

Carter verzweifelte an der Ungerechtigkeit:

Ich hatte vergebens darum gekämpft, jemand zu werden, der ich offenbar nicht war. Und nun saß ich in dieser Zelle und begriff, daß es Wahnsinn gewesen war, auch nur den Versuch gewagt zu haben.

Vielleicht lag es an diesem Vakuum von Hilflosigkeit, an meinem naiven Vertrauen und diesen ganzen beschissenen Ammenmärchen, daß die Gerechtigkeit siegt und erlittenes Unrecht wiedergutgemacht wird – jedenfalls war mit einem Mal alles anders, als sie mich wieder ins Loch gesteckt hatten, ohne Anhörung oder irgendwas.

Ich konnte mich nur noch selbst dafür prügeln, daß ich den ganzen Bockmist von Gerechtigkeit und dieser Drecksgesellschaft geglaubt hatte.

Dieser zweite Aufenthalt hinter Gittern hatte eine tiefe und verheerende Wirkung auf ihn. Als er wieder freikam, war er zornig und verbittert. Er hatte seinen Job verloren, sein Mädchen und sein Auto. Auch seine Bezüge von der Army, die er für eine College-Ausbildung verwenden wollte, wurden gestrichen, als sich herausstellte, daß er sich illegal verpflichtet hatte.

Es dauerte nicht lange, bis er – wie von selbst und ohne recht zu wissen, warum – einer Frau die Handtasche entriß und dabei zwei Männer niederschlug. Er nannte es »den beschämendsten Moment meines Lebens« und war erleichtert, als er festgenommen wurde. Nachdem er sich in allen Anklagepunkten für schuldig erklärte hatte, wurde er zu einer Strafe von neun Jahren mit drei Jahren Haft verurteilt. Zu diesem Zeitpunkt war er zwanzig Jahre alt.

Man steckte ihn ins Staatsgefängnis von Trenton, »ein dreckiges, stinkendes mittelalterliches Rattenloch« aus der ersten Hälfte des neunzehnten Jahrhunderts:

... Im Innern des Gefängnisses schlug uns ein unsichtbarer Wall von zähem Moschus entgegen. Die Luft war verpestet vom beißenden Gestank nach altem Kot und verschimmelten Leibern, verstärkt durch den ätzend scharfen Dunst der übrigen Männer, die teilnahmslos auf den langen Bänken hockten wie stinkende Büchsen von schwarzem Kaviar. Die untätig dasaßen, die Zeit totschlugen, die Jahre vergeudeten und alt wurden, verfault und verdorben fürs Leben, für den Rest der Menschheit.

Anhand dieser und weiterer bildhafter Beschreibungen des Gefängnislebens konnte sich Lesra vorstellen, wie es seinem Bruder Fru dort ergangen war. Er verstand jetzt, warum Fru, wie fast alle ehemaligen Häftlinge, so verschlossen war, was seine Erfahrungen in jener Welt betraf. Sie waren zweifellos so demütigend und erschreckend gewesen, daß er sie nicht einmal mit der eigenen Familie teilen mochte.

»Aber ich versteh' einfach nicht«, meinte Lesra, »warum er nach den ganzen Horrorgeschichten, die er da übers Gefängnis erzählt – und nachdem er mich halb zu Tode erschreckt hat mit diesem Jamesburg und Annandale –, wie konnte er dann was tun, das ihn gleich wieder dahin zurückbringt?« Damit hatte Lesra den Finger auf das heikle Thema der Rückfallhäufigkeit gelegt.

»Mit dieser Frage haben sich schon viele Bücher befaßt«, erwiderte Lisa. »Vernünftig betrachtet, macht es tatsächlich keinen Sinn. Ebensogut kann man sich fragen, warum Frauen, die von ihren Männern mißhandelt werden, immer wieder zu ihnen zurückkehren, statt einfach zu gehen, nicht wahr? Wahrscheinlich hat es einfach mit den Dingen zu tun, an die du gewöhnt bist, die du kennst. Auch wenn's dir schadet, für dich ist es normal geworden und auch irgendwie akzeptabel, weil du dich darin eingerichtet hast und eine Art schrecklicher Sicherheit darin findest. Das Vertraute zieht uns an wie ein Magnet. Wenn deine Selbstachtung so erschüttert ist, spielt es keine große Rolle mehr, wie schlecht die Bedingungen sind, unter denen du lebst. Und wenn man dich so jung und für so lange wegsperrt, ist es besonders hart.«

Im Gefängnis von Trenton sah Carter ein Spiegelbild seiner eigenen Zukunft in Gestalt von Mr. Summers, einem »Oldtimer«, der sich eine Zeitlang um ihn kümmerte. Mr. Summers hatte einst davon geträumt, ein großer Boxer zu werden; statt dessen war er im Gefängnis alt und schwach geworden. Die schmerzliche Erkenntnis, allein zu sein und ohne Hoffnung, das ganze Leben vergeudet zu haben, trieb ihn schließlich in den Selbstmord. Zutiefst erschüttert von seinem Tod, beschloß Carter, daß sein Leben nicht im Gefängnis enden sollte, und bereitete sich zielstrebig auf eine Karriere als Profi-Boxer vor. Es war seine einzige Chance auf ein besseres Leben.

Er zog sich zurück aus dem Gefängnistrott und stürzte sich verbissen ins Training:

Ich hatte keine Zeit für den ganzen (Gefängnis-)Mist, ich versuchte wieder zu mir selbst zu kommen ... Mein Trainingsprogramm begann morgens um vier, wenn von der anderen Seite der Straße die Kirchturmuhr schlug. Während alles schlief und die Ratten noch durch die drogenverqualmten Zellen huschten, um den Insassen das Brot zu stibitzen, legte ich mich auf den Boden und stemmte fünftausend Liegestütze – in Sätzen von jeweils hundert –, bevor zum Wekken geläutet wurde. Und das war nur der Anfang für den Tag.

Als Rubin Carter 1961 nach vier Jahren Haft aus Trenton entlassen wurde, schwor er »bei allem, was heilig ist, nie mehr lebend zurückzukommen«. Und entgegen allen Hindernissen, die sich ihm bei der Verwirklichung seines Traums in den Weg stellten – Geldmangel, schlechte Trainingsbedingungen, skrupellose Manager – blieb er standhaft.

Lesra mußte lachen, als er las, wie sich Carter auf seinen ersten Profi-Kampf vorbereitete:

(Ich) borgte mir die Shorts von diesem, die Schuhe von jenem und den Rest von den übrigen Kollegen. Ich hatte sogar Virgil Akins Tiefschutz umgeschnallt. Als ich endlich das ganze Zeug beisammen hatte, sah ich aus wie eine psychedelische Mißgeburt auf dem Weg zu einem verrückten Happening: rote Schuhe, purpurfarbene Shorts, grüne Socken, blauer Ba-

demantel und eine halbe Rolle Klopapier, die ich mir als Mundschutz zwischen Lippen und Zähne gestopft hatte. Wow! So was hatte die Welt noch nicht gesehen, seit King Kong von seinem Berg runtergetrampelt war.

Carter hatte die Gabe, allen Nöten, in die er immer wieder geriet, etwas Humorvolles abzugewinnen, und so störte es ihn nicht besonders, daß man ihn mit Lachen und Johlen empfing, als er den Ring betrat:

Dies war mein erster Tag in einem neuen Leben, und ich war entschlossen, jede Sekunde zu genießen.

Den Kopf kahlgeschoren, mit Fu-Manchu-Schnurrbart und grimmigem Blick, stürmte das entfesselte Energiebündel in den Ring und ins Rampenlicht. Er gewann die meisten Kämpfe mit einem schnellen K.o., was ihm den Beinamen »Hurricane« eintrug. Schließlich war er so gefürchtet, daß ihn hochrangige Gegner zu meiden versuchten, und sogar Sparring-Partner schwer zu finden waren. Binnen kurzem hatte er sich zum Spitzenathleten im Mittelgewicht profiliert und war eine bekannte Persönlichkeit geworden.

Er war extravagant, trug Anzüge aus Haifischhaut und fuhr einen Cadillac, lang wie ein Häuserblock und zu beiden Seiten mit seinem Namen geschmückt – in Silber, weil ihm Gold zu protzig erschien. Seine häufigen Auftritte im Madison Square Garden wurden im Fernsehen übertragen und von Millionen Fans in USA und Kanada verfolgt. Im Jahre 1963 erregte er Aufsehen mit einem K.o. in der ersten Runde gegen den damaligen Weltergewichtsmeister Emile Griffith, 1964 verlor er die Meisterschaft im Mittelgewicht gegen den damaligen Titelhalter Joey Giardello nach einem umstrittenen, nicht einstimmigen Urteil der Ringrichter.

Zum beruflichen Erfolg kam das Glück im Privatleben; er

heiratete, und seine Frau bekam eine Tochter, in die er ganz vernarrt war. Das alles geschah in den frühen Sechzigern, den Jahren der Bürgerrechtskämpfe, als den Schwarzen Amerikas das Wahlrecht entzogen wurde; den Jahren der Boykotts, der Märsche und Demonstrationen gegen Wasserwerfer, bewaffnete Sheriffs und Polizeihunde. Carter war ein lebhafter Kritiker der Ungerechtigkeit und Scheinheiligkeit eines vermeintlich demokratischen Systems, das seine Bürger in zwei Klassen teilte, in Weiße und Schwarze. 1963 beteiligte er sich am »Poor People's«-Marsch auf Washington, der größten Bürgerrechtsdemonstration der amerikanischen Geschichte, zog sich jedoch zurück, als ihn Martin Luther King später aufforderte, am Marsch für die Wahlrechte auf Selma/Alabama teilzunehmen. Die Idee, sich von keulenschwingenden rassistischen Cops den Schädel einschlagen zu lassen, war ihm nie besonders verlockend erschienen, und er machte kein Hehl aus seiner Einstellung. Nach den Aufständen in Harlem (den »Fruit Riots«), als ein Mob von weißen Polizisten brutal über unschuldige schwarze Kinder herfiel, stellte Carter den Sinn eines passiven Widerstands endgültig in Frage. Er war überzeugt, daß Schwarze das Recht hatten, sich zu verteidigen, und die *Saturday Evening Post* berichtete, daß er gegenüber einem Freund gespottet hatte: »Wir sollten uns unsere Kanonen schnappen und da raufgehen (nach Harlem) und uns ein paar von diesen Bullen vornehmen.«

Mit derartigen Bemerkungen, selbst wenn sie nicht ernst gemeint waren, machte sich Carter nicht besonders beliebt in den damals herrschenden Kreisen. Er wurde zur Zielscheibe aller möglichen willkürlichen Schikanen durch das FBI und die Polizei von New Jersey. Wie viele andere freimütige Geister seiner Zeit wurde er auf Schritt und Tritt beschattet, im ganzen Land. In seinem Heimatstaat New Jersey nahm ihn die Polizei bei jeder Gelegenheit unter den abenteuerlichsten Vorwänden fest, was Carter so kommentierte: »Das

Gesetz war wieder mal unterwegs und wollte sich Hurricanes schwarzen Arsch an die Wand nageln!«

1966 war es ein Jahr her, daß man Carters Freund Malcolm X ermordet hatte. Es war das Jahr, in dem man Martin Luther King bei einem Marsch in Chicago mit Steinen bewarf, in dem man rassistische Übergriffe in dreiundvierzig amerikanischen Städten verzeichnete, in dem Stokely Carmichael der Black Power Bewegung beitrat. Der 16. Juni dieses Jahres begann ohne besonders bedeutungsvolle Vorzeichen für Carter, sollte sich aber als ein Tag erweisen, der sein ganzes Leben für immer und vollständig veränderte. Am nämlichen Abend waren er und ein neunzehnjähriger junger Mann namens John Artis, der mit ihm im Auto unterwegs war, von der Polizei angehalten und zur Vernehmung auf die Wache von Paterson in New Jersey gebracht worden. Carter nahm an, daß es sich nur um eine der üblichen Schikanen handelte. Daß man irgendwo in einer Bar in Paterson vier Weiße erschossen hatte, war weder ihm noch Artis bekannt. Die Polizei verhörte sie getrennt über siebzehn Stunden lang, einschließlich einer Fahrt zum Tatort und ins Krankenhaus, wo man sie einem der noch lebenden Opfer vorführte. Schließlich ließ man sie frei, und Carter hielt die Angelegenheit für erledigt. Die Presse berichtete über seine Vernehmung und gab bekannt, die Staatsanwaltschaft lege »Wert auf die Feststellung, daß der neunundzwanzigjährige Boxer nie als Verdächtiger (im Fall der Lafayette-Bar-Morde) gegolten habe«.

Carter fuhr nach Südamerika, um gegen Rocky Rivero anzutreten. Als er nach Paterson zurückkam, begann er mit den Verhandlungen um die Titelausscheidung im Mittelgewicht. Es war ein Kampf, der nie stattfinden sollte.

Im Herbst 1966 wurden Carter und Artis verhaftet und für die Vorfälle in der Lafayette Bar des dreifachen Mordes beschuldigt, 1967 standen sie vor Gericht. Es war das Jahr, in dem man Muhammad Ali den Titel im Schwergewicht entzog und ihn zu fünf Jahren Haft verurteilte, weil er dem Einberufungsbefehl der Army nicht gefolgt war; das Jahr, als Newark im Rassenkampf brannte; das Jahr vor dem Mord an Martin Luther King. Und der Staat New Jersey forderte die Todesstrafe – den elektrischen Stuhl.

Die Anklage gegen Carter und Artis beruhe auf den Aussagen von Alfred Bello und Arthur Dexter Bradley, beides Weiße, berüchtigte Kriminelle und die einzigen »Augenzeugen«, um die Beklagten mit dem Tatort in Verbindung zu bringen. Angeblich hatten Bello und Bradley an dem bewußten Abend einen schnellen Bruch in der Nähe der Lafayette Bar geplant, und Bello hatte von innen Schüsse gehört, als er sich dem Lokal näherte, um Zigaretten zu holen. Er war dichter herangegangen und hatte gesehen, wie Carter und Artis gerade mit gezogenen Waffen um die Ecke vor der Bar kamen. »Sie haben gelacht und laut geredet.« Dann sollten ihn die beiden Revolverhelden in eine Passage gescheucht haben, in einen weißen Wagen gesprungen und weggefahren sein. Er selbst war dann in die Bar gegangen und hatte beim Anblick der offenen Registrierkasse nicht widerstehen können. Ohne sich um den Toten und die Hilferufe der Sterbenden zu kümmern, war er durch das Blutbad gewatet und hatte sich das restliche Geld gegriffen. Er gab vor, nur nach etwas Kleingeld gesucht zu haben, um die Polizei anzurufen. Tatsächlich hatte er sich jedoch schnell aus dem Staub gemacht und das gestohlene Geld seinem Komplizen Bradley übergeben.

Carter und Artis wurden von einer rein weißen Jury abgeurteilt. Die Geschworenen ließen erkennen, daß sie erhebliche Zweifel an der Richtigkeit ihres Schuldspruchs hatten, und empfahlen Milde. Mit dem Ergebnis, daß man die Beklagten zu einer Haft von dreimal lebenslänglich verurteilte.

Carter legte schlagende Beweise für seine Unschuld vor:

Noch in der Tatnacht waren er und Artis am Lügendetektor getestet worden, und das überlebende Opfer hatte sie nicht als Täter identifiziert. Alle Zeugen (einschließlich Bello und Bradley) hatten ursprünglich eine einheitliche Täterbeschreibung abgegeben – zwei große, dünne, eher hellhäutige Neger, beide ohne Bart und mit dunklem Anzug –, die den Beklagten nicht einmal entfernt entsprach. Carter war nur knapp über einssiebzig, deutlich untersetzt, dunkelhäutig, trug einen dichten, auffallenden Spitzbart und ein weißes Jackett; Artis war glattrasiert und trug einen hellblauen Pullover mit seinen Initialen »JAA« in balkengroßen Lettern quer über der Brusttasche. Carters Markenzeichen, der kahle Schädel, wurde von keinem der Zeugen auch nur erwähnt; außerdem war er als prominenter Boxer und lokale Berühmtheit ohnehin sofort zu erkennen.

Bello und Bradley »identifizierten« Carter erst vier Monate nach den Geschehnissen, als sie sich zu ihren eigenen Taten äußern mußten. Sie selbst wurden nie zur Rechenschaft gezogen für die Delikte, die sie in jener Nacht verübt hatten. Der Ire Fred Hogan, ein ehemaliger Polizist, der später für das Büro der amtlichen Pflichtverteidiger New Jerseys ermittelte, deckte auf, daß geheime Absprachen einschließlich Bestechung und Nötigung stattgefunden hatten, um Bello und Bradley zu veranlassen, als Gegenleistung die gewünschte Aussage zu machen. Carter legt außerdem dar, daß die Polizei seine eigenen Alibi-Zeugen einschüchterte, und daß der ganze Prozeß eindeutig von Rassismus geprägt war.

Nichtsdestotrotz wurden Carters Revisionsanträge vom Bundesgericht New Jersey abgewiesen. Carter beendet sein Buch *The Sixteenth Round* mit einem Appell an die Leser:

Nun wende ich mich direkt an Sie. Dieses Buch ist mein Herzblut, das ich über fünfzehn Runden auf den vorange-

gangenen Seiten vergossen habe. Die sechzehnte Runde ist noch offen, und es steht mehr auf dem Spiel als nur ein Titel oder ein saftiges Preisgeld.

Dieser Kampf entspricht nicht den Regeln des Boxweltverbandes noch den Vorstellungen von Fairneß des Marquis von Queensberry. Die Waffen bestehen nicht in gepolsterten Boxhandschuhen, linken Haken oder K.o.-Schlägen. Dieses Match ist brandneu, mit völlig einseitigen Regeln, um den wichtigsten Kampf meines Lebens zu bestehen. Am Ende dieser Runde wird es kein Rampenlicht geben, keine jubelnden Massen, keine wartenden Gratulanten, wenn ich verliere; nur Gitterstäbe, Mauern, geisttötende Spiele, Seelenqualen und wachsenden Wahnsinn. Und Sie wissen, daß ich nicht übertreibe . . .

Ich wende mich an Sie auf die einzige Art, die mir noch bleibt . . . Es ist meine letzte Chance, direkt an Sie zu appellieren, an die Menschen überall, die Fehler aufzudecken, die noch zu korrigieren sind – die Ungerechtigkeit, die mir widerfahren ist. Zum ersten Mal in meinem ganzen Dasein muß ich sagen, daß ich Hilfe brauche. Ohne Hilfe wird es für mich kein Morgen mehr geben . . . keinen Rubin . . . keinen Carter. Nur noch den »Hurricane«.

Carters Biografie hatte Lesra und die übrigen Hausbewohner tief erschüttert. Allen war klar, daß er nicht der erste Schwarze in der amerikanischen Geschichte gewesen war, den man im Gefängnis kaltgestellt hatte. Noch war es der erste Fall in der Geschichte New Jerseys, in dem die Polizei einen Unschuldigen bewußt zum Mörder stempelte. Man brauchte sich nur an Richard Hauptmann zu erinnern, der im Zusammenhang mit dem berüchtigten Lindbergh-Prozeß zum Tode verurteilt und exekutiert worden war.

»Was glaubt ihr, wo der Hurricane heute ist?« erkundigte sich Lesra, aber niemand hatte eine Ahnung.

»Hat er vielleicht einen Epilog geschrieben oder eine Art Notiz an die Leser?« fragte Sam.

Als sie zu den Danksagungen zurückblätterten, stellten sie fest, daß sie vom 1. September 1973 stammten und im Staatsgefängnis von Rahway/New Jersey geschrieben worden waren.

»Aber das ist sieben Jahre her!« sagte Lesra. »Was ist inzwischen passiert? Er sitzt doch wohl nicht immer noch in Rahway, oder? Er muß einfach rausgekommen sein!«

»Lez, willst du immer noch Anwalt werden?« fragte Terry.

»Mm, ja«, antwortete Lesra, unschlüssig, was ihn erwartete.

»Dann mußt du wissen, wie man recherchiert. Und das kannst du ebensogut gleich lernen.«

Während Lesra daneben stand, telefonierte Terry mit dem *Toronto Star* und erkundigte sich, ob es in jüngster Zeit neue Berichte über Rubin »Hurricane« Carter gegeben hatte. Es stellte sich heraus, daß im *Star* am 10. Februar 1977 eine Meldung der Agentur Reuter erschienen war und *The Globe and Mail* am darauf folgenden 20. Dezember einen Artikel der *New York Times* übernommen hatte. Beides auf Mikrofilm archiviert und als Kopie erhältlich in der Präsenzbibliothek der Stadtbücherei von Toronto.

»Auf geht's, Lez!«

»He, wartet doch!« riefen Kathy und Sam und griffen nach ihren Mänteln. Aber Terry und Lesra waren bereits aus der Tür.

4

»Schau dir diese Überschrift an«, sagte Lesra. »›Boxer bekommt lebenslänglich für Mord.‹«

»Lebenslänglich für Mord? Das kann nicht sein,« meinte

Terry, »das war 1967, als man ihn verurteilt hat. Wir müssen den falschen Jahrgang erwischt haben.«

Lesra überprüfte das Datum der Zeitung auf dem Mikrofilm-Lesegerät; es war der 10. Februar 1977 und der Artikel, den sie gesucht hatten, allerdings nicht mit dem erhofften Inhalt:

PATERSON, New Jersey (Reuters) – Der ehemalige Box-Champion Rubin (Hurricane) Carter wurde gestern zu einer Haftdauer von dreimal lebenslänglich für den 1966 verübten dreifachen Mord in einer Bar verurteilt.

Gegen Carter und seinen Sparringpartner John Artis wurde im Dezember neu verhandelt, nachdem sich Bob Dylan, Joan Baez, Muhammad Ali und Coretta King, die Witwe des Bürgerrechtskämpfers Martin Luther King, für eine Wiederaufnahme des Verfahrens eingesetzt hatten.

Beide Männer erhielten im wesentlichen die gleichen Strafen wie neun Jahre zuvor: Zweimal fortlaufend und einmal gleichzeitig lebenslänglich für Carter, zweimal gleichzeitig und einmal fortlaufend für Artis.

Unter Berücksichtigung der bereits verbüßten neun Jahre kann Carter frühestens in zwanzig Jahren eine Haftentlassung gewährt werden; Artis in etwa fünf Jahren.

»Und was heißt das?« ereiferte sich Lesra.

»Carter und Artis haben einen neuen Prozeß bekommen ...«

»... und sind *wieder* verurteilt worden?«

»Unmöglich!«

»Das kann doch nicht wahr sein!« schnaubte Lesra. »Wie konnte das passieren?«

»Muhammad Ali! Coretta Scott King! Bob Dylan! Sie haben sich alle für ihn stark gemacht!«

In den sechziger Jahren waren die Kanadier große Fans

von Bob Dylan gewesen und hatten sogar ihr Mode-Import-Geschäft *Five Believer's Batiks* genannt, nach *»Obviously, five believers«*, einem seiner weniger bekannten Songs. Terry meinte sich auch zu erinnern, daß Dylan Mitte der Siebziger einen Song mit dem Titel *»Hurricane«* herausgebracht hatte.

Sie beschlossen, noch ein wenig tiefer in den Archiven zu graben, und schlugen im Index der *New York Times* nach. Die Liste der seit 1974 unter Carters Namen aufgeführten Artikel war unglaublich lang und enthielt sogar einige Titelstories. Sie beschränkten sich auf letztere, werteten sie aus und konnten so den Ablauf der folgenden Ereignisse rekonstruieren.

Wenige Wochen bevor *The Sixteenth Round* im Herbst 1974 veröffentlicht wurde, bekannten die Kronzeugen der Staatsanwaltschaft, Alfred Bello und Arthur Dexter Bradley, daß sie vor Gericht gelogen und Carter und Artis zu Unrecht identifiziert hatten. Sie gaben zu – vor dem Ermittler Fred Hogan und später vor Selwyn Raab, dem Reporter der *New York Times* –, daß die Polizei sie zu dem Meineid genötigt und ihnen dafür eine Belohnung und Straffreiheit für die eigenen Delikte zugesichert hatte.

»Ich war dreiundzwanzig und mußte mich auf achtzig bis neunzig Jahre Gefängnis gefaßt machen«, hatte Bradley gegenüber Raab geäußert. »Ich hab mich einfach nur freigekauft ... keine Frage, daß die Carter verschaukelt haben ... ich hab gelogen, um die eigene Haut zu retten.«

Bello erzählte Raab, er sei »gar nicht imstande (gewesen), Carter und Artis zu identifizieren«, aber die Untersuchungsbeamten hatten beide ständig als »Nigger, Moslems und Tiere« bezeichnet und ihm gesagt, er leiste »der Öffentlichkeit einen Dienst, wenn sie aus dem Verkehr gezogen werden«. Ohne Bellos Aussage gab es »keine Beweise in dem Fall«, und die Ermittler drohten, ihn selbst zum Verdächtigen zu machen, wenn er nicht kooperativ war und Carter und Artis belastete. Die Polizei, fügte Bello hinzu, »hat mir versprochen, daß sie sich um mich kümmert, wenn ich noch mal geschnappt werde ... Die Cops haben gesagt, daß ich nur was Gutes tue für die Gerechtigkeit und für die Familien der weißen Opfer – daß es einfach Auge um Auge heißt ... Sie haben mir erzählt, daß ich schließlich meinen eigenen Leuten helfen muß, und ich hab mich einwickeln lassen.«

Die Enthüllungen von *The Sixteenth Round* zusammen mit der Titelgeschichte in der *New York Times* lösten allgemeine Empörung aus. Die Zeitungsberichte bestätigten die in Rubins Biografie erhobenen Vorwürfe der Korruption und der bewußten Täuschung, aber Polizei und Anklagebehörde leugneten selbstverständlich jede Schuld. »Alles Unsinn«, erklärte Detective Lieutenant Vincent DeSimone von der Staatsanwaltschaft Passaic County, »wir manipulieren keine Zeugen.«

Carters Anwälte leiteten umgehend ein Wiederaufnahmeverfahren ein, das auf den Geständnissen von Bello und Bradley beruhte. Eine Anhörung wurde anberaumt, um darüber zu entscheiden, ob dem Antrag stattgegeben werden konnte.

»Man sollte doch meinen«, fand Terry, »daß es automatisch einen neuen Prozeß geben müßte.«

Nachdem er die beeidigten Aussagen gehört hatte, kam Richter Samuel Larner – derselbe, der die ursprüngliche Verhandlung geleitet hatte – zu dem Ergebnis, daß die Widerrufe »den Klang der Wahrheit gänzlich vermissen« ließen. Die Begründung lautete:

(Bellos) stattliches Strafregister läßt schwerlich auf die Glaubwürdigkeit seiner Aussagen schließen ... Das verbrecherische Denken beider Zeugen, Bello und Bradley, ist so amoralisch und abwegig, daß es jedem Gericht unmöglich ist, die Motive und mentalen Verirrungen zu erforschen, die ihrem Verhalten zugrunde liegen.

Der Antrag auf Wiederaufnahme des Verfahrens wurde abgelehnt.

»Das ist nicht gerecht!« empörte sich Lesra. »Wenn die zwei glaubwürdig waren, als sie gegen Carter und Artis ausgesagt haben, wieso sind sie dann auf einmal total verlogen, weil sie was gegen die Cops sagen?«

»Schau mal«, sagte Sam und deutete auf einen anderen Artikel am Lesegerät, »das ist genau die Frage, die sich alle anderen auch gestellt haben.« Den Presseberichten zufolge hatte sich die allgemeine Empörung zunehmend aufgeheizt.

Dank einer massiven Hilfskampagne, die George Lois, der PR-Manager von New York, unter dem Motto »Freiheit für Carter und Artis« organisierte, sah die Justiz im Staat New Jersey nicht allzugut aus. Es war die Zeit des Watergate-Skandals, als man dem illegalen Machtmißbrauch jener, die geschworen hatten, über das Gesetz zu wachen, weniger duldsam gegenüberstand. Gouverneur Brendan Byrne wurde unter Druck gesetzt, Carter und Artis zu begnadigen, lehnte jedoch ab.*

Währenddessen hatte Carter Bob Dylan ein Exemplar von *The Sixteenth Round* geschickt. Inzwischen war der »Hurricane« ins Staatsgefängnis von Trenton verlegt worden, und Dylan fühlte sich veranlaßt, ihn dort aufzusuchen und persönlich zu sprechen. Über die Seelenverwandtschaft, die beide spontan empfanden, äußerte sich Carter bei einer Pressekonferenz im Gefängnis so: »Als er (Dylan) zur Tür hereinkam – dieser weiße Bruder – wußte er und wußte ich, daß wir keine Wahl hatten ... Es ist immer möglich, daß sich zwei

* Nur wenige Außenstehende waren sich im klaren über die byzantinischen Ausmaße der politischen Intrigen in New Jersey. Byrne war selbst in den Fall verwickelt und hatte zu seiner Zeit als Bezirksstaatsanwalt persönlich auf gewisse Richter eingewirkt, Bradley für seine Kooperation im Fall Carter mit Milde zu behandeln.

Menschen begegnen.« Das Ergebnis dieser Begegnung war »Hurricane«, der Zeig-die-Fäuste-Song, den Dylan mit dem Texter Jacques Levy schrieb – über Carter, über die Ungerechtigkeit und den Rassismus, der diesem Fall seine Dynamik gegeben hatte. Der Song wurde zunächst als Single herausgebracht, dann als Mitschnitt auf dem Album *Desire,* und lief von Herbst 1975 bis ins Jahr 1976 nahezu pausenlos auf allen Radiowellen. Außerdem war er eine Hauptattraktion des Repertoires auf Dylans Tournee »Rolling Thunder Revue«. Dylan gab Benefizkonzerte für Carter im Madison Square Garden (die jeweils binnen fünf Stunden ausverkauft waren), im Houston Astrodome (»The Night of the Hurricane«, I und II) und für die Insassen der Clinton-Jugendstrafanstalt, in der man Carter eine Zeitlang festgehalten hatte. Roberta Flack kam ins Gefängnis, um dort aufzutreten, ebenso wie Joan Baez, Ramblin' Jack Elliot, Ronee Blakely, die Kanadierin Joni Mitchell, der Gitarrist Robbie Robertson und der aus Paterson stammende Dichter Allen Ginsberg.

Dutzende weiterer Berühmtheiten setzten sich für »Hurricanes« Freilassung ein: Ellen Burstyn, Dyan Cannon, Muhammad Ali, Coretta Scott King beteiligten sich an Kundgebungen und Märschen; The Who, Richie Havens, Stevie Wonder, Johnny Cash, Stephen Stills, Isaac Hayes, Ringo Starr und viele andere traten unentgeltlich bei Konzerten auf. Der Romancier Nelson Algren war geradezu besessen von Carters Fall, was mehr als nur vorübergehendes Interesse bei seinen Schriftstellerkollegen Norman Mailer, Claude Brown, Gay Talese, George Plimpton und den Zeitungskolumnisten Jimmy Breslin, Dave Anderson und Pete Hamill auslöste. Zu den Politikern, die sich für die Sache einsetzten, gehörten Edward I. Koch (in einer früheren Inkarnation als liberaler Kongreßabgeordneter), der ehemalige Justizminister Ramsey Clark, der UN-Botschafter Andrew Young, Jesse Jackson, Julian Bond und der geschäftsführende Direktor vom

Bundesverband zur Förderung farbiger Bürger (NAACP) Benjamin Hooks. Die Entertainer Dick Gregory, Harry Belafonte, Melba Moore und Cleavon Little schlugen sich ebenso auf Hurricanes Seite wie die Funk- und Fernsehjournalisten Pat Collins und Geraldo Rivera oder die Sportler Hank Aaron, Walt »Clyde« Frazier und Earl »the Pearl« Monroe. Darüber hinaus engagierte sich ein Heer von Anwälten, Sportlern, Universitätsprofessoren, Geistlichen, Film- und Fernsehregisseuren und -produzenten, leitenden Firmenangehörigen sowie Buch- und Zeitschriftenverlegern in zahllosen, zugunsten von Carter geschaffenen Kommissionen.

Bei den Recherchen in der Bibliothek fanden Lesra und seine Freunde heraus, daß die Schlacht an zwei Fronten ausgetragen wurde: In den Medien, auf Kundgebungen, Märschen oder Autoaufklebern wie »ES GIBT NUR *EINEN* HURRIKAN OHNE SCHULD!« und am Bundesgericht von New Jersey, wo Carters New Yorker Anwälte Richter Larners letzten Beschluß anfochten. Schließlich fiel im März 1976 die Entscheidung. Das Gericht stellte einmütig fest, daß die Staatsanwaltschaft wichtige Beweise zugunsten der Beklagten unterdrückt hatte. Unter anderem einen geheimen Tonbandmitschnitt, der konkret bewies, daß Lieutenant DeSimone die Kronzeugen Bello und Bradley entgegen ihren ursprünglichen Behauptungen vor Gericht tatsächlich mit Gegenleistungen geködert und zu einer Falschaussage manipuliert hatte. »Ich wende mich an die höchsten Stellen«, hatte er Bello geschworen, um ihm aus seinen Problemen mit dem Gesetz herauszuhelfen, »das verspreche ich.«

Das Urteil wurde aufgehoben und ein neues Verfahren angeordnet. Bis zu dessen Entscheidung wurden Carter und Artis aus der Haft entlassen. Vor dem Gefängnis wartete Muhammad Ali mit einer Limousine und entführte die beiden zu einer rauschenden Siegesfeier in eine Suite des New Yorker Hilton Hotels.

Aber die Staatsanwaltschaft blieb nicht untätig. Im Wiederaufnahmeverfahren von 1976 entwarf sie das klassische Szenario Wir-gegen-die-anderen, das bei den örtlichen Geschworenen großen Anklang fand: Hier die Außenseiter, die aalglatten New Yorker Winkeladvokaten und Hollywood-Stars, dorrt die braven, ehrbaren, gesetzestreuen Bürger New Jerseys. Bello widerrief seinen Widerruf und belastete Carter und Artis erneut. Bradley, der an seinem Widerruf festhielt, floh in die Region Boston und weigerte sich, für die Anklage auszusagen, konnte allerdings auch nicht von der Verteidigung aufgestellt werden, weil ihn die Obrigkeit einer Vergewaltigung beschuldigte und in Gewahrsam behielt, bis das Verfahren vorbei war. Als Carter und Artis erneut verurteilt waren, ließ man die Anklage gegen Bradley am selben Tag fallen. Selwyn Raab, der Reporter der *New York Times,* und alle anderen, die zu Bellos Widerruf beigetragen hatten, wurden von der Anklage geschmäht und als »Rechtsverdreher, die mit gefälschten Aussagen Geschäfte machen« verleumdet. »Ja, es ist wahr«, gab der Ankläger in seinem Schlußplädoyer an die Jury zu, Bello sei ein »Dunkelmann, ein Dieb, abstoßend und widerwärtig«, aber dennoch glaubwürdig. Man habe ihn manipuliert, von der Wahrheit abzuweichen, aber nun habe er seine Irrwege erkannt.

»Voll erwischt!« warf Lesra höhnisch ein. »Der gute Bello hat sich wieder auf die richtige Seite geschlagen.«

Wie sich aus dem Pressematerial ergab, war das Verfahren jedoch letztlich dadurch entschieden worden, daß die Anklage in übelster Weise an rassistische Vorstellungen und Stereotype appellierte. Während sie 1967 in der ersten Verhandlung kein Motiv anzubieten hatte, konnte sie sich neun Jahre später erlauben, den Angeklagten »rassistische Rachgier« zu unterstellen. Mitte der sechziger Jahre, so der Ankläger zu den Geschworenen, habe es überall im Land einiges an Rassenunruhen gegeben, aber leider sei nicht jeder Schwarze ein

Martin Luther King. Mit dem Effekt, daß sich, wie die Staatsanwaltschaft behauptete, Carter und Artis am 17. Juni 1966 zu Rächern der schwarzen Rasse aufgeschwungen und wahllos drei Weiße in einer Bar in Paterson abgeschlachtet hatten, um den Tod eines ihnen unbekannten Schwarzen zu ahnden, der ein paar Stunden zuvor in einem anderen Lokal von einem Weißen, von dem sie nie zuvor gehört hatten, erschossen worden war! Da ein Raubüberfall nach den Erkenntnissen der Polizei ausschied, blieb offen, »welches Motiv dann sonst noch in Frage kam?«. Für die Jury gab es nur eine Antwort. Angesichts von Carters finsterem, bedrohlichen Erscheinungsbild und der Tatsache, daß er boxte und Boxen roh und brutal war, brauchte es zusammen mit den Hetzparolen der Anklage wenig Phantasie und noch weniger klare Beweise, um Rubin Carter erneut schuldig zu sprechen.

»Er ist trotz dieser ganzen Enthüllungen wieder verurteilt worden!« stellte Sam ungläubig fest.

»Vielleicht gerade deshalb«, sinnierte Kathy.

Überwältigt von den niederschmetternden Details und sprachlos angesichts der bodenlosen Ungerechtigkeit des Falles, waren alle mit den gleichen Fragen beschäftigt. Nachdem Rubin Carter zeitlebens unter den demütigenden Umständen seiner Existenz als Schwarzer gelitten hatte, sollte er nun zum Rassisten gestempelt werden? Das hieß, das Opfer zum Täter zu machen! Wie wurde Rubin damit fertig? Schlimm genug, daß er den ersten Prozeß ertragen mußte, verurteilt wurde und erst nach neun Jahren, in denen er pausenlos seine Unschuld beteuert und bewiesen hatte, erleben durfte, daß der Schuldspruch revidiert wurde. Aber nach armseligen neun Monaten Freiheit in einem zweiten Prozeß erneut verurteilt zu werden – das war einfach zu viel.

»Also, was'nu Sache mit ›Hurricane‹?« fragte Lesra, mit einem kleinen Ausrutscher ins bündige Black English. »Und wo isser?«

In einem Artikel des *Globe* vom 20. September 1977 fand sich die Antwort, zumindest ein paar Hinweise, aus denen sie sich zusammenreimen konnten, wo Rubin war und wie er sich vor drei Jahren verhalten hatte. Über dem Foto eines bärtigen Mannes mit nacktem Schädel und altmodischer Nickelbrille las Lesra die Worte »Die *Cause célèbre* kämpft allein«, und vertiefte sich mit den anderen in den Artikel:

NEW YORK – Rubin (Hurricane) Carter verbringt seine Tage in einem Gefängnis aus dem 19. Jahrhundert, wo er einsam und zurückgezogen in einer winzigen Zelle lebt und kaum ein Wort mit seinen Wärtern oder Mitgefangenen wechselt.

Achtzig Meilen entfernt lebt John Artis auf einer Gefängnisfarm ohne Mauern und Gitter und kann sich inmitten einer fruchtbaren Landschaft ganz der Arbeit und seinen Studien widmen.

Der einst so aufsehenerregende Mordfall aus New Jersey, der Carter und Artis in derart unterschiedliche Haftanstalten brachte, ist alles weniger als vergessen. Knapp ein Jahr, nachdem die beiden zum zweiten Mal verurteilt und mit lebenslangen Haftstrafen belegt wurden, bahnt sich in dem verworrenen Fall eine neue Runde von Verhandlungsschlachten an.

Wie die Verteidigung mitteilt, soll der am 21. Oktober in Paterson erlassene Schuldspruch erneut angefochten werden. Nach Auskunft der Anwälte können die üblichen Rechtsmittel erst jetzt geltend gemacht werden, da die Protokolle der sechswöchigen Verhandlung seit einem Jahr zurückgehalten wurden …

Carter eingepfercht in dunkle Zelle

Der (inzwischen vierzigjährige) ehemalige Boxchampion Rubin Carter, einer der führenden Mittelgewichtler seiner Zeit, wurde im Hochsicherheitstrakt der Haftanstalt von Trenton in eine spärlich beleuchtete, winzige Zelle gepfercht. Sie ist nur anderthalb Meter breit und zwei Meter lang und liegt in einem Zellentrakt, der im Jahre 1850 erbaut wurde.

»Heilige Scheiße!« platzte Lesra heraus, ganz vergessend, daß er sich in einer öffentlichen Bibliothek befand. »Er ist also wieder in Trenton, in diesem Rattenloch!«

... Carter hat sich ganz von den übrigen 900 Insassen des verkommenen Ziegelbaus zurückgezogen, lehnt es ab, sich an Arbeits- oder Fortbildungsmaßnahmen zu beteiligen, und weigert sich sogar, Gefängniskost zu sich zu nehmen.

Er beteuert weiter seine Unschuld und erklärte in einem Interview, für ihn sei die Anpassung ans normale Gefängnisleben gleichbedeutend mit dem Eingeständnis, »daß ich schuldig bin und der Staat das Recht hat, mir die Freiheit zu nehmen und mich hier festzuhalten«.

Wie er sagt, verbringt er die meiste Zeit mit Lesen – einschließlich juristischer Texte – und Schreiben. Seine Biografie wurde bereits 1974 unter dem Titel The Sixteenth Round *veröffentlicht.*

Für die Kost sorgt der Songtexter Thom (Kidrin), ein alter Freund von Carter, der ihn jeden Monat mit einem 25-Pfund-Paket beliefert, das überwiegend Büchsensuppen und Gemüsekonserven enthält, die Carter mit einem Tauchsieder erhitzt und in seiner Zelle verzehrt.

Ansonsten gibt es wenig Besuch für den Mann, der noch vor drei Jahren die nationale »Cause célèbre« war.

Seit dem letzten Jahr ist auch die Verbindung zu seiner Frau, mit der er zwei Kinder hat, abgebrochen. Sie besucht ihn nicht mehr, ebensowenig wie die vielen Politiker, Sportler, Geschäftsleute und Showgrößen, die sich früher für seine Sache geschlagen, aber nach der letzten Verurteilung jeden Kontakt abgebrochen haben ...

Kein Kommentar zur geplanten Berufung

Hauptvertreter der Verteidigung (sind) Myron Beldock und Lewis Steel... Wie bekannt, beabsichtigt der Bundesverband zur Förderung farbiger Bürger (NAACP), das Verfahren aus seinem Rechtshilfefonds zu unterstützen...

Burrell I. Humphreys, der Anklagevertreter von Passaic County, lehnte eine Stellungnahme zu dem geplanten Berufungsverfahren ab, machte aber bezogen auf die spektakuläre Hilfskampagne der einstigen Carter-Befreiungsfront deutlich, wie wichtig das Urteil von 1976 sei, da »es beweist, daß ein Wettstreit zwischen einer amerikanischen Jury und den Reklamefritzen der Madison Avenue gar kein Wettstreit ist«.

Aufgrund der rassistischen Befangenheit, der Unterdrükkung von Beweisen und der Einschüchterung von Zeugen, die die Verteidigung der Staatsanwaltschaft vorwirft, ist die Akte Carter/Artis laut Steel »als einer der wichtigsten Rechtsfälle in der amerikanischen Justiz anzusehen... (und) wird nie vergessen sein, unabhängig davon, wie er letztlich ausgeht«.

»Verdammt, das ist wirklich zuviel!«

»Die Frau verloren, die Kinder weg...«

»Mist!« war alles, was Lesra herausbrachte.

Sie verließen die Bibliothek, wider besseres Wissen immer noch hoffend, daß sich in den drei Jahren seit der letzten Veröffentlichung doch noch etwas getan hatte und Rubin endlich frei war.

Schließlich kam die Idee auf, im Gefängnis anzurufen.

»Kann man das?« wollte Lesra wissen.

»Aber ja, *du* wirst das schon können!«

Zu Hause angekommen (mit den Fotokopien für die anderen), zeigten sie Lesra, wie man die Auslandsauskunft erreichte und die gewünschte Nummer bekam. Schließlich war Lesra mit dem Staatsgefängnis in Trenton verbunden und erkundigte sich, ob man Rubin Carter immer noch dort festhielt. Nachdem man ihn weiter verbunden hatte, bellte eine schroffe Stimme:

»Wie ist die Nummer?«

»Wie bitte? Welche Nummer?«

»Na, *die Nummer*! Seine Häftlingsnummer! Die kriegt hier jeder, wenn er reinkommt.«

Lesra warf einen Blick auf Carters Buch, das vor ihm auf dem Schreibtisch lag. »Das war mal ... Nummer vier, fünf, vier, sieben, zwei.«

Man hörte, wie in Papieren geblättert wurde. »Carter? Rubin Carter? Aber klar, der ist hier. Hat sich eingeigelt im Block Zwei, links.«

Lesras Stimmung sank auf den Nullpunkt. Langsam legte er den Hörer auf und drehte sich zu den anderen um. »Er ist nach wie vor dort, in diesem gottverdammten Loch.«

Zweiter Teil

Ins Leben zurückgerufen

Er ließ das Fenster herunter und schaute zur aufgehenden Sonne hinaus. Da gab es einen Strich ungepflügten Landes und den Pflug noch an derselben Stelle, wo man am Abend zuvor die Pferde ausgespannt hatte, auf dem Acker. Jenseits sah man ein Buschwäldchen, in dem noch viele Blätter von brennendem Rot und goldigem Gelb an den Zweigen zitterten. Die Erde war kalt und feucht, der Himmel aber klar, und die Sonne erhob sich in ruhiger Pracht.

»Achtzehn Jahre!« sagte der Passagier, zur Sonne aufblickend. »Barmherziger Schöpfer des Tages! Achtzehn Jahre lang lebendig begraben zu sein!«

Charles Dickens
Geschichte aus zwei Städten

5

Die Entscheidung, mit Rubin Carter zu korrespondieren, kam nicht ganz unüberlegt zustande. Neugier allein war kein ausreichender Grund, obwohl Lesra und die Kanadier nicht umhinkonnten, sich immer wieder zu fragen, in welcher Verfassung Carter jetzt wohl sein mochte. Einerseits war allen klar, daß man sich auf Beziehungen zu Gefangenen, deren Leben so kompliziert und deren Bedürfnisse so verzweifelt waren, nicht leichtfertig einlassen durfte. Andererseits hatten sie Carters Worte wohl gehört, seinen Hilferuf verstanden, und so blieb ihnen keine Wahl. Zumindest mußten sie ihm sagen: »Hallo, du bist nicht allein.«

Als erstes rief Terry im Gefängnis an, um herauszufinden, ob Carter Post empfangen durfte und man eventuell auf eine Liste gesetzt werden mußte, um ihm schreiben zu dürfen. Nachdem er seine Fragen dreimal wiederholt hatte, teilte ihm ein dickfelliger Beamter aus der Poststelle lapidar mit, er könne schreiben, wem er wolle, dazu brauche man hier in Trenton keine Erlaubnis und so was wie eine Liste schon gar nicht. Terrys nächste Frage stellte ihn allerdings vor ein größeres Problem. »Wie lautet die Adresse?«

»He, Rocky«, tönte die Stimme aus dem Telefon, »was ha'm wir denn hier für'ne Adresse?«

»Meinst du die Straße?« antwortete eine Stimme aus dem Hintergrund.

»Yeah.«

»Third and Federal. Keine Ahnung welche Nummer. Wozu willste das denn wissen?«

»Da will einer 'n Brief schreiben.«

»Scheiße, Mann, dann brauchste doch die Postanschrift und nicht die Straße!«

»Weißte was, wenn 'de so oberschlau bis', dann geh' doch selbst ans Telefon!«

Es folgte ein längeres Poltern und Krachen, als habe man den Hörer fallen und mehrmals gegen die Wand knallen lassen, bevor das Pendel wieder zur Ruhe kam. Schließlich meldete sich eine Stimme, die sehr nach einem gewissen Rocky klang, nur um einiges deutlicher als vorher.

»Also, Namen und Nummer des Häftlings oben auf den Umschlag, dann Drawer ›N‹, Trenton, New Jersey null, acht, sechs, zwei, fünf, und das Ding kommt an.« Damit war das Gespräch beendet.

Allein die Aussicht, an Rubin zu schreiben, war für Lesra schon aufregend genug. Er konnte sich einfach nicht vorstellen, daß jemand, der Bücher schrieb – und damit nach seinen Maßstäben etwas ganz Besonderes sein mußte –, tatsächlich existierte als ein Mensch aus Fleisch und Blut! Ausgestattet mit Rubin »Hurricane« Carters Adresse und wohlpräpariert dank einer Lektion »Briefe schreiben leichtgemacht«, nahm die große Herausforderung, mit einem Helden zu korrespondieren, jedoch langsam Gestalt an. Nach etlichen Entwürfen und Korrekturen war der Brief an Rubin Carter, Lesras erster Brief überhaupt, endlich fertiggestellt. Datiert vom 20. September 1980, beschrieb er zunächst Lesras Hintergrund und erläuterte, wie es einen Jungen aus Brooklyn nach Kanada verschlagen hatte. Dann hieß es weiter:

Der Gedanke, an Sie zu schreiben, hat mir angst gemacht, aber nicht wegen Ihres Rufs – ich weiß, daß Sie keiner Fliege was tun könnten (es sei denn, die beißt Sie). Ich fühle mich ängstlich und verletzlich, weil ich Sie jetzt nicht mehr einfach als Schriftsteller sehe, sondern als ein menschliches Wesen. Für uns Schwarze ist es ja selbst unter den günstigsten Bedingungen schwer, uns zu öffnen und gegenseitig zu vertrauen, weil man uns dort, wo wir herkommen, schon mit der Muttermilch beibringt, daß man hart sein muß.

... Mein ältester Bruder war auch schon im Gefängnis, in New York, und bevor ich Ihr Buch kannte, war ich wirklich überzeugt, daß er eiskalt ist und nicht ganz richtig im Kopf, was ja viele Leute auch von Ihnen gedacht haben. Aber jetzt, seit ich »The Sixteenth Round« gelesen habe, kann ich ihn und seine Probleme viel besser verstehen. Sie haben also mit dem Buch nicht nur selbst Hilfe gesucht, Sie haben auch anderen geholfen.

Das ganze Buch über hab' ich mich gefragt, ob man nicht besser gleich tot ist, statt den ganzen Scheiß auszuhalten wie Sie. Aber jetzt muß ich sagen, wenn Sie tot wären, hätten Sie das alles auch nicht geben können, was Sie mit dem Buch gegeben haben. Wenn ich mir vorstelle, daß ich mich womöglich nicht getraut hätte, Ihnen diesen Brief zu schreiben, oder daß man sie vielleicht doch noch weichklopfen könnte, das Handtuch zu werfen, Mann, das wäre einfach zuviel! Es müßte mehr geben von Ihrer Sorte, wir brauchen Leute, die ein Zeichen setzen und uns zeigen, was Mut ist!

Also, Bruder, ich laß es jetzt erst mal dabei. Ich hoffe, ich bekomme eine Antwort. Mir liegt sehr viel daran.

Ihr Freund
Lesra Martin

Auch die Kanadier schrieben einen Brief und schlossen sich Lesras Äußerungen an. Sie dankten Carter für die offenen und ehrlichen Worte, die er in seinem Buch gefunden hatte, und würdigten die Standhaftigkeit, mit der er seinen Grundsätzen treu blieb. In einer »moralischen und gerechten« Gesellschaft, erklärten sie, hätte man »ein herausragendes Mitglied« wie ihn lieber unter einer anderen Adresse angetroffen. Aber auch so sei es eine Ehre, ihm zu schreiben.

Mit gleicher Post ging eine Zahlungsanweisung ab, um zu verhindern, daß Carter nur deshalb nicht schrieb, weil er das Porto nicht zahlen konnte (was im Gefängnis häufig vorkam). Außerdem dürfe er keineswegs glauben, betonten sie, daß es unwichtig sei, ob er antworte oder nicht, denn »Freundschaft ist immer wichtig!«.

Lesras Interesse am Briefverkehr steigerte sich dramatisch. Wann immer die Post durch den Haustürschlitz fiel, war er augenblicklich zur Stelle. Üblicherweise geschah das gegen 11 Uhr vormittags, endete aber regelmäßig enttäuschend, so daß er mit wachsenden Zweifeln und schwindendem Eifer an seine Arbeit zurückkehrte.

An einem Mittwoch im Oktober hatte er wie gewohnt Posten bezogen, obwohl er davon ausging, daß es ein Tag würde wie alle anderen. Die Enttäuschung war zur Gewohnheit geworden, wie an jedem Wochentag zuvor. Er hörte, wie sich die Schritte des Briefträgers der Haustür näherten, sah, wie sich die Messingklappe öffnete und die Post durch den Schlitz segelte. Er warf einen kurzen Blick auf den Haufen Papier am Boden und wollte wieder nach oben an die Bücher ... da fiel ihm plötzlich ein Umschlag auf. Er hob ihn auf. Keine Queen, die ihn aus der Ecke anschaute, sondern zwei Fünfzehn-Cent-Marken mit wehendem Sternenbanner.

»Er ist da!« rief er. »Er ist da!« Unnötig, auch noch die Großbuchstaben über den Marken zu lesen »LAND DER KÜHNEN – LAND DER FREIEN«, er wußte auch so, wo der Brief herkam. Er war es, keine Frage.

»He, da, Leute! Alle mal herkommen! Er hat geantwortet! Wie findet ihr das? Er hat doch Tatsache geantwortet! Ich kann's nicht fassen! Rubin *Hurricane* Carter hat uns geschrieben! ... Ich hab's doch gewußt«, tönte er die Treppe hoch und durchs ganze Haus, bis sich alle versammelt hatten.

Carters Brief trug das Datum vom 7. Oktober und richtete sich an alle im Haus. Er bestand aus einer Seite, war auf der Maschine geschrieben, gespickt mit Ausrufezeichen und Unterstreichungen, und begann mit einer Entschuldigung für die »scheinbar zögerliche Reaktion«. Rubin hatte keine Briefmarken gehabt und lange darauf warten müssen. »Aber wer sich über mangelnde Gelegenheiten beklagt, vergißt, daß kleine Türen oft in große Räume führen«. Dann bedankte er sich überschwenglich, daß ihn Lesra und die anderen »so großzügig mit Hoffnung, Anteilnahme und Menschlichkeit überschüttet« hatten. Ihre »tiefempfundenen Worte« hatten ihn »buchstäblich aus den Zeilen angesprungen« und ihm »ein wärmendes und wohltuendes Gefühl grenzenloser Freude« beschert. Dieser Mann wußte wahrhaftig, wie man seinen Empfindungen Ausdruck gab.

Lesra und seine Freunde waren begeistert. Offenbar hatte sich wirklich eine kleine Tür geöffnet.

Es folgte ein reger Briefwechsel von Oktober bis Dezember, in dem sie Rubin alle möglichen Fragen stellten – über sein Buch, ob er an einer Fortsetzung schrieb, wer mit seinem Revisionsantrag betraut war und wie die Sache stand, ob er immer noch sein monatliches Freßpaket erhielt, wie er die Wahl Ronald Reagans zum Präsidenten einschätzte und deren Folgen für das Land ... Rubin war sehr herzlich, aber dennoch zurückhaltend. Obwohl er eifrig schrieb und es würdigte, daß die Kanadier eine Großfamilie gebildet und Lesra bei sich aufgenommen hatten, blieben ihre Fragen unbeantwortet. Offenbar hatte er sich aus der Welt zurückgezogen und schien weder an politischen Diskussionen noch an Schilderungen seiner Lebensumstände oder seines Falles interessiert. Allerdings war er äußerst belesen, vor allem in esoterischen Schriften, die ihm sehr geholfen hatten. Dabei ging es ihm weniger um Fragen der Seelenwanderung, wie er meinte, als um ewige Wahrheiten, um die Beschäftigung mit

Buddha, Sokrates, Jesus oder Krishnamurti – statt mit Reagan, Nixon oder Ford. Gegen solche Gefährten ließ sich nichts einwenden, ebensowenig wie gegen seinen Eifer, hinter die Dinge zu sehen; es war nur eine Frage der Einstellung. Offen blieb nur, ob sein Rückzug aus den Niederungen des Alltags irgendwann damit endete, daß er sich von allem und jedem lossagte.

Die Kanadier waren froh, daß sich Lesra so lebhaft für Rubin Carter und dessen Schicksal interessierte, schließlich war es ihre Pflicht, dafür zu sorgen, daß er seine Herkunft nie vergaß. Wenn er seine Wurzeln leugnete (oder, schlimmer noch, sich am Ende überlegen fühlte), hatte ihre Erziehung, von der sie hofften, daß sie ihn aus seiner Zerrissenheit und Scham erlösen und zu einem verständigen und mitfühlenden Wesen machen würde, jämmerlich versagt.

Insofern war es auch wichtig, daß Lesra den Kontakt mit seiner Familie nicht nur aufrechterhielt, sondern vertiefte, und die sonntäglichen Anrufe seines Vaters waren in diesem Punkt äußerst hilfreich. Leider hatte er selten Gutes zu berichten, so daß Lesra nach diesen Gesprächen oft mit den Gedanken bei seiner Familie war und sich sorgte; und da ihm seine Sorgen immer wieder in die Quere kamen, wenn er versuchte, sich auf den »Schulkram« zu konzentrieren, teilte er sie mit den anderen und beriet sich mit jedem, der ihm im Haus über den Weg lief. Es war ein ebenso wichtiger Bestandteil seiner Schulung wie die Fahrten »nach Hause runter«, die er zweimal im Jahr unternahm.

Diese Heimreisen machten Lesra besonders schwer zu schaffen. Gefühlsmäßig war er schon Tage und Monate vorher in Brooklyn und blieb auch noch Wochen, nachdem er es wieder verlassen hatte, in Gedanken dort, bis er seine Eindrücke verarbeitet hatte. Er fühlte sich schuldig, daß er als einziger in der Familie die Chance hatte, in Kanada zu leben, und er fand, daß er soviel Glück gar nicht verdient hatte. Es war einfach ungerecht, und er hatte das Gefühl, alle im Stich gelassen zu haben. Vor allem seinen Bruder Elston, der noch ein Jahr jünger war als er und nun die ganze Verantwortung hatte; der auf die jüngeren Brüder aufpassen und sich mutterseelenallein auf der Straße durchboxen mußte.

Es war schmerzlich für Lesra, daran erinnert zu werden, wie der Rest der Familie leben mußte, nicht nur die materiellen, sondern, wichtiger noch, die psychologischen Probleme vor Augen zu haben: die Instabilität, den permanenten Angstdruck, die fehlende Selbstachtung, die Hilflosigkeit – im Kontrast zu seiner Sicherheit, dem wachsenden Vertrauen und den hoffnungsvollen Aussichten für die Zukunft. Aber seine Angehörigen und Freunde hatten ihn schnell überzeugt, daß ihnen sein Erfolg, sein Ausbruch aus der Misere genausoviel bedeutete wie ihm selbst. Es war nicht selbstsüchtig, versicherten sie Lesra (der sich ihre Worte immer wieder ins Gedächtnis rief), nach Kanada zu gehen und viel zu lernen – es war ein Stück Hoffnung für alle.

Als das Weihnachtsfest näher rückte und Lesra wieder einmal nach New York fliegen sollte, um die Ferien mit seiner Familie zu verbringen, kam die Idee auf, bei dieser Gelegenheit einen Ausflug nach New Jersey zu machen, um Rubin zu besuchen – falls er Besuche empfangen durfte und selbst einverstanden war.

Terry telefonierte mit seinem »alten Kumpel« Rocky aus dem Postzimmer und erkundigte sich, welche Regeln für einen Besuch zu beachten waren. Etliche Anrufe und reichlich rätselhaftes Gefängnis-Kauderwelsch weiter, hatte er herausgefunden, daß man sich bei den 90-minütigen »Kontakt-Visiten« direkt näherkommen konnte, während man bei den nur halbstündigen »Fenster-Visiten« durch eine dicke, kugelsichere Glasscheibe getrennt blieb und sich nur über Telefonhörer verständigen konnte. Kontakt-Visiten fanden nur am Wochenende und zu streng geregelten Zeiten statt – im Zwei-Stunden-Rhythmus von 8 bis 14 Uhr –, und man hatte Stunden vorher da zu sein, um sicherzugehen, daß man eingelassen wurde.

Lesra fand die Idee, nach Trenton zu fahren, zunächst eher erschreckend und traute sich das Ganze nicht zu. Erst als man miteinander die Reiseroute erörterte und alle meinten, es müsse doch aufregend sein, Rubin persönlich kennenzulernen, nahmen seine Ängste ein wenig ab, zumal ihn seine Freunde daran erinnerten, daß er schließlich genügend Erfahrung hatte und schon mehrmals allein nach New York und zurück geflogen war. Er brauchte nur von Brooklyn aus in die Subway Richtung Penn Station auf der Westseite Manhattans zu steigen und von dort in einen Zug nach Trenton, das nur eine Stunde entfernt war. Für das letzte Stück zum Gefängnis nahm er einfach ein Taxi, kurzum – er war sehr wohl in der Lage, damit fertigzuwerden, und wenn überhaupt, dann waren es eher die emotionalen Aspekte der Reise, die ihm Probleme machten, und nicht die Frage, wie er von da nach dort kam. Schließlich blieb Lesra nichts anderes übrig, als zuzustimmen, obwohl er immer noch Angst hatte.

Er schrieb Rubin einen Brief, um zu fragen, ob er ihn persönlich kennenlernen wolle und mit einer Kontakt-Visite am Samstag oder Sonntag zwischen Weihnachten und Neujahr einverstanden sei. In einem Nachtrag erkundigten sich die Kanadier, ob er ihre letzten Briefe erhalten habe, da er sich nicht zu ihren Fragen geäußert hatte.

Es war schon Mitte Dezember, als Rubin antwortete und am Ende eines langen Briefes schrieb:

Manche Fragen kann *man beantworten, manche nicht, und andere sind es gar nicht erst wert, überhaupt gestellt zu werden. Aber die, die sich beantworten lassen, kann man nur von Angesicht zu Angesicht besprechen. Das Angesicht* hier *will nach* dort *und nicht ein anderes Gesicht hierherbringen.*

Wenn Lesra kommen will, wird er es auch tun. Wenn nicht, dann nicht. Ich weiß, das klingt kalt. Und doch ist es anders in Wirklichkeit.

Allen ein Frohes Weihnachtsfest und viel Glück im neuen Jahr, an allen Tagen, die es bringt.

Es ist jetzt drei Uhr morgens und ganz still. Bis auf das Klappern der Tasten unter meinen zwei Fingern – und jetzt wird auch das verstummen. Gute Nacht Euch allen.

Euer Freund und Bruder
Rubin Hurricane Carter

Wie es aussah, hatten sie einen Nerv getroffen: Rubin wollte den Besuch und wollte ihn nicht, er wollte berührt werden und gleichzeitig niemanden an sich heranlassen. Er hatte die Pose des Zuschauers eingenommen, der sich zurücklehnt und »dem Universum seinen Lauf läßt«.

Das gab den Ausschlag für Lesra. Nun war er fest entschlossen, Rubin zu besuchen. Niemand sollte Weihnachten allein sein.

Die Kanadier gaben ihm Weihnachtskarten und einen Brief mit auf den Weg. Ein Geschenkpaket mit Kleidung – darunter ein Jogginganzug aus weichem Velours in matten Erdtönen, die gut zu Rubins Sternbild paßten (er war Stier, wie sie aus seiner Biografie wußten, und am 6. Mai 1937 geboren, am Tag, als die Hindenburg explodiert war, ebenfalls in New Jersey) – war bereits nach Trenton abgegangen. Zusammen mit einer handgezeichneten Karte, auf der sie skizziert hatten, wie sie sich Rubin in dem neuen Jogginganzug vorstellten. Die Überschrift lautete: »Vorwärts und nicht nachlassen!«

Wann immer Lesra in den Staaten war, lebten die Kanadier in ständiger Sorge. Nicht, weil sie unter Wahnvorstellungen litten, sondern weil die Statistik belegte – und bis heute zeigt –, daß Mord als häufigste Todesursache galt, von der fünfzehn- bis fünfundzwanzigjährige männliche Schwarze in Amerika betroffen waren (eine Rate, die um das Zehnfache höher lag als bei den Weißen gleichen Alters). Die Straßen von Bushwick und Bedford Stuyvesant waren gefährlich, auch wenn man dort aufgewachsen war. Jugendliche, die etwa das Glück oder die Kühnheit hatten, sich mit einem der damals modischen Schaffellmäntel zu zeigen, mußten oft mit dem Leben zahlen, wenn sie versuchten, Diebe abzuwehren. Drogen und Waffen gab es überall, und so war es nicht abwegig, wenn die Kanadier befürchteten, daß Lesra trotz aller Vorsicht in einen Zwischenfall verwickelt und ganz zufällig von einer Kugel getroffen werden konnte. Die Gefahr war sehr real.

Sie schärften ihm ein, sich nach Möglichkeit täglich zu melden, und da die Martins immer noch kein Telefon hatten, mußte Lesra den Münzapparat im Eckladen zum Broadway benutzen, wo auch sein Vater die Anrufe nach Kanada abwickelte. Allerdings war es nicht einfach, sich von dort zu verständigen, da der Laden direkt an einer Subwaytrasse lag und alle paar Minuten eine Hochbahn vorbeikreischte, verbunden mit einem derart lauten und heftigen Dröhnen, daß das ganze Gebäude erbebte, das Telefon wackelte und jedes Gespräch unmöglich wurde. Nicht gerade die besten Bedingungen für einen flüssigen Gedankenaustausch, aber man war dennoch froh und erleichtert, Lesras Stimme zu hören (die in Bushwick deutlich härter klang) und die bruchstückhaften Informationen, die bei diesen Gesprächen rüberkamen.

Beladen mit Geschenken wie bei der Rückkehr des verlorenen Sohns, traf Lesra am LaGuardia Airport ein, wo ihn sein Vater erwartete und fest in die Arme nahm.

»Ich bin froh, daß du wieder da bist, mein Junge.«

Nicht gerade der übliche Empfang, dachte Lesra, und sah sich um, ob sonst noch jemand gekommen war.

»Alles in Ordnung, Pop? Wieso bist du allein?«

»Die warten alle zu Haus. Komm, laß dich mal ansehen«, meinte Earl und betrachtete seinen Sohn, offenbar zufrieden mit dem, was er sah.

»Was ist mit Mommy und den andern?«

»Oh, der geht's gut. Allen geht's gut.«

»Wo ist Elston? Warum ist er nicht mitgekommen, Pop?«

Earl Martin schüttelte den Kopf und half Lesra mit dem Gepäck. Dann machten sie sich auf die Suche nach einem Bus. Es war eine lange Fahrt bis nach Brooklyn.

Lesra hatte begriffen, was los war. Sein Vater machte sich Sorgen über irgendwas, konnte aber nicht darüber sprechen – noch nicht. Er ließ sich Zeit, bis sie zum dritten Mal umgestiegen waren und endlich im Zug nach Bushwick saßen.

»Ich mach' mir Gedanken über den Jungen.«

»Über Elston, Pop?«

»Mmm. Du weißt, was ich meine.«

»Was denn, Pop? Sag's mir.«

»Dein Bruder hört auf niemanden nich.«

»Ist was passiert, Pop?«

»Hab's ihm immer wieder gesagt, daß er nich hingehn soll, wo er niemals nich hingehört ...«

»Was ist passiert, Pop?«

»... einfach so rüberzumachen über die Myrtle Avenue, als wär's nix ...«

»In den weißen Bezirk?«

»Hat sich fast totschießen lassen.«

»Verdammt!«

»Is aber wieder okay.«

»Verdammter Mist! Eh, Pop ... ich red' mit ihm, Pop.«

»Zeit, daß ihn einer zu Verstand bringt, den Burschen. Ich hab's versucht, weiß Gott.« Earl stand plötzlich auf. »Hoch mit dir, Junge! Wenn wir weiter so quatschen, verpassen wir noch unsre Station!«

In der Linden Street hatte sich bereits die halbe Nachbarschaft versammelt. Lesra war plötzlich sehr begehrt, nur sein Bruder Elston hielt sich etwas abseits und sprach mit einem Mädchen, als habe er Lesras Kommen nicht bemerkt. Auf dem Außenpodest hatten ein paar Mädchen aus der Nebenstraße Posten bezogen, um Lesras Anmarsch und Einzug ins Haus besser verfolgen zu können. Als seine Zukünftige hatte man schließlich die besten Chancen, hier rauszukommen. Seine Klamotten waren zwar irgendwie komisch, aber er sah wenigstens aus wie einer von den reichen weißen Jungs, diesen »Preppies« aus dem Fernsehen. Und die Einkaufstüten voller Geschenke taten ein übriges, Lesras Image zu heben.

Oben, auf dem Gipfel der letzten von vier Etagen, stand Lesras Mutter, umgeben von seinen Geschwistern. Die Treppe hatte immer noch kein Geländer und die Wohnungstür keinen Knauf. Die Umgebung war unverändert, alles war unverändert. Und während ihn die anderen herzten und küßten, fragte er sich, ob er überhaupt je weg gewesen war.

Er war kaum in der Wohnung, als sein sechsjähriger Bruder Damon schon nach wenigen Minuten unvermittelt in Tränen ausbrach.

»Was hast du, Day-day?« fragte Lesra.

»Wo ist Lesra? Ich will Lesra!«

»Aber ich bin doch Lesra, du Dummerchen. Komm schon, Kleiner, gib deinem großen Bruder einen Kuß!«

Lesra streckte die Arme aus, aber Damon schreckte regelrecht zurück und weinte nur noch lauter. »Du siehst aus wie Lesra, aber du redest so komisch! Du bist nicht Lesra! Wo ist Lesra?«

»Halt die Klappe, Day-day!« brüllte Fru. »Das ist Lesra, alles klar? Also, los, gib ihm endlich einen Kuß!«

»Er kling nich wie Lesra«, schluchzte Damon.

»Aber klar isser das, Mann!« konterte Fru. »Der redet nur vernünftig, das is alles – würdst du auch, wenn du könntest!«

»Ich kann's aber«, meldete sich Nonie, Lesras ältere Schwester. »In der Schule reden wir genauso, und ich krieg immer Einsen in Englisch!«

Sie forderte Lesra zu einem Wettstreit in Grammatik, und schon bald diskutierte die ganze Familie, wie man dies oder das »korrekt« ausdrückte. Schließlich versuchte Lesra, ihnen klarzumachen, daß es keine Frage von falsch oder richtig war, sondern einfach daran lag, daß es zwei verschiedene Sprachen gab: Standard Englisch und Black English.

»Ne, so'n Quatsch!« sagte Nonie.

»Ehrlich, das ist nicht gelogen!« antwortete Lesra, inzwischen sehr bedacht auf seine Wortwahl.

Später am Tag nutzte er einen ruhigen Moment, um mit seiner Mutter zu sprechen. Sie stand in der Küche und kochte gerade Erbsen mit Reis, Lesras Lieblingsgericht, das er seit Ewigkeiten nicht gegessen hatte. Niemand machte das so gut wie seine Mutter, schon gar nicht in Kanada, und das sagte er ihr auch, während er sie von hinten umschlang und daran dachte, wie gern er ihr immer beim Kochen zugesehen hatte, wie wohltuend das war und wie selten es vorkam.

»Er kommt schon wieder zu sich«, meinte Alma, offenbar nicht sonderlich beunruhigt. »Hat sich ein bißchen mit deinem Vater gestritten und mußte einfach 'ne Weile raus.«

»Ich weiß. Ich hab ihn draußen gesehen, als ich ankam. Er hat sich mit Shirley unterhalten. Du weißt schon, Ma, Shirley – die Tochter von Miz Brown.«

»Miz Brown was?« fragte Alma.

»Tochter – ihre Tochter, verstehst du?«

»Ihre was?«

»Tochter!« brüllte Lesra.

»Dotter? Was redst du'n da, Junge? Was soll'n Miz Brown mit'm Dotter?«

»Also, Ma, du weißt doch«, erklärte Lesra, überrascht und frustriert angesichts der unerwarteten Probleme, sich zu verständigen, »wenn eine Frau ein Kind hat und zwar ein Mädchen, dann ist das eben ihre Tochter.«

»Oh!« stieß Alma aufgebracht hervor, hörte auf zu rühren, legte den Deckel auf den Topf, stemmte die Hände in die Hüften und betrachtete ihren Sohn, als habe er den Verstand verloren. Dann sprach sie langsam in ihrem breitesten Brooklyn-Akzent: »Du meinst *doe-aw-duh**?«

»Ja, Ma, genau«, gab Lesra verlegen zu, weil ihm plötzlich klar wurde, wie fremd er sich anhören mußte. »Was ich sagen wollte, ist – Shirley ist die *doe-aw-duh* von Miz Brown.«

»Und warum sags'n das nich gleich? Bring' die dir denn gar nichts nich bei da o'm in Kanada? ... Klar kenn ich Shirley.«

Hin und her gerissen zwischen Stolz und Entrüstung, erzählte er das Ganze bei einem seiner nächsten Anrufe in Kanada, um seinen Lehrern zu zeigen, daß sie sich nicht vergeblich bemüht hatten, ihm etwas beizubringen. Endlich hatte er den Beweis, daß er seinen Akzent** allmählich ablegte und begann, Standard Englisch zu sprechen. Weniger erfreulich war die Tatsache, daß er sich in der heimischen Umgebung »weiß« anhörte, aber die Kanadier versicherten ihm, daß er bald nach Belieben zwischen den Sprachen wech-

* *daughter* in Standard Englisch

** Sie hatten hart daran gearbeitet, Lesras ausgeprägten Akzent zu korrigieren. Ähnlich wie bei Archie Bunkers (einer Fernsehfamilie aus dem benachbarten Queens) sagte er *earl* statt »oil« (Öl) und umgekehrt, ebenso wie *here* statt »hair« (Haar) und natürlich *woe-aw-duh* statt »water« (Wasser).

seln würde, wenn er im Standard Englisch – das ihm nach wie vor relativ neu war – erst ganz zu Hause war. »Wenn du dann in Rom bist, machst du's genauso wie die Römer.«

»Möglich«, meinte Lesra, »aber ich will gar nicht erst dran denken, mich auch noch auf Italienisch einzulassen!«

Lesras Weihnachtsgeschenke an die Familie waren ein voller Erfolg und aus eigener Arbeit finanziert. Im Sommer hatte er sämtlichen Nachbarn in Toronto den Rasen gemäht, im Herbst das Laub weggeharkt und im Winter mit Marty ein regelrechtes Schneeräum-Kommando aufgezogen. Außerdem gab es ein Dutzend fester Verträge, allmonatlich die Gehwege und Zufahrten zu den Häusern zu reinigen. Er hatte hart gearbeitet, und nun sollten alle an seinem Wohlstand teilhaben. Es gab keine extravaganten Geschenke, aber doch für jeden das passende. Für Damon und den achtjährigen Leland je eins der tragbaren elektronischen Fußballspiele, die gerade groß in Mode waren; für Alma und Earl Armbanduhren, die er bei einem Antiquitätenhändler entdeckt und selbst aufpoliert hatte.

Als er eben dabei war, seine Vorstellung als Weihnachtsmann zu beenden, tauchte Elston auf. »Hi, El«, sagte Lesra und reichte dem Fünfzehnjährigen einen großen, liebevoll verpackten Karton. »Da, Bruderherz, ich hoffe, es gefällt dir.«

Elston blieb distanziert und nahm das Geschenk nur zögernd entgegen. Anders als seine kleinen Brüder, die das Papier geradezu zerfetzt hatten, nahm er sich Zeit, die Hüllen vorsichtig zu lösen. Schließlich förderte er einen Cowboyhut aus schwarzem Leder zutage und geriet völlig außer sich. Im Nu hatte er ihn aufgesetzt und rannte aus dem Zimmer ins Bad, um sich vor dem einzig verfügbaren Spiegel anzugrinsen und zu produzieren, während ihn die ganze Familie durch die offene Tür beobachtete.

»Mann, Lez! Macht sich echt finster!« strahlte Elston und zog die Krempe entsprechend tief ins Gesicht.

»Oooh, sieht aber fein aus, das Teil!« lobte Alma.

Elston drehte sich langsam um, stolzierte großspurig auf Lesra zu, hob die Hand, spreizte seine Finger und gab ihm »Fünf«, dann noch mal »Fünf« und schließlich die ganze Serie von Handschlägen, die bei solchen Fällen üblich war.

»Reg dich ab, Bruder! Tu mir nichts!« ulkte Lesra.

»Komm, Lez, laß uns abhaun. Mal sehn, ob wir Slick erwischen. Hat nach dir gefragt.«

Es war noch hell, als sie sich auf den Weg machten. Elston blähte sich mächtig auf und kokettierte mit seinem neuen Hut, während sie über die Straße schlenderten und den Leuten, die sie kannten, lässig winkten oder zunickten.

»Erzähl mal, was so passiert is, El.«

»Nichts is nich passiert.«

»Biste noch sauer auf mich?«

Elston antwortete nicht sofort. Schweigend tänzelte er die Straße hinunter, stolz auf den neuen Hut, aber nicht weniger stolz, sich mit seinem großen Bruder zu zeigen.

»Wieso biste ü'erhaup weg?« platzte er schließlich heraus.

»Komm schon, Mann, das weißt du doch.«

»Besser, du wärst hier und würdst mir helfen!«

In diesem Augenblick hielt ein Streifenwagen mit zwei weißen Cops am Straßenrand.

»He, du da, mit dem Hut!«

Die beiden Brüder blieben wie angewurzelt stehen, bis der Mann vom Beifahrersitz Elston zu sich winkte.

Elston trat an den Wagen, während Lesra hinter ihm blieb, jederzeit bereit, sich »dünn zu machen«, wenn es nötig war.

»Nettes Teil, der Hut. Und wo haste den geklaut?«

Elston antwortete nicht.

»Ich hab dich gefragt, wo de den geklaut hast, Mann!«

Elston schwieg immer noch.

»Ich habe ihn gekauft und ihm geschenkt«, erklärte Lesra. »Zu Weihnachten.« Der Polizist nahm keine Notiz von ihm.

Elston rückte seinen Hut eine winzige Nuance zurecht.

»Na, zufrieden, sitzt er endlich richtig?« fuhr der Polizist fort. »Aha«, meinte er dann und nickte seinem Partner zu, »er ist zufrieden.« Schließlich zog er seine Waffe und winkte Elston damit zu sich heran. Vorsichtig schob sich Elston zentimeterweise näher.

»Wie wär's, wenn ich dir'n paar Löcher durch das Ding puste?« erbot sich der Polizist und zielte auf den Hut. Keiner der Brüder rührte sich vom Fleck, als die Cops plötzlich in höhnisches Gelächter ausbrachen, der Fahrer aufs Gaspedal trat und der Wagen mit quietschenden Reifen davonschoß.

Lesra sah ihnen kopfschüttelnd nach.

»Wie wär's, wenn ich euch'n paar Löcher in den Schwanz puste?« brüllte Elston, während der Streifenwagen in der Ferne verschwand und mit ihm die Angst. Dann schauten sich die beiden Brüder an, prusteten los und gaben sich gegenseitig eine satte Fünf.

6

Lesra war froh, daß ihn sein Vater bis zur Penn Station begleitete; immerhin hatten sie am Grand Central umsteigen müssen, was ihm allein vielleicht nicht so leicht gelungen wäre. Aber nun war er auf sich gestellt und nahm Kurs über den Hudson River nach New Jersey – vorbei an Newark, Rahway bis hinunter nach Trenton. Die Weihnachtskarten und den Brief an Rubin hielt er fest umklammert, schließlich war er in wichtiger Mission unterwegs. Earl Martin wußte, was er vorhatte, und er war stolz auf seinen Sohn. Eigentlich überraschte ihn gar nichts mehr an Lesra, zumal er ohnehin nur das Beste von ihm erwartete. Insofern war es ausgesprochen passend, daß sein Junge einen Mann wie Rubin »Hurricane« Carter besuchte. Selbstverständlich war ihm der

Hurricane ein Begriff, er hatte seine Karriere verfolgt und Lesra die besten Wünsche für ihn mitgegeben.

Lesra hatte bereits seit vierzig Minuten allein im Abteil gesessen und aus dem Fenster geschaut, als die Tür aufging und sich eine gutaussehende, ältere schwarze Frau an seiner Seite niederließ. Sie hielt einen Pappkarton in der Hand, der oben mit Aluminiumfolie abgedeckt war, und es dauerte eine Weile, bis sie mit dem sperrigen Ding die richtige Sitzposition gefunden hatte. Irgendwas duftete aus der Kiste, und die Frau lächelte, als sie bemerkte, daß Lesra unauffällig schnupperte. Auf diese Weise kamen sie wie von selbst ins Gespräch, und die Zeit verging wie im Flug, während der Zug zuerst an Princeton, der Bastion amerikanischer Elite-Studenten, und dann an Lawrenceville vorbeifuhr, wo der akademische Nachwuchs auf der exklusiven Prep School auf die Universität vorbereitet wurde.

Lesras Reisegefährtin kam aus New Brunswick, und er beeilte sich, ihr zu sagen, daß er ebenfalls in Kanada lebte.

»Kanada?«

»Hmm.«

»Wer redet'n hier von Kanada? Wir sin'in New Jersey.«

»Ich weiß, aber . . . New Brunswick – das liegt doch in den Maritimes.«

»New Brunswick? Das war vor zwei Stationen, wo ich zugestiegen bin. Was soll'n des heiß'n mit Mary Times un so?«

»Nix nich, nur so'n Spruch ausser Schule. Mussich echt verwechselt ha'm.«

»Is schon hart, nich, heutzutage. Nix macht nie nich Sinn!«

»Oooh!« sagte Lesra und deutete auf den Pappkarton. »Nu weissich aber, wasses is! Süßkartoffel-Torte, nich? Riecht echt gut!«

»Mmmh, is sich für mein Jung'n, Eric. Issin Trenton. Hab ich extra für ihn gebacken.«

»Hat der's gut nich!« grinste Lesra, bis ihm plötzlich das Lachen verging und in nackte Panik umschlug. »Ich muß auch nach Trenton.«

»Die ganze Welt muß da runter.«

»Aber ich muß ins Gefängnis. Ins Staatsgefängnis.«

»Genau, davon red ich doch dauernd – Staatsgefängnis von Trenton. Da ha'm se'n doch reingesteck', mein' Jung'n. Is so alt wie du ungefähr – was biste de, sechzehn, siebzehn? Er siebzehn. Fahr je'n Monat dahin da. Willste zu dei'm Bruder oder zu dei'm Pop?«

»Trenton!« trompetete der Schaffner aus dem Lautsprecher, mit einer Stimme, die sich nur knapp behaupten konnte, als der Zug mit kreischenden Bremsen in den Bahnhof einfuhr.

»Mach dir man keine Sorg'n nick«, sagte die Frau tröstend. »Häl'st dich immer schön an Miz Flemmings, das bin ich.«

Vor dem Bahnhof wartete ein einsames Taxi. Lesra und Mrs. Flemmings zwängten sich auf die Rückbank, die bereits von zwei Frauen besetzt war, die ebenfalls zum Gefängnis strebten, um ihre Ehemänner zu besuchen. Die Fahrt dauerte zehn Minuten und kostete zwei Dollar pro Person.

Die Strafanstalt sah genauso schrecklich aus wie erwartet und entsprach den Beschreibungen in Rubins Buch, an die Lesra am liebsten gar nicht erinnert wurde. Nun versuchte er angestrengt, nicht nach oben zu schauen zu den Wachtürmen oder den Stacheldrahtschlingen auf den Mauern, die man in jüngster Zeit (wegen eines Ausbruchs) durch weitaus brutalere »Rasiermesser-Ketten« ersetzt hatte. Gesenkten Blickes folgte er den Frauen über einen höllisch langen Weg, der außen an einer der rußgeschwärzten Mauern entlangführte, vorbei an riesigen Doppeltüren aus solidem Stahl, ohne Klinke und Knauf, zu neuen Mauern und über metallene Stufen nach oben zu einer weiteren Stahltür. Dort drückte eine der Frauen auf einen Summer, worauf ein fetter, dunkelhäutiger

Wärter die Tür öffnete und alles zu einer Tischplatte steuerte (die Lesra als »verfranste Sperrholzlatte« bezeichnete), auf der eines weiteres Brett mit einer Tafel befestigt war. Dort mußte sich Lesra eintragen, seinen Namen angeben, den Namen des Häftlings, den er zu sehen wünschte, und dessen Nummer. Dann gab man ihm einen schmalen Fetzen Papier, auf dem in fetten Filzstiftkrakeln die Ziffer 29 zu lesen stand, und schickte ihn durch eine weitere verschlossene Tür, die von irgendwo und irgendwem betätigt und über einen elektrischen Summer geöffnet wurde.

Der angrenzende Warteraum war voll von müde aussehenden Menschen, die teilnahmslos herumstanden oder auf den wenigen unbequemen und altersschwachen Metallstühlen Platz genommen hatten, darunter viele Familien mit Kindern. An den Automaten, die Getränke, Zigaretten und Süßigkeiten feilboten, herrschte reger Betrieb. Als Lesra einen Schalter mit der Aufschrift »Postzimmer« entdeckte, fiel ihm ein, daß man in den Besucherbereich, laut Mrs. Flemmings, nichts mitnehmen durfte. Also beschloß er, die Post für Rubin besser abzugeben, und reihte sich in die lange Schlange der mit Paketen beladenen Frauen ein. Ein Stück weiter vorn stand Mrs. Flemmings mit der Kartoffeltorte für ihren Sohn.

Schließlich war er bis zur Schalterklappe vorgedrungen, legte seine Mitbringsel auf den Tisch und erklärte dem Beamten, er habe einen Brief und diverse Karten für Mister Carter mit der Nummer 45472 abzugeben.

»Keine Chance!« sagte der Mann, als habe Lesra versucht, ihn auszutricksen. »Der nächste!«

»Was heißt das?«

»Der nächste!«

»A-a-a-aber ... das sind doch Weihnachtskarten ... P-p-post!« stammelte Lesra und schaute noch einmal auf das Schild, um sicherzugehen, daß er am richtigen Schalter war.

»Gegen die Vorschrift. Post muß mit der Post kommen. Du kannst'n Freßpaket hier abgeben, aber alles andere läuft nur über den Postweg. Ohne Ausnahme. Der nächste!«

Lesra war sprachlos und besorgt, alles verpatzt zu haben, aber Mrs. Flemmings, die auf ihn gewartet hatte, zerstreute seine Ängste. »Musste gar nich auf achten nich – is reine Schikane, mach'n die mit jedem. Außerdem isses Zeit«, fügte sie hinzu, als im angrenzenden Raum plötzlich hektische Unruhe ausbrach, »daß wir uns anmelden.« Lesra war irritiert, weil er meinte, das schon getan zu haben, setzte sich aber trotzdem in Bewegung und folgte der Frau in den nächsten Raum.

Dort hatten sich zwei Wärter hinter einem weiteren Tresen postiert. Einer der beiden forderte alle Besucher mit den Nummern eins bis zwanzig auf, eine Reihe zu bilden. Es dauerte eine Weile, bis Lesra begriffen hatte, was gemeint war, und sich an die Ziffer 29 erinnerte, die er beim Eintritt in die Haftanstalt bekommen hatte. Alle Besucher, deren Nummer aufgerufen wurde, mußten einzeln oder gruppenweise an den Schalter treten, ihre Ausweise vorlegen und erneut Namen und Nummer des Häftlings angeben, den sie zu sehen wünschten. Während der eine Wärter die Ausweise überprüfte, blätterte der andere in den Karteikarten der Häftlinge, die aus großen gelben, mit Eselsohren verzierten Blättern bestanden. Waren die Papiere des Besuchers in Ordnung, malte er gewissenhaft dessen Name nebst Datum und Uhrzeit auf die entsprechende gelbe Karte, wobei es ständig zu langen Verzögerungen kam, wenn jemand den Beamten damit verärgerte, daß er die Häftlingsnummer nicht angeben konnte. Ob der Ausweis genehm war, wurde nach Gutdünken entschieden. Wer Pech hatte, wurde gnadenlos abgewiesen, ohne Rücksicht auf die Mühen und die Zeit, die er aufgewendet hatte, um überhaupt so weit vorzudringen.

Lesra hatte Glück, sein Ausweis fand Anklang, und Rubins Nummer war ihm auch bekannt. Einmal registriert, mußte er nur noch die Rechte ausstrecken, sich einen Stempel mit unsichtbarer Tinte auf den Handrücken drücken lassen und weiter warten. Da die Stühle besetzt waren, lehnte er sich an die Wand und Mrs. Flemmings ebenfalls. Das Getöse rundum war unbeschreiblich.

Nach etwa einer Stunde pflanzte sich einer der Wärter mitten im Raum auf und bellte: »Alles mal herhör'n!« Schlagartig verstummte der Lärm, und man hörte nur noch das Rasseln und Zischen der Heizung. »Besucher für ... Dikkens, Gadsen, Holmes, Sigler, Leslie, Carter, Carlos ...«, er las weitere Namen von seinem Klemmbrett, »... hier aufstellen!«

Lesra reihte sich in die immer länger werdende Warteschlange ein. An die hundert Personen schienen sich an diesem Wochenende eingefunden zu haben: ein paar wenige Weiße, eine Handvoll Männer, aber überwiegend schwarzhäutige Frauen mit ihren Kindern. Als er sich nach seiner Reisebekanntschaft umsah, bemerkte er, wie sie eben auf den Wärter zuging.

»Sie haben meinen Sohn nicht aufgerufen – Flemmings«, sagte sie. »Eric Flemmings, fünfundsechzig-sechs-sechzig.«

Der Wärter befragte seine Liste. »Flemmings? Ah ja, keine Besuche. Verschärfter Arrest.«

Unterdessen hatte sich Lesras Reihe in Bewegung gesetzt, um zu den übrigen Besuchern aufzuschließen, die bereits nach draußen getrieben wurden. In einem letzten Blick zurück sah er Miz Flemmings mit hängendem Kopf dastehen und weinen.

Draußen scheuchte man die Besucher wieder den halben Weg zurück. Vor den Stahltoren, an denen sie bereits vorbeigekommen waren, hatte man sich erneut aufzustellen und zu warten – und es war kalt an diesem Sonntag im Dezember.

Schließlich ertönte das Signal »Aufschluß!« aus dem Wachturm oberhalb der Mauer, worauf drinnen ein weiterer Wärter in Aktion trat und einen der Torflügel öffnete. Vor dem Passieren hatte jeder Besucher seinen Handstempel vorzuweisen und mit einer Infrarotleuchte überprüfen zu lassen.

Danach fand sich alles in einem vergitterten Hof wieder, der zwar innerhalb der Mauern lag, aber doch vom Rest des Gefängnisses gesondert und allen Unbilden der Witterung ausgesetzt war. In einer Ecke standen verbeulte Schließfächer aus grauem Metall, in denen die Frauen ihre Handtaschen deponierten und mit eigens mitgebrachten Vorhängeschlössern sicherten.

Nach dem streng festgelegten, ausgeklügelten Ritual hatten sich nun alle in einer Reihe aufzustellen – Frauen auf der einen, Männer auf der anderen Seite –, ihre Taschen zu leeren und den Inhalt auf der offenen Hand auszubreiten. Anschließend mußte jeder einzeln vortreten und sich mit einer Handsonde auf Metallgegenstände abtasten lassen. Lesra zog Rubins Post aus der Tasche und wurde sofort angewiesen, die verbotene »Konterbande« draußen in einem der Schließfächer abzulegen.

Die Besucher zitterten vor Kälte, mußten aber weiter geduldig dastehen und warten, während die Wachen ihre übliche Routine in einem Tempo abwickelten, das selbst von Schnecken mühelos überboten werden konnte. Die Minuten tickten dahin, und mit jedem Vorrücken des Uhrzeigers verringerte sich die Zeit, die für den eigentlichen Besuch noch blieb. Endlich öffnete sich ein Gitter, dann die angrenzende Stahltür, und ein enger, dunkler, fensterloser Raum tat sich auf, in dem man Mäntel und Hüte abzugeben hatte, für die es selbstverständlich nicht genügend Ablagemöglichkeiten gab. Dann wurde die ganze Versammlung eingeschlossen und stand Schulter an Schulter in der drangvollen, stickigen

Enge. Lesra hatte das Gefühl, in einer Gruft eingemauert zu sein, und versuchte, nicht in Panik zu geraten.

Schließlich tauchte eine dralle, gedrungene Schwarze in Uniform auf. »He Brenda! Wie geht's 'n so?« meldeten sich hier und da ein paar Stimmen. Brenda nickte nur und fing an, mit lauter Stimme eine ganze Liste von Regeln herunterzuleiern, die Lesra nur zum Teil verstand: »... Keine Waffen! Kein Geld! Keine Schlüssel! Keine Süßigkeiten! Nur eine Pampers! Immer beide Füße auf dem Boden halten ...« Dann bahnte sie sich mit den Ellenbogen ihren Weg durch das Gedränge zu einer Stahltür im hinteren Teil des Raums und hämmerte mit dem Schlüsselbund, das sie fest in der Faust hielt, energisch dagegen. Der Lärm war ohrenbetäubend. »Außenbereich fertig!« brüllte sie.

In der Tür öffnete sich ein Sehschlitz, wie in einer Peepshow. Kurz darauf polterte eine männliche Stimme zurück: »Innenbereich fertig!«

»Okay, dann schaff sie rein!« rief die Wärterin, als ginge es darum, eine Herde Rinder zusammenzutreiben, und die Tür öffnete sich gerade so weit, daß die Besucher nacheinander einzeln vorrücken konnten. Auf der anderen Seite warteten bereits ungeduldig die Gefangenen.

Lesra trat durch die Tür und fand sich in einem Gang wieder, der auf einer Seite mit Bänken, auf der anderen mit einer Reihe von Zellen gesäumt war. Als er einen großen, muskulösen, kahlköpfigen und bärtigen Schwarzen unter den Häftlingen entdeckte, dachte er, das muß Rubin sein – bis er sah, wie der Mann eine Frau und drei kleine Kinder umarmte und mit seiner Familie in einer der Zellen verschwand. Entschlossen steuerte er auf einen anderen Schwarzen zu, der einen Spitzbart trug, aber auch der hatte bereits seinen Besuch begrüßt und sich mit ihm auf einer Bank niedergelassen. Schließlich stand außer Lesra nur noch einer allein da – ein kleiner, dunkelhäutiger Mann mit buschigem

Krauskopf, üppigem Schnurrbart und einem breiten, freundlichen Grinsen auf dem Gesicht.

»Du mußt Lesra sein.«

»Mister Carter? Sie? ... Rubin ›Hurricane‹ Carter? ... Sie haben ja Haare! Sie sehen ganz anders aus als auf den Bildern. Ich dachte, Sie wären viel größer!«

»Kein Gedanke! Ich bin ein kleines Kerlchen, genau wie du. Aber sag's nicht weiter, schließlich soll der Lafayette-Mörder mindestens einsachtzig groß und ziemlich hell sein, und wir wollen doch nicht, daß sich einer Vorwürfe macht, weil sie den Falschen erwischt haben.«

Beide lachten und umarmten sich. Dann ging es in eine der Zellen, wo Rubin mit seinem Plastikausweis (der ihn noch mit blankem Schädel zeigte) und einem Päckchen filterfreier Pall Mall zwei Stühle belegt hatte. Sie ließen sich nieder, Knie an Knie, und sahen sich an. Rubin war munter und sprühte vor Herzlichkeit, während Lesra nicht so recht wußte, was er davon halten sollte, und sich eher angespannt fühlte.

»Lesra«, sagte Rubin schließlich und schaute ihm fest in die Augen, »ich bin sehr beeindruckt, daß du den Mut aufgebracht hast, dich ganz allein auf den Weg zu machen. Vor allem, nachdem ich dir diesen wenig einladenden Brief geschickt habe. Du bist wirklich tapfer, verstehst du?«

»Na, ich weiß nich. Eine Frau hat mir geholfen – war mit mir im Zug. Die Post wollten sie nicht annehmen, und wir mußten stundenlang Schlange stehen. Und dann haben diese Schweine ihr gesagt, sie darf nicht zu ihrem Sohn. Ich hab' schon gedacht, ich komm' hier nie rein, und dann mußt' ich auch noch Ihre Weihnachtskarten draußen lassen ...«

»Sie machen's einem nicht gerade leicht.«

»Kann man wohl sagen«, meinte Lesra und sah sich um, bedrückt von der beklemmenden Atmosphäre, der Fülle von bedrohlich aussehenden Gefangenen und der noch finsterer blickenden Wachen. »Mann, das ist vielleicht 'n Platz hier!«

»Nein, ist es nicht«, sagte Rubin, der Lesras Reaktionen genau beobachtete und zu deuten versuchte. »Das ist kein Platz, jedenfalls nicht für menschliche Wesen. Nein, an so was wie das hier darfst du dich erst gar nicht gewöhnen!«

»Als die uns in diesem winzigen Raum eingesperrt haben, wär' ich am liebsten wieder weg. Ich hatte solche Angst, Mr. Carter, ich wußte nicht, was ...«

»Aber jetzt bist du ja hier, bei mir. Und sag bitte Rubin zu mir oder am besten gleich Rube, okay?« Er gab Lesra einen Klaps aufs Knie. »Und daß sich hier keiner an dir vergreift – außer mir natürlich!« Damit brach er in Lachen aus und klopfte Lesra noch ein paarmal aufs Knie. Rubin hatte einen etwas eigenwilligen Sinn für Humor, der Lesra gelegentlich verblüffte, aber seine Kraft und seine Ausstrahlung machten es möglich, daß er sich allmählich entspannte.

Rubin erkundigte sich nach seinem Aufenthalt in Brooklyn und nach dem Befinden seiner Eltern. Er konnte leicht nachvollziehen, wie sie sich fühlen mußten, nachdem Lesras Vater auch einst ein großer Star gewesen war, die ganze Welt in den Händen gehalten und dann hatte zusehen müssen, wie sie ihm in den Fingern zerrann. Dann sprachen sie über Kanada und wie es war, dort zu leben.

Kurz vor dem Ende der Besuchszeit rief Rubin einen der Häftlinge herbei, der die ganze Zeit über mit einer Polaroid-Kamera herumgewandert war.

»Möchten Sie, daß ich ein Foto von Ihnen und Ihrem Sohn mache, Mr. Carter?«

Rubin lachte stillvergnügt, ohne den Irrtum des Mannes zu korrigieren. »Was meinst du, Lesra?«

»Ein Foto von uns beiden? Ja, gern!«

Sie stellten sich in Pose, dicht an dicht, Rubins Arm um Lesras Schulter, und strahlten glücklich in die Kamera.

Während sie noch warteten, daß das Foto entwickelt wurde, bellte schon eine Stimme aus dem Lautsprecher: »Besuch aus!« Sie hatten eben noch Zeit, sich hastig zu verabschieden, und bevor Lesra wußte, wie ihm geschah, hatten die Wachen bereits alle Besucher von den Häftlingen getrennt. Mitgerissen vom wogenden Strom der Menge, trieb es Lesra zurück in die Garderobe. Das Foto hatte er in der allgemeinen Verwirrung zurückgelassen.

Von neuem eingesperrt in der drangvollen Enge mußten alle warten, bis die Zählung der Häftlinge »klar« war. Dann wurden die Besucher gezählt und die Handstempel unter ultraviolettem Licht überprüft, bevor man sie endlich ins Freie und auf den Hof entließ, wo Lesra die Post für Rubin wieder einsammelte. Er würde sie mitnehmen nach Brooklyn und dort aufgeben. Dann würde er in den Eckladen gehen, die Kanadier anrufen und ihnen in den Pausen zwischen den vorbeidonnernden Zügen von seinem Besuch erzählen. Vor allem davon, daß er ganz begeistert war von Rubin.

Als Rubin den Besucherbereich verließ, hatte er das Farbfoto in der Hand, aber das Lachen war ihm längst vergangen. Zusammen mit den anderen, die von ihrem Besuch zurückkehrten, mußte er sich als erstes bis auf die Haut entkleiden. Dann fuhr ihm die Wache mit den Fingern durchs Haar.

»Mund auf«, befahl der Beamte, baute sich dicht vor Rubins Gesicht auf und spähte in alle Mundwinkel. »Zunge aufrollen«, ordnete er an. »Arme hoch, umdrehen, Füße hoch! Ich will die Sohlen sehen! . . . Okay, nach vorn bücken und die Backen gespreizt!« Rubin nahm die Arme herunter, packte seine Hinterbacken und zog sie auseinander, während ihm der Wärter ins Rektum fuhr und nach eingeschmuggelten Gegenständen suchte. Es war die obligatorische Untersuchung nach jeder Kontakt-Visite – und der Grund, warum Rubin lieber auf solche Besuche verzichtete.

Zurück in seiner Zelle – Nummer 194, vierte Ebene linker Flügel, Trakt 2 –, legte er sich aufs Bett und starrte auf das Foto von Lesra und ihm. Lesra war gerade siebzehn geworden, und Rubin erinnerte sich noch gut an diese Zeit. Er war im gleichen Alter gewesen, damals bei seiner Flucht aus dem staatlichen Erziehungsheim in Jamesburg ...

7

Anders als seine Mithäftlinge in Trenton, deren Zellentüren nur die Namen und Nummern trugen, wie es die Vorschrift verlangte, provozierte Rubin mit einem Schild, auf dem zu lesen stand: »Wenn dein Name Lola Falana ist oder Jayne Kennedy oder Sarah Dash – *dann darfst du mich jederzeit wecken!* Wenn nicht, dann – *Hit the road, Jack, and don't cha come back no more, no more no more no more! Hit the road, Jack*!«

Am Tag nach Lesras Besuch hatte man einen jungen Wärter, der offenbar kein sonderlich geübter Leser war, in den linken Flügel von Trakt 2 abgeordert. Als er den morgendlichen Zählappell durchführen wollte, fand er Rubin schlafend vor, das Polaroid-Foto auf der Brust und die Füße zum Gitter hingestreckt.* Der Beamte griff durch die Stäbe und tippte Carter auf den Knöchel. Wie von der Tarantel gestochen, war der Hurricane auf den Beinen und Nase an Nase mit dem Wärter, bevor der ahnungslose Newcomer noch wußte, wie ihm geschah. Lesras Foto war im Eifer des Gefechts in der Toilette gelandet.

»Du hast mich angefaßt! Du hast Hand an mich gelegt!« kreischte Rubin und bedachte den jungen Beamten mit sämt-

* Jeder Langzeitgefangene schläft mit den Füßen zum Gitter statt mit dem Kopf, um weniger verletzlich zu sein, wenn jemand vorbeikommt. Eine Vorsichtsmaßnahme, die üblicherweise dazu führt, daß der Kopf neben der Toilette liegt – und Gefängnistoiletten haben weder einen Rand noch einen Deckel.

lichen gesalzenen Kraftausdrücken, die ihm im Laufe seines Gefängnisdaseins zu Ohren gekommen waren, einschließlich einer ganzen Serie blumiger Neuschöpfungen, die in folgender Drohung gipfelten: »Wenn du hier drin noch ein bißchen weiter schnaufen willst, du Wichser, behältst du deine Griffel gefälligst bei dir!«

Inzwischen waren andere Häftlinge auf den Lärm aufmerksam geworden. Rubins Stimme tönte durch den ganzen Trakt – ein seltenes Ereignis –, und man fürchtete, daß er ernsthaft gekränkt war. Schließlich wußte jeder, »Carter macht keine Spielchen«.

»Hast du dich etwa mit dem Hurricane angelegt? Bist du wahnsinnig, Junge?«

Als der Wärter vor Carter zurückwich, trat der Häftling aus der benachbarten Zelle ans Gitter, streckte seinen Fuß durch die Stäbe und bot ihm seinen Knöchel an, gefolgt von dem Häftling in der nächsten und übernächsten Zelle, bis der ganze Flügel von über hundert Mann in den Takt einfiel:

»Komm, Süßer, hier gibt's was zu greifen, komm her! ... Hier, Baby, komm zu mir ... Komm in mein Haus, du Zukkermaus ... Willste was zum Anfassen? Ich hab was ganz Besonderes für dich!«

Hin und her gerissen zwischen Angst und Überraschung, hatte der Newcomer mit wachsender Erbitterung seinen Weg über die oberste Ebene fortgesetzt, bis er schließlich frustriert stehenblieb und Rubin von weitem zurief: »Wenigstens bin ich kein Mörder!«

Seine Bemerkung fand keinen sonderlichen Anklang. Statt dessen ließen die Männer ihre übelsten und schmutzigsten Knastflüche auf ihn los.

Von unten hatte einer der Veteranen unter den Wärtern die Szene beobachtet. Als nun sein junger Kollege in fassungslosem Schrecken die Grundebene (die »flats«) erreichte, schüttelte er ungläubig den Kopf, schaute ihn an und meinte nur:

»Du hast den Hurricane gestört« – in einer Art, die gleichzeitig hieß: »Was hast du anderes erwartet?«

Der junge Wärter kehrte nie mehr in diesen Trakt zurück.

Es war bereits Mitte Januar, als Rubins vielgereiste Weihnachtspost ihn endlich erreichte und er die Gelegenheit zum Anlaß nahm, den Kanadiern von seinen Eindrücken zu Lesras Besuch zu berichten:

Sonntag, 18. Januar 1981
3 Uhr 15 – Es ist kalt und doch warm!

Ihr lieben kämpferischen Kanadier!

Es ist ein paar Sonntage her, daß mich Lesra besucht und auch Euren Brief mitgebracht hat, den er mir aber leider nicht übergeben durfte, so daß ich ihn erst heute erhalten habe.

Ich finde, Lesra ist wirklich ein hübsches Kerlchen, mit tadellosen Manieren. Er scheint gut erzogen zu sein und sehr gepflegt, und man merkt gleich – wer immer für seinen jetzigen Zustand verantwortlich ist, hat sich sehr viel Mühe *mit ihm gegeben. Wie es aussieht, gibt's nur leider viel zu wenig* von der Sorte. *So einfach war das und so klar. Und dann natürlich der krasse Gegensatz zu uns, die wir nur existieren unter Bedingungen, die auf nichts anderem basieren, von nichts anderem bestimmt und aufrechterhalten sind als von äußerster Hoffnungslosigkeit; die jedem Tag hoffnungslos begegnen; gefüttert, versorgt und erzogen zur Hoffnungslosigkeit – wenn da mitten unter uns plötzlich ein menschliches Wesen auftaucht, gut ernährt, gepflegt, behütet, voll Zuversicht und Hoffnung, fällt es nicht besonders schwer, den Kontrast zu* sehen *und die Wahrheit zu erkennen. Ihr mögt es kitschig oder sentimental finden, aber es war wie an einem dieser trüben, verhangenen kalten Tage, an denen plötzlich und ohne besondere Vorwarnung die Sonne durch das düstere*

Grau bricht und alles erleuchtet! Ihre Wärme und ihren Glanz über die Welt gießt, die Vögel aus ihrer Erstarrung weckt und wieder singen läßt. Und sind wir nicht alle wie Vögel, erstarrt und gefangen ohne Licht? Deshalb habe ich gesungen, als ich Lesra sah – und dafür danke ich Euch!

Obwohl es zuerst ein bißchen schwierig war, überhaupt zusammenzukommen, weil Lesra nicht wußte, wie ich heute aussehe und sich immer nach einem Glatzkopf umgesehen hat – der ich nicht bin –, und weil ich schließlich auch keine Ahnung hatte, wie er aussieht (wir sehen nämlich wirklich nicht alle gleich aus – es darf gelacht werden!), ja, also Ihr könnt Euch sicher vorstellen, wo das Problem gelegen hat. Aber dann haben wir uns schließlich doch gefunden, und ich habe wirklich jeden Moment genossen. Immerhin war es das erste Mal in fast fünf Jahren, daß ich einen echten Besuch hatte – nur so, zum Vergnügen, meine ich, weil mich ja meine Anwälte ständig besuchen. Das spielt sich natürlich unter ganz anderen Umständen ab als denen, die man Lesra und mir zugemutet hat.

Wollt Ihr wissen, was ich erstens absolut erschreckend finde, zweitens äußerst demütigend, drittens völlig absurd, obwohl es immer noch von vielen als vernünftige, humane Lösung im Sinne der Legalität angesehen wird – und in meinen Augen nichts mit diesem letzten Punkt, wohl aber alles mit den ersten drei zu tun hat? Könnt Ihr Euch – selbst in Euren wüstesten Träumen – überhaupt vorstellen, wo dieser Besucherraum liegt und wie der Ort beschaffen ist, an dem wir unseren Lieben begegnen müssen, unseren Müttern, Vätern, Frauen, Kindern, Brüdern oder Schwestern? Natürlich könnt Ihr das nicht, weil es wirklich zu irrsinnig ist, daß ein gesundes Hirn so was auch nur denken könnte! Aber Ihr erinnert Euch, wo sich dieser Raum befindet, weil ich Euch in meinem Buch davon erzählt habe – richtig, im Todestrakt! An eben dem Ort, an dem (aus welchen Gründen auch immer) 256 mensch-

liche Wesen abgeschlachtet wurden, mit diesem elektrischen Monster, das nur zum Töten erschaffen ist, über dem ihre verlorenen Seelen (wie man sagt) rastlos dahinirren und vergeblich die ewige Ruhe suchen. Für mich *ist das der* Abgrund *menschlicher Erniedrigung! Könnt Ihr Euch so etwas vorstellen? Könnt Ihr Euch vorstellen, daß man Auschwitz oder Buchenwald eines Tages zum Ferienlager für Kinder umfunktioniert? Ist der* Todestrakt *in einer Strafanstalt nicht im Grunde genau dasselbe? Ist es nicht an beiden Plätzen zu den nämlichen Greueln gekommen? Auf ganz legale Weise, hier wie dort!? Und diesen Irrsinn betrachtet eine kaputte, geschlagene und mißgünstige Gefängnisverwaltung als geeignete Antwort auf die gerichtlich verfügte Pflicht, den direkten Kontakt zu Gefangenen zu ermöglichen, wirkliche Besuche also, die es, solange ich hier bin, nie gab und um die wir jahrelang gekämpft haben. Mit dem Ergebnis, daß die Gefängnisleitung in einem letzten Versuch, an ihrer schändlichen Gehässigkeit festzuhalten, mit geradezu kindischer Bosheit den Todestrakt zur Kulisse für Besuche bestimmte, und alles war zufrieden. Seitdem heißt es einfach: »Okay, Nigger, wenn du* Schlauberger *meinst, du kannst Besuch empfangen, dann findet das eben im Todestrakt statt!« Das war der* Gipfel *für mich, die schlimmste Demütigung von allen! Und deshalb – aber das gilt natürlich nur für mich – empfange ich keine Besuche. Ich will sie weder akzeptieren, noch jemanden dazu ermuntern, einfach deshalb, weil ich mich weigere, anderen Bedingungen zuzumuten, deren Brutalität ich nicht einmal für mich selbst akzeptieren kann! Ja, natürlich fühle ich mich manchmal schrecklich einsam; aber je größer die Einsamkeit, desto hartnäckiger kämpfe ich dafür, diesem aberwitzigen Ort zu* entrinnen, *wo der* Wahnsinn *über die letzte Zuflucht des Menschen triumphiert: um* frei *zu sein, ganz und gar, für immer und ewig!*

Dostojewski hat einmal gesagt: »Wenn man ermessen will,

wie zivilisiert eine Gesellschaft ist, braucht man sich nur in ihren Gefängnissen umzusehen.« Ich fürchte, das sagt einiges aus über den Zustand von Amerika – und leider auch für den Rest der Welt!

Ich habe eben erst den Poststempel gesehen und entdeckt, daß Euer Brief nicht aus Kanada kommt, sondern einen Umweg über Brooklyn gemacht hat, woraus ich wohl schließen darf, daß Lesra noch nicht zurück ist, um zu erfahren, wie ich mich über die wunderbaren und liebevollen Geschenke gefreut habe: über den Jogginganzug, den Hut, die Socken und die Karten natürlich. Ich will mich aber trotzdem jetzt schon bedanken: vielen, vielen Dank! Es waren wirklich genau meine Farben, wie habt Ihr das bloß gewußt? Und mit der Zeichnung auf der Karte bin ich auch ziemlich gut getroffen, jedenfalls wie ich früher war, inzwischen habe ich mir ja das Haar wachsen lassen und das Kinn blank rasiert und weiß gar nicht so recht, wie ich überhaupt aussehe! Schließlich habe ich fünfundzwanzig Jahre lang mein Image als Kahlkopf und Rauschebart gepflegt, und nun kann ich mir gar nicht vorstellen, wie ich heute wohl wirke. Aber das ist es eigentlich gar nicht! Auch nicht das Bild von Don King und mir, das ich Euch beigelegt habe. Nein, einer der Hauptgründe, warum ich Euch erst so spät antworte, ist der, daß ich auf eine Gelegenheit gewartet habe, ein aktuelleres Foto von mir machen zu lassen, um es Euch zu schicken (das Foto von Lesra und mir hat leider einen kleinen Wasserschaden abbekommen). Aber wie das so ist in diesem Irrenhaus, treibt auch hier der Wahnsinn die abenteuerlichsten Blüten: Statt daß man versucht, den Schaden zu beheben, machen sie das Übel zum System und verkaufen das Ganze auch noch als ihre Politik! Also gibt's vorläufig kein neueres Bild. Und wenn es Euch schwerfällt, Euch Rubin Hurricane Carter ohne Bart und kahlen Schädel vorzustellen – so wie Mickey ohne Mauseohr und Donald ohne Entensterz –, könnt Ihr sicher auch meine

Nöte nachvollziehen, wenn ich versuche, »mich selbst« zu finden, wie ich wirklich bin *– weil mein Spieglein mir dazu leider gar nichts verrät! (Bitte lachen.)*

Aber noch mal: Vielen Dank für den Jogginganzug und den ganzen Rest – ich hab's wirklich *gebraucht! Könnt Ihr euch noch an »Open The Door, Richard« erinnern, diesen Song, der früher mal sehr populär war? Darin hieß es »Because, baby, it's cold out here«, und hier* drin, *Baby, ist es auch verdammt KALT! Aber in meinem* Herzen *ist es warm, und ich denke, dann ist eigentlich alles in Ordnung.*

Also dann, seid gut. Seid vorsichtig. Und auf alles gefaßt.

Wie immer
Rube

Es dauerte eine Zeit, bis Lesra den Aufenthalt in den Staaten und die Fülle der Eindrücke verarbeitet hatte. Die Begegnung mit Rubin hatte ihn tief bewegt und seinen Lerneifer noch erhöht. Er wußte jetzt, daß ihm das Lesen Möglichkeiten eröffnete, die er sonst nie erfahren hätte. Und er wußte auch, daß er für seine Freunde in Brooklyn keineswegs der Eierkopf oder der »Hirnie« geworden war, wie er befürchtet hatte. Sie fanden ihn einfach nur cool, wie sonst auch.

Wieder zurück in Toronto, hatte er alle Hände voll zu tun, mit seinem Lernpensum, dem Schneeschippen und der Formulierung seiner Gedanken, die er den Briefen an Rube beifügte. Inzwischen hatte er am Kultusministerium von Ontario Fernkurse in Englisch, Mathematik, Weltgeschichte, Chemie und Geografie belegt, die er laufend »durchrasselte«, wie er es ausdrückte, indem er regelmäßig gute Noten erhielt. Die höchste Belohnung war allerdings der Moment, als ihm sein Haupttutor Sam eröffnete, daß er jetzt reif sei für den Englischkurs an einer Abendschule. Es war ein entscheidender Schritt, ein Aufstieg, den Lesra ersehnte und zugleich fürchtete. Er war dabei, in die Öffentlichkeit zu treten, sich wieder ins normale Schulsystem einzugliedern, und so schrieb er sich am North Toronto Kolleg für einen dreistündigen Englischkurs der Klasse 12 ein, der einmal pro Woche am Dienstagabend abgehalten wurde.

Trotzdem blieb noch genügend Zeit, ein paar Fotos für Rubin zusammenzusuchen. Eingedenk der Bedeutung, die es für einen Gefangenen haben mußte, seine Augen gelegentlich an etwas anderem zu erfreuen als der stumpfsinnigen Öde einer Haftanstalt, stellten Lesra und seine Freunde zunächst eine Auswahl von Gartenfotos zusammen. Es waren vor allem Aufnahmen, die an den Frühling erinnerten: von der Pagode über dem Amphitheater des Steingartens mit seinen japanischen Ahornbäumen und den Blaufichten aus Colorado; von den orientalisch geschnittenen, pink blühenden Geißblattsträuchern, den farbenprächtigen Azaleen und Fliederbüschen, die alle in voller Blüte standen, am Rande sorgfältig gestutzter Grasflächen; von verschlungenen Pfaden und flachen Steinwällen, über die sich Kaskaden von Immergrün ergossen. Alle Fotos zeigten eine Fülle von Farben und Formen, ein kunstvolles Zusammenspiel von Natur und Kultur. Nur die Gerüche fehlten – und die Menschen.

Da sich Rubin von allen ein Foto gewünscht hatte und Lesra ohnehin leidenschaftlich gern fotografierte, war er nur zu gern bereit, diesen Wunsch zu erfüllen, und überredete die Kanadier, sich für ein Gruppenfoto auf der Treppe in der Diele niederzulassen. Anschließend ließ er sich von Gus auf dem Sofa in der Bibliothek ablichten, ganz vertieft in Rubins Buch. Das Ergebnis gefiel ihm sehr: Er stellte sich vor, wie Rubin ihn betrachtete, während er in *The Sixteenth Round* schaute, von dessen Titel wiederum Rubins Bild zurückblickte.

Der Umfang an Post, die zwischen Trenton und Toronto wechselte, stieg rapide an. Lesra und die Kanadier hatten den

Kontakt mit einer unglaublichen Energie vorangetrieben, die hinter den Mauern des Staatsgefängnisses (wenn auch nur mühsam) gezügelt wurde. Rubin »Hurricane« Carter war – aus welchen Gründen auch immer – bereit für eine Veränderung.

Er hatte sich das Haar wachsen lassen und auf ihre Briefe reagiert. Und er hatte – trotz aller berechtigten Einwände gegen die erschreckenden und abstoßenden Bedingungen von Kontakt-Visiten – nicht nur akzeptiert, Lesra zu sehen, sondern sich gleichzeitig mit großem Einfühlungsvermögen auf ihn eingelassen, wie in seinem Brief zu lesen war:

Wir waren vom ersten Moment an, ob er es gespürt hat oder nicht, aufeinander »eingestimmt«, einfach durch alles, *was er in diesem Moment empfunden hat – die neuen und fremden Gefühle, die schon allein der erste Kontakt mit einem Gefängnis unweigerlich und unverkennbar auslöst, und die Erfahrung, wieder zu Hause zu sein. Seine Verwirrung. Der Mangel an Privatheit. Die permanente Unruhe. Das ständige Gefaßtsein auf das Unerwartete. Und die Angst natürlich – all diese Dinge waren da und huschten wie Schatten über sein Gesicht ...*

... Seine Fähigkeit, sich neuen und unterschiedlichen Einflüssen anzupassen, wurde mir schon nach wenigen Augenblicken klar. Womit ich sagen will, daß seine Redeweise anfangs eher abweisend und etwas einsilbig war, als er aber merkte – und zwar von allein, *ohne daß man ihn hätte darauf* aufmerksam *machen müssen –, daß ihm nicht das gleiche Echo entgegenkam, wurde er zugänglicher und weniger vorsichtig. Offener. Verletzlicher. Und so etwas läßt sich kaum verbergen.*

Die Kanadier spürten, daß Rubin sich damit auch selbst beschrieb, daß auch er zugänglicher geworden war, daß er sich öffnete und ebenfalls verletzlicher wurde. Heute trennten ihn Welten von der glatten Erscheinung auf dem Foto, das er ihnen geschickt hatte und das ihn auf einem Galadiner aus dem Jahre 1976 darstellte: mit funkelnder Glatze, Spitzbart und Brille, im Smoking mit braunem Samtrevers und passender Schleife, vor einem Podium an der Seite von Don King mit seinem Haarschopf im Elektro-Look. »Ziehst Du Dich immer so schlicht und unauffällig an, wenn Du den Mund aufmachst, um zu reden?« hatte Lisa in einem ihrer Briefe gefrozzelt.

So sehr sich Rubin auch freute, wenn man ihm Briefe, Karten oder Fotos schickte, lehnte er ansonsten jede Art von materiellem Luxus ab. »Ich habe alles, was ich brauche, hier in meiner Zelle«, schrieb er.

»Schade«, antworteten die Kanadier, »anscheinend ist das Gefängnis doch nicht so übel, wenn man Dir alles gibt, was Du brauchst.«

Wie Rubin fand, hatten die Kanadier eine Art, Dinge anzusprechen, die anfangs schockierend und dann auch verwirrend war. Sie stocherten und bohrten, waren ausgesprochen hartnäckig und ließen nie etwas durchgehen. Tatsächlich hatten sie eine Menge von ihm. Allerdings war er sich nicht sicher, ob sie besonders gescheit oder einfach nur unglaublich dumm waren.

Als die Kanadier vorschlugen, ihm einen Fernsehapparat zu schicken, meinte er, das Angebot ablehnen zu müssen. »Das letzte, was ich will«, setzte er ihnen geduldig auseinander, »ist, es mir hier gemütlich zu machen. Schließlich ist das nicht mein Zuhause.« Er erklärte, überhaupt keine Annehmlichkeiten zu wollen, keinerlei Zerstreuung, die ihn davon abhalten könnte, für das einzige zu kämpfen, das ihm wichtig war – seine Freiheit.

Er war stolz auf seine Fähigkeit, allem zu widerstehen, was die Gefängnisleitung für ihn tun, was sie ihm geben oder ihm nehmen konnte, allen Anfechtungen also, die ihn hätten bewegen können, vor einem System zu kapitulieren, das ihm trotz seiner Unschuld die Freiheit nahm. In den mehr als vierzehn Jahren, die er schuldlos hinter Gittern saß, hatte er sich stets geweigert, an Freizeit- oder Beschäftigungsprogrammen teilzunehmen, die Häftlingsuniform zu tragen oder Bart und Schnurrbart abzunehmen, als beides noch gegen die Gefängnisordnung verstieß. Er war immun geworden gegen Drohungen und Strafen. Monatelange Einzelhaft im »Loch« oder der Verlust üblicher Straferlässe wegen »guter Führung« hatten ihm nichts ausgemacht, ihn nicht bewegen können, sein Verhalten zu ändern. Er hatte nicht einmal um bedingte Haftentlassung ersucht, weil er wußte, daß man seinem Ehrenwort ohnehin nicht glaubte, solange er daran festhielt, unschuldig zu sein; außerdem war er nicht an einem Urlaub aus der Haft, sondern an völliger Entlastung und Befreiung interessiert.

Die Kanadier versicherten ihm, daß sie seine moralische Position, seine unbeugsame Entschlossenheit und seinen unermüdlichen Widerstand gegen das System zu schätzen wußten. Gerade deshalb habe man sich von Anfang an zu ihm hingezogen gefühlt, aber nun müsse er sich doch fragen lassen, ob es wirklich so gut war, ohne alles auszukommen, so daran gewöhnt, alles zu verlieren, daß er sogar noch besser damit umgehen konnte als das System selbst. War es vielleicht eine Art Präventiv-Streik, wenn er sich materiellen Komfort bereits versagte, bevor seine Aufpasser auch nur die Chance hatten, ihm mit dessen Entzug zu drohen? Wenn das seine Einstellung war, hatte das System immer noch die Kontrolle und die Macht über ihn. Solange er aber wußte, daß es nichts Wichtigeres gab als seine Freiheit, konnte er sich auch problemlos trennen, wenn man drohte, ihm den Fernsehapparat wieder wegzunehmen.

»Du weißt selbst, daß Du bestimmte Dinge nie tun würdest, nur um etwas zu behalten, das ganz unwichtig ist«, schrieben die Kanadier. »Es gibt also nichts, womit Du Dich kompromittieren könntest. Selbst wenn das Vergnügen nur einen Tag lang dauert und man Dir den Fernsehapparat gleich wieder wegnimmt, war's das wert. Wenigstens hättest Du Dir dann mal eine kleine Freude gestattet und wärst nett zu Dir selbst gewesen. Da, wo Du bist, gibt es ohnehin schon zuviel Härte und Brutalität, auch ohne Dein Zutun. Und Du bist lange genug schlecht behandelt worden.«

Beflügelt von Herzlichkeit und Mitgefühl, schickten sie dem Hurricane ein paar Hausschuhe aus weichem Schaffell und einen Bademantel aus dunkelbraunem Samt, den Michael und Mary selbst entworfen, zugeschnitten und zusammengenäht hatten. Er hatte eine Kapuze im Preisboxer-Stil und war mit schokoladebrauner Seide eingefaßt, die sie mit Goldfäden aufgesteppt hatten. Lesra, der inzwischen fast so groß war wie Rube, hatte ihnen als Modell gedient. Auf seiner dunklen Haut kam der Mantel gut zur Geltung, mit den fließenden Falten, die bei jeder Bewegung schimmerten, wenn Lesra den Boxer spielte, auf und ab hüpfte und grüßend mit den Armen ruderte. Es war eine prachtvolle Robe, aber es fiel schwer, ihren Träger ernst zu nehmen, wenn er mit den flauschigen Pantoffeln herumtapste.

»*Liebe Freunde (Kurzfassung)*«, begann Rubins überschwengliche Antwort:

Das wird ein Brief voller *Widersprüche, weil ich über diese Sache nachgedacht habe und nachgedacht und noch mal nachgedacht; und alles, was dabei herauskam, ist, daß wir vielleicht alt geworden sind, müde, verweichlicht und allmählich senil werden. Ihr könnt einen Menschen wirklich mitreißen! Die Briefe und Wohltaten landen so schnell, in so vielen Ecken, durchdringen, durchlöchern und gerben dieses harte alte Fell, bis ich gar nicht mehr weiß, was oben und unten ist oder welchen Brief ich gerade beantworte (ha ha). Reden ist mir noch nie besonders leicht gefallen, jedenfalls nicht ohne besonderen Anlaß – ich meine, einfach reden, um zu reden, und hier drin mach ich das eigentlich so gut wie nie. Aber jetzt weiß ich, daß man etwas mehr davon braucht, weil es einfach nötig ist. Es ist nötig, daß man locker wird, flüssiger, nicht mehr so steif. Aber es macht mich auch verlegen, und ich werde rot (ha ha). Könnt Ihr Euch das vorstellen? Der Hurricane ist so richtig warm und kuschelig geworden und* nichts weiter *als ein sanftes Windchen.*

Ihr habt gesagt, man soll sich »nicht von der Idee schrecken lassen, dem Druck der Norm zu weichen oder der allgemeinen Akzeptanz von Brutalität zum Opfer zu fallen« – und Ihr wart sehr *überzeugend. Aber ich* bin *erschrocken, zu Tode* erschrocken! *Wenn Ihr nur sehen könntet, wie das ist, dieses Sich-Aufgeben, das Nachgeben und Gewähren-Lassen, das mich hier jede Sekunde des Tages umgibt; wenn Ihr nur fühlen könntet, welcher emotionale Genozid hier täglich stattfindet; die welken Reste* berühren *könntet, die aus dem einst kraftvoll jugendlichen Fleisch geworden sind;* beobachten *könntet, wie rapide der Verfall fortschreitet; oder die nackte, gemeine Niedertracht* hören *könntet, die hier alles ausströmt, das einen umgibt – dann wärt ihr auch erschrokken, weil es* so *viel Kaltblütigkeit schlicht nicht gibt auf dieser Welt!*

Dieser Ort ist geschaffen, *um zu zerstören. Er ist dazu bestimmt,* alles *und* jeden *zu vernichten, der mit ihm in Berührung kommt. Denn er ist* unnatürlich, *er ist unmenschlich, und er* muß *zerstören! Er kann nicht anders. Erschrocken zu sein, ist also keine Frage von* Angst, *sondern von* Vernunft! *Es bedeutet, daß man weiß: Hier eingeschlossen zu sein ist wie ein Ritt auf einem menschenfressenden Ungeheuer, von dem du nicht absteigen kannst, weil es* über *dich kommen wird, sobald du nicht mehr oben sitzt. Erschrocken zu sein* heißt, daß du denen, die dich wegsperren, nicht auch noch hilfst, den Riegel vorzulegen, daß du dem Ort und den Menschen begegnest wie einer giftsprühenden Klapperschlange: indem du immer den größten Respekt hast vor ihrer Natur und dem, wozu sie bestimmt ist – und gleichzeitig verdammt genau darauf achtest, dich vom Kopf des Ganzen fernzuhalten! Das ist es, was Erschrocken-Sein bedeutet.

Und Luxus? Ich liiiiiebe Luxus! Schließlich bin ich doch Stier, oder? Aber Luxus ist eine Sache und Dummheit eine andere. Ein Zwölftausend-Dollar-Auto zu fahren und in einer Hütte für zehn Dollar die Woche zu hausen, jeden Tag Bohnen und Speck oder magere Sandwiches zu essen und stehlen zu müssen, um den Straßenkreuzer mit Benzin zu füttern – das ist dumm! Weil man so was nicht lange durchhalten kann. Und sich einen ähnlichen Luxus in einer Umgebung zu leisten, die es täglich darauf anlegt, dich zu zerstören, aus eigener Kraft, ist die gleiche Art von Dummheit, und wen juckt's, was ein Dummkopf erzählt? Ein Dummkopf kann alles sagen.

Aber Ihr seid nicht dumm – weit davon entfernt –, und vieles von dem, was Ihr gesagt habt, ist richtig. Ich weiß, daß ich hier alles haben kann, was ich will; nur gibt es hier nichts, das ich will. Ich könnte mir den ganzen Saftladen mit allem Drum und Dran aneignen! Ich könnte leicht den Job des Anstaltsleiters übernehmen (was die Funktion betrifft, nicht den Titel), ich müßte mich nur verkaufen, meine Fähigkeiten und meine Selbstachtung, und einfach ein »guter alter Junge« werden. Und warum eigentlich nicht? Alles, was sie von mir wollen, ist, daß ich ihnen den Laden schmeiße, daß ich mir irgendwelche verlogenen Programme ausdenke, Ordnung halte unter den Gefangenen und dafür sorge, daß die Verwaltung gut aussieht, damit sie behaupten kann: »Wir haben Rubin Hurricane Carter dazu gebracht, daß er für uns arbeitet.« Und wenn dann jemand sagen würde: »Ach, ich dachte, *der wär' ein ganz harter Bursche, wie ist er denn so?«, würde der Herr Direktor mit einem dümmlichen, selbstzufriedenen Grinsen antworten: »Er ist ein guter alter Junge, der mir diese Nigger bestens vom Halse hält.«*

Ihr seht also, was dieses Gefängnis betrifft, hab ich nichts *damit am Hut – und das Gefängnis nichts mit mir! Ich nehme hier nur meine Post entgegen, ansonsten mache ich von* keinem *Angebot Gebrauch. Ich rühre nicht einmal das* Essen *an und würde auch die* Luft *nicht atmen, wenn ich auf andere Weise überleben könnte. Ich bin frei von allen* Einflüssen *dieser Zuchtanstalt, ohne wirklich frei zu sein, aber das ist nur der erste Schritt, und der zweite folgt sogleich, weil ich auf keinen Fall noch mehr annehmen werde. Also ja und vielen Dank: Ich würde Euer mehr als großzügiges Angebot gerne annehmen, weil es lange her ist, daß ich vor einem Fernsehapparat gesessen habe, und* vielleicht *kann ich ja* jetzt *damit umgehen (Lächeln). Was meint Ihr?*

Ihr habt wirklich einen schlechten *Einfluß auf mich, Leute! Ihr schafft es noch, daß ich mich total gehenlasse (gut so!).*

Kurz darauf erhielt der neunundsiebzigjährige Mr. Mobutu, ein alter Freund und Zellennachbar von Rubin, einen tragbaren Farbfernseher mit 33-Zentimeter-Bildröhre – mehr war im Gefängnis nicht gestattet. Laut Rubin war es günstiger, den Apparat an Mr. Mobutu zu schicken, weil sich niemand in der Poststelle für das Zeug von so alten Gefangenen interessierte.

Rubin hatte Mr. Mobutu vorgewarnt und ihm erzählt, er könne das Gerät erst einmal ausprobieren. Als es soweit war, nahm Mr. Mobutu seinen alten Schwarzweißfernseher vom Netz, stellte ihn zur Seite und stöpselte den neuen ein. Später fand ihn Rubin dabei vor, wie er völlig gebannt auf den Bildschirm starrte.

»Okay, Pop, dann ist er also gekommen, was?«

»Mann, Rube, das is'n Fernseher, aber echt! Guck dir bloß mal die Farben an! Und das Bild, total klar! Ha'm genau das richtige Teil erwischt, die Jungs, was? Hat'n Super-Empfang, sogar mit dem Gestänge hier rundum!«

Rubin war ganz selig, als er sah, wieviel Spaß sein alter Freund hatte. Er blieb noch eine Weile, um sich gemeinsam mit ihm die Nachrichten anzusehen. Dann tastete er unauffällig nach Mobutus »abgetakeltem« Schwarzweißgerät, nahm es unter den Arm und verließ lautlos die Zelle.

8

»Ich glaube, Holden Caulfield wollte gar nicht erwachsen werden. Es war einfach zu schmerzlich für ihn.«

»Wie kommst du darauf ... Lesra – so heißt du doch, oder?«

Alle Augen im Klassenzimmer waren auf ihn gerichtet, als er nickte und sich neben sein Pult stellte. Überraschenderweise schien jeder wissen zu wollen, was er dachte. Alles hörte zu und wartete, als ob er Bedeutendes zu sagen hätte. Eine Klasse mit so viel Interesse und Eifer zu erleben, war schon ein krasser Unterschied zu seinen schulischen Erfahrungen in Brooklyn.

»Na ja, das ist wie mit Holdens Traum – wie der Titel schon sagt – er möchte *Der Fänger im Roggen* sein. Er möchte seine Schwester und all die andern Kindern davor bewahren, über die Klippe zu treten, das heißt, erwachsen zu werden. Sie sollen einfach nur im Roggenfeld spielen können, für immer.«

»Aber das ist doch unmöglich«, meinte ein älterer Schüler. »Die Dinge ändern sich. Wie soll man denn die Zeit anhalten?«

»Ja, genau«, erwiderte Lesra. »Er wollte die Zeit anhalten,

aber das ist ihm nicht gelungen. Nicht für seine kleine Schwester und nicht für ihm selbst – eh, sich selbst. Er fühlte sich ausgesperrt, wie die Enten im Central Park, wenn ihr Teich im Winter zufriert. Er findet sich nicht mehr zurecht in der Welt.«

»Du siehst also keine Hoffnung für ihn, Lesra?«

»Hoffnung? Doch, die gibt's, weil er darüber spricht. Und solange er darüber spricht, wird er vielleicht auch damit fertig. Er ist hin und her gerissen, das ist alles – in verschiedene Richtungen. Er will sich bewegen, aber er hat auch Angst. Vor dem, was ihm fremd ist.«

Auch Rubin war auf dem Weg, über das zu sprechen, was in ihm vorging. Obwohl es ihm fremd war, Gefühle zuzulassen – geschweige denn, sie mit anderen zu teilen –, begann er, sich in den Briefen an Lesra und die Kanadier langsam zu öffnen. Der Anfang fiel ihm nicht leicht. Es gab viele Dinge, die schwer auf ihm lasteten, und er war es gewöhnt, seine Bürde allein zu tragen.

Zum einen fühlte er sich schuldig gegenüber John Artis, »dem jungen Mann, den sie nur deshalb ins Gefängnis gesteckt haben, weil er ausgerechnet zu der Zeit, wo die Polizei *mich* aufs Korn genommen hatte, *mit* mir zusammen war.« Er fühlte sich verantwortlich für John, obwohl es nichts gab, womit er dessen Verhaftung hätte verhindern können. Im Juni 1966 war John gerade neunzehn Jahre alt gewesen und hatte vorgehabt, über ein Sportstipendium aufs College zu gehen. Obwohl selbst Leichtathlet und kein besonderer Box-Fan, war ihm Rubin als Lokalmatador seiner Heimatstadt Paterson selbstverständlich vertraut, und sie hatten sich bereits einige Male getroffen.

Am Abend des 16. Juni waren sie sich rein zufällig über den Weg gelaufen, und Rubin hatte John angeboten, ihn nach Hause zu fahren. Aus diesem Grund hatte er in Rubins Auto gesessen, als sie von der Polizei angehalten wurden. Ein klassisches Beispiel dafür, zur falschen Zeit am falschen Platz zu sein. Was mit einer harmlosen Autofahrt begonnen hatte, endete in einem Alptraum von Verhören und Tribunalen, aus denen es kein Entrinnen gab. John war nie zuvor mit dem Gesetz in Konflikt geraten. Nun waren vierzehn Jahre vergangen, und er saß immer noch im Gefängnis, genau wie Rubin.

Dabei hatte sich die Polizei eigentlich gar nicht besonders für John Artis interessiert. Es war »Hurricane« Carter, hinter dem sie her waren, das Lästermaul, der Unruhestifter, die Dreckschleuder. John hätte sich jederzeit retten können, er brauchte nur alles auf Rubin »abzuwälzen« und ihn als Täter zu bezichtigen. Tatsächlich hatte ihn die Polizei diesbezüglich stark unter Druck gesetzt, vor allem im Dezember 1975, auf dem Höhepunkt der Kampagne »Freiheit für Carter und Artis«, als Bello und Bradley ihre Aussagen widerrrufen hatten, als Bob Dylans Song herauskam und die öffentliche Empörung so vehement war, daß die Freilassung von Carter und Artis unvermeidlich schien. Eines Nachmittags hatte man John ohne Angabe von Gründen aus dem Gefängnis abgeholt und zu seiner Familie nach Paterson geschafft. Während er mit seiner Mutter im Wohnzimmer saß, versprach man ihm, ihn rechtzeitig zu Weihnachten freizulassen, wenn er zugab, zur fraglichen Zeit mit Carter in der Lafayette Bar gewesen zu sein und gesehen zu haben, daß Carter die Morde verübt hatte. Aber John konnte und wollte nicht. Gleichgültig, welchen Handel man ihm anbot – und es waren einige im Lauf der Zeit –, er war außerstande, von der Wahrheit abzurücken.

Leider war die Wahrheit keine Garantie für Gerechtigkeit.

Rubin konnte sich gar nicht genug auslassen über Johns Stärke und den außergewöhnlichen Mut, der dazu gehörte, einem derart massiven Druck nicht nachzugeben. Über die

Jahre hinweg hatte er Artis im Auge behalten und dafür gesorgt, daß er einigermaßen sicher war in einem System, das junge Männer wie ihn zugrunde richtete. »Aber wie soll man jemanden schützen«, fragte Rubin, »vor den teuflischen Folgen des Eingesperrtseins? Und wie will man ihm, um Dylan zu zitieren, die verlorene Zeit zurückgeben? Ihr müßt wissen, daß er sich im Gefängnis ein unheilbares Kreislaufleiden zugezogen hat. Inzwischen ist er bereits ohne Finger und ohne Zehen und von weiteren Amputationen bedroht! Und das alles nur, weil er zufällig an diesem Abend in meinem Wagen saß.«

Wenige Wochen vor Lesras Besuch im Gefängnis, hatte Rubin seinen Vater verloren und das auch in einem seiner Briefe erwähnt, allerdings nur am Rande. Nun ermunterten ihn die Kanadier, etwas mehr darüber zu schreiben. Wie ohnmächtig mußte er sich gefühlt haben! Und wie allein. Sie erkundigten sich, wann er seinen Vater zuletzt gesehen hatte. Hatten sie eine Basis gefunden, auf der sie sich verständigen konnten? Hatte er seinem Vater verziehen, ihn in der Kindheit so wenig beschützt zu haben?

Rubin antwortete recht ausführlich und mit der typisch afrikanischen Weitschweifigkeit: Er schrieb, wie er sprach. Mitunter fragte man sich, ob er den Faden verloren hatte, um dann festzustellen, daß seine Rede, wie von einer langsamen inneren Spirale getrieben, nie ihr Ziel verfehlte. Er begann mit einer Rückschau in seine Kindheit:

Die meisten meiner Angehörigen kamen aus dem Süden . . . Jedes Jahr zu den Sommerferien wurden alle *Kinder der Carter-Sippe – und das waren ungefähr dreißig oder vierzig – mit dem Dampfer runter nach Cochran, Georgia, geschickt, um sich vom ersten Hahnenschrei bis in die Nacht auf den Baumwollfeldern abzuschinden, Erdnüsse zu sammeln, Maiskolben zu pflücken, Tabakblätter oder was auch immer.*

Wenn wir mit der Arbeit auf den eigenen Feldern fertig waren, wurden wir an die benachbarten Farmer vermietet, um deren Baumwolle zu ernten und genügend Geld zu machen, damit wir die Schulkleidung bezahlen konnten, wenn wir wieder zu Hause waren. Das ging immer so weiter, so lange ich denken kann, oder jedenfalls solange ich zu Hause lebte. Und es hat uns auch gar nicht gestört, weil wir dachten, es geht allen so. Wir wurden großgezogen, um das zu tun, um zu arbeiten wie Erwachsene, und wir kannten nichts anderes. Ich wußte also schon in sehr jungen Jahren, wie man Baumwolle pflückt, Pferde bewegt, Esel antreibt oder Scheiße wegschaufelt, und hier hat man erwartet, daß ich den großen Jungen aus der Stadt abgebe.

Wir wohnten mitten im Wald, so tief drin, daß man die Sonne mit der Lupe einfangen mußte; meilenweit kein anderes Bauernhaus; keine Läden; kein nichts – nur eine dreckige Straße hinter dem Haus, Felder, Wälder, der Himmel und wir! Andere Leute bekam man nur am Sonntag zu Gesicht, wenn's mit Esel, Pferd und Wagen zur Kirche ging (ein Muß, an dem es nichts zu rütteln gab), und die Kirche war ungefähr zehn oder zwanzig Meilen von uns entfernt. Also mußten wir noch vor dem Hellwerden aus dem Haus und kamen erst wieder zurück, wenn's schon lange dunkel geworden war. Soviel zum Landleben! Dazu gibt's nun wirklich nichts zu fragen.

An dem bewußten Sonntag, der zufällig auch der letzte in der Saison war, bevor's am nächsten Tag wieder zurückging nach Hause, in die Stadt – jedenfalls waren wir gerade alle in der Kirche, als mein Vater plötzlich in Georgia aufkreuzte, um sein Stück Familie einzusammeln und nach Hause zu bringen. Ihr müßt Euch das mal vorstellen, es ist wirklich unglaublich, und mit Worten läßt sich das alles gar nicht vermitteln. Jedenfalls kam sonntags immer ein Weißer mit seiner rollenden Eisbude an der Kirche vorbei, weil er genau wußte, daß die kleinen »Wühlmäuse« die ganze Woche über *in den Baumwollfeldern geschuftet und die Taschen* voller *Geld hatten – und es* nirgendwo *ausgeben konnten! Also hat der Cracker** *uns* jeden *Sonntag abkassiert, hat einen Tag gearbeitet und dann nichts mehr getan bis zum nächsten Sonntag. Na ja, und an dem Tag, als wir gerade alle aus der Kirche sind und die Straße runter, um uns in der Mittagspause unser Eis zu kaufen, taucht plötzlich mein Vater auf, sieht mich bei diesem« weißen Mann« stehen und erschreckt sich zu Tode! Kommt die Straße langgestürmt, packt mich beim Kragen und prügelt mir die Scheiße aus dem Leib. Ohne ein Wort zu sagen. Hat einfach ausgeholt und auf mich eingedroschen! Ich hab überhaupt nichts begriffen. Ich wußte nicht, was* ich *falsch gemacht hatte. Wir haben* jeden *Sonntag unser Eis gekauft bei dem Mann. Es war immer derselbe, er hat uns nichts getan und wir ihm nichts; er hat einfach nur unser Geld kassiert, und wir haben sein Eis gefuttert. Ein fairer Tausch ist schließlich* kein *Raub.*

Aber plötzlich war es so, daß mein Vater – aus purer Angst, *was mir der »weiße Mann« tun* könnte – *genau das machte, was der weiße Mann eben nicht gemacht hat! Und woran er vielleicht nicht einmal gedacht hat; und das hat mich sehr tief verletzt – nicht nur der körperliche, sondern der* seelische *Schmerz, und der ist lange, lange Zeit geblieben und hat mein Handeln gegenüber meinem Vater stark beeinflußt und bestimmt, bis ich es* besser *wußte. Aber statt mich dazu zu bringen, den »weißen Mann« zu hassen, hat er mich dazu gebracht,* ihn *zu hassen! Wow! Und dieser Haß hat mir geholfen, ihn nicht mehr zu fürchten. Was er* gewollt *hat, war das eine, aber bekommen hat er etwas anderes, und wir konnten beide über lange Zeit nicht damit umgehen.*

Gegen Ende des Briefes rückte Rubin mit folgendem heraus:

* Spitzname für Bewohner von Georgia oder Florida

Ja, es ist mir gelungen, ihn noch einmal zu sehen, einen Tag, bevor ihm der Krebs das Leben nahm. Aber er konnte nicht mehr sprechen. Eine bewaffnete Eskorte (für die mein Bruder 500 Dollar zahlen mußte) brachte mich ins Krankenhaus zu seinem Zimmer. Ja, ich mußte mich einfach von ihm verabschieden, und er hatte mich auch noch einmal sehen wollen. Aber ich war nach wie vor gefesselt, mit Handschellen und Fußketten, und obwohl ich es meisterhaft verstehe, solche Dinge zu verbergen, wird er es wohl gemerkt haben, denke ich. Das tut weh. Ich werde mich immer fragen, ob es richtig war, ihn unter diesen Umständen noch einmal zu sehen. Vielleicht hat ein Teil von mir versucht, mit ihm quitt zu werden. Ich weiß jedenfalls, daß mein Vater nach besten Kräften versucht hat, mich zu beschützen.

Schon bald war ein Punkt erreicht, an dem es nicht mehr genügte, Briefe miteinander auszutauschen. Auf dem Papier fehlten die Nuancen, das Unmittelbare, das eine Kommunikation erst lebendig macht. Das Warten auf Antwort schien sich endlos hinzuziehen, die Post ins Ausland war selbst per Eilzustellung zu lange unterwegs. Als die Kanadier herausfanden, daß es möglich war, vom Gefängnis aus R-Gespräche zu führen, gaben sie Rubin ihre Telefonnummer und ermunterten ihn, anzurufen, wann immer er die Gelegenheit hatte.

Ein paar Wochen später klingelte das Telefon und das Fernamt kündigte ein R-Gespräch von einem gewissen Rubin Carter an. Inzwischen hatten die Kanadier das ganze Haus mit Fernsprechtechnik vollgestopft und ein System installieren lassen, mit dem alle zuhören, allerdings nicht sprechen konnten. Rubins Stimme klang angespannt und höher als erwartet, wurde aber im Verlauf des Gesprächs dunkel, voll und wohltönend.

In den folgenden Wochen meldete er sich noch einige Male. Die Hintergrundgeräusche aus dem Gefängnis führten – ähnlich wie der Lärm der Hochbahnen, wenn Lesras Vater aus Brooklyn anrief – immer wieder zu unfreiwilligen Pausen, bis das Gespräch irgendwann ganz abbrach, wenn Rubin plötzlich und ohne Vorwarnung sagte: »Muß mich dünne machen, ihr Lieben. Bis dann also.« Anscheinend wurden im Gefängnis ständig »Nummern« aufgerufen, mit denen die Häftlinge von den Gängen oder Ebenen, auf denen die Telefone installiert waren, zurück in die Zellen kommandiert wurden. Auf diese Weise war selbst die direkte Kommunikation per Telefon schwierig und frustrierend.

Die Kanadier stellten sich vor, daß es um einiges befriedigender sein mußte, sich von Angesicht zu Angesicht zu sprechen. Wie Rubin erklärte, war es zwar an der Zeit, daß er selbst nach Kanada kam, um Lesras Besuch in den Staaten zu erwidern, allerdings sei er vorübergehend »unabkömmlich« und frage sich, ob man sich vielleicht »irgendwo in New Jersey« treffen könne.

Lesra war ganz hingerissen von der Idee und der Rest der Gruppe ebenfalls. Allerdings waren Kontakt-Visiten auf maximal vier Personen begrenzt. Als Kenner der Szene mußte Lesra selbstverständlich dabeisein; für die übrigen drei einigte man sich auf Lisa, Terry und Sam.

Ende Februar 1981 nahmen die vier eine Maschine nach Philadelphia und mieteten sich dort ein Auto, mit dem sie die restlichen vierzig Minuten nach Trenton zurücklegten.

»Da ist es!« rief Lesra, als sie um eine Ecke bogen. Geradeaus jenseits der Eisenbahnstrecke lag das Staatsgefängnis von Trenton wie ein Fremdkörper inmitten einer Arbeitersiedlung aus Beton und Aluminium, als habe es sich mit einer Art Zeitsprung im falschen Jahrhundert materialisiert. Rundum mit Wachtürmen bewehrt, sah es eher nach einer mittelalterlichen Festung als nach einer »Besserungsanstalt« aus. Rußverkrustete Mauern, fast einen Meter dick und sechs Meter hoch, umschlossen ein Areal von etlichen Straßenzügen. Vor dem ruhmlosen Krieg gegen Großbritannien in den Jahren 1812 bis 1814 hatte man in diesem Bau vorwiegend Nägel produziert. Geblieben war ein in jeder Beziehung bedrükkender und monströser Anachronismus.

Sam parkte auf der Straße vor einem kleinen Haus mit einem Kettenzaun, einem bellenden Hund und einem Rasenbeet, das einen Neger als Jockey darstellte. Schweigend überquerten sie die Straße und wanderten an den Gefängnismauern entlang, unter den Wachtürmen her und vorbei an den großen Stahltoren. Lisa schluckte schwer und schien kurz davor, sich zu übergeben, und die anderen fühlten sich auch nicht viel besser.

Sie stiegen die Eisentreppe hoch, und Lesra drückte auf den Summer. Anschließend dirigierte er die Kanadier durch die restliche Prozedur: anmelden, Handstempel, aufstellen; nach draußen zu den Stahltüren und aufstellen; Stempel prüfen und im Innenhof wieder aufstellen; Taschen leeren, abtasten, Handsonde, »Garderobe« und Einschluß.

Die Todeskammer, in der sie ihre Mäntel deponieren mußten, war der schlimmste Alptraum. Lesras Panik, in diesem engen, stickigen, fensterlosen Loch eingesperrt zu sein, erfaßte auch Lisa, Terry und Sam. Sie konnten nicht einmal darüber reden. Schon der Anblick der Markierungen auf dem Fußboden, wo üblicherweise der Elektrische Stuhl verschraubt wurde, ließ sie erstarren. Bei weitem schlimmer war es aber, daß man immer noch die vielen Menschen spürte – zweihundertsechsundfünfzig an der Zahl –, von denen Rubin geschrieben hatte und die hier vorzeitig den Tod gefunden hatten. Sie erinnerten sich an Richard Hauptmann, den man zu Unrecht für die Entführung und Ermordung des Lindbergh-Babys verurteilt und an eben diesem Platz hingerichtet hatte, ermordet vom Staat, fünfundvierzig Jahre zuvor. Und heute sollten sie nun einem anderen Unschuldigen begegnen, einem Mann, dem es nur mit knapper Not gelungen war, dem Stuhl zu entrinnen. Die Greuel, die Gewalt, die schändliche Ungerechtigkeit – nichts hatte sich geändert.

»Lesra, hab' ich dir nicht gesagt, daß du dich bloß nicht gewöhnen sollst an das Loch?« Rubin nahm Lesra herzlich in den Arm, dann begrüßte er die Kanadier. »Ich freue mich sehr, daß ihr kommen konntet«, meinte er, ganz der perfekte Gastgeber und mit einem breiten Lächeln, um seine Schüchternheit zu überspielen.

Sie hatten erwartet, einen Riesen vorzufinden, und das war er auch, aber wie Lesra schon gesagt hatte, sah er nicht danach aus. Der Kontrast zwischen dem kleinen Kerl, den sie vor sich hatten, und dem furchteinflößenden Ruf, der seinem Namen vorausging, war frappierend. Er war dünn, wog kaum mehr als 135 Pfund (sein Kampfgewicht hatte einst bei 156 Pfund gelegen), und seine Hände waren trotz ihrer Größe feingliedrig und elegant.

»Du siehst mehr nach einem Schriftsteller als nach einem Preisboxer aus«, meinte Lisa und hielt seine Hände. »Mit diesen Händen schwingt man die Feder und nicht den Boxhandschuh.«

»Mädel, du mußt verrückt sein«, meinte Rubin verlegen. »Denkst du das wirklich?«

»Du bist ja ganz rot geworden!« stellte Terry fest.

»Ah, hör auf! Du weißt doch, daß so bunte Leute wie wir nie erröten!«

»Yeah, das haben wir auch immer gedacht«, meinte Sam, »bis Lesra eure Tarnung hat auffliegen lassen.«

»Alter Gauner«, sagte Rubin und faßte Lesra um die Schulter, »du führst aber auch gar nichts Gutes im Schilde.« Lesra strahlte. Er war stolz, alle zusammengebracht zu haben.

Sie zogen sich in eine der Zellen zurück, die Rubin mit seinem Häftlingsausweis reserviert hatte, und gruppierten die Stühle zu einem Kreis. Rubin sicherte sich einen Platz mit dem Rücken zur Wand, um den Gang im Auge behalten und sehen zu können, was draußen vorging.

Er trug ein schwarzes, bis zum Hals geschlossenes Hemd mit langen Ärmeln und frischgewaschene Blue Jeans mit perfekter Bügelfalte (»schärfer als ein Moskito-Pimmel«, wie Rubin zu sagen pflegte). Er hielt sich gut, mit unverkennbarer Würde und Klasse. Aber sein Hemd war so alt, daß der Stoff vom jahrelangen Tragen verschlissen und an den Manschetten leicht durchgescheuert war. Auch das Alter seiner Lederstiefel ließ sich trotz der Hochglanzpolitur nicht verbergen. Und das war der Mann, der einst Anzüge aus Haifischhaut getragen und Cadillacs gefahren hatte.

Im Gegensatz zu Lesras erstem Besuch war nun Rubin derjenige, der sich vorsichtig und abwartend verhielt – und es war sein Knie, das begütigend getätschelt wurde. Seine Besucher behandelten ihn nicht wie eine Berühmtheit und zogen ihn mitleidlos damit auf, ein »harter Bursche« sein zu wollen, was sie offenbar für einen schlauen Trick hielten, ihm aber keine Sekunde abnahmen.

Was Rubin am meisten überraschte, wie er später gestand, war die Tatsache, daß die Kanadier gar keine Angst hatten vor dem großen »Hurricane«. Schließlich hatten sich bisher noch alle vor ihm gefürchtet, meinte er. »Sollten wir denn?« fragte Terry rhetorisch, und Lisa fügte hinzu: »Bist du denn zum Fürchten?«

Im Unterschied zu den meisten anderen Häftlingen, die einen längeren Blickkontakt sorgsam vermieden, um niemandem zu nahe zu treten, pflegte Rubin seinem Gegenüber bewußt fest in die Augen zu sehen, so daß allen klar wurde – den Wärtern wie den Mithäftlingen –, daß mit ihm »nicht zu spaßen« war. Zu Zeiten seiner Boxerkarriere war er berühmt gewesen für seinen »bösen Blick«.

Inzwischen schien mit seinen Augen etwas passiert zu sein,

wie die Kanadier feststellten. Sie sahen nicht ganz gleich aus, und Rubin nannte ihnen den Grund: Sein rechtes Auge schaute nach innen, wie er sich ausdrückte, während das linke nach außen sah. Die Probleme mit seinem rechten Auge hatten in den sechziger Jahren begonnen, kurz nach seiner Inhaftierung, und der Gefängnisarzt hatte ihm erklärt, daß sich die Netzhaut abzulösen drohte und nur durch eine Operation zu retten sei. Da man ihm nicht gestattet hatte, eine Klinik außerhalb des Gefängnisses aufzusuchen – obwohl sich ein Spezialist erboten hatte, ihn kostenlos zu behandeln –, blieb ihm nichts anderes übrig, als die Operation vom Gefängnisarzt durchführen zu lassen. Mit dem Ergebnis, daß sich das Auge entzündete, weil man die Fäden nicht rechtzeitig entfernt hatte. Nachdem ihm die Gefängnisleitung auch noch die Medikamente verweigerte, die zur Behandlung der Infektion nötig waren (was in Haftanstalten häufig vorkam), wurde er kurz danach blind auf dem rechten Auge.

Schlimmer als die Erblindung selbst waren die Folgen, die sie nach sich zog. Rubin wußte, daß er alle Träume begraben konnte. Selbst wenn es ihm gelang, seine Ehre wiederherzustellen und freigelassen zu werden, bedeutete der Verlust des Auges auch das Ende seiner Karriere als Profiboxer. Er konnte nie mehr Weltmeister werden, da es Boxern, die nicht über ihre volle Sehkraft verfügten, verboten war, zu Wettkämpfen anzutreten. Aber inzwischen waren diese Überlegungen ohnehin akademisch und gehörten der Vergangenheit an. Er war zu alt, und die Gitterstäbe versperrten ihm nach wie vor den Zugang zum Ring.

Bevor sie noch wußten, wie ihnen geschah, brüllte die Wache bereits »Besuch aus!«, und sie machten sich alle langsam und widerstrebend auf den Rückweg zur Todeskammer, vor deren Tür sich die Häftlinge bereits versammelt hatten, um sich von ihren Lieben zu verabschieden.

Rubins Erscheinen erregte einiges Aufsehen unter den Mithäftlingen. Nachdem man ihn unter seinem neu gewachsenen Haarschopf erkannt und sich von dem Schock erholt hatte, ihn hier zu sehen, war die Freude groß; *jeder* wußte, daß der »Hurricane« sonst nie Besuche empfing.

Für Lesra und die Kanadier war es ein herzzerreißendes Gefühl, sich von Rubin verabschieden zu müssen und zu wissen, daß er es ebensowenig verdient hatte, eingesperrt zu werden, wie sie selbst. Als sie sich noch einmal nach ihm umdrehten, sahen sie, wie er an einem Spalier von Gefangenen vorbeischritt und jedem die Hand gab mit den Worten »Hallo, Bruder!«.

»Mister Carter, wir haben Sie seit Jahren nicht gesehen!«

»Rube, ich hab dem Blödmann da erzählt, daß du neulich schon mal hier warst. Un was sacht der: ›War er nich, auf keinen Fall!‹«

»War das Ihr Sohn, Mister Carter? Aber ganz der Vater!«

»Mann, Hurricane, tut das gut, dich zu sehen, Mann! Arbeitest wohl an deinem Comeback, was?«

Als die vier wieder in Kanada waren, ging ihnen Rubin nicht mehr aus dem Sinn. Sie machten sich Sorgen um ihn – und das mit gutem Grund. Nach ihrem Besuch in Trenton hatte er sich tagelang nicht gemeldet, und als er es endlich tat, stellte sich heraus, daß man ihn nicht aus der Zelle gelassen hatte. Das ganze Gefängnis war hermetisch abgeriegelt worden, weil man im Vorraum zur Kantine drei Häftlinge niedergestochen und einen davon tödlich verletzt hatte. Wann immer es zu solchen Gewaltausbrüchen kam, was oft der Fall war, rief die Verwaltung eine Art Notstand aus, einen generellen »Umschluß«, der allen Aktivitäten, auch dem Telefonieren, ein Ende setzte, bis die Anstaltsleitung befand, daß sich die Spannungen gelegt hatten.

Abgesehen von diesen äußeren Hindernissen, gab es noch

einen weiteren Grund, weshalb er nicht angerufen hatte. Der Kontakt mit Lesra und den Kanadiern hatte ihn daran erinnert, daß es Gefühle gab – eine Erkenntnis, die er offenbar fürchtete wie der Teufel das Weihwasser. Der Gedanke, wie gut es tat, zu fühlen, kam ihm nicht besonders gelegen, er war schließlich auch ganz gut allein zurechtgekommen.

Es war offensichtlich, daß er die Annäherungsversuche der Kanadier, ihre Einmischung in sein Leben, geradezu übelnahm und es ablehnte, sich zu öffnen. Allerdings war er immerhin bereit, das Phänomen seiner Unnahbarkeit näher zu untersuchen und zu diskutieren. Er sah ein, daß sie weitgehend auf eingeübten Verhaltensmustern und alten Ängsten basierte, die auf seine Zeit in Jamesburg zurückgingen, als er angefangen hatte, sich zu verhärten und einen Teil seines Selbst gegen die brutale Wirklichkeit eines Lebens hinter Gittern abzuschotten. Gefühle zu haben hieß, verletzlich zu sein. Hieß, nicht nur mit dem eigenen Schmerz, sondern auch mit dem Leiden anderer leben zu müssen. Wenn er nichts fühlte, gab es auch keinen Schmerz; und wenn der nicht existierte, konnte er weitermachen, immer weiter. Gegen solche Argumente ließ sich wenig einwenden. Offensichtlich hatte ihn dieser Mechanismus befähigt, im Gefängnis zu überleben, in einer Umgebung also, wo die Risiken so groß waren, daß es den Verlust des eigenen Lebens bedeuten konnte, wenn man sich nachgiebig oder verletzlich zeigte. Die Frage war nur, welchen Preis man für dieses Überleben zu zahlen hatte.

Rubin erinnerte daran, daß man im Gefängnis »auf einem menschenfressenden Ungeheuer« saß, von dem man »nicht abzusteigen« wagte. Aber die Kanadier wandten ein, wenn er weiterhin seine Gefühle (oder »Schwächen«, wie er sie nannte) verleugnen wolle, werde ihn dieses Monster auch unweigerlich dahin bringen, wo es selbst hinstrebte, und nicht nur die Richtung, sondern auch die Bedingungen bestimmen. Blieb er dann nicht zwangsläufig gefangen, solange er sich oben hielt? Lag die Chance, sich zu befreien, nicht vielleicht darin, endlich abzusteigen?

Es folgten viele weitere Telefongespräche, in denen es darum ging, aufgeschlossen und gelöst zu sein, statt unbeugsam und streng; und offen statt verschlossen. Darum, daß man alte Verhaltensmuster, die ihren Sinn überlebt hatten, abstreifte – Gedanken also, die Rubin nicht neu waren, aber dennoch Fragen offenließen. War es möglich oder vielleicht sogar wünschenswert, diese in philosophischer Hinsicht durchaus einleuchtenden Prinzipien in einer Strafanstalt umzusetzen? Konnte man unbeschadet von diesem menschenfressenden Ungeheuer absteigen?

Die Kanadier wußten, welcher Gefahr sich Rubin aussetzte, wenn er ihren Wünschen folgte und sich öffnete, und sie fragten sich, ob es sinnvoll war, seine Überlebensstrategie zu stören. Welches Recht hatten sie als Außenseiter, jemanden zu kritisieren, der das Strafvollzugssystem in- und auswendig kannte und sich seine Position darin erkämpft hatte? Schließlich war er derjenige, der alles zu verlieren hatte. Aber dank seiner mutigen Anleitung kämpften sie sich gemeinsam weiter vor. Die alten Muster hatten ausgedient, man mußte neue Möglichkeiten ins Auge fassen.

Der Dialog zog sich über mehrere Briefe, Anrufe und eine weitere Begegnung im Gefängnis hin und erreichte seinen Höhepunkt in einem ergreifenden Brief, den Rubin kurz nach diesem Besuch geschickt und statt eines Datums mit den Worten »Für immer« überschrieben hatte:

Meine lieben, wunderbaren Freunde!

Eure Gegenwart hat mein ganzes Dasein durchdrungen. Ihr seid durch mein »Haus« gezogen wie ein Hurrikan, und selbst jetzt, in diesem Moment, fliege ich noch auf den Höhen dessen, was da passiert *ist. All das Unaussprechliche, über die*

Maßen Wunderbare – Wow! Die vielen tückischen und verzwickten Hürden, die mich gehindert haben, genau die Dinge zu verstehen, die ich immer verstehen wollte, *sind verschwunden, und nun reißt es mich davon, mit jedem Gedanken, und ich schwebe dahin – will nichts mehr steuern noch kontrollieren oder vorausahnen, sondern nur sein! Einfach nur sein. Und mich forttragen lassen.*

Selbst jetzt, nachdem alles gesagt und getan ist, kommt es mir immer noch vor wie ein Traum; aber dieser Traum ist so real, daß ich keine Einzelheit vergessen kann! Also zwicke ich mich ständig (bestimmt bin ich bald ganz grün und blau – ha ha!), um sicherzugehen, daß ich doch nicht geträumt habe. Und nun weiß ich: Es war ein Wunder! Und es ist herrlich. Ich kann Euch nie genug danken, daß Ihr so ausdauernd wart und diesen »irrwitzigen Widerstand« gebrochen habt, der uns immer hindert, das zu sein, was wir sein können, *statt uns mit dem einzurichten, was wir* sind *– was einfach dumm ist! Wie soll ich Euch also jemals danken für das, was Ihr mir gegeben habt? Ein neues Leben. Die Bestätigung für das* Gute *in allem, was ich als Wahrheit* kenne, *und nun fähig zu sein, mich aufrecht hineinzubegeben; wirklich zu* leben, *und nicht nur zu* glauben, *daß ich es tue!*

Meine Gedanken (die eigentlich *gar keine sind, sondern eher Erkenntnisse) treten mit jedem Augenblick klarer zutage, und vieles, das früher losgelöst blieb, wird nun verknüpft mit Dingen, die längst vergessen waren. Wenn dieser Brief also vergleichsweise kurz ausfällt, dann nur deshalb, weil er nur ein Anfang ist, die Spitze des Eisbergs, das erste Gären oder Aufgehen einer Masse, aus der sich noch manches entwickeln wird und entwickeln* muß. *Zum ersten Mal in meinem Leben, zum ersten Mal nach fast vierundvierzig Jahren (und ungezählten* Ewigkeiten*) kann ich aus vollem Herzen sagen, daß ICH JEMANDEM VERTRAUE! Ja, ich vertraue Euch. Rückhaltlos. Ohne jeden Zweifel. Ohne* Bedingungen, *gleich welcher* Art*! Für mich ist das wirklich ein Wunder. Der Himmel segne Euch alle dafür.*

Ich werde Euch bald mehr erzählen ...

In aller Liebe
Rube

9

Da Rubins vierundvierzigster Geburtstag vor der Tür stand, schickte man ihm einige Kleidungsstücke, die er dringend benötigte, neben einem Schwung übergroßer Glückwunschkarten mit lustigen Sprüchen. Nach Ansicht von Lesra und seinen kanadischen Freunden hatte der Hurricane nur das Beste verdient, und so brüteten sie lange über den Farben, Stoffen und Schnitten, um das Richtige zu finden, obwohl die Auswahl der Dinge, die das Gefängnis zuließ, begrenzt war. Sie achteten nicht nur auf die Paßform, sondern auch auf eine elegante Verpackung mit feinem Geschenkpapier, üppigen Bändern und kunstvollen Schleifen, um Rubins vernachlässigte Sinne anzusprechen. Bevor die Gefängnisverwaltung Verpackungen verbot, gelangten die Päckchen auch leicht verknittert, aber ansonsten unbeschadet in Rubins Hände. Er wußte das Dekor zu schätzen und hob alles auf.

Wie sich herausstellte, schickte sein Freund Thom Kidrin* immer noch die monatlichen Freßpakete, von denen die Zeitungen gesprochen hatten. Die Kanadier fanden, daß 25 Pfund Proviant nicht gerade üppig waren, um sich einen

* Rubin pries Thom in den höchsten Tönen, als einen hochanständigen und verläßlichen Mann. Kidrin war Geschäftsführer des Internationalen Komitees gegen Ungerechtigkeit und hatte sich unermüdlich für Rubins Sache eingesetzt.

ganzen Monat davon zu ernähren, mußten jedoch erfahren, daß mehr nicht erlaubt war. Außerdem, erklärte Rubin, besserten andere Gefangene, wie etwa Mr. Mobutu, seine Diät gelegentlich auf.

Mr. Mobutu, der einst Küchenchef bei der Handelsmarine gewesen war, kochte immer noch leidenschaftlich gern und arbeitete in der Kantine der Wachmannschaft. Da er selbst keine Pakete von draußen erhielt, zweigte er manchmal ein paar überzählige Eier, Zwiebeln oder etwas Schinken ab, die er in seiner Zelle mit einer alten Elektrospirale, einem sogenannten »Brenner«, zu den köstlichsten Gerichten verarbeitete und mit seinem Freund Rubin teilte.

Nachdem die Kanadier herausgefunden hatten, welche Nahrungsmittel in welchen Behältern erlaubt waren und was Rubin aus diesem Angebot bevorzugte, wurde Mr. Mobutu jeden Monat vom United Parcel Service beliefert. »Schau dir das an, Rube!« pflegte er zu sagen. »Lachs, Thunfisch, Schokoladentorte, Nüsse – jetzt können wir richtig prassen. Ich werd' schon dafür sorgen, daß du'n bißchen Speck auf die Rippen kriegst!«

Da die Kanadier wußten, daß Rubins Anwälte Rechtsmittel gegen die Verurteilung von 1976 eingelegt hatten, waren sie begierig, zu erfahren, wie die Sache stand. Ständig bedrängten sie ihn mit ihren Fragen, aber Rubin äußerte sich nur ungern. Die ganze Angelegenheit war so verfahren und die Rechtslage so verzwickt, daß er die kostbaren Gesprächs- oder Besuchszeiten nicht mit langwierigen Erklärungen verschwenden wollte.

»Na schön«, meinten die Kanadier in einem letzten Versuch, der Sache auf den Grund zu gehen, »dann wird man dich doch bestimmt freisprechen? Das kann doch nur noch eine Frage der Zeit sein – wie schnell kann man denn damit rechnen?«

»Die haben mich schon so oft verschaukelt«, antwortete

Rubin, »wie kann ich da erwarten, daß es diesmal gerecht oder fair zugeht?«

Er schien es trotzdem zu hoffen, wollte sich aber keinesfalls auf den Zeitpunkt einer möglichen Freilassung festlegen. Das war *nicht* die richtige Art, die Gefangenschaft zu überstehen, erklärte er.

»Du mußt jeden Tag einzeln abhaken, du kannst nicht in normalen Zeiträumen denken. Was haben wir heute – März? Okay, dann ist es sechs Monate her, daß sich das Bundesgericht von New Jersey die mündliche Begründung der Revision angehört hat – und es ist immer noch nicht zu einer Entscheidung gekommen.«

»Was heißt das genau – mündliche Begründung?« fragte Terry.

Rubin seufzte. Er sah ein, daß es ihm nicht erspart blieb, beim Punkt Null anzufangen.

»Wenn du Berufung einlegst, wendest du dich an eine höhere Instanz, ein Berufungs- oder Appellationsgericht, und zwar zunächst einmal in schriftlicher Form mit sogenannten Schriftsätzen, in denen du darlegst, warum die Verurteilung falsch oder nicht rechtens war. Der Staat, im allgemeinen also der Bezirksstaatsanwalt ...«

»Das ist wie der Kronanwalt hier bei uns.«

»Ja, genau – Kanada hat das britische Rechtssystem übernommen. Sobald die Schriftsätze von beiden Seiten vorliegen, werden die Parteien vor das Berufungsgericht geladen, um ihre Argumente persönlich vorzutragen und den Richtern die Möglichkeit zu geben, weitere Fragen zu stellen. Das nennt man dann die ›mündliche Begründung‹. Anschließend überlegt das Gericht, was zu tun ist – oder ›legt die Sache zur Beratung vor‹, wie es im Fachjargon heißt – und rückt dann irgendwann mit einer Entscheidung heraus.«

»Und – wie ist die Anhörung gelaufen?«

Statt einer Antwort schickte Rubin einen Artikel aus der

Lokalzeitung *The Trenton Post* vom September 1980, in dem beschrieben wurde, was sich bei dieser Verhandlung am State Supreme Court abgespielt hatte. Unter den fettgedruckten Riesenlettern der Schlagzeile »Wilentz enthüllt rassistische Motive in Carter-Fall« stand folgendes zu lesen:

Robert Wilentz, Vorsitzender Richter am Supreme Court von New Jersey, beschuldigte gestern die Staatsanwaltschaft, im Prozeß gegen den früheren Boxer Rubin »Hurricane« Carter und John Artis rechtswidrig unterstellt zu haben, alle Schwarzen seien grundsätzlich gleich im Denken und Handeln.

»Finden Sie nicht, daß diese Idee etwas Empörendes hat?« fragte Wilentz den Stellvertretenden Staatsanwalt von Passaic County, John Goceljak, während einer Anhörung vor dem Supreme Court.

Carter und Artis beantragen die Aufhebung des Urteils, das sie für die mutmaßlich rassistisch motivierten Morde verantwortlich macht, denen 1966 drei Weiße in einem Lokal von Paterson zum Opfer fielen.

Auf Wilentz' Frage, welches Motiv den Morden seiner Ansicht nach zugrunde liege, verwies Goceljak auf Rassenunruhen in Paterson und gab an, daß ein Weißer kurz zuvor in der Tatnacht einen Schwarzen getötet hatte, im Waltz Inn, einer örtlichen Bar.

Wilentz fragte, was dieser Umstand mit den Beklagten zu tun habe. Goceljak antwortete, Carter und Artis seien Angehörige der Black Community.

Nachdem ihn Wilentz weiter bedrängte, mußte Goceljak schließlich einräumen, daß es keinerlei Anhaltspunkte gegeben hatte, bei den Beklagten auf eine feindselige Einstellung gegenüber Weißen zu schließen.

Wilentz erklärte, er betrachte es als »schändlich und unerträglich«, daß die Anklage es offensichtlich für gerecht halte, einfach zu unterstellen, Carter und Artis müßten nur deshalb getötet haben, weil sie schwarz und folglich auch bösartig waren. Diese Erklärung für die Verurteilung der beiden Männer war ein Thema, auf das die Kammer in der fünfstündigen Anhörung beider Parteien wiederholt zurückkam. Die Befragung der übrigen Richter folgte im Prinzip dem Ansatz des Vorsitzenden Wilentz . . .

»Wir haben den Artikel gelesen«, meldete Sam, als er, Lisa und Terry etwa eine Woche später mit Rubin telefonierten. »Endlich mal jemand, der die Dinge beim Namen nennt – das ist doch vielversprechend. War das nicht dasselbe Gericht, das 1976 auch deine erste Verurteilung aufgehoben hat?«

»Doch, genau«, bestätigte er fröhlich, um dann plötzlich in verändertem Ton fortzufahren: »Andererseits frag' ich mich die ganze Zeit, ob das nicht vielleicht nur der Auftakt ist, um beim nächsten Prozeß noch tiefer zu fallen. Ich meine, warum haben sie Bello nicht gleich für unglaubwürdig erklärt? Sie wußten doch, daß er ein notorischer Lügner ist und sogar einen Meineid geleistet hat. Er hat ständig auf wechselnde Aussagen geschworen, und sie wußten, daß ihn die Anklage dafür bezahlt hat – das hat er schließlich selbst zugegeben. Das Gericht hätte damit gleich ein Ende machen müssen. Sie hätten ihn als unzuverlässigen Zeugen streichen müssen, aber das haben sie eben nicht getan. Ohne diesen Halunken wär' der Fall sowieso gestorben.«

»Nun, Rube, vielleicht stirbt er ja jetzt. Das Gericht ist anscheinend diesmal direkt zum Kern gekommen, dem Rassismus. Und die Fragen von diesem Wilentz . . .«

»Robert Wilentz«, unterbrach Lisa, »der Vorsitzende Richter? Ist der irgendwie verwandt mit diesem Staatsanwalt David Wilentz, der das Urteil gegen Richard Hauptmann im Fall Lindbergh gedeichselt haben soll?«

»Ah! Ihr kommt langsam dahinter, wie der Hase läuft bei der Justiz von New Jersey! Das war sein Daddy.«

»O nein!«

»Aber«, betonte Rubin, »wir sollten nicht vergessen, daß der Sohn immerhin das Thema auf den ganzen Rassenmist gebracht hat, bei der Anhörung. Also gibt's noch Hoffnung.«

»Allmählich verstehe ich, warum du deine Chancen so ambivalent beurteilst, Rube«, sagte Terry. »Man kommt sich vor wie beim Jo-Jo – mal geht's hoffnungsvoll rauf und in der nächsten Minute schon wieder runter ins Tal der Tränen.«

»Na also«, meinte Rubin, »jetzt wißt ihr endlich, wie man sich fühlt im Knast.«

Anschließend berichtete er von den zweifelhaften Neuigkeiten, die er eben aus dem Supreme Court erhalten hatte. Danach benötigte das Gericht, bevor es seine endgültige Entscheidung über den Revisionsantrag fällte, noch Informationen zu einem strittigen Punkt und hatte einen Termin zur »Beweis-Sichtung« oder »Fakten-Suche« anberaumt. Eine Gelegenheit, bei der die Aussage von Alfred Bello, dem vermeintlichen Zeugen, erneut im Mittelpunkt stehen sollte.

Die Staatsanwaltschaft hatte Bello bereits für das Wiederaufnahmeverfahren von 1976 einem Lügendetektortest unterzogen; man wollte wissen, ob seine Aussage von 1967 der Wahrheit entsprach, bevor man sich entschloß, ihn als Zeugen aufzustellen. Anschließend informierte man Verteidigung und Richterschaft, daß man Bello erneut in den Zeugenstand rufen werde, da er einen Lügendetektortest passiert habe und seine Aussage vom ersten Prozeß wiederholen wolle. Nach der Verhandlung fand die Verteidigung heraus, daß Bello bei dem Test durchgefallen war und die Staatsanwaltschaft davon gewußt hatte. Nun, im Frühjahr 1981, wünschte der Supreme Court genauere Belege für die damaligen Ereignisse. Soweit die guten Nachrichten.

Die schlechten bestanden darin, daß Bruno Leopizzi, der Bezirksrichter von Passaic County, der bei Carters Wiederaufnahmeverfahren den Vorsitz geführt und wieder und wieder seine Parteinahme für die Anklagevertretung bekundet hatte, die Verhandlung leiten und als »Fakten-Sammler« fungieren sollte. Rubins Anwälte hatten (zum x-ten Mal) beantragt, ihn wegen Befangenheit abzulehnen, aber da es unbegreiflicherweise bei Richter Leopizzi selbst lag, darüber zu entscheiden, ob er befangen und zu entlassen war oder nicht, kam er zu dem Ergebnis, daß er weder das eine war noch das andere tun mußte.

Die Anhörung sollte am Montag, den 18. Mai, beginnen und am Gericht von Paterson in Passaic County abgehalten werden, wo zuvor der Prozeß stattgefunden hatte. Rubin sollte dorthin transportiert und im Bezirksgefängnis untergebracht werden, um an der Verhandlung teilnehmen zu können. Der Montag kam, und am späten Nachmittag meldete sich Rubin in Toronto.

»Na, wie ist das Gefühl, wieder in Paterson zu sein?« wollte Terry wissen.

»Von wegen Paterson. Ich war rasiert, angezogen und schon in aller Frühe startbereit – und nichts ist passiert. Ich bin nach wie vor in Trenton.«

»Was meinst du, was da vorgeht?«

»Kann ich noch nicht sagen. Könnte einer von den typischen Gefängnis-Ausrutschern sein oder auch was anderes. Warum ruft ihr nicht einfach mal bei Thom an? Er sollte heute dabeisein, und er wird euch sicher sagen können, was passiert ist. Da läuft grade ein Zählappell. Ich muß auflegen.«

Thom war geradezu außer sich, als Terry anrief. »Es ist eine Schande, daß Rubin nicht bei der Verhandlung war«, erklärte er. Auf die Frage von Rubins Anwalt, warum sein Mandant nicht zugegen sei, obwohl man dessen Erscheinen zugesichert habe, hatte Richter Leopizzi lapidar geantwortet, er könne das auch nicht verstehen; er habe die erforderliche Ladung rechtzeitig ausgefüllt, um Rubin pünktlich zu überstellen. Dann hatte er die Verhandlung eröffnet, ohne Rubin.

(John Artis war ohnehin nicht erschienen, da er im Krankenhaus lag.)

Gleich zu Beginn hatte man Bello in den Zeugenstand gerufen. Terry überlegte, ob man Rubin vielleicht deshalb noch nicht vorgeführt hatte, weil die Anklage vermeiden wollte, daß Bello mit dem Mann konfrontiert wurde, den er belastet hatte.

»Wahrscheinlich«, sagte Thom, »jedenfalls hat Bello immer ganz verschreckt hochgesehen, sobald jemand in den Sitzungssaal kam. Aber ihr müßtet erst mal hören, was er gesagt hat. Rubin kann's garantiert nicht fassen.«

»Ich vermute, es wird nicht das erste Mal gewesen sein«, meinte Terry.

»Bello hat behauptet, er wäre *in der Bar* gewesen und nicht draußen auf der Straße, als die Schießerei losging! Könnt ihr euch das vorstellen? Drinnen! Er arbeitet doch tatsächlich wieder mit der Bar-Story!« Thom hielt das offenkundig für eine gute Nachricht, obwohl die Kanadier zu diesem Zeitpunkt nicht sehr viel damit anfangen konnten.

Bei Rubins nächstem Anruf gaben sie die Information weiter und stellten fest, daß ihn Bellos wechselnde Aussagen ähnlich beflügelten wie seinen Freund Thom.

»Geschieht ihnen recht, diesen Scheißkerlen! Hätten mal besser die Tätowierung lesen sollen, die er auf dem Arm hat: ›Die Hölle ist mein!‹«

»Nach allem, was schon gesagt und passiert ist – wie kann man diesem Bello überhaupt noch *irgendwas* glauben?« fragte Terry.

»Ist mir auch zu hoch. Aber laß dir lieber erzählen, wie das alles zusammenhängt. Falls es dir etwas verworren vorkommt, liegt das daran, daß wir's immerhin mit dem guten Bello zu tun haben . . .

. . . also, in der Tatnacht selbst hat er noch niemanden identifiziert, sondern lediglich ausgesagt – wie die restlichen

Zeugen auch –, zwei Farbige gesehen zu haben, beide etwa einsachtzig groß und schlank. Beim Prozeß, 1967, kam er dann mit einer anderen Version und erzählte den Geschworenen, er hätte in der besagten Nacht Schmiere gestanden für seinen Kumpel Bradley, der gerade mit einem Einbruch in eine Fabrik beschäftigt war, nicht weit von der Lafayette Bar. Nach einer Weile ist er dann angeblich die Lafayette Street runtermarschiert Richtung Bar ...«

»Ja, das haben wir in deinem Buch gelesen. Er wollte sich Zigaretten holen! Mit anderen Worten, er will mitten in einem Raubzug seinen Posten und seinen Partner verlassen haben und in eine Bar spaziert sein, damit ihn jeder sehen und identifizieren kann, während nebenan ein Einbruch stattfindet? Das ergibt doch keinen Sinn!«

»Den Mist mit dem Bruch hab' ich sowieso nie geglaubt!« sagte Rubin. »Aber er brauchte nun mal eine Erklärung für sein Erscheinen in der Bar. Es ist seltsam, aber dadurch, daß er sich zu einem Verbrechen bekannt hat, fand die Jury seine ganze Geschichte, inklusive der Aussage über John und mich, besonders glaubwürdig. Nachdem er sich selbst belastet hatte, meinten die Geschworenen, daß er auch in allem anderen bei der Wahrheit geblieben war.«

»Richtig, ich erinnere mich an die Geschichte«, sagte Sam. »Angeblich ist er die Straße entlangmarschiert Richtung Bar, hört lautes Getöse und denkt, da spielt eine Band. Also geht er weiter, bis er schließlich hört, daß es sich bei dem Krach offenbar um Schüsse handelt. Und als er eben vor der Bar ist, trifft er auf zwei bewaffnete Männer, der eine groß, der andere klein und stämmig ...«

»Genau«, fuhr Rubin fort, »die gerade um die Ecke kommen, die Knarre schwingen und sich kranklachen. Angeblich konnte er sie gut sehen und deshalb behaupten, er hätte John und mich erkannt. Das muß man sich mal bildlich vorstellen: John und ich haben ihn ebenfalls gesehen, und wir sind bewaffnet. Angeblich haben wir in der Bar gerade alles umgelegt, was sich bewegt, aber den guten Bello erschießen wir nicht – einen Zeugen immerhin. Wir verfolgen ihn, wie er sagt, kriegen ihn aber nicht zu fassen, diesen kleinen, fetten Stinker; obwohl er übergewichtig ist, getrunken hat und Schuhe mit dicken Plateausohlen trägt. John ist Leichtathletik-Champion, ich hin Profi-Boxer und Laufen ist meine starke Seite, trotzdem können wir ihn nicht packen und verzichten auch darauf, ihn zu erschießen. Ich BITTE euch!! Dann setzen wir uns angeblich in einen Wagen, und während wir davonbrausen, kann er genau sehen, wie quer über dem Heck die ›Schmetterlings‹ Rücklichter aufleuchten. Soviel zu seiner *Straßen*-Story.

Als nächstes, das war 1974, widerruft er seine Aussage – zuerst vor Fred Hogan, dem Ermittler, dann vor dem *New York Times*-Reporter Selwyn Raab und schließlich unter Eid vor dem Richter aus dem ersten Prozeß. Statt dessen erklärte er, John und mich in der Tatnacht gar nicht gesehen zu haben und von der Polizei zu seiner Falschaussage gezwungen worden zu sein. Im Laufe der nächsten zwei Jahre kam er dann immer wieder mit anderen Versionen, die aber im Kern auf dasselbe hinausliefen: Bello war selbst *in der Bar* gewesen, vor und während der Schießerei, hatte aber keinen von uns beiden dort gesehen. Kurz vorher war, wie er behauptete, eine Frau in die Bar gekommen, eine Schwarze, und hatte beim Barkeeper eine Flasche gekauft. Als dann plötzlich die Schüsse fielen, hatte er sich Hazel Tanis, eines der Opfer geschnappt und als Schutzschild benutzt, um nicht selbst getroffen zu werden.«

»Na, reizend, das war aber ein netter Zug, würd' ich sagen – wirklich, ein nobler Charakter«, kommentierte Sam.

»Aber 1976, am Vorabend des zweiten Verfahrens, ist er dann wieder auf die erste Version umgeschwenkt«, fuhr Rubin fort.

»Wie praktisch«, bemerkte Terry.

»Oh, sie haben sich eine gute Erklärung einfallen lassen. Laut Staatsanwaltschaft war er auf die *Straßen*-Story zurückgekommen, weil er einen Lügendetektortest gemacht hatte, der ›bewies‹, daß diese Version der Wahrheit entsprach. Sie verwiesen auf den Testbericht, der ihnen vorlag, wußten aber ganz genau, daß er in Wirklichkeit Bellos *Bar*-Story bestätigte und die *Straßen*-Version als Lüge enttarnt hatte.«

»Ist ja unglaublich! Wie seid ihr dahintergekommen?«

»Eine plötzliche Eingebung von meinem Anwalt Myron Beldock. Nach dem Prozeß hatte er einfach das Gefühl, daß irgendwas faul war an dem Test, eine vage Ahnung, die er nicht so genau beschreiben konnte. Nachdem er die Unterlagen der Staatsanwaltschaft noch einmal studiert hatte, hängte er sich ans Telefon und rief selbst bei den Leuten an, die den Test durchgeführt hatten. Er fiel fast vom Hocker, als ihm der zuständige Mann sagte, daß er Bellos *Bar*-Story als zutreffend identifiziert hatte. Auf die Frage, warum sein Bericht dann Bellos Aussage von 1967 für wahr erklärt hatte, antwortete der Mann: ›Weil er sich 1967 zu der Version mit der Bar bekannt hat.‹ Worauf Bellock sagte: ›Nein, hat er eben nicht. Es war genau umgekehrt – 1967 kam er mit der Aussage, auf der *Straße* gewesen zu sein!‹

Das ist also genau der Punkt bei dieser Anhörung. Die werte Staatsanwaltschaft hängt am Fliegenfänger und wird's ganz schön schwer haben, ihren Arsch zu retten.«

Inzwischen war den Kanadiern klar, warum es Rubin widerstrebte, seinen Fall zu erörtern. In der chaotischen Fülle verwirrender Details konnte man leicht die Übersicht verlieren, aber der Gestank war unverkennbar – »beißend und klar«.

Am darauffolgenden Tag wurde Rubin nach Paterson überführt. Wenn die Staatsanwaltschaft gehofft hatte, ihn von

Bello fernhalten zu können, war der Zeitpunkt allerdings schlecht gewählt: Rubin erschien im Verhandlungssaal, als Bello eben seine Aussage beendete. Kaum hatte er gehört, wie sich die Tür öffnete und die Ketten klirrten, hielt er den Blick starr auf den Boden geheftet. Nicht, daß er Rubin erkannt hätte, wenn er mutig genug gewesen wäre, hochzuschauen; seit der letzten Begegnung vor Gericht waren fünf Jahre vergangen, und Rubins Aussehen hatte sich derart verändert, daß ihn niemand erkannte, nicht einmal seine Rechtsvertreter.

Man führte ihn zum Sitz der Verteidigung, wo ihn die drei Anwälte herzlich umarmten. Myron Beldock, der Kopf der Mannschaft, vertrat Rubin bereits seit 1974, seit Bellos Widerruf, hatte allerdings den Fall ursprünglich nicht übernehmen wollen. Als ihm das Mandat angetragen wurde, hatte er gerade die Akte George Whitmore* abgeschlossen, den Fall eines weiteren Schwarzen, der unschuldig hinter Gittern saß. Es hatte fünf Jahre gedauert, Whitmore zu rehabilitieren, und Beldock war körperlich wie seelisch erschöpft. Nach einem Besuch in Trenton war er jedoch so überwältigt von Rubins starker Persönlichkeit, seinem Intellekt und Wissen über den Fall, daß er bereit war, für seine Freilassung zu kämpfen. Carters Verurteilung schien ihm juristisch wie faktisch so wenig fundiert, daß er glaubte, ihn binnen einen Jahres frei zu haben. Sieben Jahre und einen weiteren Prozeß später saß Rubin immer noch im Gefängnis, aber Beldocks Engagement war ungebrochen.

* Whitmore war zu Unrecht beschuldigt worden, drei aufsehenerregende Lustmorde in New York verübt zu haben, und wurde schließlich wegen versuchter Vergewaltigung verurteilt. Die Ermittlungen von Beldock und dem Reporter Selwyn Raab führten zu seiner völligen Entlastung und lieferten die Grundlage für die Pilotstory der beliebten Fernsehserie »Kojak«.

Neben Beldock saß Professor Leon Friedman von der juristischen Fakultät der Universität Hofstra, ein hervorragender Wissenschaftler und Co-Autor eines fünfbändigen Standardwerks über die gesammelten Urteile des Obersten Bundesgerichts der Vereinigten Staaten. Als Experte für Bundes- und Verfassungsrecht fungierte er seit 1978 als wissenschaftlicher Berater im Berufungsverfahren Carter/Artis. »Der Fall Carter«, pflegte er zu sagen, »steht in einer Reihe mit Sacco und Vanzetti, den Scottsboro Boys und Tom Mooney als ein weiteres Paradebeispiel für die Ungerechtigkeit der amerikanischen Justiz in diesem Jahrhundert – nur mit dem Unterschied, daß die Geschichte nicht im entlegenen Süden und in der fernen Vergangenheit spielt, sondern im New Jersey von heute.«

Für den Professor waren die Machenschaften des staatlichen Justizsystems unbegreiflich, zumal er sich selbst gleich am ersten Verhandlungstag eine Rüge eingehandelt hatte. Er hatte einfach nur gelächelt angesichts der offenkundigen Fürsorge und Sympathie, mit der Richter Leopizzi dem Zeugen Bello begegnet war. »Ich möchte Mister Bello jetzt nicht länger belästigen«, hatte Richter Leopizzi verkündet, als habe er das Opfer und nicht den Urheber dieser absurden Justizposse vor sich, und gleich darauf den Professor zur Ordnung gerufen, weil er ungebührlich gelächelt und sich vor Gericht »wie ein Clown« aufgeführt hatte.

An Friedmans Seite saß Lewis Steel, der seit 1974 mit massivem Einsatz und flammenden Plädoyers John Artis verteidigte und für Richter Leopizzi der lästigste und ruppigste unter den dreien war. Beim Prozeß von 1976 hatte Steel, immer schnell auf den Beinen, Leopizzi beschuldigt, aus der Verhandlung »einen rassistischen Alptraum« zu machen, weil er der Anklage erlaubte, sich ohne konkrete Beweise vor den Geschworenen über ihre Theorie eines rassistisch motivierten Racheakts zu verbreiten. Leopizzi hatte seine Äußerungen als »idiotisch« zurückgewiesen und ihn wegen Mißachtung des Gerichts mehrfach abgestraft. Und nicht einmal Beldock entging dem richterlichen Unmut; Leopizzi sollte ihn noch in der laufenden Anhörung als »absoluten Lügner« bezeichnen.

Alle drei Verteidiger waren prominente New Yorker Anwälte und betreuten den Fall Carter/Artis ohne Honorar. Nach vielen tausend unbezahlten Arbeitsstunden waren sie immer noch dabei.

Rubin erfuhr, was er am Vortage verpaßt hatte. In seiner äußerst aufschlußreichen Aussage hatte Bello unter anderem gesagt: »Ich weiß, das ging immer hin und her mit In-der-Bar und Vor-der-Bar, und ich habe ... ein paar unterschiedliche Sachen erzählt.« Unter dem Druck der Befragung durch Beldock hatte er eingeräumt, gelegentlich Gedächtnislücken zu haben. »Ich hatte ein ziemlich ernstes Alkoholproblem. Ich habe nicht ... ich erinnere mich nur dunkel an den Fall oder an das, was bei den verschiedenen Verhandlungen vorgefallen ist. Das waren so viele ... das zog sich ja über sechzehn Jahre hin, und da ist es schwer, sich noch richtig zu erinnern.« Allerdings erinnerte er sich sehr wohl, auf welche Weise er mit der Polizei »kooperiert« hatte: »Da will der eine, daß du das tust, und der andere, daß du jenes tust. Das war's doch, worauf das letzten Endes rauslief. Und ich hab' eben einfach gemacht, was die verschiedenen Leute gewollt haben.«

Von Steel befragt, hatte er erklärt, die *Bar*-Story beim zweiten Prozeß vorgelegt zu haben, »soweit ich mich erinnere« – aber er erinnerte sich falsch. An dieser Stelle hatte Richter Leopizzi eingegriffen und Bello gebeten, den Saal zu verlassen. Anschließend hatte sich der Richter mit den Parteien beraten und vorgeschlagen, die Sitzung zu vertagen, um Bello Gelegenheit zu geben, sein Gedächtnis aufzufrischen. Zu diesem Zweck sollte er sich über Nacht in die Gerichtsprotokolle vertiefen und nachlesen, was er bei den einzelnen

Verhandlungen gesagt hatte – von der *Straßen*-Version, die er in den beiden ersten Prozessen abgegeben hatte, bis zu der *Bar*-Version aus den Zeiten seines Widerrufs (1974–76). Beldock und Steel protestierten heftig und wiesen darauf hin, daß Bellos Erinnerungsvermögen ohnehin hoffnungslos sei und sich nicht auffrischen lasse, »jedenfalls nicht im Sinne des Gesetzes«. Selbst Bello bezweifelte – nachdem man ihn wieder in den Verhandlungssaal gelassen hatte –, daß ihn die Lektüre der Protokolle befähigen könnte, sich an mehr als momentane Eindrücke aus den Dokumenten zu erinnern. An diesem Punkt hatte ihn der Richter gefragt »Waren Sie dabei oder Zeuge der eigentlichen Schießerei?« und Bello hatte geantwortet: »Ich bin nicht sicher. Ich weiß es nicht. Ich kann mich einfach nicht erinnern.« Ungeachtet der Proteste, hatte Leopizzi darauf bestanden, Bello die Protokolle lesen zu lassen.

Inzwischen saß Bello schon den zweiten Tag im Zeugenstand, unter den Augen von Rubin, der ihm aufmerksam zusah und zuhörte. Wie von den zahllosen früheren Verhandlungen und Anhörungen gewohnt, machte er sich auch diesmal auf dem gelben Gerichtspapier ausführliche Notizen und hielt die Aussage und seine Beobachtungen gewissenhaft fest.

Endlich konnte er sich persönlich überzeugen, wie Bellos »aufgefrischte« Antworten ausfallen würden. Sie schwankten zwischen »kann sein« und »weiß nicht«. Obwohl außerstande, sich an das zu erinnern, was er in der Nacht zuvor gelesen hatte, gelang es Bello, sich selbst zu übertreffen und zu schwören, daß die fraglichen Versionen – ungeachtet der Tatsache, daß sie einander ausschlossen – *beide* der »Wahrheit« entsprachen. Damit war für jeden offenkundig, daß seine Aussage – das Herzstück der Anklage – völlig unbrauchbar war.

Rubin saß da, hörte zu und fand es schwer, auf jemanden

wütend zu sein, der sich so jämmerlich aufführte. Eigentlich war das Ganze eher komisch, aber schließlich hatte er den Preis für Bellos Unfug zahlen müssen. Selbst die Anklagevertreter waren erleichtert, als sich Bello endlich aus dem Zeugenstand verabschiedete.

Der nächste Zeuge war Leonard Harrelson, der im Auftrag der Staatsanwaltschaft den Lügendetektortest durchgeführt hatte. Wie er bestätigte, hatte ihm der Ankläger von Passaic County im Sommer 1976 erzählt, daß die Staatsanwaltschaft aufgrund der schlechten Presse sehr unter Druck stand, das Verfahren gegen Carter einzustellen. Deshalb wünschten sie, Bello zu testen, um endgültig zu klären, wo er sich in der Tatnacht aufgehalten hatte; ohne ihn war die Anklage nicht zu halten. »Wenn Sie die Untersuchung durchführen«, hatte ihn der Staatsanwalt instruiert, »sollten Sie bitte daran denken – was Sie sicher ohnehin tun –, daß unser Büro selbstverständlich weder das Interesse noch die Neigung hat, auf den Test oder den Fall einzuwirken, sondern lediglich die Wahrheit ans Licht bringen und der Gerechtigkeit Genüge tun will – wohin die Würfel auch fallen mögen.«

Gleich nach dem Test hatte Harrelson mit Vincent DeSimone, dem (nach wie vor amtierenden) Chef der County Kriminalpolizei, der seinerzeit die Ermittlungen in der Lafayette Bar geleitet und auch weiterhin eine Schlüsselrolle in dem Fall gespielt hatte, gesprochen und ihm das unzweideutige Ergebnis mitgeteilt: Bello hatte sich *in* der Bar aufgehalten, vor und während der Schießerei. DeSimone hatte protestiert und behauptet, das könne nicht sein, da er in diesem Fall Carter und Artis nicht gesehen haben konnte. Das war der springende Punkt bei Bellos Aussage im ersten Prozeß, und diesen galt es unbedingt zu »bestätigen«, um das zweite Verfahren voranzutreiben. Wohl wissend, daß sein Fall soeben gegenstandslos geworden war, hielt der Chef der Kriminalpolizei eisern daran fest, daß das Testergebnis falsch sein mußte. Aber Harrelson ließ sich nicht beirren. Nichts konnte ihn von seiner Überzeugung abbringen, erklärte er. Schließlich handelte es sich nicht um eine Meinung, die man probehalber in die Welt setzte und bei Bedarf revidierte – es war das, was die Diagramme eindeutig bewiesen.

Warum hatte er sich dann darauf eingelassen, fragte man Harrelson, einen Bericht zu unterschreiben, der genau das Gegenteil sagte? Was hatte ihn zu der Meinung veranlaßt, daß Bellos Aussage im ersten Prozeß (1967) »der Wahrheit entsprach«, wenn es sich dabei um die *Straßen*-Version handelte? Die vermeintliche Kehrtwendung sei unabsichtlich passiert, erklärte Harrelson, er habe fälschlicherweise »angenommen«, daß man die *Bar*-Version gemeint hatte.

Im Lauf der Befragung stellte sich heraus, daß man Harrelson offenbar mit weiteren irrigen Annahmen bedacht hatte. Als er Bello testete, hatte man ihm unter anderem erzählt, daß sich Carters und Artis' Aussagen im Lügendetektor als falsch erwiesen hatten.

»Ich weiß noch, daß wir darüber diskutiert haben, die beiden einen Test machen zu lassen«, erinnerte sich Harrelson auf Steels Fragen. »Darauf sind wir, glaube ich, gekommen, als ich denen klargemacht oder das vielmehr versucht habe, daß es doch alles viel einfacher wäre, wenn sie mich Carter testen lassen.«

»Hat man Ihnen etwas von einem Kollegen erzählt, einem Schwarzen?«

»Man hat mir gesagt ... man hat gesagt ... also, noch mal, ich weiß nicht mehr, wer es genau war. Jedenfalls hat man mir gesagt, daß sich Carter nicht von mir testen lassen würde. Der Betreffende hat Carter zitiert, der gesagt haben soll, es läge daran, daß ich weiß bin. Man hat mir auch gesagt, daß sie (Carter und Artis) bereits 1966 einen Test gemacht haben, der von einem dunkelhäutigen Kollegen durchgeführt wurde.«

»Und wer hat Ihnen das alles erzählt?«

»Irgend jemand aus dem Büro der Staatsanwaltschaft.«

»Nun, können Sie sich vielleicht vorstellen, warum man Ihnen diese Informationen gegeben hat?«

»Ich habe keine Ahnung.«

»Und Sie erinnern sich auch nicht, wer es war ... Könnte es vielleicht DeSimone gewesen sein?«

»Möglich.«

Rubin konnte nur staunen, das zu hören, und staunte noch immer, als er später mit den Kanadiern telefonierte und ihnen aus den Notizen vorlas. Er hatte sich keineswegs geweigert, sich von Harrelson testen zu lassen. Außerdem war der Test, den er und Artis 1966 absolviert hatten (wie selbst DeSimone im ersten Prozeß ausgesagt hatte) von einem *Weißen* durchgeführt worden.*

Nichtsdestotrotz hatte die Staatsanwaltschaft Erfolg mit diesen wenigen, wohlplazierten Lügen. Harrelson schäumte, weil ihn die Verteidigung in die Enge getrieben hatte und zu unterstellen schien, er stecke irgendwie mit der Staatsanwaltschaft unter einer Decke. Er war »überzeugt«, daß die Angeklagten schuldig waren, und Richter Leopizzi ließ ihn ungehindert seine persönliche Meinung zu Protokoll geben, nach der »Carter und Artis die Vollstrecker dieser Vernichtungsaktion waren«.

Rubins Anwälte sprangen auf und protestierten vehement gegen die unzulässigen Äußerungen. Der Zeuge habe nicht das Recht, objektive Tatbestände zu kommentieren, er könne in seiner Funktion als Lügendetektor-Experte bestenfalls Auskunft geben, ob Bello bewußt gelogen habe oder nicht.

* Als Harrelson im Sommer 1976 darum gebeten hatte, ihn die Diagramme dieser Tests überprüfen zu lassen, teilte ihm die Anklage mit, die Unterlagen seien »nicht verfügbar«, da sie bei einem »kleinen Wasserschaden im Keller« naß geworden seien. Allerdings konnte Harrelson, wie er sagte, an den Mappen, in denen die angeblich verlorengegangenen Blätter deponiert wurden, keinerlei Wasserspuren entdecken.

Außerdem stehe hier das Fehlverhalten der Staatsanwaltschaft zur Debatte. Es gehe darum, daß die Anklage wissentlich mit falschen Testergebnissen operiert habe, um Bello zu veranlassen, von der *Bar*-Story auf die *Straßen*-Version zu wechseln, die sie für das zweite Verfahren benötigte – eine Tatsache, die sie der Verteidigung selbstverständlich vorenthalten habe.

Rubin notierte auf seinem gelben Papier: »All diese Leute, die nichts anderes im Sinn haben, als das Ding zu vertuschen ... Es ist sehr schmerzlich für mich, hier zu sitzen – als einziger Afrikaner im ganzen Saal – und mir anzusehen, wie das Gift dieses Systems alles verseucht ...«

Die Haftbedingungen im Bezirksgefängnis von Paterson waren um einiges zwangloser, als Rubin es von Trenton her gewöhnt war. Der Zugang zum Telefon war praktisch unbegrenzt möglich, während ihm sonst nur zehn Minuten bewilligt waren und die Zentrale pünktlich um halb zehn abends die Leitungen kappte, oft mitten im Satz. In Paterson blieb er fast bis Mitternacht am Telefon und schwatzte mit den Kanadiern vier oder fünf Stunden lang – ohne ein einziges Mal unterbrochen zu werden.

Diese ausgedehnten Gespräche waren von unschätzbarem Wert. Sie gaben ihnen die Chance, darüber zu reden, wie sich Rubin fühlte, wie es war, gefesselt und wehrlos in diesem Verhandlungssaal zu sitzen, immer wieder als Mörder verleumdet zu werden und gleichzeitig zu wissen, daß man unschuldig war. Die Kanadier erklärten sich außerstande, etwas Derartiges zu ertragen, und waren entsetzt über die Erniedrigung. Eine Ansicht, die Rubin überraschte und veranlaßte, seine Erfahrungen mit neuen Augen zu sehen. Die Situation vor Gericht war ihm so vertraut, daß er inzwischen geradezu abgehärtet war.

Er *mußte* dasein, erklärte er, es war seine *Pflicht*. Schließlich mußte er wissen, was da vorging, um den Kampf fortsetzen zu können. Wirklich? fragten die Kanadier. Pflichtbewußt zu sein, war vielleicht ganz etwas anderes. Vielleicht mußte er gar nicht dasitzen und sich einmal mehr mit Schmähungen überhäufen lassen. Vielleicht gab es einen anderen Weg, sich zu schützen. War es vielleicht nur das alte Lied, das sich immer tiefer einprägte, je öfter man es spielte – das Lied vom letzten Widerstand? War das nicht gleichbedeutend mit dem Ritt auf dem menschenfressenden Monster? Gab es nicht andere Möglichkeiten, mit der Situation umzugehen, etwas, das nicht ganz so unmenschlich war? War es nicht möglich – im Hinblick darauf, nett zu sich selbst zu sein –, diese Quälerei zu vermeiden?

Nicht dabei zu sein, war für Rubin gleichbedeutend mit weglaufen. Ja, stimmten die Kanadier zu, das heißt es – und zwar davor, erniedrigt und gedemütigt zu werden. Sich ständig als Mörder bezichtigen zu lassen, hatte seinen Preis und blieb nicht ohne Wirkung, unabhängig davon, wie falsch die Beschuldigung war; sich das wieder und wieder anhören zu müssen, war aufreibend, selbstzerstörerisch. Konnte er nicht aus den Protokollen ersehen, was bei der Verhandlung vorging? Hatte er es unbedingt nötig, sich auch noch persönlich anzuhören, wie man seinen Charakter in den Dreck zog?

Er wolle darüber nachdenken, ausführlich, erklärte Rubin. Es sei zweifellos eine neue Perspektive.

Alles in Rubins Leben mußte nicht nur neu überdacht, sondern von unten nach oben gekehrt werden. Als man ihn im Bezirksgefängnis in die Großraumzelle gesperrt hatte, hatte ihn keiner der übrigen Häftlinge auch nur bemerkt. Niemand kannte ihn. Normalerweise verstummten die Gespräche, wenn der gefürchtete Rubin »Hurricane« Carter auftauchte. Alle waren verunsichert, und niemand hätte auch nur den Versuch unternommen, sich mit einem Mann zu messen, dem in allen Gefängnissen ein legendärer Ruf vorauseilte. Aber hier machten die Häftlinge einfach weiter wie gewohnt und nahmen keine Notiz von dem wenig imposanten Fremden in ihrer Mitte. Sie prahlten herum und erzählten abenteuerliche Geschichten, um zu zeigen, wie »schlecht« sie waren. Es war lange her, daß Rubin diese Art von lockeren Reden gehört hatte, und er hatte seinen Spaß daran. Nun, da er seine Markenzeichen, das ganze äußere Drum und Dran seiner Person, abgelegt hatte, öffneten sich die Türen, und seine Anonymität gab ihm ein gewisses Maß an Freiheit.

Es gelang ihm, noch einen weiteren Tag bei Gericht durchzustehen, als er dann aber am Abend mit Toronto telefonierte, teilte er den Kanadiern mit, nun sei es genug. Er sei es leid, den ganzen Tag in diesem Gerichtssaal herumzuhocken und Notizen über Carter, den »Vollstrecker der Vernichtung«, anzufertigen, als ob von einem tollwütigen Hund die Rede sei. Er habe genug von dem Mist, für den Rest seines Lebens, und habe bereits darum gebeten, am nächsten Morgen wieder nach Trenton verfrachtet zu werden.

Bis dahin blieb ihnen noch der ganze Abend, um miteinander zu reden. Die Kanadier waren froh über Rubins Entschluß; auch wenn er immer noch gefangen saß – er hatte ohne Zweifel eine andere Art von Freiheit gewonnen. Alle waren beeindruckt, daß er die Kühnheit gehabt hatte, sich auf etwas Neues einzulassen, flexibel zu sein.

Rubin wollte noch mit Lesra und Marty sprechen, da er bisher nicht die Gelegenheit gehabt hatte, sich zu ihren Aufsätzen zu äußern, die sie ihm nach Trenton geschickt hatten. Marty hatte über den Rassismus geschrieben und Lesra über Salingers *Der Fänger im Rogen.*

»Ihr sollt wissen, daß ich sie ganz ausgezeichnet fand«, teilte Rubin den beiden mit. »Intelligent, informativ – und sehr anspruchsvoll. Wenn's euch nichts ausmacht, würde ich die Werke gern an ein paar junge Burschen in Trenton weiterreichen – das ist euch doch recht?«

Die Frage war überflüssig.

»Hört mal«, fuhr Rubin fort, »ihr dürft nicht nachlassen, versteht ihr? Bleibt in Fahrt – gebt den Führerschein nie ab und laßt ihn euch schon gar nicht von irgendwem abnehmen! Habt ihr verstanden, was ich sagen will?«

Sie hatten.

»Und seid immer dankbar, daß ihr Freunde habt, die euch lieben und euch nie im Stich lassen werden. Das ist Kraft, und das ist wirklich schön. Genau wie ihr.«

10

Bei Tagesanbruch machte sich eine Delegation von Kanadiern – bestehend aus Kathy, Sam und Terry – auf den Weg, um rechtzeitig zu einem Besuch am nächsten Tag in Trenton zu sein. Rubin war dabei, von seinem Monster abzusteigen, und sie wollten ihm mit ihrem Beifall und Zuspruch zur Seite stehen, wenn er aus Paterson zurückkehrte.

Auf dem Weg zum Gefängnis schalteten sie das Autoradio an und hörten einen Experten für Strafsachen mit engagierter und ausdrucksvoller Stimme sagen: »In Amerika sitzen mehr Schwarze im Gefängnis als an den Universitäten. Es sind mehr gebürtige Nordamerikaner inhaftiert als immatrikuliert. Ungeachtet der Frage nach der sozialen Gerechtigkeit, machen diese Zahlen schon aus rein ökonomischen Gründen keinen Sinn: Es ist weitaus teurer, jemanden im Gefängnis zu verwahren, als ihn auf die beste Universität im ganzen Land zu schicken. Allerdings sind Gefängnisse leicht zugänglich, Universitäten hingegen nicht. Was die Frage aufwirft, wo wir eigentlich unsere Prioritäten setzen.«

Die Kanadier dachten an Lesra, der in Toronto dem College entgegensah, während seine Brüder in Brooklyn das Gefängnis erwartete. Man würde mehr Geld aufbringen, mehr Aufmerksamkeit verschwenden, sie hinter Gitter zu bringen, als darauf, ihren Geist zu wecken und ihren Verstand zu schulen. Wie man es auch betrachtete – es machte wirklich keinen Sinn.

Am Gefängnis angekommen, wurden sie bereits von den treuen Veteranen, den »Trusties« empfangen, die draußen vor den Mauern den Müll aufsammelten und die Gehsteige fegten. Sie nickten und lächelten und erkundigten sich, ob es den Kanadiern gutging. Drinnen ging es weniger freundlich zu. Als sie sich auf der Poststelle zu einer »Fenster-Visite« bei Rubin Carter, Nr. 45472, eintragen wollten, teilte man ihnen mit, der Häftling könne nicht besucht werden, weil nicht anwesend. Doch, das sei er, erwiderte Terry, der genau wußte, daß Rubin kurz vor seiner Rückfahrt aus Toronto angerufen hatte. Nein, erklärte die Wache, er sei in Passaic County, im Bezirksgefängnis. Mitnichten, beharrte Terry, er sei heute morgen zurückgekommen. Der Wärter hielt entschieden dagegen und schickte die lästigen Gäste fort. Als er zwei Minuten später wieder über den Schalter guckte und feststellte, daß sie sich nicht von der Stelle gerührt hatten, griff er nach dem Telefon und rief in Rubins Zellentrakt an. Da er völlig sicher war, den drei Fremden nun zu beweisen, daß sie sich irrten, bat er den wachhabenden Kollegen lapidar »die Abwesenheit von Carters Anwesenheit zu bestätigen«. Nach einem kurzen Schweigen registrierte er kommentarlos – ohne Entschuldigung oder irgendwelche Anzeichen von Verlegenheit – einen Besuch und reichte den Kanadiern einen Telefonhörer. Als Terry ihn entgegennahm, fiel sein Blick auf das Namensschild des Wachhabenden – »Rocky«.

Die Fenster-Visiten wurden gleich hinter dem Warteraum in einem langgestreckten, engen und schmutzigen Raum abgehalten, der eher nach einem Korridor oder Durchgang aussah. Die Luft war sommers wie winters stickig und schweißtreibend heiß. Der speckig gelbe, geriffelte und teilweise abblätternde Anstrich, der in dicken Schichten über allem lag, verstärkte noch die überheizte Atmosphäre. Rund die Hälfte der alten PVC-Fliesen hatte sich gelöst und war nie ersetzt worden, darunter hatte sich das schwarze Flekkenmuster aus zähem Klebstoff zu einem schmutzverkrusteten Dauerbelag verhärtet. Es gab nichts in diesem Raum, das nicht alt und abscheulich aussah.

An einer Längswand hatte man rund ein Dutzend Sektionen abgeteilt, jede mit einem eigenen Fenster, wobei das Wort »Fenster« allerdings eher unpassend war. Durch ein »Fenster« hatte man gewöhnlich klare Sicht, während diese Scheiben aus dickem kugelsicheren Panzerglas bestanden, etwa fünfeinhalb Quadratmeter groß waren, verkratzt und verdreckt, das Licht dämpften und den »Durchblick« damit eher behinderten, als ihn zu erleichtern. Gewitzte Besucher, die bereits Knast-Erfahrung hatten, putzten die Scheibe mit einem feuchten Kleenex, aber diese Chance war vertan, als ein schweres Stahlgitter mit funkelndem Rautenschliff über die Fenster rollte und die Scheibe unerreichbar machte. Mit etwas Glück konnte man nun noch kleine rautenförmige Fragmente vom Gesicht des Häftlings erkennen, aber der Schmutzfilm war so dick, daß selbst die dürftigen Ausschnitte verschmiert und trübe aussahen. Das Licht jenseits der Scheibe war von einer Art, daß der Besucher nur eins klar erkennen konnte: ein metallenes Streckbett, das unheilvoll über den Köpfen der Häftlinge an der Wand schwebte wie ein vergessenes Requisit aus einem Melodram von den Schrecken der Irrenanstalten vergangener Tage.

Jede Besucher-»Kabine« enthielt einen gelb gestrichenen Schemel aus verbeultem Stahl, dessen Härte zweifellos beabsichtigt war, um keinesfalls das Gefühl von Gemütlichkeit aufkommen zu lassen. Neben den »Fenstern« befand sich eine Telefonbuchse, mit der man seinen Hörer anschließen konnte, sobald die Person, die man besuchen wollte, auf der anderen Seite erschien, was üblicherweise erst nach mehr als einer Stunde der Fall war. Mehr als einmal stellte man dann fest, daß der Hörer, den man bekommen hatte, nicht funktionierte, so daß man zurück mußte zur Anmeldung, um sich erneut anzustellen und schließlich einer mürrischen Wache zu erklären, daß man keineswegs vorhabe, ihr das Leben schwerzumachen, aber leider einen neuen Hörer benötige – all das nahm viele Minuten in Anspruch, die von der kostbaren Besuchszeit abgingen. Selbst wenn man ein funktionierendes Telefon erwischte, wurde die Verständigung meist durch das Krachen und Knistern statischer Geräusche erschwert. Was die defekten Hörer anging, so wurden sie nie repariert, sondern einfach wieder »in Betrieb« genommen und dem nächsten arglosen Besucher ausgehändigt. Häftlinge hatten auch nicht mehr Glück mit den Apparaten auf ihrer Seite.

Werktags waren Fenster-Visiten auf eine Stunde begrenzt, am Wochenende und in den Ferien auf nur dreißig Minuten, um angeblich mehr Besucher aufnehmen zu können. Tatsächlich wurden die Zeiten jedoch ohnehin gekürzt und die Leitungen unterbrochen, ob nun jemand wartete oder nicht.

Am Wochenende ging es zu wie im Tollhaus. Um den Ansturm der Massen zu bewältigen, wurde die Telefonzentrale hilfsweise zum Warteraum umfunktioniert und zu einem Inferno von plärrenden Babies, umherrennenden Kindern und brüllenden Wärtern. Erschwerend kam hinzu, daß die Toiletten nur über diesen Raum zu erreichen waren, so daß die Gespräche ständig von Türenschlagen und den Protesten der Besucher gestört wurden, die versucht hatten, allerhand Dinge an den seltsamsten Stellen ihres Körpers zu verstecken und hereinzuschmuggeln. Hinzu kam der Lärm derjenigen Besucher, die bereits vor den Fenstern saßen und mit den übrigen um die Wette brüllten, um sich vor dem allgemeinen Getöse über die lädierten Telefone verständlich zu machen. (Filme scheinen von diesen Bedingungen, die einer normalen Unterhaltung kaum dienlich sind, keine realistische Vorstellung geben zu wollen; statt dessen zeigt man uns große und fleckenlos saubere Fenster, und es ist rundum so still, daß man die berühmte Stecknadel fallen hören könnte.)

Angesichts von Rubins Freude waren die mißlichen Begleiterscheinungen des Besuchs im Nu vergessen. Seine Kraft und Energie drang selbst durch eine Panzerglasscheibe, und sein Charisma hatte etwas Ansteckendes. Er schien geradezu zu leuchten, zu vibrieren vor Intensität, gespannt auf jedes Wort, jeden Gedankenaustausch, der ihn noch mehr leuchten ließ. Alle fühlten sich inspiriert und einfach wundervoll.

In der Folgezeit wurden die Fahrten nach Trenton immer weiter ausgedehnt, auf regelmäßige Kontakt-Visiten samstags und sonntags, plus etlicher Fenster-Visiten an den übrigen Wochentagen.

Nach dem Wiederaufnahmeverfahren hatte Rubin über viele Jahre ein geradezu mönchisches Dasein geführt und seine Ansprechpartner vor allem in Büchern gefunden. Er hatte sich von allen Aktivitäten im Gefängnis ferngehalten und seine Kontakte auf einen einzigen nahen Freund beschränkt. Dieser Moko, mit dem er sich gern unterhielt, konnte ihn stets zum Lachen bringen, weil er die Gabe hatte, allen Dingen eine komische Seite abzugewinnen. Rubin liebte ihn dafür. Das ganze Gefängnis liebte ihn, weil sein sonniges Naturell jeden betörte.

Als sich Mokos Haftzeit dem Ende näherte und seine Entlassung bevorstand, war er sehr besorgt, daß sich Rubin ganz zurückziehen und jeden Kontakt zu anderen einstellen könnte. Bevor er Trenton verließ, machte er ihn deshalb mit seinem »Homeboy« Sam bekannt, einem Jugendfreund aus seiner Heimatstadt, der eben erst seine Strafe angetreten hatte. Sam hatte einen wachen und neugierigen Verstand und sehr viel Sinn für Humor. Moko hoffte, daß die beiden einander guttun würden, und so war es auch. Sie verstanden sich auf Anhieb, und nachdem sie sich ein paar Mal beim gemeinsamen Hofgang gezeigt hatten, lernte Rubin durch Sam auch noch »Zig« kennen, so daß sie nun zu dritt ihren Rundgang machten und miteinander redeten.

Sam und Zig waren etwas jünger als Rubin und nicht daran gewöhnt, ihren Kopf für etwas anderes zu gebrauchen, als irgendwelche krummen Dinger auszuhecken. Um eine gewisse Basis für künftige Hofgespräche zu schaffen, gab ihnen Rubin seine philosophischen Bücher zu lesen. Sam war zu diesem Zeitpunkt praktisch Analphabet, lernte aber mit Rubins Hilfe nicht nur Lesen und Schreiben, sondern auch seine Gedanken und Vorstellungen – von denen er viele hatte – in Worte zu kleiden und mitzuteilen. Da sich seine Handschrift als völlig unleserlich erwies, machte er sich außerdem mit der Schreibmaschine vertraut. Im Gegensatz dazu hatte Zig eine Schrift von fast kalligraphischer Anmut und Schönheit; seine Buchstaben waren fein gezeichnet und geradezu übertrieben akkurat. Überhaupt war er in der Form unschlagbar; was ihm fehlte, war die Substanz, wie Rubin fand. »Vielleicht solltest du's mal mit ein bißchen mehr Denksport und etwas weniger Gewichtheben versuchen.«

Als Lesra und die Kanadier auf den Plan traten, machten Sam und Zig bereits große Fortschritte. Zu der Ernsthaftigkeit, mit der sie lernten, kam der Wunsch, ihrem Lehrer zu gefallen, den sie beide verehrten.

Beide hatten Rubins wachsendes Interesse an den Kanadiern verfolgt, zunächst mit Skepsis, da die Eindringlinge Rubins Aufmerksamkeit so stark beanspruchten, dann eher fasziniert von den sichtlichen, wenn auch verwirrenden Veränderungen, die es in ihm bewirkte.

Schließlich lernten sie die Kanadier selbst kennen, bei einer

Kontakt-Visite. Sam, dessen offizieller Name Ulysses Leslie lautete (die Gruppe nannte ihn »Sam South«, um ihn von ihrem eigenen Sam zu unterscheiden, der fortan »Sam North« hieß), war Afro-Amerikaner, sah aber mit seiner relativ hellen Haut und den leicht geschlitzten Augen eher nach einem Mongolen aus. Er war schlank, mit der schlaksigen Figur eines Baseball-Spielers, und hatte als hoffnungsvoller Werfer in der Oberliga gekämpft, bis eine Knieverletzung seiner Karriere ein vorzeitiges Ende gesetzt hatte. Im Gegensatz dazu war Robert Sigler – »Zig« – dunkelhäutig, kräftig und riesengroß. Er trug einen stolzen Bart und hatte, wie die Kanadier meinten, eine verblüffende Ähnlichkeit mit den Bildern, die sie von Frederick Douglass kannten. Zig hatte zwar keine Ahnung, wer das war, fand es aber höchst aufregend, wie eine Berühmtheit auszusehen.

Obwohl es unter Gefangenen nicht üblich war, sich nach den jeweiligen Haftgründen zu erkundigen, setzten sich die Kanadier über diese Regel, von der sie ohnehin nichts wußten, grundsätzlich hinweg. So fanden sie heraus, daß Sam wegen Mordes inhaftiert und mit seinem Fall in die Berufung gegangen war. Zig saß wegen bewaffneten Raubüberfalls und hatte Sam auf dem Transport ins Gefängnis kennengelernt, wo beide eine Strafe von dreißig Jahren verbüßen sollten. Das war 1979 gewesen, als die fortlaufenden fünfstelligen Nummern, die von den Justizbehörden New Jerseys an die Häftlinge ausgegeben wurden, schon um 65 000 zählten. Es gab nur noch eine Handvoll Männer in den Gefängnissen, deren Nummer unter fünfzigtausend lag, und Rubin war einer von ihnen. Aus der Zahl 45472 war für jeden ersichtlich, daß er ein »Oldtimer« sein mußte. Bezogen auf Sam, war er also, wie die Kanadier errechneten, schon 19.146 Häftlinge früher ins Gefängnis gekommen.

Weder für Zig noch für Sam war es die erste Erfahrung mit dem Gefängnis; tatsächlich war ihnen der Knast eine Art

Heimat geworden. Keiner von beiden hatte »draußen« irgend etwas zu verlieren: Zig kam aus West-Virginia, wo sein Vater im Kohlebergbau gearbeitet hatte; Sam stammte aus Ashbury Parks in New Jersey und hatte sich im wesentlichen selbst großgezogen.

Sie erfuhren, wie schrecklich das Gefängnis auf die Kanadier wirkte, wie empörend sie es fanden, daß man menschliche Wesen so grausam behandelte. Zig und Sam stimmten dem zu, aber es waren eher Lippenbekenntnisse, weil beide das Ausmaß dieser Abneigung nicht so recht nachvollziehen konnten. Derartige Gefühle kamen ihnen reichlich übertrieben vor. Für sie, wie für die meisten anderen Gefangenen, war das Leben draußen auf den Straßen nicht weniger grausam und mindestens ebenso gefährlich.

Allmählich wurden sie jedoch vertrauter mit den Kanadiern und fingen an, sich neben den gelegentlichen Kontakt-Visiten auch über Briefe auszutauschen. Rubin fungierte als eine Art Postminister, als Dreh- und Angelpunkt, über den die gesamte Korrespondenz abgewickelt wurde, so daß er ständig auf dem laufenden war und die Hof-Diskussionen darauf abstimmen konnte. Sam und Zig waren begeistert, nicht mehr ausgeschlossen, sondern in den Kreis aufgenommen zu sein, und bezeichneten die Kanadier als »Familie«. Schließlich war eine echte Familie doch auch nichts anderes als eine Gruppe von Menschen, die sich jeweils um den anderen kümmerten.

Vor allem Sam blühte regelrecht auf unter all der Aufmerksamkeit und Anregung. Man schickte ihm Bücher aus Kanada, und es machte ihm einen Riesenspaß, sich in den schwer zu lesenden, aber lehrreichen Klassiker *The Robber Barons* von Matthew Josephson zu vertiefen, der die Gaunermethoden der ersten Industriekapitäne Amerikas beschrieb. »Die sind auch nicht anders als die Schieber von der Straße, nur daß die Typen den ganz großen Super-Deal abgezogen haben!«

Er begann, Gedichte zu schreiben und sich mit Rubin und der »Familie« darüber auszutauschen. In einem dieser Werke, dem er den Titel »Eine Rose findet Freunde« gegeben hatte, verglich er sich selbst mit einem »dornigen Ding«, das in einem »gottverlassenen Garten« gekümmert hatte und mit etwas Fürsorge und Pflege zu einer Rose erblüht war. Seither unterzeichnete er seine ganze Korrespondenz mit »The Rose«.

Eines Tages nahm Terry einen beunruhigenden Anruf von Rubin entgegen.

»Hör zu, ich hab' nur eine Minute Zeit. Also, ich hab euch noch nichts davon erzählt, weil ich dachte, es ist nur der übliche Tratsch. Wenn du hier etwas einmal hörst, ist es nämlich genau das – einfach nur Tratsch. Wenn du's aber zweimal hörst, ist es eine Tatsache, und ich hab's jetzt zum zweiten Mal gehört. Irgendwas muß mit Moko passiert sein. Ihr wißt ja, daß er jetzt schon 'ne ganze Weile draußen ist. Zuletzt hab' ich noch gehört, daß er in den Westen wollte, und jetzt heißt es auf einmal, sie hätten ihn irgendwo im Middlewest eingebuchtet und ... könnt ihr das für mich rausfinden, ja?«

Im Hintergrund dröhnte ein Lautsprecher: »Hofgang!«

»Ich muß jetzt. Mokos Name ist Riley, Lester Riley.«

Die gewünschte Information kostete die Kanadier nur ein paar Anrufe. Die Meldung kam von der Associated Press, und niemand freute sich darauf, sie Rubin mitzuteilen.

»Leider nichts Gutes«, sagte Terry, als Rubin die Gelegenheit hatte, wieder anzurufen.

»Tut uns so leid, Rube«, beteuerte Lisa über den Nebenapparat.

»Lest mir einfach nur vor, was da drinsteht.«

»›Ein gewisser Lester Irving Riley, der nach achtzehn Jahren Haft in einer Strafanstalt von New Jersey wegen eines

Verstoßes gegen die Bewährungsauflagen den zuständigen Justizbehörden überantwortet werden sollte, hat sich gestern mit einem Strick aus zusammengeknoteten Socken an einer Vorhangstange erhängt. Er war am Sonntag in Rawlings/Wyoming angekommen und kurz darauf unter dem Vorwurf, einer Frau 120 Dollar gestohlen zu haben, verhaftet worden. Ein Zeuge gab an, Riley dabei beobachtet zu haben, wie er das Geld in seine Socken stopfte. Tatsächlich fand man dort sechs Zwanzig-Dollar-Noten und einen Fahrschein, aus dem hervorging, daß er auf dem Weg nach Kalifornien war. Laut Auskunft des Sheriffs hatte Riley eine Verzichtserklärung für den Auslieferungsantrag unterzeichnet und sich auch sonst rundum kooperativ gezeigt. ›Ich liebe euch immer‹ hatte er mit Zahnpasta auf einen Spiegel geschrieben.‹«

»Das war alles, Rube«, sagte Lisa. »Es ist schrecklich! Wir wissen doch, was du für ihn empfunden hast.«

»A-a-a-auf die Seite? Er ist a-a-auf die andere Seite?« stammelte Rubin ungläubig, in den alten Gefängnis-Jargon verfallend.

»So heißt es«, bestätigte Terry.

Rubin gab keinen Laut von sich, das Gespräch verstummte. Nur die Hintergrundgeräusche aus dem Gefängnis waren noch zu hören. Dann ein plötzlicher Ausbruch.

»Würg endlich den verdammten Hahn ab!« schnauzte Rubin einen Häftling an, der gerade um ihn herum den Fußboden wischte. »Siehst du denn nicht, daß das Ding tropft?« Die Kanadier hatten nie gehört, daß er diesen Ton anschlug. Er war immer äußerst höflich zu seinen Mitgefangenen. Aber sie wußten, daß er letztlich nur sich selbst beschimpfte. Um den eigenen Kummer abzuwürgen.

11

Im Sommer 1981 schrieb sich Lesra in Toronto für eine Reihe von Ferienkursen ein. Was ihn am meisten interessierte, war der Einführungskurs für Spanisch, da er für das Studium an der Universität von Toronto, zu dem er fest entschlossen war, eine Fremdsprache benötigte. Die Vorstellung, Spanisch zu lernen und sich eines Tages mit den vielen Puertoricanern zu Hause in Brooklyn unterhalten zu können, gefiel ihm schon deshalb, weil er sich früher immer als »Ricano« ausgegeben hatte; das hatte mehr Klasse, als einfach »nur ein Nigger« zu sein.

Da er viel für die Schule arbeiten mußte, blieb in diesem Sommer nur wenig Zeit für den obligaten Besuch in Brooklyn. Seine älteste Schwester Starlene und Nonie, die als einziges Mädchen noch zu Hause wohnte, hatten ihn gleich am ersten Abend mit seinem Lieblingsessen empfangen. Nonie war neunzehn, anderthalb Jahre älter als Lesra. Seit er nach Kanada gezogen war, hatte sie sich um die beiden jüngsten Brüder und den Haushalt gekümmert. Sie putzte die Wohnung, ging einkaufen, wenn die Essensmarken kamen, und hatte angefangen zu kochen. Auf einer Elektroplatte, da man ihnen das Gas, mit dem der Herd betrieben wurde, gesperrt hatte. Da das Haus über keine andere Wärmequelle verfügte*, hatten sie den Herd im Winter als Heizofen benutzt und zuviel Gas verbraucht.

* Hausbesitzer hatten nach dem geltenden New Yorker Sozialrecht einen Anspruch auf ihre Mieteinnahmen, und Sozialhilfeempfänger mußten, unabhängig vom Zustand der Unterkunft, mindestens zwei Jahre wohnen bleiben. Mit dem Ergebnis, daß Hauseigentümer nicht verpflichtet waren, »Annehmlichkeiten« wie Heizung und Warmwasser bereitzustellen und daß Mieter keinen Anspruch darauf hatten.

Lesra ließ sich mit seinen Brüdern Damon und Leland auf der Couch nieder, alle drei mit einem vollbeladenen Teller auf den Knien. Nonie und Starlene schauten mit vor Eifer glühenden Wangen zu, wie Lesra das Essen in sich hineinschaufelte und rundum selig zu sein schien.

»Mann, könnt ihr aber brutzeln! Wo habt ihr das denn gelernt? So was Gutes hatt' ich ja schon lang nich mehr!«

Nonie und Starlene platzten geradezu vor Stolz.

Lesra schaufelte gierig weiter, bis er plötzlich ein Stück Rippe erwischte und es gleich wieder ausspuckte.

»Bah, das is ja total hinüber, das verdammte Teil!«

»Kann nich sein, Lez«, protestierte Nonie. »Starlene hat das heute frisch gekauft.«

Lesra roch an dem Fleisch, stand dann auf, ging in die Küche, wühlte in den Abfällen und kam wieder zurück, eine Einkaufstüte in der Hand. Ohne ein Wort zu sagen, klaubte er die Rippchen von den Tellern seiner Brüder und beförderte sie in die Tüte.

»Lesra, was machst du'n da?« wunderten sich die beiden.

»Den Scheiß könnt' ihr nich essen!«

Unterdessen war Starlene bereits völlig aufgelöst. »Ich hab' das ganze Essen verdorben«, schluchzte sie, während ihr die Tränen über die Wangen strömten. »Ich wollte, daß es dir schmeckt, und jetzt ist alles im Eimer!«

»Das ist doch nicht deine Schuld, Star. Mach dir bloß keine Vorwürfe! Wo hast du das Zeug gekauft? In dem Laden da unten an der Ecke?«

Starlene nickte, immer noch schluchzend. »Du weißt doch, Lez, die andern sind viel zu weit weg! Hab' doch kein Auto nich, und da is' auch kein Bus nich ...«

Lesra nahm sie bei der Hand. »Komm mal mit«, sagte er, und die beiden verschwanden nach draußen.

Während Lesra mit Riesenschritten die Straße hinuntereilte, hastete Starlene hinterher und mußte fast laufen, um ihn vor der Metzgerei einzuholen. Wie der Blitz schoß Lesra in den Laden, die leicht verunsicherte Starlene auf den Fersen, nahm Kurs auf den weißen Mann hinter der Theke und knallte ihm die Tüte mit den Rippchen auf den Ladentisch.

»Meine Schwester hat das heute morgen bei Ihnen geholt. Sie haben ihr verdorbenes Fleisch verkauft!«

Lässig nahm der Metzger die Tüte und schaute hinein. »Na, hören Sie mal, ist doch kein Grund, sich gleich so aufzuregen. Wie wär's, wenn ich Ihnen gleich 'n paar neue gebe?«

Starlenes Gesicht verzog sich bereits zu einem Lächeln.

»Und wie wollen Sie das anstellen, Mister?« höhnte Lesra so laut, daß es jeder Kunde hören konnte. »Hier hat's doch noch nie frisches Fleisch gegeben. Meine Schwester will ihr Geld zurück.«

Der Metzger war einigermaßen überrascht, daß Lesra so unverblümt und heftig reagierte. Auch Starlene staunte und überlegte, ob ihr Bruder wohl völlig verrückt geworden war. Da der Metzger aber ein lebhaftes Interesse daran entwickelte, die beiden schnell aus dem Laden zu befördern, warf er einen kurzen Blick auf den Preis, den er auf die Tüte gekritzelt hatte, faßte in die Kasse und reichte Lesra das Geld. Lesra zählte nach, drehte sich auf dem Absatz um, stopfte seiner Schwester das Geld in die Hand, nahm sie beim Arm und verließ mit ihr das Geschäft.

»Pop hat mich schließlich nach Kanada geschickt, damit ich was lerne. Und ich hab' gelernt, daß wir keinen Müll akzeptieren müssen.«

Starlene platzte fast vor Stolz, reckte sich auf die Zehenspitzen und gab ihrem »kleinen« Bruder einen Kuß.

Die »Faktensuche« in Paterson hatte drei Wochen gedauert, und als Rubin die vierzehn Bände starke Protokollsammlung las, beglückwünschte er sich zu seiner Entscheidung, die

Anhörung verlassen zu haben. Auf diesen Papieren war alles festgehalten, und er hatte sich keinen weiteren Schmähungen aussetzen müssen. Seinen Anwälten war es gelungen, alle möglichen faulen Tricks aufzudecken, und die Anklage hatte ihre liebe Not gehabt, plausible Erklärungen für ihre Machenschaften zu finden.

Die Kanadier fragten sich noch immer, was man überhaupt mit der Verhandlung bezweckt hatte und weshalb das alles eine Rolle spielte, wenn es eigentlich darum ging, daß der Staat zwei unschuldige Menschen ins Gefängnis gesperrt hatte. Obwohl sie inzwischen gelernt hatten, daß sich die Berufungsverfahren der amerikanischen Strafjustiz nicht mit der Frage nach Schuld oder Unschuld befaßten, fiel es ihnen nach wie vor schwer, einen tieferen Sinn in dieser Regelung zu entdecken. Und Bellos Lügendetektortest war ebenfalls höchst verwirrend.

»Es hat gar keinen Sinn, sich über irgendwelche Details zu unterhalten«, erklärte Rubin. »Die ändern sich sowieso laufend – das sind einfach nur Kunstgriffe, die üblichen Spitzfindigkeiten aus der juristischen Trickkiste.«

»Was für Tricks denn?«

»Man nennt das ›ungebührliches Betragen der Anklage‹. Wenn die Staatsanwaltschaft eine Theorie serviert und die Fakten nicht passen, werden die Fakten eben vertuscht und neue gebastelt. Und wenn du herausfinden willst, was wirklich passiert ist, mußt du den ganzen Mist wieder aufrühren und zurückgehen auf Start. Das hab' ich ja auch mit meinem Buch versucht, nur daß wir damals nicht halb soviel Informationen hatten wie heute – ich meine das Entlastungsmaterial, das sie die ganze Zeit unterdrückt haben.«

»Aber wieso sind sie damit durchgekommen?«

»Damals – 1966 – hat man die Bestimmungen zur Offenlegung von Beweismaterial noch ziemlich lax gehandhabt in New Jersey, und die Anklage hatte keine Probleme, der

Verteidigung Beweise vorzuenthalten, die ihrem Fall, den sie im Namen des Volkes führte, geschadet hätten. Die Sitzungen der Grand Jury* fanden hinter verschlossenen Türen statt, und die Verhandlungsprotokolle wurden gewöhnlich versiegelt. Und wenn mal jemand die Aussagen einsehen wollte, hat man sie grundsätzlich so spät herausgerückt, daß sie nichts mehr genützt haben. Inzwischen sind die Regelungen um einiges günstiger für den Angeklagten, aber ...«

»Wenn das so ist, wieso kommen sie dann immer noch damit durch? Und warum tun sie's überhaupt? Schließlich ist es doch ihr Job, diejenigen hinter Gitter zu bringen, die's wirklich getan haben, oder?«

»Sollte man meinen«, gluckste Rubin, den die Naivität der Kanadier zu amüsieren schien.

»Und was heißt das nun, bezogen auf die Anhörung in Paterson?«

»Richter Leopizzi wird nach den geltenden Rechtsnormen aus dem Fall *Brady gegen Maryland* entscheiden müssen, ob er dem Antrag auf ein drittes und neues Verfahren stattgibt. Der Bundesgerichtshof hat in dieser Sache 1963 beschlossen, ein Urteil aufzuheben, wenn begründet werden kann, daß die Anklage wichtiges Beweismaterial unterdrückt hat. So haben wir auch 1976 unseren zweiten Prozeß bekommen. Um einen Verstoß gegen diese sogenannte *Brady*-Norm zu begründen, muß die Verteidigung drei Dinge beweisen: Erstens, daß der Anklage das Beweismaterial vor dem Prozeß bekannt war und der Verteidigung nicht. Zweitens, daß es sich um Beweise *zugunsten* des Angeklagten gehandelt hat. Und daß sie drit-

* = amerikan. Anklagejury; ein Gremium aus 24 ortsansässigen Bürgern, vorwiegend Geschäftsleuten, denen die Staatsanwaltschaft ihren noch offenen Fall vorlegt. Werden die Beweise für ausreichend erachtet, erläßt die Jury eine »Anklageerhebung« gegen den Beschuldigten, der sich dann für die nun offiziell erhobenen Vorwürfe verantworten muß.

tens »relevant« waren, das heißt, wichtig genug, um ein anderes Urteil, und zwar einen Freispruch, zu erlassen. Wie ich das sehe und wie meine Anwälte dargelegt haben, müßten wir die Probe eigentlich locker bestanden haben nach diesem Flop mit Bellos Lügendetektortest. Aber was seh' ich schon? Schließlich bin ich auf dem einen Auge blind, und das andere will gar nicht mehr so genau hingucken.«

Im August verkündete Bruno Leopizzi vom Oberlandesgericht Passaic County sein Votum und sprach sich in praktisch allen Punkten gegen Rubin und John aus. Nach Meinung des Richters war der Tatbestand von Bellos Lügendetektortest der Anklage zwar tatsächlich bekannt gewesen und der Verteidigung nicht, konnte allerdings weder »zugunsten« der Verteidigung gewertet werden noch als Ausdruck bösen Willens seitens der Anklage, zumal die Offenlegung des Beweismaterials für den Ausgang des Verfahrens ohnehin irrelevant war. Seiner Einschätzung nach hatte er den Prozeß von 1976 fair geführt, so daß eine weitere Verhandlung absolut ungerechtfertigt war.

Rubin, Lesra und die Kanadier waren fassungslos. Obwohl sie nicht ernsthaft damit gerechnet hatten, daß sich Leopizzi zu Rubins Gunsten aussprechen würde, hatten sie es doch insgeheim gehofft. Die Zeit schien einfach reif dafür. DeSimone war vor kurzem gestorben, und es lag nahe, diesen Fall auch endlich zur Ruhe zu betten. Aber Richter Leopizzi hatte es wieder einmal fertiggebracht, sich über alle Fakten hinwegzusetzen, die seiner unwandelbaren Überzeugung von Rubins Schuld widersprachen.

Für Leopizzi spielte es keine Rolle, daß die Anklage von dem Ergebnis des Lügendetektortests gewußt und Bello trotzdem veranlaßt hatte, vor Gericht die gegenteilige Version zu erzählen – Leopizzi fand, die Anklage hatte jederzeit und in jedem Punkt »guten Glaubens« gehandelt.

Es spielte auch keine Rolle, daß vier ehemalige Mitarbeiter der Staatsanwaltschaft und zwei Journalisten erklärten, davon gewußt zu haben, daß Bello den Test »verhauen« hatte (eine Neuigkeit, die sich wie ein Lauffeuer in den Büros der Staatsanwaltschaft verbreitet hatte), und daß damit die ganze Anklage hinfällig geworden war, bis der Testleiter seinen irreführenden Bericht abgegeben hatte – Leopizzi fand, das sei alles »reines Hörensagen«.

Es spielte keine Rolle, daß zwei Mitarbeiter der Anklage empört den Dienst quittiert hatten, und einer der beiden – der ehemals stellvertretende Staatsanwalt – erklärte, »das Verhalten der Anklagevertretung stinkt zum Himmel«, »der ganze Fall stinkt« und hätte nie zu Gericht gehen dürfen – Leopizzi fand, diese Anschuldigungen seien »schlicht unglaubwürdig« und das Produkt »niederer persönlicher Beweggründe« sowie einer »zu lebhaften Phantasie«.

Es spielte ebenfalls keine Rolle, daß der Lügendetektortest hauptsächlich deshalb durchgeführt worden war, um Bellos Standort zum Zeitpunkt der Schießerei zu klären – Leopizzi fand, es sei nur ein weiteres Ablenkungsmanöver der Verteidigung und ganz irrelevant, wo sich Bello vor oder während der Tat aufgehalten habe. Leopizzi fand nur eins relevant: daß der Testleiter Bello abgenommen hatte, Carter und Artis nach der Schießerei draußen vor der Lafayette Bar gesehen zu haben.*

War es das, fragten sich die Kanadier, was die Justiz unter einer »Faktensuche« verstand?

Wieder einmal lagen alle Hoffnungen beim State Supreme

* Harrelson hatte Bello geglaubt, als er erklärte, Carter und Artis zwar nicht *in der Bar*, aber nach der Schießerei *vor der Bar* gesehen zu haben. Tatsächlich hatten ganze Scharen von Menschen (einschließlich Bello) die zwei dort gesichtet – allerdings erst, als die Schießerei vorbei war und die Polizei die beiden zum Tatort transportiert hatte.

Court, der in dieser Angelegenheit das letzte Wort hatte. Nun mußten dessen sieben Richter über Leopizzis »Fakten«, seine »juristischen Schlußfolgerungen« und eine Reihe weiterer strittiger Fragen befinden, die in Rubins Berufungsverfahren anstanden. Rubins Anwälte legten einen 206 Seiten starken Schriftsatz mit entschiedenen, aber stichhaltigen Argumenten vor, beleuchteten die einschlägigen Zeugenaussagen, nahmen die 80 Seiten von Leopizzis willkürlichen Schlüssen Zeile für Zeile auseinander und verwiesen auf die zahllosen Punkte, bei denen die untergeordneten Instanzen ihre Voreingenommenheit und Befangenheit bewiesen hatten. In der Anlage fügten sie eine zweibändige Sammlung ausgewählter Zitate aus den Verhandlungsprotokollen bei. Zusammen mit dem Schriftsatz der Anklage nebst deren Anlagen nahm der Aktenberg zum Fall Carter so stetig zu wie die Unklarheiten. Inzwischen waren fünfzehn Jahre vergangen.

Man muß es nehmen, wie es kommt, meinte Rubin, einen Tag nach dem anderen.

Im Herbst 1981 rief Earl Martin an und hatte schlechte Neuigkeiten für seinen Sohn. Nach dem Gespräch mit Lesra verlangte er nach Terry, konnte aber kaum einen klaren Gedanken artikulieren. Offenbar war er besorgt, daß die Kanadier nun Angst hatten vor Lesra und glaubten, daß mit seiner Erbmasse irgend etwas nicht in Ordnung war. Womöglich würden sie ihn ja sogar vor die Tür setzen und wieder nach Hause schicken, aber das wolle er doch nicht hoffen. Die Familie habe nämlich keine Bleibe mehr, wohne vorübergehend bei Lesras Tante und werde demnächst vom Sozialamt in einem Hotel untergebracht. Es sei also kein besonders günstiger Zeitpunkt, Lesra nach Hause zu schicken, weil es gar kein Zuhause mehr gebe.

Während Terry telefonierte, erinnerte sich Lesra, daß sie früher ein Haus gehabt hatten, in Queens. Dann hatte es ein

Feuer gegeben, alles war abgebrannt, und man hatte sie in ein Hotel gesteckt, das die Sozialhilfeempfänger – die Schwarzen – nur über die Hintertür betreten durften. Er hatte nie vergessen, wie schlimm das gewesen war. Allerdings nicht halb so schlimm wie das, was ihm sein Vater eben erzählt hatte. Er dachte an Fru, seinen großen Bruder. Daß er immer dagewesen war für seine Geschwister, daß er ihm und den anderen Brüdern gezeigt hatte, wie man sich draußen behauptete, wie man kämpfte. Fru kannte die Straße, er kannte ihre Gefahren, und er hatte ihnen alles beigebracht, was sie wissen mußten.

Terry bemerkte, daß Earl getrunken hatte; er erzählte weitschweifig, aber immerhin der Reihe nach: Fru und ein Freund hatten sich zu Hause bei den Martins gestritten. Um einen Hut oder so was, den der Typ geklaut hatte und nicht zurückgeben wollte. Statt dessen hatte er Fru ausgelacht und mit einem Mal tot dagelegen. Weil er eins über den Schädel bekommen hatte, mit dem Baseballschläger oder einem Bettpfosten oder so. Es war ein Unfall gewesen. Fru hatte ihn doch nicht umbringen wollen, er war ja nicht mal weggelaufen. Hatte einfach auf dem Boden gesessen und gewartet, daß die Cops kamen und ihn abholten. Und jetzt saß er in Brooklyn im Männergefängnis.

Hinzu kam, daß die Familie des Toten aufgetaucht war, um sich an den Martins zu rächen. Sie hatten Waffen gehabt und einfach Schüsse auf das Haus abgegeben. Viele Schüsse. Alles war geflüchtet, die ganze Nachbarschaft. Und nun konnte die Familie natürlich nicht mehr zurück. Das war ja lebensgefährlich.

»Terry?«

»Earl, es tut mir so leid. Ich weiß gar nicht, was ich sagen soll.«

»Terry?«

»Ja, Earl?«

»Terry, ich wollte nur wissen . . . ich wollte fragen . . . kann ich immer noch kommen und euch mal wieder besuchen?«

»Aber natürlich, Earl, jederzeit.«

»Das wollt' ich nur wissen, falls . . . Ich kann also kommen und euch alle miteinander noch mal besuchen?«

»Du weißt doch, Earl, du bist immer willkommen bei uns.«

»Ich könnte kommen und 'ne Weile bei euch bleiben?«

»Wann immer du möchtest.«

»Tja, das isses, das wollt' ich nur noch mal wissen.«

Nach endlos langen Monaten im Hotel, fanden die Martins schließlich eine Wohnung in der Covert Street von Bedford-Stuyvesant. Soweit es überhaupt möglich war, befand sich die neue Bleibe in einem noch schlimmeren Zustand als das Haus in der Linden Street. Trotzdem waren alle dankbar, wenigstens ein eigenes Dach über dem Kopf zu haben.

Fru bekannte sich schuldig und wurde wegen Totschlags zu fünfzehn Jahren Strafe verurteilt, wovon fünf im New Yorker Staatsgefängnis abzubüßen waren. Lesra hatte nun einen Briefpartner mehr im Strafvollzug und noch schwerer an der Schuld zu tragen, daß weder Fru noch dessen Opfer die Chance gehabt hatten, die ihm gegeben war.

12

Eines späten Abends im Dezember, als sich die Kanadier gerade für einen Weihnachtsbesuch bei Rubin rüsteten, erhielt Lisa einen beunruhigenden Anruf von Vickie, einer Frau, die sie bei den Visiten in New Jersey kennengelernt hatte. Snookey, ihr Ehemann, der ebenfalls in Trenton einsaß, hatte sie eben angerufen und gebeten, Rubins Freunde in Kanada zu alarmieren. »Snookey ist einer von denen, die das

Gras wachsen hören«, hatte Rubin gesagt. »Und wenn irgendwas Unvorhergesehenes passiert, ist er der erste, der's erfährt.« Und nun hatte Snookey erfahren und mit eigenen Augen gesehen, wie man Rubin in Handschellen und Ketten, eskortiert von bewaffneten Wärtern, aus der Haftanstalt geführt hatte.

»Was sagst du da, Vickie? Ich habe doch gerade noch mit ihm telefoniert, vor knapp einer Stunde. Und da war alles beim alten.«

»Aber ich spinne nicht, Lisa. Snookey hat es mir genauso erzählt und gesagt, ich soll euch schnellstens anrufen. Mehr weiß ich auch nicht.«

Terry rief umgehend in Trenton an. Auf die Frage, wo man Rubin hingebracht hatte, teilte man ihm mit, Carter sitze ordnungsgemäß in seiner Zelle. Als Terry erklärte, daß man Rubin nach seinen Informationen abtransportiert habe, hieß es lapidar, dann sei er eben falsch informiert. Aber es war nicht das erste Mal, daß das Gefängnis Rubin »verloren« hatte.

Myron Beldock in New York war telefonisch nicht zu erreichen, ebensowenig wie Leon Friedman. Schließlich bekam Terry Lewis Steel zu fassen, den Anwalt von John Artis. Nachdem er sich als Freund von Rubin vorgestellt und die aktuelle Lage geschildert hatte, meinte Steel: »Hören Sie, wenn die ihm was tun wollen, haben sie's ohnehin längst geschafft!« Eine Antwort, die nicht gerade geeignet war, die Kanadier zu beruhigen. Wie sie von Rubin erfahren hatten, war ein Häftling am meisten gefährdet, wenn draußen niemand wußte, was drinnen mit ihm passierte. Die Anstaltsleitung war um vieles vorsichtiger mit Häftlingen, die sich Hilfe von außen holen konnten.

Steel versuchte nun seinerseits, im Gefängnis anzurufen, inzwischen waren aber die Büros bereits geschlossen. Darauf versicherte er Terry, daß er sich mit Beldock in Verbindung setzen und ihn bitten wolle, gleich am nächsten Morgen in Trenton anzurufen, um festzustellen, was dort vorging.

Lesra und die Kanadier hatten eine Heidenangst. An Informationen war vorläufig nicht heranzukommen, und sie konnten nur hoffen, daß Rubin noch am Leben war.

Zweiundvierzig lange Stunden später klingelte endlich das Telefon, und ein Operator wollte wissen, ob sie bereit waren, ein R-Gespräch zu übernehmen. Schließlich kam verschwommen und wie aus weiter Ferne Rubins Stimme.

»Bist du okay?« erkundigten sie sich aufgeregt. »Wo warst du bloß?«

Es gab keinen Grund zur Sorge, erfuhren sie, für den Moment sehr erleichtert. Wo er jetzt war, hatte man ihm nicht das Recht zugebilligt, zu telefonieren; immerhin hatte ihn ein Wärter erkannt und ihm einen Anruf zugestanden, weil er behauptet hatte, seinen Anwalt informieren zu müssen, um ihn rauszuholen. Statt dessen hatte er aber in Kanada angerufen.

»Und wo steckst du jetzt?«

»Ich bin in der Psychiatrischen Klinik für geisteskranke Straftäter in Trenton. Das sogenannte *Vroom Building*. Im Loch.«

»Was?«

»Man hat mich beschuldigt, einen Aufstand angezettelt zu haben. Mit drei anderen Häftlingen.«

»Ich glaub's nicht!«

»Tja, dafür tut's ein anderer offenbar um so mehr! Ich muß hier raus, unbedingt! Ich werd' euch schreiben. Paßt auf euch auf!«

Und damit war er wieder verschwunden.

9. Dezember 1981
Mittwoch (glaub' ich jedenfalls)

Liebe Freunde,
zu sagen, daß das ein seltsamer Brief ist, der von einem seltsamen Ort kommt, wäre wohl die Untertreibung des Jahres, denn das hier ist die reine Hölle*! Schlicht und einfach die Hölle. Es ist der Inbegriff des Wahnsinns. Was mich in diesem Moment umgibt, was ich höre, rieche, sehe und fühle, ist die totale Zerstörung, die von allem hier Besitz ergriffen hat, ohne daß es irgend jemanden auch nur im geringsten zu* kümmern *scheint. Die Schreie aus den Kehlen derer, die hier seit Ewigkeiten vegetieren und die leeren Augen derer, die sie bewachen, machen dir aufs Erschreckendste bewußt, wie entsetzlich gefährlich, wie total außer Kontrolle dieser Ort ist – während er sich doch gleichzeitig rühmt,* maximale Kontrolle *auszuüben. (Bitte entschuldigt meine Schrift. Dunkelheit ist nicht gerade die optimale* Beleuchtung, *um Briefe zu schreiben. Bei jedem* Wort, *das ich schreibe, muß ich raus aus dem Bett und mich in die Türöffnung stellen, um überhaupt irgendwas zu* sehen.*) Also,* null Kontrolle, *nirgendwo! Kein Mensch* hört *dir auch nur* zu. *Ich versuche seit Sonntag, an eine Glühbirne, an ein Handtuch, ein Stück Papier und einen Stift heranzukommen. Selbst dieses Papier und dieser Stift stammen nicht etwa von denen, sondern von dem Häftling in der Zelle nebenan, der seit 90 Tagen nicht mehr geduscht hat und weiß Gott danach riecht! (ha ha)*

Wie auch immer, gestern nachmittag haben sie beschlossen, daß wir an was auch immer schuld sind, und uns zu 15 Tagen im Loch verknackt. Plus einem Jahr im Vroom Building, Abteilung »Wiederanpassung«, und minus 365 Tagen Strafmilderung – ist das nicht schön, daß uns dann nur noch sooo wenig Zeit bleibt? (ha ha) Stellt Euch mal vor: Zum Schluß marschieren wir noch hier raus und schulden denen Zeit *statt umgekehrt! Ein herrlicher Gedanke.*

Ah, ja, bevor ich's vergesse – beiliegend findet Ihr einen Brief, den mir Sam geschrieben hat, und einen Riesenpacken von seinen Werken. Den Knaben zu bremsen, *ist anscheinend genauso mühsam, wie ihn auf Trab zu bringen (ha ha). Ich meine, guckt Euch bloß mal dieses* Zeug *an, das der Bursche ausspuckt – für* wen hält der sich? *Für* mich *etwa? Aber ist es nicht einfach fabelhaft?!*

Ich liebe *Euch von Herzen, alle miteinander, und* vermisse *Euch, aber wir werden uns wohl (bei den strengen Regeln, die hier herrschen) kaum sehen können, bevor diese 15 Tage um sind – und vielleicht ist dann auch schon das »ganze Ding« um. Ich hoffe es. Und ich bete.*

Ich liebe Euch
Rube

Erst nach Rubins zweitem Anruf, der viele Tage später kam, erfuhren die Kanadier Näheres über die Tortur, die er hatte ausstehen müssen.

Am 5. Dezember hatte er abends auf seinem Bett gesessen und gelesen, als ein Wärter plötzlich geschrien hatte: »Alles aufstehen! Hände an die Gitter!« Er war sitzen geblieben, wo er war, und hatte weitergelesen. Schließlich war der Wärter bei seiner Zelle angekommen und hatte ihm befohlen, sofort aufzustehen. »Das hier ist ein Steh-Appell.«

Rubin hatte ihn ignoriert. Es war Lichtjahre her, daß man von ihm verlangt hatte, sich für einen Zählappell hinzustellen. Die Gefangenen hatten sich gegen diese Vorschrift gewehrt und das Recht erkämpft, nicht mehr stehen zu müssen, außer bei echten Notfällen wie etwa einem Ausbruchsversuch. Allerdings war nichts passiert, das auf einen solchen Notstand hindeutete. Zählappelle finden im Gefängnis routinemäßig statt, üblicherweise alle paar Stunden und grundsätzlich bei jedem Schichtwechsel der Wachen. Der Zweck der Übung besteht darin, laufend sicherzustellen, daß sich jeder an der

Stelle befindet, wo er hingehört. Der Wärter konnte also ohne weiteres erkennen, daß Rubin gut sichtbar in seiner Zelle saß, verlangte aber trotzdem, daß er sich hinstellen oder mit Konsequenzen rechnen müsse. Rubin rührte sich nicht, und der Beamte setzte seinen Zählappell fort, bis er auf drei weitere Häftlinge stieß, die sich unkooperativ verhielten: Einer saß gerade in seiner Zelle auf der Toilette und konnte nicht aufstehen, die beiden anderen hatten geschlafen und sich nicht schnell genug von ihrer Pritsche erhoben.

Als der Appell vorbei war, erschien der Wärter vor Rubins Zelle und hatte Verstärkung mitgebracht. Man befahl ihm, sich auszuziehen, mit dem Rücken zum Gitter nach vorne zu beugen und »sie« zu spreizen. Nachdem Rubins Rektum inspiziert war, wurde er angewiesen, sich wieder anzuziehen, umzudrehen und die Hände durchs Gitter zu stecken. Anschließend legte man ihm Handschellen und Fußketten an, band ihm einen Sicherungsgürtel um die Taille und befestigte die Handschellen an den Gurtklammern.

Rubin und die drei anderen Häftlinge wurden beschuldigt, sich dem direkten Befehl einer Wache widersetzt (Regelverstoß Nr. 256), den ordnungsgemäßen Ablauf des Strafvollzugsbetriebs behindert (Nr. 306) und einen Gruppenprotest initiiert oder sich daran beteiligt zu haben (Nr. 253) – letzteres, weil einer der Wärter gehört haben wollte, daß jemand den anderen Häftlingen im Trakt zugerufen hatte: »Nicht aufstehen! Streckt ihm den Schwanz durchs Gitter!«

Anschließend transportierte man ihn in einem Dienstwagen zu einem Gebäude mit dem düster klingenden Namen *Vroom Building* (nach seinem Paten Peter D. Vroom, einem Gouverneur des Staates New Jersey aus dem neunzehnten Jahrhundert, der sich für eine Reform des Strafvollzugs eingesetzt hatte), wo es irgendwo in den Tiefen des Untergeschosses an Fluchten von Käfigen vorbeiging, deren Front man mit Maschendraht abgedeckt hatte, um die Insassen zu hindern, sich an den Wachen zu vergreifen oder sie mit irgendwelchen Gegenständen zu bewerfen. Vor einem dieser wenig einladenden Flure blieb man stehen und befreite ihn von seinen Fußketten, dem Gürtel und den Handschellen. Inzwischen war er bereits dreimal bis auf die Haut untersucht worden.

Aus dem Dunkel schlug Rubin ein beißender, muffiger Gestank entgegen. »Macht das verdammte Loch gefälligst sauber, bevor ihr mich da reinsteckt!« herrschte Rubin einen der Wärter an.

Der Mann lachte. »Ist nicht Ihre Zelle, aus der's da stinkt«, erklärte er. »Das ist der Typ von nebenan. Hat sich seit Monaten nicht mehr geduscht.«

Obwohl Rubin einiges an üblen Gerüchen gewöhnt war, seit er hinter Gittern steckte – Gefängnismief stinkt immer –, drehte sich ihm fast der Magen um. Trotzdem hatte er Verständnis für seinen Zellennachbarn. »Ich rieche dich, Bruder«, dachte er, während er sich in das Dunkel seiner neuen Umgebung tastete, »aber ich kann dich auch hören!« Ihm war klar, daß dem armen Stinker nebenan nichts mehr blieb, als seinen Protest über Gestank auszudrücken. Sich nicht zu waschen, war ein Akt des Widerstands; der letzte Zipfel von »Kontrolle« über den eigenen Körper.

Mitten in der Nacht hörte Rubin einen seltsam rhythmischen Lärm herannahen. Es war das Trampeln der Wachmannschaft, die in Formation angetreten war und im leichten Trab näher und näher rückte, in voller Kampfausrüstung mit Helm und Schild, unangreifbar und anonym. Wie ein vielfüßiges, gepanzertes Insekt wummerte es an Rubins Käfig vorbei und hielt ein paar Zellen weiter, um dort die Tür aufzubrechen, den Häftling zu packen und bewußtlos zu schlagen. Dann trat die Bande den Rückzug an, im Gleichschritt stampfend, und entfernte sich mit schwindendem

Getöse. Überfälle dieser Art fanden jede Nacht statt, bei wechselnden Häftlingen, die erst flehten und klagten und dann plötzlich verstummten.

Häftlinge länger als fünfzehn Tage in Folge im Loch zu behalten, war gesetzlich verboten, aber im *Vroom Building* war es leicht, durchs Raster zu fallen. Zwei Häftlinge waren schon seit Anfang des Jahres hier, weil man sie bei einem Fluchtversuch aus Trenton erwischt hatte. Ein anderer, ein besonders beliebtes Opfer der nächtlichen Rollkommandos, hatte vor neun Jahren einen Wärter getötet und seither den Keller nicht verlassen. Jeder Knochen in seinem Leib war mehrmals gebrochen. Gelegentlich, wenn er sich schon seit Stunden in Todesqualen gewunden hatte, brachte man ihn zum St. Francis Hospital in Trenton, um ihn zusammenzuflicken. Nicht aus Güte oder Menschlichkeit, sondern nur, um ihn hinterher wieder besser auseinandernehmen zu können.

Rubin war empört und erschüttert, sich so machtlos zu fühlen. Nacht für Nacht war er Zeuge dieser brutalen Strafaktionen, mußte das Elend anderer mit anhören und bei jedem Mal, wenn das Stampfen näher kam, damit rechnen, selbst der nächste zu sein. Es machte ihn ganz krank, immer wieder zu hoffen, daß er verschont bleiben möge. Solche Gedanken durfte er gar nicht erst zulassen. Wenn die Schwadron dieser Sadisten an ihm vorbeizog, hieß das nur, daß einer seiner beklagenswerten Nachbarn ihr nächstes Opfer war – und das konnte man wirklich keinem wünschen. Diese geprügelten und demoralisierten Kreaturen hatten genug gelitten. Niemand verdiente solche Qualen.

Er überlegte, wie er sich selbst verhalten sollte, wenn sie eines Nachts vor seiner Zelle standen, und er fühlte im tiefsten Innern, daß er diesen Tieren nie gestatten würde, ihn so bestialisch zu mißhandeln, wie sie das mit den anderen zu tun pflegten. Er würde kämpfen und sterben – so einfach war das. Er war bereit, selbst den höchsten Preis zu zahlen, und mit dieser Erkenntnis schwand seine Furcht, daß die Stiefel auch vor seiner Zelle haltmachen könnten.

Eines Nachts, als das Rollkommando wieder mit dem üblichen Getöse in seinem Zellentrakt anrückte, hörte Rubin, wie sie sich unterwegs bereits gegenseitig anfeuerten und dann über ihre Lieblingsbeute hermachten. Aber diesmal war der Mann, der einst einen Wärter getötet hatte, gerüstet.

»Auuu! Verdammte Scheiße!« kreischte eine der Wachen. »Aua! Der hat einen Stein, der Mistkerl!«

Tatsächlich hatte Rubin gehört, wie sich der Mann tagsüber abgemüht hatte, einen Ziegelstein aus der Zellenwand zu lösen. Offenbar hatte er Erfolg gehabt, was seine Peiniger allerdings nur noch wütender, noch rachsüchtiger machte. Sie droschen erbarmungslos auf ihn ein, aber es war ihm immerhin geglückt, ihnen auch ein paar Beulen beizubringen – zumindest ihrem Kampfgeschirr.

Am nächsten Tag bekam Rubin zufällig mit, wie sich zwei Wärter lachend über einen Wachtmeister Soundso unterhielten, den man mit einem zertrümmerten Helm ins St. Francis Hospital eingeliefert hatte, wo dann seine Frau erschienen war und hysterisch herumgeschrien hatte, wie gefährlich die Arbeit im Gefängnis war. »Da muß man doch was tun«, hatte sie sich ereifert. »Die Beamten müssen doch geschützt werden vor diesen Bestien hinter Gittern!«

Am 9. Dezember tauchte ein Mithäftling, der als offizieller Verbindungsmann der Verwaltung fungierte, bei Rubin auf, um ihn zur »Courtline« zu begleiten, einem aus drei Wärtern bestehenden internen »Gericht«, das über Disziplinarverstöße entschied. Zu seiner Überraschung war Rubin nicht bereit, ihm zu folgen.

»Hör zu, Bruder«, erklärte Rubin, »sie machen sowieso, was sie wollen, ob ich nun dabei bin oder nicht. Ich werde mich nicht daran beteiligen. Sag ihnen, ich hätte zu tun.«

Rubin kannte sich aus mit derartigen Charaden, seit man

ihn 1974 zum Sprecher des Häftlingsbeirats im Staatsgefängnis Rahway gewählt hatte, einer Einrichtung, die die Würde und Menschenrechte der Gefangenen wahren und sie zu sinnvollen Entscheidungen und selbstverantwortlichem Handeln anhalten sollte. Mit dem Ziel, sie als mündige Bürger in die Gesellschaft zu entlassen, als Menschen, die sich im Griff hatten, eine geringere Bedrohung für andere darstellten und deshalb bessere Chancen hatten, nicht wieder rückfällig zu werden.

Unter den Gefangenen galt der Rat als ebenso beliebt wie erfolgreich, zumal es ihm gelang, eine Reihe der dringendsten Reformen durchzusetzen. Von der Anstaltsleitung wurde die Tatsache, daß er die Häftlinge mobilisierte und zur Mitarbeit motivierte, jedoch als »Unterwanderung« des Systems, als Behinderung des reibungslosen Ablaufs angesehen. Üblicherweise wurde die »Ordnung« dadurch aufrechterhalten, daß sich die verschiedenen Gruppen permanent befehdeten und an die Gurgel gingen: Schwarze kämpften gegen Weiße, Hispanos gegen Schwarze, Moslems gegen Nicht-Moslems und Biker gegen alle. Als Rubin eines Abends unbefugt das Wort ergriff und das System kritisierte, aber gleichzeitig dazu aufrief, sich mit friedlichen Mitteln für ein besseres Ende einzusetzen, schleppte man ihn vor die Courtline, kam zu dem Ergebnis, daß er sich der »Aufwiegelei« schuldig gemacht hatte, und verurteilte ihn auf unbegrenzte Dauer zum Arrest im *Vroom Building*.*

* 1958 schrieb der Sozialwissenschaftler Gresham M. Sykes von der Universität Princeton in seiner Studie *The Society of Captives* über das Staatsgefängnis von Trenton: »Widerstandsherde unter den Anstaltsinsassen – Männer also, die von den übrigen als Leitfiguren ausersehen werden – lassen sich über Einzelhaft oder Auslagerung in andere Anstalten neutralisieren. Ähnlich wie man vor dem Bürgerkrieg besonders unbotmäßige Sklaven in den tiefsten Süden abzuschieben pflegte, kann auch die ... Nervenheilanstalt von den Hochsicherheitsgefängnissen als Abladeplatz genutzt werden.«

Nach zweiundneunzig Tagen im *Vroom* gelang es ihm, seine Sache einem Bundesgericht vorzulegen. Das Gericht stellte fest, daß man Rubins verbriefte Rechte auf eine ordentliche Verhandlung verletzt hatte, daß der Vorwurf der »Aufwiegelei« keinen erkennbaren Verstoß gegen die Anstaltsordnung darstellte und daß ferner sowohl Urteil wie Strafe bereits festgestanden hatten, bevor das Schiedsgericht (Courtline) auch nur zusammengetreten war. Rubin wurde wieder dem »allgemeinen Strafvollzug« überantwortet, allerdings nicht in Rahway, wo er sein Reformwerk hätte fortsetzen können, sondern in Trenton, wo er die noch bedrükkenderen Bedingungen einer Hochsicherheitshaft erfahren sollte.

Das lag nun acht Jahre zurück, erinnerte sich Rubin, und die Entscheidung in der Klage, die er wegen seiner ersten illegalen Unterbringung im *Vroom* gegen das Amt für öffentliche Einrichtungen von New Jersey – unter dem Aktenzeichen 74-774, *Carter ./. Klein u. a.* – angestrengt hatte, stand immer noch aus.

Nun war er wieder im *Vroom* gelandet. Nachdem der Verbindungsmann gemeldet hatte, daß Carter nicht bereit war, sich vor dem Schiedsgericht zu äußern, hatte man Rubin im Anklagepunkt 306 – Behinderung des ordnungsgemäßen Strafvollzugsbetriebs – für schuldig erklärt und zu den in seinem Brief an die Kanadier geschilderten Strafen verurteilt. Anklagepunkt 256 war wegen Überschneidung mit Ziffer 306 fallengelassen worden. Vom Vorwurf des Gruppenprotestes, Punkt 253, hatte man ihn freigesprochen. (Wie sich zeigte, wußte niemand von einem Aufruf, sich dem Steh-Appell zu widersetzen oder irgendwas mit seinem »Schwanz« zu veranstalten.)

Eine vorzeitige Entlassung auf Bewährung um 365 Tage aufgeschoben zu sehen, hätte für die meisten Gefangenen einen schweren Schlag bedeutet. Für Rubin hingegen war es völlig unerheblich, ob er bei einem Strafmaß von dreimal lebenslänglich ein Jahr mehr oder weniger abzusitzen hatte. Nicht die bedingte Freilassung, der bedingungslose Freispruch war sein Ziel, und er machte sich keine Illusionen, daß man ihm andernfalls ohnehin das volle Strafmaß abverlangen würde, ob er sich gut oder weniger gut führte.

Als die fünfzehn Tage im Loch vorbei waren, ließ sich der Rest seines Jahres im *Vroom* erheblich besser an. Man verlegte ihn in einen anderen Gebäudeteil, und er hatte zum erstenmal seit zwei Wochen Gelegenheit, sich beim Rasieren im Spiegel anzusehen. Er wirkte ausgezehrt, tiefe Linien hatten sich in seine Wangen gekerbt, und die Augen blickten müde. Er war nicht geschlagen worden und seit langem gestählt gegen Qualen, wie er sie unten im Keller mit angehört hatte – aber es ließ sich nicht leugnen, daß diese Erfahrungen ihren Tribut gefordert hatten.

Seine neue Umgebung bestand aus einem sterilen, abgesonderten Trakt mit rund einem Dutzend Zellen im neuesten Gefängnis-Design. Niemand durfte seine Zelle verlassen, aus keinem wie immer gearteten Grund; es war die totale Sperre über dreiundzwanzigeinhalb Stunden des Tages. Das Essen wurde durch eine Klappe in der Tür geschoben oder vielmehr »geliefert«, wie es das *Häftlingshandbuch* von Trenton für *Sonderabteilungen reduzierter Mobilität* vorschrieb, und zwar »über eine in die Zelle integrierte Vorrichtung«. Es war wie in einer Gruft – keine Bewegung, keine Abwechslung, einfach nur Grabesruhe.

Für die meisten Häftlinge war es die Hölle, ein Jahr hier ableisten zu müssen, die schlimmste Strafe, die die Verwaltung verhängen konnte. Für Rubin, der ohnehin kaum seine Zelle verließ, war es die normale Art, im Gefängnis zu leben. Außerdem hatte er mehr Platz als auf seinen anderthalb mal zwei Metern in Trenton; die Zelle war neu, sie war sauber und mit einer dieser blinkenden Edelstahl-Naßzellen aus Waschbecken und Toilette ausgestattet, die für Rubin ein positives Produkt des Raumfahrtzeitalters darstellten. Und obwohl Kontakt-Visiten nicht erlaubt waren, gab es reichlich Gelegenheit, zu telefonieren. Alles in allem war es, zumindest für Rubin, zwar nicht gerade der Himmel, kam ihm aber verdammt viel näher als das, was er aus Trenton gewöhnt war.

Nur die Wärter verhielten sich eigenartig – sie ignorierten die Häftlinge total. Wenn etwa die Wäsche nicht zurückgekommen war und man wissen wollte, wann die Wäscherei zu liefern gedachte, gab es keine Antwort. Was man auch fragte, niemand antwortete. Was man auch wünschte, niemand reagierte, es sei denn, man wünschte zu telefonieren. In diesem Fall wurde das Telefon gebracht und an einer eigenen Buchse in der Zelle angeschlossen. Alle sonstigen Anliegen wurden nicht abgelehnt, sondern einfach ignoriert. Niemand nahm von irgendwas oder irgendwem auch nur Notiz. Eine Achtlosigkeit, der Rubin im Gefängnis schon oft begegnet war, die man allerdings hier im *Vroom* zu einer regelrechten Kunst erhoben hatte.

Immerhin gab es das Telefon und die Kanadier, mit denen er sprechen und die er an seinem Leben teilhaben lassen konnte. An manchen Tagen verbrachten sie sechs bis acht Stunden am Telefon (die exorbitanten Kosten, die sich allein im Januar auf 4.238,39 Dollar für Ferngespräche beliefen, konnten sich die Kanadier glücklicherweise zu dieser Zeit leisten). Zeit und Geld waren allerdings gut investiert. Dank der ausführlichen und intensiven Gespräche war es möglich, Rubin auch bei dieser jüngsten und empörendsten Form von Isolation zu stützen, gewissermaßen mit ihm in der Zelle zu sitzen und den Geräuschen zuzuhören, die aus dem Bauch des Gefängnisses drangen. Und Rubin vertraute darauf, sich nicht verstellen oder die Dinge beschönigen zu müssen, um seine Freunde zu schonen. Er erzählte ihnen, was zu jedem Zeitpunkt vorging, und exponierte sich selbst und die Wirklichkeit »hinter Mauern« mit einer für ihn neuen, rückhaltlosen Offenheit.

Die Geräusche aus den anderen Zellen ließen ihnen mitunter das Blut in den Adern erstarren. Es gab nur wenig Gefangene, die noch Angehörige oder Freunde hatten, mit denen sie telefonieren konnten, und allein war es nahezu unmöglich, gegen den schleichenden Prozess der Entmenschlichung anzukämpfen. Wie Rubin zu sagen pflegte: »Die Leute hier sind ein bißchen von der Rolle.« Da war beispielsweise ein junger Mann, ein halbes Kind noch, der einen direkten Draht zu Mohammed und Jesus zu haben glaubte und sich von Zeit zu Zeit so lautstark mit ihnen unterhielt, daß man in Toronto jedes Wort verstand. Ab und zu hörte man ihn auch flehen und rufen und schließlich markerschütternd schreien: »Laßt mich hier raus! Bitte! Macht die Tür auf! Helft mir, helft mir!«

Da Strafgefangene nicht gerade zur tolerantesten Sorte Mensch gehörten und im allgemeinen wenig zartfühlend mit Leuten umgingen, die ihren »Frieden« störten, wollten die Kanadier wissen, warum niemand den jungen Mann ermahnte, endlich Ruhe zu geben. An einem Ort wie diesem, erklärte Rubin, wußten alle, wie verschreckt und verlassen sich der Junge fühlen mußte, und daß für jeden einmal der Moment kommen konnte, wo die Dinge nicht mehr länger zu ertragen waren. Vielleicht war *er* es, der eines Tages schrie, und dann wollte er sich nicht auch noch beschimpfen lassen.

Als sich Rubin gerade darauf eingestellt hatte, ein ganzes Jahr im *Vroom* zu verbringen, wurde seine Strafe für den Verstoß gegen den Steh-Appell auf neunzig Tage verkürzt, und man brachte ihn zurück nach Trenton ins *Management Control Unit* (MCU), wie man die ehemals unter »Ad. Seg.« (Administrative Segregation) geführte, unter besonderer Aufsicht der Verwaltung stehende Isolationsabteilung seit 1980 bezeichnete. Vom Namen abgesehen, hatte sich allerdings nichts geändert. Die Haftbedingungen, um deren Abschaffung sich Rubin 1974 im Gefangenenbeirat von Rahway bemüht hatte, waren dieselben geblieben.

Obwohl sich das Telefon hier nur begrenzt und sporadisch nutzen ließ, blieben die Kanadier Rubins Fenster zur realen Welt. Das Gefängnis hatte seine besonderen Rituale: sieben Uhr Messe, Appell, Arbeitsantritt, zurück in die Zelle, Appell, Messe, zurück an die Arbeit und das Ganze von vorn, Tag für Tag. Die Gefangenen wurden schnell abhängig von diesem Reglement und richteten ihr ganzes Leben daran aus. »Die schlimmste Gehirnwäsche, die man einem Häftling antun kann«, klärte Rubin die Kanadier auf, »besteht darin, ihn bewußt aus dem Trott zu bringen: ihn nicht mehr aus der Zelle zu lassen oder zu den unmöglichsten Zeiten abzufüttern, ihm das Licht an- und abzudrehen oder beliebig oft Vergünstigungen zu geben und zu nehmen.« Methoden wie diese – allesamt erprobt und bewährt als Foltertechniken – wurden auch im MCU angewandt.

Es endete damit, daß man Rubin für drei Monate in diesem sehr speziellen Country Club von Trenton behielt, bis man ihn schließlich aufforderte, wieder in den Regelvollzug umzuziehen. Also packte er seine Papiere, Bücher und Kleidungsstücke (letztere waren nach dem Intermezzo im *Vroom* schließlich bei ihm gelandet) auf einen Handkarren und machte sich auf den Weg in den ihm zugewiesenen Trakt. Inzwischen war er (durch den permanenten Einschluß in der Zelle) in so schlechter körperlicher Verfassung, daß er Mühe hatte, so weit zu laufen, zumal er alle seine irdischen Güter mit sich schleppte. Nach einem kurzen Blick in die neue Bleibe rief er einen Wärter herbei und erklärte, immer noch außer Atem, er werde mit seinen Siebensachen wieder ins MCU ziehen, weil dieses Loch schlechterdings unbewohnbar sei. Er habe nicht die Absicht, sich selbst oder seine Habseligkeiten in einem Saustall abzulegen, wo das Waschbecken aus der Wand hing, die Toilette verdreckt war und die Matratze zum Himmel stank. Als die Wache ihn aufforderte, sich sofort in die Zelle zu verfügen, drehte sich Rubin auf dem Absatz um, schob den Karren mit seinen Sachen an dem verblüfften Beamten vorbei und geradewegs zum MCU.

Es dauerte nicht lange, bis sich im ganzen Gefängnis herumgesprochen hatte, daß Rubin »beinhart zu sich selbst« war. Seine Mithäftlinge konnten es kaum erwarten, den Kanadiern bei deren nächstem Besuch zu schildern, wie der Hurricane geschaut hatte, als er, ohne einen Moment zu zögern, aus dem Trakt marschiert war. Es war noch nie vorgekommen, daß jemand lieber ins MCU als in eine reguläre Zelle ging. So was gab's einfach nicht, und der Häftling, der damit durchkam, mußte erst noch geboren werden.

Wenige Tage später wurde Rubin angewiesen, sich in Block 6, links, zu verfügen; auf Ebene Vier in Sams Flügel war eine Zelle frei geworden. Erneut packte er seine Sachen und begab sich auf den langen Weg über das »Zentrum« der Haftanstalt und zahllose Metalldetektoren zu Block 6, wo er mit donnerndem Beifall und lautem Hurra empfangen wurde. Der heimkehrende Krieger lächelte, während »The Rose« ihm half, seine Sachen über die vier Treppen nach oben in die neue Zelle zu schaffen. Es war sechs Monate her, daß man Rubin hier zuletzt gesehen hatte.

13

Nach Rubins Rückkehr in den regulären Vollzug nahmen die Kanadier ihre Besuche bei ihm wieder auf und richteten sich darauf ein, jeweils für eine Woche pro Monat in Trenton zu bleiben.

Obwohl sich der State Supreme Court bis zum Sommer 1982 noch immer nicht zu Rubins Berufungsantrag geäußert hatte, ließen die Zeichen nicht nur Schlimmes vermuten. Drei Ereignisse deuteten darauf hin, daß Rubin, Lesra und die Kanadier hoffen durften. Zum Beispiel die Tatsache, daß es eine reelle Chance gab, aus dem Gefängnis freizukommen. Zumindest hatten es ein paar Leute aus ihrem Bekanntenkreis geschafft.

Einer davon war John Artis, den man kurz vor Weihnachten, als Rubin gerade im *Vroom* schmachtete, auf Bewährung entlassen hatte, nachdem die minimale Strafzeit von fünfzehn Jahren abgelaufen war.

Im Gegensatz zu Rubin, den man immer in Hochsicherheitsanstalten gesperrt hatte, war John in weniger restriktiven, nicht von Mauern begrenzten Einrichtungen wie der Leesburg Farm untergebracht worden. Er galt als musterhafter Gefangener, hatte sich stets an den verschiedensten Aktivitäten im Rahmen des Strafvollzugs beteiligt und sogar im Fernstudium seinen College-Abschluß als Bachelor of Arts gemacht. Allerdings hatte er sich bei der Pressekonferenz, die zu seiner Freilassung an der Universität Rutgers abgehalten wurde, entschieden gegen die Unterstellung verwahrt, nunmehr rehabilitiert zu sein.

»Rehabilitiert? Von was denn?« hatte er gefragt.

Offenbar kümmerte es niemanden, daß hier ein Mann in die Freiheit entlassen wurde, der nie bußfertig gewesen war, der unbeirrt seine Unschuld beteuert und sich stets geweigert hatte, den ihm auferlegten Schuldspruch zu akzeptieren. Den Justizbehörden war das egal. Für sie war ohnehin Rubin der eigentliche Täter, der Kopf der »Bande«, der Mann, den sie haben wollten. Was sich auch im jeweiligen Strafmaß ausgedrückt hatte: Johns dreimal lebenslänglich lief parallel, während Rubin zu zweimal lebenslänglich in Folge verurteilt worden war.

Obwohl Rubin also nicht vor Ablauf von mindestens weiteren fünfzehn Jahren auf Bewährung hoffen konnte (und auch nicht damit rechnete), half ihm Johns Freilassung, die Haft besser zu ertragen, im Bewußtsein, daß sie es wenigstens zur Hälfte geschafft hatten, wieder nach draußen zu kommen.

Shahid Ali war ein weiterer Häftling, den man bereits 1981 aus dem Staatsgefängnis entlassen hatte. Als gewiefter Gefängnisanwalt hatte er sich in seinem Berufungsverfahren selbst vertreten und einen Freispruch erwirkt. Inzwischen arbeitete er als Rechtsberater für die Newarker Anwaltskanzlei von Junius W. Williams, der gerade für das Amt des Bürgermeisters kandidierte, als sich Rubin im Februar 1982 mit Shahid in Verbindung setzte und ihn bat, bei der für den 9. März anberaumten zweiten Beweissicherung vor dem State Supreme Court zugegen zu sein. Shalid war intelligent, ein Kenner der Gesetze und für Rubin genau der Richtige, um sich ein objektives Bild von der Anhörung machen zu können.

In seiner Antwort an den »Krieger und Freiheitskämpfer Mister Rubin HURRICANE Carter« versicherte Shahid, er trage gern mit aller Zeit und Energie, die er erübrigen könne, zu Rubins Freilassung bei, und es sei wahrlich nicht zuviel verlangt, für einen Tag nach Trenton zu kommen.

Shahid und John Artis waren die beiden einzigen Afro-Amerikaner, die an der Sitzung des State Supreme Court teilnahmen. Die Beweisvorträge der Parteien waren höchst kompliziert, und Shahid machte sich ausführliche Notizen, die er Terry am nächsten Tag durchtelefonierte, der sie wiederum an Rubin weitergab.

Shahid fand, daß Rubins Anwälte phantastisch waren und sich hervorragend geschlagen hatten. Professor Friedman hatte als erster vorgetragen und sich fast eine Stunde Zeit gelassen, danach hatte Beldock zehn Minuten lang argumentiert und schließlich Steel für weitere fünfunddreißig Minuten. Alle drei hatten die Fragen des Gerichts überzeugend beantwortet. Nach Shahids Einschätzung hatten fünf der insgesamt sieben Richter mit der Verteidigung sympathisiert und sich von den Ausführungen der Anklage alles weniger als beeindruckt gezeigt. Als die Staatsanwaltschaft ihren Vortrag nach nur zehn Minuten beendet hatte, hatte der Vorsitzende Richter Wilentz ungläubig gefragt: »Ist das alles?«

»Das klingt vielversprechend!« freute sich Terry.

»Sag' ich ja«, meinte Shahid. »Ihr könnt Rubin also folgendes ausrichten: Man soll ja nie alle Eier auf einmal in den Korb legen – aber der Korb, den er jetzt hat, ist verdammt GROSS!«

Dienstag war Entlassungstag im Staatsgefängnis Trenton. Wenn die Kanadier gerade zu Besuch kamen, begegneten ihnen die Ex-Sträflinge – schon von weitem als frisch entlassen zu erkennen –, bepackt mit Tüten und Pappkartons, unter dem einen Arm den Fernsehapparat, unter dem anderen vielleicht einen Ventilator oder ähnlich kostbare Reste ihrer Habe. Auch Mr. Mobutu sah so aus, als er das Gefängnis verließ und von den Kanadiern empfangen wurde. Sie hatten ihn überraschen, die erste Freude über die neu gewonnene Freiheit mit ihm teilen und ihm dafür danken wollen, daß er sich um Rubin gekümmert hatte.

Die Kanadier hatten ihn zwar nie gesehen, aber mit ihm telefoniert und korrespondiert. Seine Briefe hatten ihnen viel Freude gemacht, da sie allesamt in Technicolor gehalten, Zeile für Zeile mit wechselnd roter, blauer oder grüner Tinte gemalt und stets mit »Liebe Euch wahnsinnig – Der Alte« unterschrieben waren.

Wie sie aus den Briefen wußten, war Mobutu am 15. März 1902 im Kongo geboren, und Joseph Mobutu (der berüchtigte Mobutu Sese Seko), der 1982 noch amtierende Staatspräsident von Zaire, war sein Neffe. Seine Eltern mußten ein seltsames Paar gewesen sein: die Mutter Pygmäin, der Vater Watussi und zwei Meter vierzig groß; beide verständigten sich mit Suaheli. Als er ein Jahr alt war, brachten ihn seine Eltern nach Amerika, nach Trenton in New Jersey. Dort lebte sein Großvater väterlicherseits, der als einer der sogenannten »Sandfresser« an der Untertunnelung des Hudson River zwischen New Jersey und Manhattan (Holland und Lincoln Tunnel) mitgearbeitet hatte. Da die Familie sehr arm war, hatte Mobutu als Kind nur die schäbigsten Sachen getragen und den Rest seines Lebens versucht, gut angezogen zu sein.

Aus den Schulen flog er wahlweise raus oder machte sich aus eigenem Antrieb davon, bis er 1915 in New York landete und einem Mann namens Alabama begegnete, mit dem er sich auf die Walz begab. In Seattle trat er 1917 der Handelsmarine bei, diente zwei Jahre als Tellerwäscher, drei weitere als zweiter Koch und avancierte schließlich zum Küchenchef, was er auch bis 1975 blieb.

Mobutu war stolz darauf, seit seinem zwölften Lebensjahr keinen Tag krank gewesen zu sein. Er hatte immer noch fast alle Zähne und erst mit siebenundsiebzig eine Lesebrille akzeptiert – »obwohl ich doch dauernd eine Sonnenbrille getragen habe«. Von seinen Söhnen war der älteste zweiundsechzig und als Army-Major inzwischen pensioniert; einer arbeitete als Herzchirurg am John-Hopkins-Hospital in Baltimore, ein anderer spielte die Baßposaune bei Count Basie, und die übrigen schlugen sich als Gauner oder Zuhälter durch.

In einem seiner Briefe war Mobutu auch auf Richter Thurgood Marshall zu sprechen gekommen, der 1954 als Anwalt der NAACP im Fall *Brown ./. Kultusministerium* mit der Aufhebung der Rassentrennung an Schulen einen Meilenstein der Rechtsgeschichte erstritten hatte und inzwischen als einziger Afro-Amerikaner am United States Supreme Court saß, dem höchsten amerikanischen Gericht:

Turkey (so haben die Freunde Thurgood immer genannt) und ich waren zusammen auf der Schule, und er hat mich nie damit gehänselt, daß ich so abgerissen aussah. Als wir klein waren, hat er mich gefragt, was ich denn später mal werden will, und ich hab' ihm gesagt: Ich besorg' mir Würfel und Karten, hab' in einem Jahr meinen Stetson-Hut, meine Stetson-Stiefel, den Hintern voll Anzüge, meine Taschenuhr, das Zwanzig-Dollar-Goldstück für die Uhrkette, und dann geht's bergauf! Und er hat gesagt, er wird Anwalt, damit er dafür sorgen kann, daß ich nicht im Knast lande.

Mobutu war ein harter Bursche, dem man besser nicht in die Quere kam. Rubin und die Kanadier wußten zwar nicht, ob man alles glauben konnte, was er erzählte, hörten sich aber mit Vergnügen seine Geschichten an. Mobutu hatte zweifellos ein abenteuerliches Leben geführt. Inzwischen war er achtzig, seit drei Jahren inhaftiert und bitter enttäuscht, daß man heutzutage fast nur noch Punks und Pöbel im Gefängnis antraf. Respektloses Volk, das nicht mal wußte, wie man anständig einsaß. Rubin hingegen, das war *jemand*, der hatte Klasse und die nötige Achtung vor älteren Leuten. »Rube ist ein guter Junge«, pflegte Mr. Mobutu zu schreiben. »Ich liebe ihn wie meinen eigenen Sohn.«

Als Lisa, Terry und Sam an diesem Dienstag das Gefängnis betraten, fanden sie Mr. Mobutu auf einer Bank im Warteraum vor, Seite an Seite mit seinem heißgeliebten Fernseher. (Die Kanadier tauschten ein Lächeln, als sie den Apparat erkannten, den sie Rubin geschickt hatten.) Mobutu wartete auf einen Beamten, der ihn nach Ashbury Park begleiten sollte, wo er künftig bei Verwandten wohnen würde. Außerdem wartete er auf seinen Scheck von fünfzig Dollar, dem üblichen Abschiedsgeschenk, das die Strafvollzugsbehörden von New Jersey entlassenen Häftlingen mit auf den Weg gaben. In seinem brandneuen Jeans-Anzug, den ihm die Verwaltung zugeteilt hatte, sah er aus wie der legendäre Blues-Sänger Leadbelly: dunkelhäutig, kantig, muskulös, den Schädel blankrasiert – und keinen Tag älter als sechzig.

Er war deutlich überrascht, als die Kanadier auf ihn zukamen und ihn beim Namen nannten. Sein Blick war eisig, und es dauerte eine Weile, bis er sie von den Fotos, die ihm Rubin gezeigt hatte, erkannte und dann um so herzlicher begrüßte.

Nachdem sich die Kanadier für eine Fenster-Visite eingetragen hatten, setzten sie sich zu Mobutu und plauderten mit ihm, bis nach gut einer Stunde Rubin hinter dem Panzerglas auftauchte. Mobutu nutzte die Gelegenheit, ihm zuzulächeln und zu winken, mußte aber darauf verzichten, mit ihm zu sprechen, da es in der Bewährungszeit verboten war, sich mit »berüchtigten Kriminellen« abzugeben. Rubin, der es gar nicht fassen konnte, Mobutu neben seinen Freunden stehen und in aller Freiheit lachen und scherzen zu sehen, strahlte über das ganze Gesicht. Alle freuten sich für Mr. Mobutu. Auch wenn sich ein Hauch von Traurigkeit in ihre Freude mischte, gab es doch neue Hoffnung, eines baldigen Tages auch Rubin auf der freien Seite des Fensters zu sehen.

Den ganzen Sommer über rief Terry allwöchentlich im Sekretariat des New Jersey Supreme Court an, um sich zu erkundigen, ob das Gericht in Rubins Sache zu einem Beschluß gekommen war. Die Antwort lautete regelmäßig nein. Richter Leopizzis Entscheidung lag inzwischen ein volles Jahr zurück, die erste Anhörung vor dem obersten Berufungsgericht im Staat knapp zwei Jahre und Rubins zweite Verurteilung nahezu sechs Jahre. Das war selbst für »gerichtliche Verhältnisse« eine ungewöhnlich lange Bearbeitungszeit. Wann immer Lesra und die Kanadier im Auto unterwegs waren, ob in Kanada oder den Vereinigten Staaten, hatten sie einen Nachrichtensender eingeschaltet, jeden Moment auf die Meldung gefaßt, daß man Rubins Urteil endlich aufgehoben hatte. Die Stunden tickten davon; zu Tagen, zu

Wochen, Monaten, Jahren – und ein Jahr besteht aus 8.760 Stunden.

An einem sonnigen und heißen Augusttag in Toronto war Lesra gerade dabei, sich für eine Prüfung in amerikanischer Geschichte vorzubereiten, als das Telefon klingelte. Er war alleine im Haus, der Rest der »Familie« werkelte im Garten oder hatte sich in den schattigen Innenhof zurückgezogen.

»Ja, ich übernehme«, erklärte er der Vermittlung. »Was ist los, Rube?«

»He, Gus?«

»Gus? Was heißt hier Gus? Hier ist Lesra!«

»Bist du das, Lez? Mann, du klingst allmählich echt wie'n feiner weißer Pinkel.«

»Paß bloß auf, du!«

»Wo sind denn die anderen?«

»Kennst doch das weiße Volk. Liegt draußen im Garten und läßt sich in der Sonne brutzeln.« Der erwartete Lacher blieb aus. »Rubin, was ist los, Mann? Ist was passiert?«

»Hab' den Spruch bekommen, vom Gericht ... Abgelehnt ... wir haben verloren.«

»O nein! Verdammt! Nein! ... Ich hol eben die anderen.«

»Ich muß Schluß machen, Bruder. Mein Anwalt ist gerade hier mit den Kopien von der Urteilsbegründung. Ich melde mich später noch mal, wenn ich das alles durchgesehen habe.« Unterdessen hatte Lesra bereits den Hörer abgelegt und sich aus dem Fenster nach draußen gelehnt. »He, Rube ist am Telefon! Wir haben verloren! Die Berufung ist abgelehnt!«

Bis sich alle am Telefon versammelt hatten, war die Leitung bereits tot. Rubin hatte aufgelegt.

Terry rief umgehend das Sekretariat in Trenton an und bat um nähere Informationen. Nachdem man ihn eine Weile hatte warten lassen, teilte man ihm mit, daß das Gericht die Urteile gegen Carter und Artis bestätigt hatte.

»Mit wieviel Stimmen?« fragte Terry.

»Vier zu drei.«

»Sie scherzen!«

»Ich scherze *nie*«, tönte es pikiert.

Den Rest erfuhren sie am Abend aus den Fernsehnachrichten. Inzwischen hatten sie sich vom ersten Schock erholt und fühlten sich nur noch dumpf und wie gelähmt, als Max Robinson, der schwarze Co-Moderator von ABC, die Meldung verkündete, während oben rechts im Bild ein Foto des boxenden Hurricane eingeblendet war. Eine knappe Entscheidung, mit einer Stimme Mehrheit. Der Hurricane war geschlagen.

Als Rubin am Abend noch einmal anrief, hatte er die Kopie der Urteilsbegründung in der Hand. »Ich will euch das Werk gar nicht erst vorlesen, weil es sowieso nur ein Haufen Scheiße ist. Sie haben einfach die Ansicht der Staatsanwaltschaft übernommen und zwar in jedem gottverdammten Punkt – sogar die angeblich rassistisch motivierte Rache. Aber es gibt auch eine abweichende Stellungnahme, die sich ganz anders anhört und von Richter Clifford stammt.«

Es handelte sich um vierzehn Seiten vernichtender Kritik, die unter anderem folgendes aussagten:

Die Ungeheuerlichkeit, mit der im vorliegenden Fall gegen die Brady-*Norm verstoßen wurde, ist schwerlich zu überbieten ... Wie Harrelson feststellte, hat Bello die Wahrheit gesagt, als er angab, vor und während der Schießerei in der Bar gewesen zu sein. Diese Auffassung hat der Testleiter nicht nur kurz nach der Untersuchung gegenüber den Ermittlern geäußert, er blieb auch standhaft angesichts der Bemühungen der Anklage, ihn vom Gegenteil zu überzeugen. Tatsächlich ist Harrelson zu keinem Zeitpunkt von seiner Einschätzung abgewichen und hält, wie die letzte Anhörung gezeigt hat, bis heute daran fest ...*

Daraus ist unwiderlegbar zu schließen, daß die Anklage

über den Widerspruch zwischen Harrelsons schriftlichem Bericht und seinen tatsächlichen Erkenntnissen hinsichtlich des Standorts, von dem aus Bello seine essentiellen Beobachtungen gemacht haben will, nicht nur informiert war, sondern darüber hinaus vertuscht hat, daß Bello mit dem »falschen« Testresultat gefüttert wurde, um ihn zu »brechen« ...

Die Widersprüchlichkeit (zwischen Bellos Bar- bzw. seiner Straßen-Version) geht weit über die Inkonsequenz hinaus, mit der Zeugen üblicherweise die körperlichen Merkmale eines Täters oder die Farbe seiner Socken beschreiben. Hier geht sie so weit, daß Bello sowohl die Gelegenheit als auch das nötige Wissen erhielt, um die Beschuldigten identifizieren und ihr Handeln beschreiben zu können. Aller Wahrscheinlichkeit nach ist das, was man innerhalb eines Lokals sieht, in dem gerade die Hölle los ist, kaum identisch mit dem, was man draußen erkennt, wenn man nach dem Gemetzel über den Bürgersteig schlendert. Die Argumente der Verteidigung gegen Bellos Straßen-Version hätten also zu einer völlig neuen Perspektive führen und das Bild in einem gänzlich anderen Rahmen erscheinen lassen können.

Ob das alles den Ausgang des Verfahrens beeinflußt hätte? Wie sollte das nicht der Fall gewesen sein angesichts der Realität, daß die zusätzlichen Informationen zur totalen Vernichtung der mit Abstand wichtigsten Beweiswaffe aus dem Arsenal der Staatsanwaltschaft geführt hätte, mit den verheerendsten Folgen für die Bewertung der gepriesenen Lügendetektortests und der zweifelhaften Taktiken der Anklage? Nie zuvor konnte die Verteidigung so überzeugend darlegen, daß ein Zeuge (Bello) dreist und ungeschminkt lügt, daß er in jeder Hinsicht außerstande ist, auch nur ein wahres Wort zu sagen ... Ich empfehle, das Urteil aufzuheben und ein neues Verfahren einzuleiten.

Der Kammervorsitzende Wilentz und Richter Sullivan schließen sich explizit dieser Auffassung an.

Für die Bestätigung des Urteils *haben gestimmt: die Richter Pashman, Schreiber, Handler und Pollock = 4.*

Für die Aufhebung: *der Vorsitzende Wilentz und die Richter Sullivan und Clifford = 3.*

Rubin hatte die Passagen aus dem Gegenvotum laut vorgelesen, ohne jedoch ganz bei der Sache zu sein. Er wirkte zerstreut, verlor häufig den Faden und stolperte über Wörter, die ihm sonst leicht von den Lippen gingen. Angesichts der negativen Abstimmung fiel es allerdings auch schwer, die stilistischen Feinheiten von Cliffords Darstellung zu würdigen, die Kraft und Schärfe seiner zwingenden Logik. Rubins Anwälte hatten erklärt, noch nie eine derart schlagende Urteilsbegründung gelesen zu haben. Aber was zählte das schon? Einen Scheißdreck, fand Rubin. Schließlich war er nach wie vor im Gefängnis.

14

Während Rubins Zukunft als Boxer mit seiner Verurteilung gestorben war, machten andere Karriere. Nicht lange nach Rubins erstem Prozeß wurde Vincent Hull, der Staatsanwalt von Passaic County, in den Status eines Obersten Bezirksrichters erhoben, und Richter Samuel Larner, der den Prozeß geleitet hatte, erhielt seine Beförderung in eine höhere Instanz, an das Berufungsgericht. Nach Rubins zweitem Prozeß fand sich Staatsanwalt Burrell Ives Humphreys (der in seinem Büro stolz ein Foto zur Schau stellte, das Carter und Artis beim Rücktransport ins Gefängnis zeigte) prompt auf dem Stuhl des Obersten Bezirksrichters im benachbarten Hudson County wieder, während Vincent DeSimone – den James Lieber im Magazin *The Nation* als »einflußreichsten und mächtigsten Polizeibeamten von Passaic County« bezeichnet hatte – bereits Tage vor Rubins zweiter Verurteilung offiziell von Humphreys zum Chef der County-Kriminalpolizei befördert wurde. Und Richter Leopizzi hatte aus Anlaß der Feierlichkeiten zu DeSimones Ernennung das Hohelied auf dessen Fähigkeiten als treuer Hüter von Gesetz und Ordnung gesungen.

Die Justiz in New Jersey war eine eingeschworene Bruderschaft. Carters Verurteilung hatte so vielen zu Ansehen und Aufstieg verholfen, daß es schwerfiel, nicht auf den Gedanken zu kommen, wie äußerst zweckmäßig es doch war, ihn hinter Gittern zu halten. Immerhin mußte das Image der Justiz gerettet werden, das unter der schlechten Publicity zu diesem Fall gelitten hatte. Wenn Rubin unschuldig war, gab es also eine Menge Leute, die ein paar ziemlich schwerwiegende Fehler gemacht und davon profitiert hatten.

Da sich Rubin dieser besonderen Dynamik deutlich bewußt war, schickte er den drei abtrünnigen Richtern im August 1982 ein Dankschreiben, was aus rechtlicher Sicht unzulässig war, da es sich um die einseitige Mitteilung einer Partei (der Verteidigung) handelte, von der die andere Partei (die Anklage) ausgeschlossen war. Aus Rubins Sicht gab es allerdings nur eine Partei – die Partei der Wahrheit –, und ihm lag daran, den unbeugsamen Männern für ihren Mut zu danken, mit dem sie sich ungeachtet des erheblichen politischen Drucks für die Wahrheit eingesetzt hatten. »Der griechische Philosoph Diogenes«, schrieb Rubin, »soll sein Leben damit zugebracht haben, wenigstens einen ehrenhaften Mann zu finden. Ich habe gleich drei gefunden – und dafür danke ich Ihnen.«

Rubin hatte stets den Tag herbeigesehnt, an dem es möglich sein würde, seinen Fall aus den Händen der Landesjustiz in die Gerichtsbarkeit des Bundes zu überführen, wo die lokalen politischen Beziehungen und Seilschaften weniger Einfluß hatten und die Chancen für eine unvoreingenommene Behandlung weitaus besser standen. In den USA fallen Morde unter die Zuständigkeit des Landes bzw. Einzelstaats und werden entsprechend vor dessen Gerichten verhandelt, auch in der Berufungsinstanz. Erst danach können Entscheidungen der einzelstaatlichen Justiz dem Bundesberufungsgericht vorgelegt werden – und auch das nur in begrenztem Umfang und unter strengsten Auflagen. Nachdem Rubin nun etliche Male die Instanzenleiter im Staat rauf und runter probiert hatte, war er endlich in der Lage, »Richtung Bund« zu marschieren. Er war überzeugt, daß die Justiz dort besser funktionierte, und versuchte, sich ganz auf diese Hoffnung zu konzentrieren.

Rubin erinnerte sich, welche Schlüsselrolle die Bundesgerichte gespielt hatten, als sie für die Bürgerrechtsbewegung der sechziger Jahre eingetreten waren und die Staatsgerichte gezwungen hatten, sich an die Verfassung zu halten. Ebensowenig hatte er die respektvolle Behandlung vergessen, die ihm selbst zuteil geworden war, als man ihn 1974 vom *Vroom* zum Bundesbezirksgericht gebracht und Richter Clarkson Fisher die Wachen angewiesen hatte, ihm die Handschellen und Fußketten abzunehmen und ihre Schrotflinten aus dem Gerichtssaal zu schaffen. Wie gefährlich man Rubin auch dargestellt haben mochte – hier hatte er ohne Fesseln vor der Richterbank gestanden und zum ersten Mal gefühlt, was es hieß, gleich zu sein vor dem Gesetz.

Doch so sehr sich Rubin auch bemühte, optimistisch zu sein, wurde er zunehmend mutloser und besorgter, daß sich niemand mehr in einem derart verzwickten und verworrenen Fall wie dem seinen zurechtfinden würde. Der Aktenberg hatte gigantische Ausmaße angenommen und die ursprünglichen Geschehnisse unter sich begraben: Wie konnte er da erwarten, daß sich ein überlasteter Richter – selbst wenn es ein Bundesrichter war – die Zeit nehmen würde, die Zusammenhänge zu ergründen? Rubin hatte das Gefühl, der einzige zu sein, der mit allen Fakten vertraut war, besonders den grundlegenden, bevor sie durch alle möglichen Fiktionen verfälscht worden waren. Schließlich war nur er von Anfang an dabeigewesen.

Von den Kanadiern bedrängt, dieses Wissen mit ihnen zu teilen, hatte Rubin die Akten für sich selbst sprechen lassen und sie stapelweise am Empfang deponiert, wenn seine Freunde ihn besuchten: Protokolle der verschiedenen Verhandlungen, Zeitungsausschnitte, Polizeiberichte, Urteilsbegründungen und alle übrigen Dokumente, die er von einer winzigen Zelle in die andere mit sich geschleppt hatte. Nachdem die Kanadier sämtliche Schriften studiert hatten, begannen sie, Rubins Gedächtnis zu durchforsten und stellten auch eigene Nachforschungen zu den historischen und geografischen Hintergründen an.

Das knapp dreißig Kilometer von Manhattan entfernte Paterson – Hauptstadt von Passaic County und drittgrößte Stadt von New Jersey – hatte 1966, zum Zeitpunkt der Ereignisse, 138 000 Einwohner (darunter 45 000 Schwarze und 10 000 Puertorikaner) und seine besten Tage als Industriemetropole hinter sich. Es war ein günstiger Nährboden für das organisierte Verbrechen und, wie sich herausstellte, ein Ort, in dem die verschiedensten dubiosen Kräfte dazu beigetragen hatten, eine objektive Untersuchung der Lafayette-Bar-Morde zu verhindern.

Mitte der sechziger Jahre versuchte die »Familie« Genovese, die seit langem hier das Sagen hatte, ihre Vormachtstellung über das lukrative Vergnügungsgeschäft zu behaupten und die Herrschaft im aufkommenden Drogenhandel an sich zu reißen. Hauptkonkurrent war der Bonanno-Clan, dessen Oberhaupt Joe Bonanno, wie die Akten des FBI später enthüllten, sich anschickte, »seine Fahne überall auf der Welt zu hissen«, auch in Paterson, Genoveses angestammtem Territorium. Was den Machtkampf verschärfte, war die Tatsache, daß immer mehr Schwarze, die man üblicherweise nur als Frontkämpfer und Geldeintreiber einsetzte, in der Clan-Hierarchie nach oben drängten (ein Prozeß, der mit »Crazy Joe« Gallo begonnen hatte). Passaic County steckte also mitten in einem Bandenkrieg, über den nichts bekannt werden durfte.

Bereits vor dem Juni 1966, als das Massaker in der Lafayette Bar stattfand, hatte es im Raum Paterson eine wahre Flut weiterer ungeklärter Morde gegeben, die die Öffentlichkeit in Angst und Schrecken versetzten. Die Volksseele kochte, verlangte lautstark nach Aufklärung, nach Taten, und setzte Bürgermeister, Polizei und Staatsanwaltschaft gleichermaßen unter Druck.

Aufklärung über die Machenschaften der Unterwelt oder den Bandenkrieg, der außer Kontrolle zu geraten drohte, war allerdings das letzte, was die Obrigkeit wünschte. Selbst das FBI leugnete noch entschieden, von irgendwelchen Anzeichen organisierter Kriminalität Kenntnis zu haben. Egal, ob man sich auf den Straßen erzählte, daß die Lafayette Bar für zwielichtige Geschäfte bekannt war, ob es anonyme Hinweise gab auf Drogen und Harlem und einen Koffer voll Geld im Wagen eines der Opfer – es war besser für alle, in den Lafayette-Morden nur einen Akt sinnloser Brutalität zu sehen, der um jeden Preis »aufgeklärt« werden mußte.

Bürgermeister Frank X. Graves, der sich gern mit Law-and-Order-Parolen politisch profilierte, zog eine große Show ab und bezeichnete die Lafayette-Bar-Morde als »eines der schändlichsten Verbrechen« in der Geschichte der Stadt. Anschließend setzte er 100 – von insgesamt 341 – Polizisten auf die Ermittlungen an und stellte denen, die den Täter dingfest machten, Beförderungen und drei Monate Urlaub in Aussicht. Auch die Stadtverwaltung und ein örtlicher Gaststättenverband setzten Belohnungen aus, die sich insgesamt auf 10 500 Dollar beliefen.

Bald darauf wurde die Gemeinde jedoch bereits von einer neuen Gewalttat heimgesucht, die das allgemeine Interesse beanspruchte – dem aufsehenerregenden Mord an Johnny »The Walk« DeFranco, einem stadtbekannten Ganoven, der auf ein Klopfen arglos zur Tür gegangen war, worauf man ihm die Kehle von Ohr zu Ohr so sauber aufgeschlitzt hatte, daß nicht ein Tropfen Blut auf seine Hemdbrust geflossen war. Offenbar hatten ihn seine Bosse verdächtigt, sich nicht nur an den wöchentlichen Schutzgeldern bereichert, sondern darüber hinaus als Spitzel betätigt zu haben. Selbst für ein Massenblatt wie die Illustrierte *Look* war es offensichtlich, daß es sich hier um einen Auftragsmord in Unterweltkreisen handelte, doch die Staatsanwaltschaft vermied es geflissentlich, diesem Zusammenhang nachzugehen. Statt dessen konstruierte sie anhand dürftigster Beweise eine Verbindung zu dem Mord an Judy Kavanaugh, einer Vorstadt-Hausfrau, die man sechs Monate zuvor getötet hatte, und ließ fünf Personen, darunter den Ehemann des Opfers, dazu verurteilen, dem elektrischen Stuhl entgegenzusehen.

In einem gewaltigen Skandal um gewissenlose Cops und Korruption in den höchsten Kreisen* machten die Kavanaugh-DeFranco-Prozesse vier Jahre lang Schlagzeilen und kosteten den Landkreis 10 Millionen Dollar. Einer der Ver-

* Ende der sechziger und Anfang der siebziger Jahre sahen sich die Polizei von Paterson und die Staatsanwaltschaft von Passaic County einem permanenten Ansturm von Klagen und Ermittlungsverfahren ausgesetzt, von denen eines im wesentlichen folgendes untersuchte: mögliche Absprachen von Teilen der Polizei, der Anklage, der Richterschaft und des organisierten Verbrechens bei der Verfolgung überführter Krimineller und Delikten wie Drogenhandel, Glücksspiel oder gar Mord ... Andere Untersuchungen, wie die der Kommission zur Feststellung öffentlichen Amtsmißbrauchs von Gouverneur Hughes, widmeten sich dem Polizeiterror gegenüber Schwarzen und Hispanos und deren Habe. Ein Berater der Kommission beurteilte die Polizei von Paterson als »die schlimmste im Staat ... wenn nicht im ganzen Land«.

teidiger ließ sich sogar zu dem außergewöhnlichen Schritt hinreißen, die Anklage öffentlich zu beschuldigen, den Beklagten bewußt etwas »anhängen« zu wollen. Der renommierte F. Lee Bailey, ebenfalls Anwalt der Verteidigung, war so entsetzt angesichts der hemmungslos um sich greifenden Korruption, die er in der Staatsanwaltschaft von Passaic County angetroffen hatte, daß er einen offenen Brief an die gesamte Legislative des Staates richtete und sie aufforderte, ein Ermittlungsverfahren gegen die Behörde einzuleiten: »Ich habe nie zuvor, an keinem Landes- oder Bundesgericht, einen derartigen Mißbrauch der Justiz, der Gesetzesethik und der verfassungsmäßigen Rechte erlebt wie in diesem Fall.« Als Dank für seine Bemühungen entzog man ihm das Recht, im Staat New Jersey als Anwalt zu praktizieren. Schließlich wurden die Beschuldigten zwar sämtlich freigesprochen, aber inzwischen war ihr Ruf ruiniert und ihr Leben für immer zerstört.

Außer der Tatsache, daß man auch ihn fast zum Tode verurteilt hätte, gab es noch einige andere beunruhigende Parallelen zwischen Rubins Fall und der Kavanaugh-Sache. In beiden Fällen waren Kriminelle als Hauptbelastungszeugen aufgetreten und mit Straffreiheit für die eigenen Delikte belohnt worden, nur um später ihre Aussagen zu widerrufen. In beiden Fällen hatte die Anklage Zeitungsreporter diffamiert und eigene Mitarbeiter entlassen, die gegen die offizielle Linie verstoßen und Aussagen gewagt hatten wie »Das ist ein klarer Fall von Gangsterkrieg«. Die wohl erschreckendste Gemeinsamkeit bestand allerdings darin, daß sich die Ermittlungsbehörden in beiden Fällen nicht einmal ansatzweise für die wirklichen Täter interessierten; ihr Interesse richtete sich eher darauf, die Dinge zu vernebeln, und sie hatten auch die Macht, das zu tun. Und obwohl sich zwei verschiedene Grand Jurys geweigert hatten, gegen Rubin und John zu verhandeln, war es der Staatsanwaltschaft schließlich gelungen, den Fall Carter in die Hände der nämlichen Anklagejury zu legen, die sich bereits im Kavanaugh-Fall bewährt hatte.

Angesichts einer derart unbeschränkten Macht ließ sich die Wahrheit leicht unterdrücken.

Als nächstes wollten die Kanadier herausfinden, was in jener verhängnisvollen Nacht tatsächlich mit Rubin passiert war, und stellten fest, daß sich die Teile des Puzzles schließlich zu einem klaren, wenn auch erschreckenden Bild fügten. Was wie ein beliebiger, harmloser Sommerabend begonnen hatte, war plötzlich und ohne Vorwarnung in einen kafkaesken Alptraum ausgeartet.

PATERSON, NEW JERSEY; 17. JUNI 1966*

Es ist zwei Uhr morgens, und im »Nite Spot«, einer beliebten Cocktail-Bar von Paterson, herrscht Hochbetrieb. Draußen vor dem stilvollen, zweistöckigen Gebäude an der Ecke East 18th und Governor Street rollt noch immer ein stetiger Strom von Fahrzeugen vorbei. Es ist Donnerstag, und donnerstags ist »Ladies' Night«, weil alle Hausangestellten freihaben. Unter dem vorwiegend schwarzen Publikum des Nite Spot sind auch ein paar Weiße zu entdecken. Im Hinterzimmer wird getanzt, zu den Klängen einer Band. Alles ist lebhaft und gesellig, zumal inzwischen schon einiges an Alkohol geflossen ist.

Rubin betritt die Szene, in schwarzen Hosen und einem mattweißen Jackett mit beigefarbenen Streifen. Er stellt sich ans Ende des Tresens und bittet Big Ed um »das übliche«. Der Barkeeper schenkt ihm einen Wodka ein, Rubin zückt sein Portemonnaie und stellt fest, daß es leer ist.

»Bin total abgebrannt, Ed. Ich geb's dir später.«

* Die Dialoge sind, soweit sie nicht wörtlich den Protokollen entnommen wurden, aus dem Gedächtnis rekonstruiert.

Cathy McGuire und ihre Mutter Anna Mapes stellen sich zu Rubin und fragen ihn, ob er ein Auto dabei hat.

»Ja, aber nicht den Cadillac«, antwortet Rubin und meint damit seinen schwarzen Eldorado. »Macht nur Probleme, mit dem Ding in Paterson rumzukutschieren – ist wie'n rotes Tuch für die Bullen. Ich bin's leid, daß sie mich ständig aufs Korn nehmen. Also hab ich mir'n Dodge geliehen.«

Rubin hatte 1966 aus steuerlichen Gründen für mehrere Monate einen weißen Dodge Polara geleast, den er an diesem Abend nur deshalb fährt, weil er ihn vor der Garageneinfahrt abgestellt und damit den Cadillac blockiert hat. Außerdem ist er sowieso in Geschäften unterwegs, weil er ein paar Gespräche über seinen nächsten Kampf zu führen hat.

»Macht's dir was aus, uns nach Hause zu bringen?« fragt Cathy. »Es ist schon nach zwei, und Mum muß morgen früh raus zur Arbeit.«

»Kein Problem. Auf der Straße ist man ja nicht mehr sicher, vor allem um die Zeit.« In diesem Augenblick bemerkt er einen großen muskulösen Schwarzen am anderen Ende der Theke und bittet die beiden Frauen, sich noch ein paar Minuten zu gedulden. »Ich muß nur eben was erledigen . . . He, Wild Bill!«

Rubin bahnt sich winkend einen Weg zu Bill Hardney, der sich gerade mit einer schönen Frau unterhält. Er stellt sie vor als Felicia. Rubin erklärt Hardney, daß er ihn gerne mitnehmen würde nach Südamerika. Als Sparringspartner, um sich auf den Kampf mit Rocky Rivero vorzubereiten. Die Veranstalter wollen sich immer vor den Sparringskosten drücken, sagt Rubin, deshalb will er das lieber vorher klären.

»Könnten wir das etwas später bereden, Hurricane?«

»Klar. Weißt du was, ich bring jetzt erst mal Cathy und ihre Mutter nach Hause. Bin in zehn Minuten wieder da.«

Hardney wendet sich wieder Felicia zu. Rubin gibt ihm einen Klaps auf den Rücken, sammelt die beiden Frauen ein und verläßt das Lokal.

Etwa zehn Minuten später erscheint er wieder im Nite Spot, bemerkt, daß Hardney immer noch mit Felicia beschäftigt ist, und wirft einen Blick ins Hinterzimmer. Inzwischen hat man den letzten Tanz ausgerufen, und Rubin schaut zu, wie John Artis, ein lässig gekleideter junger Mann in hellblauen Hosen und kurzärmeligem Pullover mit V-Ausschnitt einen tollen Boogaloo aufs Parkett legt. Als die Musik verstummt und der Raum sich zu leeren beginnt, wendet sich Rubin wieder Bill Hardney zu.

»Bill, ich muß mal kurz nach Hause und mir etwas Geld holen. Wenn du mitkommst, muß ich mir von meiner Frau keine Prügel gefallen lassen, weil ich noch mal weggehe. Außerdem könnten wir unterwegs über diesen Kampf in Südamerika reden.«

Aber Hardney lächelt nur Felicia zu und sagt: »Ich glaube, ich werde doch lieber auf dich warten, Rube. Okay?«

Im Hinausgehen sieht Rubin Artis an der Tür stehen, neben »Bucks« Royster (einem liebenswerten Alkoholiker aus der Nachbarschaft, den Rubin sehr gern mochte), der sich am Zigarettenautomaten festhält. Rubin gratuliert Artis zu seinem Tanzstil und schlägt vor, eine kleine Spritztour zu machen. Royster hört das und will mitkommen. »Na klar doch, alter Kumpel!« Artis fragt, ob er fahren darf, und Rubin wirft ihm die Schlüssel zu. »Bucks« rutscht nach vorn zu Artis, Rubin läßt sich auf der Rückbank nieder und streckt alle viere von sich.

Während Royster, der einen stolzen Bart und einen Strohhut mit schmaler Krempe trägt, sich mühsam wachzuhalten versucht, redet Artis (mit einigen Zwischenfragen nach dem Weg) munter drauflos, wie er mit Boxen eigentlich nichts im Sinn, aber den Hurricane im Fernsehen gesehen hat, wie die Freunde ihm schon nicht abgenommen haben, daß er den Hurricane höchstpersönlich »n paamal« getroffen hat, und jetzt garantiert »total alle« sind, wenn sie hören, daß er nicht nur in seinem Wagen gesessen, sondern ihn sogar selbst gefahren hat! Is ja nich der Eldorado, wie sonst, aber immerhin ...

Plötzlich kommt ein Streifenwagen längsseits, und bedeutet Artis, an der Ecke zu halten, was er auch tut. Ein weißer Cop tritt an die Fahrertür und will Johns Führerschein und die Wagenpapiere sehen. John reicht ihm den Führerschein und sucht hektisch nach der Zulassung.

»In der Konsole, über dem Lenkrad«, sagt Rubin, der sich inzwischen aufgerichtet hat.

Überrascht schwenkt der Cop den Strahl seiner Taschenlampe zum Rücksitz, mitten in Rubins Gesicht, und lächelt breit. »Wie geht's denn so, Hurricane?«

»Alles okay, Sergeant Capter. Was ist los? Warum halten Sie uns an?«

»Ach, nichts weiter. Wir sollen uns nur nach 'nem weißen Wagen mit zwei Negern umsehen.« Er gibt John den Führerschein zurück. »Aber mit Ihnen ist ja alles in Ordnung. Und denken Sie dran, Hurricane, ich krieg' immer noch das Autogramm, das Sie mir für meinen Neffen versprochen haben. Nicht vergessen.«

Capters Partner, Angelo DeChellis, notiert die Zeit: Es ist 2 Uhr 40.

Kurze Zeit darauf, nachdem der Abstecher zu Rubins Haus geschafft ist, fährt der Dodge wieder beim Nite Spot vor. Das Lokal hat inzwischen geschlossen, auf der Straße sind nur noch wenige versprengte Gäste zu sehen. Rubin läßt John zum Club LaPetite auf der Bridge Street fahren, wo er Hardney zu treffen hofft. Als sie dort ankommen, stellen sie fest, daß der Club ebenfalls bereits geschlossen ist.

Während sie in der zweiten Reihe parken und überlegen, was sie jetzt noch machen sollen, rollt langsam ein Streifenwagen vorbei. Einer der Cops setzt sich über Funk mit der Zentrale in Verbindung und gibt an, ein weißes Auto mit New Yorker Kennzeichen – 5Z4 471 – und drei Insassen, alle männlich, schwarz, zwei mit Bart, im Visier zu haben. »Jemand mit Bart unter den Verdächtigen?« fragt der Cop. »Negativ, keine Bärte«, antwortet die Zentrale. Die Cops werden angewiesen, das Auto und die Insassen nicht zu behelligen und ihre Suche nach »zwei farbigen Männern in einem weißen Wagen« fortzusetzen. Inzwischen ist es 2 Uhr 55.

Die drei Männer im Dodge beschließen, es für heute bewenden zu lassen. Artis fährt weiter und liefert zunächst Royster an der Haustür ab. Auf dem Weg zu Artis' Wohnung halten sie an einer Ampel und warten auf Grün, als ein Streifenwagen mit quietschenden Reifen hinter ihnen hält. Der Fahrer spricht hektisch in sein Funkgerät, nähert sich dem Dodge und schüttelt den Kopf. Es ist wieder Sergeant Capter.

»Auuu, Scheiße! Hab gar nicht gemerkt, daß Sie das sind, Hurricane!«

Plötzlich tauchen aus allen Richtungen Streifenwagen auf, dann Gewehre und Revolver, die sich auf Rubin und John zentrieren wie Speichen auf die Nabe. Rubin schaut angewidert zu Capter. Capter ist deutlich verlegen, sagt aber kein Wort, als sich ein Cop mit Bulldoggengesicht nähert und den beiden befiehlt, im Wagen zu bleiben und seinem Fahrzeug zu folgen. Sekunden später finden sie sich inmitten einer Eskorte von fünf Streifenwagen wieder, die mit heulenden Sirenen über die Straßen jagt, bis sie schließlich mit kreischenden Bremsen vor einer verlotterten Eckkneipe zum Stehen kommt. Die weißen Schaulustigen unter dem flackernden Neonschild »Lafayette Bar und Grill« weichen für einen Augenblick zur Seite und rücken wieder zusammen. Rund um Rubins Wagen wütende, verschreckte Gesichter, die sich an die Scheiben pressen, und die Mündungen der Gewehre, die sich auf ihn richten.

»Aussteigen!« bellt ein Cop und reißt die Wagentür auf. Rubin zögert und denkt: »Großer Gott, jetzt da rauszugehen, könnte der Fehler meines Lebens sein. Bei dem Zustand, in

dem die Leute sind, meinen die glatt, ich hätte wirklich was zu tun mit dem ganzen Scheiß, was auch immer hier abgeht.«

»Was, zum Teufel, sollen wir hier, Mann?« fragt Rubin.

»Aussteigen!« brüllt der Cop erneut, zieht nun aber seine Waffe aus dem Halfter. Vorsichtig klettern die beiden aus dem Wagen.

»Stellen Sie sich vor die Wand, und rühren Sie sich nicht, bis ich es Ihnen sage!« Der Cop wedelt mit seiner Pistole. »Einfach vor die Wand und Maul halten!«

Rubin und John starren auf die Wand und horchen auf das hektische, beunruhigende Treiben in ihrem Rücken: das Heulen der Sirenen, das bedrohliche Flüstern, die Verwünschungen und Schreie aus der Menge. Die Türen von Rubins Wagen werden geöffnet und wieder zugeschlagen, eine Stimme erinnert daran, den Kofferraum nicht zu vergessen. Die Durchsuchung des Wagens bringt keine Erkenntnisse. Rubin und John werden gefilzt – wieder nichts. Man steckt sie in einen Gefangenentransporter, der mit jaulenden Reifen davonbraust. John redet und redet, kann nicht aufhören: »Was ist los? ... Da muß irgendwas Furchtbares passiert sein! ... Aber was hat das mit uns zu tun?«

Rubin ermahnt ihn, die Nerven zu behalten. »Ohne Aufforderung sagst du am besten gar nichts. Und wenn sie dich fragen, erzählst du einfach die Wahrheit. Die treiben nur wieder ihre Spielchen mit mir, wie immer. Es wird sich alles bald aufklären.« Aber der Hurricane glaubt selbst nicht daran; er hat ein komisches Gefühl.

Man bringt sie zum Revier, hetzt sie ins Gebäude und gleich wieder nach draußen, stopft sie erneut in den Transporter und jagt davon. Umgeben von bewaffneten Uniformierten, schleppt man sie in die Ambulanz des St. Joseph Hospitals, wo sie von Kriminalbeamten in Zivil erwartet werden. Bis auf die Anzüge der Detectives und die blauen Uniformen der Cops ist alles weiß in diesem Raum. Ein Team von Ärzten und Krankenschwestern umsorgt einen Weißen mittleren Alters mit einer Schußverletzung am kahl werdenden Kopf; die Kugel hat beim Austritt sein linkes Auge zertrümmert.

»Kann er sprechen, Doc?« fragt der Detective, der die Ermittlungen zu leiten scheint, Sergeant Robert Callahan.

Der Arzt blickt grimmig über seine Schulter, erst auf die Cops, dann auf Rubin und John. »Ja, kann er. Aber nur kurz.« Zusammen mit einer Krankenschwester hilft er dem Opfer, den Kopf zu heben.

»Können Sie die beiden gut sehen?« fragt Callahan. Der Verletzte bejaht mit einem schwachen Nicken. »Sind das die zwei, die auf Sie geschossen haben?« Der Mann heftet seinen Blick auf Rubin, dann auf John und wieder auf Rubin. Schließlich schüttelt er den Kopf. Nein.

»Aber, Sir! Sind Sie sicher, daß die's nicht waren? Sehen Sie noch mal ganz genau hin!«

»Mieser Scheißkerl!« knurrt Rubin, der den Unterton von Alle-Nigger-sehen-gleich-aus herausgehört hat. »Arschloch!«

Das Opfer schüttelt unbeirrt den Kopf.

Eine Weile später sitzt Rubin, der immer noch in Gewahrsam ist, in einem der fensterlosen Vernehmungszimmer auf dem Revier; Artis ist allein in einem anderen Zimmer. Ein schwergewichtiger Detective mit Hängebacken betritt den Raum, einen Stapel gelbes Notizpapier in der Hand.

»DeSimone!« Rubin kennt den Detective von früheren Zusammenstößen.

»Richtig, Carter, aber ich hab' Sie auch nicht vergessen. Wie könnte ich auch? Ein Mann wie Sie macht doch überall großen Eindruck, Hurricane. Das haben Naturkatastrophen nun mal so an sich.«

»Sie mieses, fettes Schwein!«

»Ersparen wir uns die Höflichkeiten – ein einfaches ›Lieutenant‹ tut's auch.«

Vincent DeSimone legt die Notizblätter streng ausgerichtet auf den Tisch, setzt sich hin und zückt seinen Füllhalter. »Wir hätten die Fakten gern direkt festgehalten«, verkündet er mit seiner rauhen Stimme. »Ich will ganz offen sein: Da braut sich eine ziemlich dunkle Wolke über Ihrem Kopf zusammen, Rubin Carter, und Sie wären gut beraten, für etwas Klarheit zu sorgen.«

»Sie sind die Wolke über meinem Kopf, Sie Schmeißfliege! Verpesten die Luft wie ein Haufen Scheiße!«

»Junge, Junge, für einen Ex-Knacki können Sie aber gut mit Worten umgehen! Also dann, erzählen Sie mir einfach der Reihe nach, was Sie heute abend alles gemacht haben. Mehr will ich ja gar nicht.«

Rubin schäumt vor Wut. Wortlos starrt er auf die Narbe in DeSimones verschorftem Gesicht. Echt widerlich, dieser Kotzbrocken, denkt Rubin. Die Narbe stammt aus dem Zweiten Weltkrieg, und DeSimone ist stolz darauf. Er trägt sie wie einen Orden, den er im Dienst fürs Vaterland errungen hat, wie eine ständige Mahnung an den hohen Preis, den die Freiheit verlangt. Er hat sein Land verteidigt – und wozu? fragt sich DeSimone, während Rubin ihn betrachtet, als könne er seine Gedanken lesen. Für dieses Stück geräucherte Scheiße, das da vor ihm sitzt?

»Tja, wenn Sie natürlich was zu verbergen haben . . .«

»Zu verbergen? Vor Ihnen? Pfff! Fragen Sie doch einfach Ihre beschissenen Bullen, wo ich war! Heute abend haben sie mich nicht nur einmal, sondern gleich noch mal angehalten. Ich hab' nur versucht, den Jungen nach Hause zu bringen, und plötzlich stehen wir auf dem Präsentierteller vor einem Haufen Irrer, an einem gottverlassenen Ort, bis sie uns schließlich in ein Krankenhaus schleppen, wo ein Bulle diesem Knaben einreden will, daß wir die Typen sind, die auf ihn geschossen haben! Was, zum Teufel, geht hier eigentlich ab?«

»Immer mit der Ruhe, Rubin. Vielleicht geht's ein bißchen langsamer, damit ich das alles festhalten kann.«

»Bitte sehr, dann tun Sie das!«

Rubin beginnt also, von seinen abendlichen Aktivitäten zu berichten, und DeSimone macht sich ausführliche Notizen.

»Erst hab' ich mir ein James-Brown-Special angeguckt im Fernsehen. Das lief bis 22 Uhr, bis dahin war ich die ganze Zeit zu Hause. Dann bin ich weg, weil ich mit meinem Agenten im Club LaPetite verabredet war, um noch ein paar Dinge für meinen nächsten Kampf zu klären . . .«

Während Rubin von den weiteren Ereignissen des Abends berichtet, werden zwei Zeugen vorgeführt: Patricia Valentine, eine unscheinbare, magere Brünette Anfang Zwanzig, und der etwa gleichaltrige Alfred Bello, ein kleiner, fetter Gauner mit öligem schwarzen Haar. Beide waren unter den Schaulustigen vor der Lafayette Bar angetroffen worden, als die Polizei auftauchte, und Bello hatte erklärt, die Täter gesehen zu haben. Nach seinen Angaben handelte es sich um »zwei Farbige, beide schlank gebaut und über einsachtzig groß«. Valentine, deren Wohnung oberhalb der Bar lag, hatte bei einem Blick aus dem Fenster zwei Männer zu einem weißen Wagen flüchten sehen, beides Schwarze und gut gekleidet; die Kennzeichenbeleuchtung des Fluchtautos hatte nicht gebrannt, aber das Heck war ähnlich geformt wie bei dem Wagen, den die Polizei später zum Tatort gebracht hatte (Rubins Dodge). Als Rubin und John in der Zentrale vorgeführt werden, schütteln beide Zeugen den Kopf – nein. Etwas später in der nämlichen Nacht erklärt Valentine vor Angehörigen ihres Freundes, »Hurricane« Carter sei definitiv nicht bei den Männern gewesen, die sie von ihrem Fenster aus beobachtet hat.

Als Bobby Ward – ein schwarzer Cop, zu dem Rubin ein gutes Verhältnis hat – das Vernehmungszimmer betritt, bittet ihn Rubin, ihm doch zu erzählen, was hier eigentlich vorgeht und was in der Bar, zu der man ihn hingeschleppt hat, überhaupt passiert ist.

»Es hat eine Schießerei gegeben, Rube. Der Barkeeper und der Wirt waren auf der Stelle tot, die Frau des Wirts ist lebensgefährlich verletzt und wird's wohl nicht schaffen, und dann gibt's da noch den anderen Mann, den du in der Klinik gesehen hast . . .«

». . . und der deinen lieben Kollegen gesagt hat, daß ich's nicht gewesen bin«, fällt ihm Rubin ins Wort. »Und ihr Brüder bildet euch trotzdem ein, ich hätte was zu tun mit dem ganzen Scheiß?«

Ward schüttelt den Kopf. »DeSimone meint, wenn du's nicht warst, dann brauchst du auch keine Angst zu haben vor einem Lügendetektortest.«

»Ich hab' nichts zu verbergen.«

Stunden später ist Rubin zugegen, als Sergeant McGuire, der gerade den Test durchgeführt hat, die Ergebnisse studiert. DeSimone und eine Reihe anderer Detectives sind ebenfalls dabei.

»Da, Vince, ich will dir mal was zeigen«, sagt McGuire und breitet einige Diagramme aus, während sich die Detectives um den Tisch scharen. »Siehst du die lange Linie, die hier quer durchgeht? An der Stelle hab' ich ihn gerade gefragt: »Waren Sie schon einmal in der Lafayette Bar?« Carter hat geantwortet »Nein«, und die Linie zeigt keine Unterbrechung – also hat er die Wahrheit gesagt. Wie bei den übrigen Antworten. Sie können ihn also laufenlassen, Lieutenant, und Artis auch. Die beiden sind sauber und haben nichts mit der Sache zu tun.«

Rubin und John können gehen.

Am nächsten Tag ist in den Lokalzeitungen und The New York Times *zu lesen, daß der Mittelgewichtsboxer Rubin »Hurricane« Carter im Zusammenhang mit den Morden in der Lafayette Bar verhört wurde, wobei es sich laut Vincent*

Hull von der Staatsanwaltschaft Passaic County um reine Routinefragen gehandelt habe, da Carter »nie als Verdächtiger gegolten hatte«.

Ende Juni stellen sich Rubin und John freiwillig den Fragen einer Grand Jury und werden in allen Punkten entlastet. Im Juli reist Rubin nach Südamerika zu seinem Kampf gegen Rocky Rivero. Er ist sicher, von den Ermittlungen im Fall der Lafayettes-Bar-Morde nicht mehr betroffen zu sein, und hält die leidige Episode nur für eine weitere »Schikane«, mit der die Polizei von Paterson sein engagiertes Eintreten für Bürgerrechte ahnden wollte.

Als der Kampf vorbei ist, kehrt er im August nach Paterson zurück. Er spricht mit Teddy Brenner, dem Box-Promoter des Madison Square Garden, und führt erste Verhandlungen um einen Titelkampf gegen den amtierenden Mittelgewichtsmeister Emile Griffith, den er bei einer früheren Begegnung in der ersten Runde k.o. geschlagen hat.

Im Oktober 1966 fallen die Cops erneut über ihn her und setzen ihn endgültig fest. Aufgrund der neuen Aussagen von Valentine, Bello und Bradley, die sie vier Monate nach den Vorfällen in der Lafayette Bar abgeben, werden Rubin und John inhaftiert und des dreifachen Mordes beschuldigt. Im Mai 1967 folgt der Prozeß und endet mit ihrer Verurteilung.

»Aber wie konnten sie dich verurteilen«, wunderten sich die Kanadier, »wenn du ein Alibi hattest? Schließlich warst du die ganze Nacht mit allen möglichen Leuten zusammen! Wieso hat man das nicht berücksichtigt?«

»Ihr kennt doch die Aussage von Ray Brown aus den Protokollen vom zweiten Prozeß, oder?« meinte Rubin lapidar.

In der Tat, sie erinnerten sich. Raymond A. Brown Sen., ein prominenter und hochgeachteter Anwalt aus New Jersey, hatte Rubin bei seinem ersten Prozeß vertreten und unter Eid dargelegt, was mit Rubins Alibi-Zeugen passiert war. Danach hatten ihm etliche Leute versichert, Rubins Alibi bestätigen zu können, »hatten aber Angst, sich zu exponieren und so den nämlichen Verleumdungen und Torturen ausgesetzt zu sein, die Rubin Carter erlitten hatte«. Hinsichtlich derer, die trotzdem aussagen wollten, war Brown nach den Regeln zur Offenlegung aller Beweise verpflichtet, der Anklage (sprich DeSimone) Namen zu nennen. Sobald das geschehen war, hatte »DeSimone so lange auf sie eingewirkt, bis sie schließlich ganz verschwunden waren«.

»Beispielsweise Bill Hardney, mein Sparringspartner«, erläuterte Rubin, »bei dem haben sie irgendeine alte Unterhaltsklage ausgegraben und ihn damit buchstäblich aus der Stadt geekelt. Royster hat sich irgendwo in einer Mansarde verkrochen bis zum Prozeß, und als er dann aussagte, haben sie's so hingestellt, als ob er an dem Abend viel zu betrunken gewesen wäre, um überhaupt irgendwas mitzukriegen. Cathy McGuire und ihre Mutter hat sich DeSimone allein vorgenommen, in einem separaten Raum, und ihnen die Hölle heiß gemacht, daß er ihnen ›die schwarzen Ärsche aufreißt‹, wenn sie aussagen. Anschließend hat er sie eine Aussage unterschreiben lassen, auf der der Abend, an dem ich sie nach Hause gebracht habe, mit dem falschen Datum angegeben war. Die beiden haben zwar trotzdem für mich ausgesagt und die Sache richtiggestellt, aber die Geschworenen waren natürlich verwirrt. Beim zweiten Prozeß ist es dann noch schlimmer gekommen, weil Cathy inzwischen mit einem Detective aus Paterson verlobt war und geschworen hat, ich hätte sie irgendwann an einem anderen Abend nach Hause gefahren.«

»Aber die Täterbeschreibung hat doch gar nicht auf euch gepaßt! Außerdem wart ihr keinen Moment zu zweit, John und du, bis euch Sergeant Capter zum zweiten Mal angehalten hat – und da war die Schießerei schon lange vorbei!«

»Richtig. Erst nachdem wir Royster zu Hause abgesetzt haben – also zwanzig Minuten nach dem ersten Stopp durch Carter –, waren wir endlich die ›zwei Neger in einem weißen Wagen‹. Und mehr brauchten sie ja schließlich nicht.«

»Aber das ist alles nebensächlich«, fuhr Rubin fort, offenkundig müde, sich angesichts der weitaus größeren Lüge mit den Details aufzuhalten. »Kommen wir aufs Wesentliche zurück. Ihr müßt euch mal vor Augen halten, wie absurd es ist, daß die Anklage bei beiden Prozessen behauptet hat, bereits in der Tatnacht folgende Beweise gegen John und mich in der Hand gehabt zu haben: daß zwei Zeugen, nämlich Bello und Valentine, meinen Wagen angeblich eindeutig identifiziert hatten; daß im Wagen selbst eine Patrone nebst Hülse gefunden worden war, deren Kaliber mit der Tatwaffe übereinstimmte; daß die Täterbeschreibung ›annähernd‹ auf uns paßte und daß John und ich, laut DeSimone, nicht nur widersprüchliche Angaben über unsere Aktivitäten gemacht, sondern auch im Lügendetektortest versagt hätten. Wenn das so war, muß man sich doch folgendes fragen: Warum gibt man uns wieder frei, erzählt der Presse, wir wären gar nicht verdächtig, läßt uns von der Grand Jury rundum entlasten und mich nach Südamerika fahren, obwohl zwischen Argentinien und den USA kein Auslieferungsvertrag besteht? Warum hätte man das tun sollen, wenn die Beweise, die später vorgelegt wurden, tatsächlich schon damals verfügbar waren? Immerhin hat sich das im Jahre 1966 abgespielt. Zu einer Zeit, als der Rassenwahn auf dem Höhepunkt war. Könnt ihr euch vorstellen, was mit unseren schwarzen Ärschen passiert wäre, wenn sie auch nur den kleinsten Beweis gehabt hätten, daß John und ich wirklich vier Weiße umgenietet haben?«

»Mit anderen Worten, sie haben die Beweise nachträglich fabriziert.«

»Fällt euch eine andere Erklärung ein?«

Wie war es angesichts der tatsächlichen Ereignisse in der bewußten Nacht überhaupt möglich, überlegten Rubin und die Kanadier bei einem anderen Gespräch, daß man Rubin den Prozeß machen konnte, wenn ihn sämtliche Zeugen entlastet hatten? Wenn DeSimone, bevor die Beschreibungen plötzlich variierten, vor der Grand Jury selbst eingeräumt hatte, daß »die Täterbeschreibung nicht einmal annähernd auf Carter und Artis zutrifft«? Wenn er, bevor die Dokumente angeblich verschwunden waren, ebenfalls zugegeben hatte, daß beide den Lügendetektortest bestanden hatten?

»Laß uns ein Schaubild machen, Rube«, meinte Lisa, die spürte, daß Rubins Kraft allmählich nachließ.

»Wovon?«

»Von deinem Fall. Für den Bundesgerichtshof. Wir fangen mit den Aussagen an, die die Zeugen in der Tatnacht vor der Polizei abgegeben haben, und dann zeigen wir, wie sich die Geschichten im Lauf der Jahre geändert haben.«

»Wie wollt ihr das denn machen?«

»*Wir* machen das, zusammen mit dir.«

»Wißt ihr nur annähernd, wieviel Papier der Fall in diesen fünfzehn Jahren verschlungen hat? Ihr habt noch nicht mal einen Bruchteil davon gesehen. Gott im Himmel, Weib – du hast manchmal wirklich die verrücktesten Ideen.«

Die verrückte Idee beschäftigte sie volle sechs Wochen und führte zu einer Schautafel von 1 Meter Höhe und 2,70 Meter Breite. Links standen die Namen der wichtigsten Zeugen, oben die verschiedenen Anhörungen und Verhandlungen in chronologischer Folge, angefangen bei den Vernehmungen in der Tatnacht, über die Aussagen vor den Grand Juries, den ersten Prozeß, die Widerrufe, weitere Anhörungen und den zweiten Prozeß bis hin zu Bellos letzten Aussagen von 1981 zu seinem Lügendetektortest. Unter jeder Rubrik waren die wichtigsten Punkte der jeweiligen Aussagen in Stichworten zusammengefaßt. Nur bei Bello gab es in allen vierzehn

Spalten einen Eintrag, und jeder erzählte eine andere Geschichte.

Es war ein schwieriges und anstrengendes Unterfangen, das höchste Konzentration verlangte. Jeden Tag förderte Rubin neue Protokolle zutage, die er den Kanadiern am Telefon vorlas, damit die wichtigsten Passagen auf Band aufgezeichnet und anschließend in Stichworten tabellarisch festgehalten werden konnten. Alle Bewohner des Hauses waren damit beschäftigt, Mitschnitte anzufertigen, Bänder abzuschreiben, das Material zu sichten, zu ordnen, und in komprimierter Form auf die Tabelle zu übertragen, bis schließlich ein Schaubild entstanden war, das man dem Bundesgerichtshof präsentieren konnte. Eine Übersicht, die eindeutig zeigte, daß alle ursprünglichen Aussagen Rubin und John entlasteten und erst im Lauf der Jahre, der Vernehmungen und Verhandlungen »verfeinert« und mehr und mehr zugunsten der Anklage modifiziert worden waren.

Daneben zeichnete sich ein deutlicher Trend ab, daß die Anklage – in dem Maße, wie die unterdrückten Indizien ans Licht kamen – zunehmend gezwungen war, die gewaltigen Löcher und Widersprüche in ihrer Beweisführung durch diverse Ablenkungsmanöver zu stopfen. Während Bellos Glaubwürdigkeit laufend abnahm, wurde beispielsweise Patricia Valentines Bedeutung als Zeugin stetig aufgewertet. Valentine wohnte über der Lafayette Bar und wollte das Heck des Fluchtautos klar gesehen haben. In der Übersicht wurde deutlich, wie sich ihre Aussage zu diesem Sachverhalt entwickelt hatte:

Juni 1966, erste Aussage vor der Polizei: Das Heck von Carters Auto war so »ähnlich« wie das des Fluchtwagens.

Mai 1967, erster Prozeß: Carters Auto hatte »dieselbe Art von Rücklichtern« wie der Fluchtwagen; ob beide identisch waren, könne sie »nicht mit Sicherheit« sagen, wie sie auch schon der Polizei gegenüber am Tatort erklärt habe.

Dezember 1976, zweiter Prozeß: Carters Wagen war eindeutig das Fluchtfahrzeug; diese »Tatsache« habe sie der Polizei direkt am Tatort mitgeteilt – »ohne jeden Zweifel«.

Ein ähnliches Bild ergab sich bei der Patronenhülse, die man angeblich in der Tatnacht im Kofferraum von Carters Wagen entdeckt hatte. Nachdem sich beim zweiten Prozeß herausstellte, daß es sich bei diesem Beweisstück offenbar um einen »Irrläufer« von Munitionsresten handelte, die die Polizei bei einem früheren Verbrechen sichergestellt hatte, wurde Valentine erneut mobilisiert, um die Version der Anklage zu stützen. Mit dem Ergebnis, daß sie nun behauptete, dabeigewesen zu sein, als man Carters Wagen in der Polizeigarage durchsuchte und die Geschoßhülse fand (also *nach* der ersten Durchsuchung am Tatort). Wie das Schaubild zeigte, war diese Darstellung nicht nur völlig haltlos, sondern darüber hinaus das genaue Gegenteil sämtlicher Aussagen und Dokumente der vorangegangenen zehn Jahre.

Im Herbst 1982 packten die Kanadier ihre Schautafel ein und schickten sie zu Myron Beldock nach New York. Gleichzeitig ließ Rubin seinem Anwalt eine Liste sämtlicher nachweislicher Beispiele für das gesetzwidrige Vorgehen der Staatsanwaltschaft zukommen (Unterdrückung des Entlastungsmaterials, Einschüchterung der Zeugen, Fälschung von Beweisen). Diese Aufstellung allein belief sich auf fünf maschinegeschriebene Seiten, ohne Rand und mit einzeiligem Abstand. Rubin fühlte sich erleichtert, als das Werk vollbracht war. Nun konnte jeder den verschlungenen Pfaden folgen, die sein Fall genommen hatte, ohne die unverfälschten eigentlichen Geschehnisse aus den Augen zu verlieren.

Beldock war höchst überrascht, als ein Bote eines Oktobertages ein dickes Paket in seiner Kanzlei an der Fifth Avenue ablieferte. Es war sorgfältig verpackt, enthielt eine schwarze Dokumentenmappe und kam aus Toronto, wo er niemanden kannte, der ihm solche Objekte schicken konnte.

»Was, um alles in der Welt, soll das denn sein?« wunderte er sich, als er das Schaubild aus der Hülle zog und plötzlich die Überschriften erkannte. »Mein Gott, muß das eine Arbeit gemacht haben!« dachte er dankbar, da er nach der Ablehnung des Supreme Court bereits selbst den Eindruck gehabt hatte, daß Rubins Fall hoffnungslos verworren war.

Wie er später in einem Gespräch mit William J. Dean, dem Geschäftsführer der Freiwilligen Gerichtsbarkeit Inc. äußerte, hatte Carter »eine umfassende Analyse und Dokumentation sämtlicher Rechtsverletzungen erstellt, die uns im Lauf der Jahre widerfahren sind. Ich konnte mich anfangs gar nicht durchringen, das alles zu lesen, aber allein die Tatsache, daß diese Sammlung existierte, war wie ein Tritt in den Hintern, der uns neuen Schwung gegeben hat. Carter hat mich dazu gebracht, mehr zu sein als ein Anwalt. Ab da habe ich nicht nur einen Mandanten vertreten, sondern ein Prinzip.«

15

Rubin hatte keine Ahnung von dem Energieschub, den das Schaubild bei Myron Beldock bewirkt hatte. Soweit er die Dinge überblicken konnte, tat sich absolut nichts in seinem Fall, und daran schien sich auch nichts zu ändern. Er wußte, daß der Staat noch über eine offene Frage zu entscheiden hatte, ahnte allerdings nicht, daß dies der Grund war, weshalb die Sache auf Bundesebene nicht vorankam.

Bei der 1981 anberaumten Anhörung vor Richter Leopizzi hatten Rubins Anwälte versucht, neues und hochexplosives Beweismaterial vorzulegen, das von Richard Caruso, einem ehemaligen Mitarbeiter der Staatsanwaltschaft, stammte. Caruso hatte für das Sonderkommando ermittelt, das 1976 nach der Aufhebung des ersten Urteils eingerichtet worden war, um die nötigen Beweise für ein zweites Verfahren beizubringen. Nach drei Monaten hatte Caruso um seine Rückversetzung in den normalen Dienst gebeten und erklärt, andernfalls »auspacken« zu wollen. Er hatte festgestellt, daß die Ermittlungen eine Farce waren, und wurde anstandslos aus der Sondereinheit abgezogen.

Obwohl DeSimone seine Truppe ausdrücklich darauf eingeschworen hatte, *keine* Notizen anzufertigen, hatte es Caruso doch getan und sie auch aufgehoben. Für die Verteidigung eröffnete sich damit erstmalig die vielversprechende Chance, an authentische, unverfälschte Informationen aus den eigenen Reihen der Ermittlungsbehörden heranzukommen. Richter Leopizzi wollte allerdings nichts davon wissen, daß Carusos Notizen der Verteidigung ausgehändigt und bei der Anhörung vorgelegt wurden. Das letzte, was der Richter wünschte, war, die Büchse der Pandora zu öffnen und damit neuen Stoff für die Berufung zu liefern. Da sich die Verteidigung in seinen Augen ohnehin nur wieder an einen Strohhalm klammerte, weigerte er sich, die Herausgabe der Notizen anzuordnen, und verbot Beldock, Caruso zu diesem Punkt in der Verhandlung zu befragen. In einem verzweifelten Versuch, die Beweise wenigstens zu sichern, forderte Beldock das Gericht auf, die Dokumente zu versiegeln, damit nichts verlorenging oder verfälscht wurde, bevor die Verteidigung die Notizen einsehen konnte.

»Ich werde die ganze Akte versiegeln lassen, Gentlemen«, betonte Richter Leopizzi. »Fest und sicher – wie einen Topf mit Gold, ja?«

Um die Akte einsehen und überprüfen zu können, war ein offizieller Antrag beim Supreme Court von New Jersey nötig gewesen, den das Gericht allerdings in seinen Entscheidungen vom August 1882 übergangen hatte, so daß Beldock sein Gesuch erneuern mußte. Offenbar enthielt die Akte allerhand brisantes Material, da inzwischen Monate verstrichen waren und die Antwort immer noch auf sich warten ließ.

Während sich die Tage mühsam dahinschleppten, brütete Rubin über seinen wiederholten Niederlagen bei Gericht. Es fiel ihm immer schwerer, den Kopf über Wasser zu halten und sich nicht in einen Abgrund von Verzweiflung fallen zu lassen. Die Kanadier taten ihr Bestes, ihn aufzumuntern und seinen Geist zu beschäftigen, und telefonierten jeden Tag mit ihm, wenn sie nicht gerade selbst zu Besuch kamen.

Mit den Jahren hatte Rubins Interesse am Boxen nachgelassen. Es gehörte einem anderen Leben an, das zu seinem jetzigen Dasein keinerlei Bezug hatte. Dennoch drangen sein Wissen und seine Erfahrung immer wieder durch, wenn man auf diesen Sport zu sprechen kam, beispielsweise aus Anlaß der Weltmeisterschaft im Leichtgewicht zwischen Ray »Boom Boom« Mancini und dem Koreaner Duk Koo-Kim, die unglücklicherweise damit endete, daß Koo-Kim nach einem K.o. ins Koma fiel. Augenblicklich war das Thema Sicherheit in allen Schlagzeilen, und wieder einmal war der Boxsport so gefährlich, daß er am besten ganz abgeschafft werden sollte.

Während Rubin die Wiederholungen des K.-o.-Schlags im Fernsehen verfolgte, erinnerte er sich lebhaft, wie er selbst einem Sparrings-Partner – der allerdings glücklicherweise wieder zu sich gekommen war – eine ähnliche Kopfverletzung beigebracht hatte. Wie er den Kanadiern erzählte, hatte er über Jahre hinweg beobachtet, daß lebensbedrohliche Verletzungen nicht nur von der Wucht der Schläge herrührten, sondern von dem, was danach kam, wenn der Kämpfer zu Boden ging. Beispielsweise war es oft vorgekommen, daß der Kämpfer mit dem Nacken auf die unteren Seile prallte, was sich bei der Geschwindigkeit eines so jähen Falls wie ein Peitschenhieb auf die Nervenstränge und die Schädelbasis auswirkte. Wenn derart massive Kräfte auf eine so empfindliche Stelle trafen, kam es leicht zu einem Hirntrauma und zur Bildung von Blutgerinnseln, die schließlich zum Tod führen konnten.

Rubins Erklärung machte Sinn, wie die Kanadier feststellten, als sie ebenfalls die Wiederholungen des Knockout verfolgten. Duk Koo-Kim war tatsächlich mit der Schädelbasis auf dem Seil gelandet und starb, nachdem er eine Zeitlang im Koma gelegen hatte.

»Meine Theorie läßt sich leicht beweisen oder widerlegen, wenn man das Filmmaterial von anderen Fällen auswertet, wo es zu ernsten Verletzungen gekommen ist, wie bei den Kämpfen, die zum Tod von LaVern Roach, Sugar Ramos und Davey Moore geführt haben. Und wenn was dran ist an meinen Vermutungen, gibt's eine sehr einfache Lösung: Man muß nur die Spannschrauben lockern und den untersten Seilstrang – die andern können bleiben, wo sie sind – so weit vorziehen, daß er fünfzehn bis zwanzig Zentimeter in den äußeren Ring reicht. Damit wäre die Gefahr gebannt, daß sich ein Kämpfer da unten den Kopf aufschlägt, und der eigentliche Sinn der Seile, nämlich daß er nicht aus dem Ring purzelt, wäre trotzdem gewahrt.«

»Hört sich großartig an, die Idee«, meinten die Kanadier, »aber könnte man das nicht vielleicht als Augenwischerei auffassen angesichts des eigentlichen Problems, das wohl in der Natur des Boxens liegt?«

»Ich habe gar nicht die Absicht, das Boxen selbst zu verteidigen. Es ist ein brutaler Sport, keine Frage, aber er wird weiter genutzt werden als Weg in ein besseres Leben, um aus dem Ghetto rauszukommen und sich Respekt zu verschaffen. Wie soll man jemandem beibringen, daß er das nicht mehr darf, daß auch diese Tür zufallen soll, nachdem schon die Türen zur Universität, wo er eigentlich hingehört, für ihn verschlossen sind, von Ausnahmen wie Lesra einmal abgesehen? Nein, mir geht's nicht ums Boxen, sondern um die Leute, die's tun – um die Preisboxer. Ich liebe Preisboxer, es sind gute und freundliche Menschen, großzügig und großherzig. Menschen, die wir mit allen Mitteln schützen sollten.«

»Und wie willst du das machen?«

»Die Frage ist eher – was *kann* ich überhaupt machen?«

Als Rubin am Morgen die Fernsehnachrichten sah, war die Antwort klar. Der Sportteil brachte ein Interview mit Angelo Dundee zum Thema Sicherheit beim Boxen. Dundee war ein Mann, den Rubin immer geschätzt hatte, der insgesamt zehn der damals bekannten Boxweltmeister, darunter Muhammad Ali, trainiert und gemanagt und sich stets um seine Kämpfer gekümmert hatte. Er plädierte für besseren Mundschutz, Handschuhe mit Daumensicherung und obligatorisches Anzählen im Stand bis acht. Das waren gute Ideen, fand Rubin, aber auf eine war Angelo offenbar nicht gekommen.

Auf Drängen der Kanadier überwand er sein Gefühl der Hilflosigkeit und schrieb einen Brief, der mit »Lieber Angelo« begann und so endete:

Immer vorausgesetzt, wenn auch rein hypothetisch, daß dieser Vorschlag eine gangbare Lösung sein könnte, drängen sich folgende Fragen auf und verlangen nach einer Antwort: Warum ist dieser Gedanke im Lauf der langen Geschichte des Boxsports niemals weiterverfolgt worden? Weil er zu simpel ist? Nun, wir sind alle von Zeit zu Zeit Gefangene, *auf die eine oder andere Weise, Gefangene unserer fixen Ideen. Da wir glauben, daß etwas so ist,* muß *es auch zwangsläufig so sein. Vor dem Hintergrund, daß wir die Seile immer als Sicherheitsfaktor angesehen haben, der dem Boxer ein Mindestmaß an Schutz bietet, ist es schon eine tragische Ironie, wenn eine Vorrichtung, die eigens zur »Sicherheit« ersonnen wurde, am Ende selbst die Ursache der schrecklichsten Verletzungen wäre.*

»Er ist mein bester Freund«, äußerte sich Angelo Dundee später in einem Interview mit John Ed Bradley, einem Reporter der *Washington Post,* dem er stolz Rubins Brief mit dem

Entwurf eines neugestalteten Boxrings präsentierte. »Sie haben ihn lebenslänglich ins Gefängnis gesteckt, weil er angeblich irgendwelche Leute erschossen haben soll. Meinen besten Freund, den Hurricane. Und er hatte eine fabelhafte Idee.«

Der Reporter überflog Rubins Brief vom 17. November 1982, den Dundee an einem Ehrenplatz in seinem Büro in Miami aufbewahrte, und seine Miene hellte sich auf, als er die oberste Passage auf der dritten und letzten Seite las:

... Diese leichte Korrektur des unteren Seilstrangs wird sich in keiner Hinsicht ... nachteilig auf die derzeit für Profis wie Amateure geltenden Regeln und Vorschriften auswirken. Statt dessen kann eine solche Maßnahme nur dazu beitragen, das vorrangige Ziel, nämlich die Sicherheit der Beteiligten und damit das Image des Sports zu verbessern ... und das ohne sichtbare Veränderungen oder nennenswerte Kosten.

Wie Bradley später im Aufmacher seines Artikels im Sportteil der *Washington Post* bekannte, war er ebenso beeindruckt von der Eloquenz, mit der Rubin seine Idee geschildert hatte, wie Dundee von deren Gehalt.

Weitere Kopien von Rubins Entwurf zur Sicherung des Rings gingen unter anderem an Edward Bennett Williams, einen berühmten Anwalt und Sport-Fan, mit dem Rubin seit Jahren bekannt war*. Williams fand seine Idee »äußerst verdienstvoll« und bat darum, sie Jose Sulaiman, dem Präsidenten des Weltboxverbandes, vorlegen zu dürfen. Dort wurde

* Anfang der sechziger Jahre hatte Williams Rubin einen Vertrag als Football-Spieler bei den Washington Redskins angeboten. Rubin war geschmeichelt, hatte aber abgelehnt. In seinen Augen war man verrückt, wenn man Football spielte; es war viel zu gefährlich, und man wurde zu leicht verletzt. Da trat er lieber im Ring an, einer gegen einen.

der »Hurricane-Strick«, wie ihn die Kanadier getauft hatten, mit Interesse aufgenommen und einer eingehenden Prüfung für wert erachtet.

Das positive Echo stimmte Rubin jedoch keineswegs hoffnungsvoll, sondern eher noch verzweifelter. Allein der Akt, sich nach außen gewandt, einen Blick über die Gefängnismauern getan zu haben, machte ihm die Tatsache, daß er eingesperrt war, noch schmerzlicher bewußt, und die Bindung an Lesra und die Kanadier erinnerte ihn ständig an die Grenzen, die Beschränkungen, denen er selbst ausgesetzt war. Was war, wenn er nie mehr freikam? Seine Berufung war zweimal abgewiesen worden, erst von Richter Leopizzi, dann vom State Supreme Court, obwohl alles auf seine sofortige Freilassung hingedeutet hatte. Was war, wenn er nicht mehr durchhielt? Wie hätte er nicht enttäuscht sein sollen, nachdem alles so hoffnungsvoll schien? Er wußte, was besser für ihn war – er hatte gelernt, sich zu schützen, um die Haft zu ertragen. Es war leichter, nichts zu fühlen, mit niemanden umzugehen, sich um niemanden zu kümmern und, vor allem, nichts und niemanden zu brauchen.

Er hatte die Schnauze voll, endgültig. Jetzt war Schluß mit der Quälerei, dem ständigen Hoffen . . .

Dezember 1982: Wieder stand Weihnachten vor der Tür. Ein Fest, das von jeher die Wendepunkte in Rubins Leben markiert hatte. 1976 hatte man ihn drei Tage vor Weihnachten erneut verurteilt und wieder ins Gefängnis gesteckt. Zwei Weihnachten zuvor hatte ihn Lesra zum ersten Mal besucht, und im letzten Jahr hatte man ihn pünktlich zum Fest ins *Vroom* abgeschoben.

Dieses Jahr nahm er das Heft selbst in die Hand und stellte die Anrufe nach Toronto ein. Er hatte ein für allemal genug.

16

Lesra und die Kanadier waren zutiefst bestürzt über Rubins jähen Rückzug. Sie waren ihm so nahe gekommen, hatten so vieles mit ihm geteilt, daß die abrupte Trennung sie total erschütterte. In der ersten Zeit war es ihnen kaum möglich, darüber zu sprechen. Das Telefon blieb so seltsam ruhig, das Schwatzen und Lachen, das sonst ihr Haus mit Leben erfüllt hatte, war verstummt und einer tiefen, düsteren Stille gewichen.

Es fiel nicht leicht, Rubins Motive zu verstehen. Sein Rückzug schien wenig Sinn zu machen, zumal er zu einer Zeit gekommen war, wo sich hoffnungsvolle Perspektiven auftaten und die Dinge in Schwung kamen. Sie waren im Begriff, den Bundesgerichtshof anzurufen, mit einem zwingenden Votum dreier höchster Richter und einem überzeugenden Schaubild in der Hand. Und sie hatten sich darauf gefreut, die Weihnachtstage zusammen zu verbringen. Lesra hatte seit Monaten in jeder freien Minute mit Michael an einem 1970er Mercedes-Klassiker gearbeitet, den sie komplett entkernt und wieder aufgebaut hatten, um damit in die Staaten zu fahren; nun war es geschafft, aber die rechte Freude wollte sich nicht einstellen.

Wenn Rubin nicht reagierte, gab es keine Möglichkeit, die Beziehung aufrechtzuerhalten. Er hatte sich fest unter Kontrolle, auf Distanz programmiert. Hatte sich hinter einer undurchdringlichen Mauer verbarrikadiert, selbst weggesperrt in ein Hochsicherheitsgefängnis, aus dem ihm niemand heraushelfen konnte. Also taten die Kanadier, was sie auch sonst zu tun pflegten, wenn es zwecklos war, etwas zu unternehmen – sie taten nichts.

Statt dessen kümmerten sie sich um ihre Geschäfte, die sich inzwischen mit der Renovierung von Altbauten befaßten, und darum, daß Lesra und Marty ihre Highschool-Abschlüsse machten und den Zugang zur Universität schafften.

Zu diesem Zweck mußte man in Ontario ein SSHGD, ein »Secondary School Honour Graduation Diploma« vorweisen können, eine Art College-Vorbereitungsjahr ähnlich den britischen A-Levels. Lesra und Marty hatten sich mit Fernkursen, an der Abendschule und während der Sommerferien in Biologie, Englisch, Geschichte und Soziologie präpariert und rechneten damit, ihre Diplome zum Ende des Sommers 1983 in der Hand zu haben. Ihre Noten waren ausgezeichnet, und so hofften sie, an der Universität von Toronto angenommen zu werden. Marty wollte Archäologie studieren, während Lesra sich mehr für Anthropologie interessierte. Sich in Toronto zu immatrikulieren, hatte für ihn eine besondere Bedeutung; nicht nur, weil auch seine Tutoren dort studiert hatten, sondern weil er vom Campus der U of T (University of Toronto) aus den unvergeßlichen Karibik-Umzug gesehen hatte.

Das Problem war nur, daß Lesra und Marty zwar gute Noten hatten, aber nicht genügend Punkte im letzten der sechs geforderten Fächer, für das wahlweise Mathematik oder eine Fremdsprache in Frage kam. Lesras Grundkenntnisse in Mathematik waren zwar hervorragend, allerdings nicht auf dem erforderlichen Standard einer dreizehnten Klasse. Ähnlich verhielt es sich mit seinem Spanisch, das er nur ein Jahr lang belegt hatte und vor Ablauf eines weiteren Jahres kaum auf einem höheren Niveau studieren konnte.

Gus, ein Mitglied seiner »Familie«, der in den späten Sechzigern als stellvertretender Registrator am New College der Universität Toronto gearbeitet hatte, legte das Problem Colin Dobell vor, einem Mitarbeiter der Zulassungsstelle für die Philosophische Fakultät. Colin war augenblicklich fasziniert von den ungewöhnlichen Lebensläufen der beiden hoffnungsvollen Studenten und meinte, daß für Lesra wie Marty nur das Innis College, ein besonders innovatives Kolleg innerhalb der Universität, in Frage kam. Er schlug vor, sich mit dem Leiter der dortigen Matrikelstelle zusammenzusetzen und ihn zu überzeugen, daß es sinnvoll war, für die beiden eine Ausnahme zu machen, obwohl sie die Voraussetzungen nicht in allen Punkten erfüllten.

Der Matrikelführer war beeindruckt von den jungen Männern, sowohl von den Arbeitsproben und den übrigen Bewerbungsunterlagen als auch von ihrem persönlichen Auftreten. Beide waren sehr eloquent, wohlartikuliert und fraglos reif für ein Universitätsstudium. Lesra brachte vor, daß er mit Black English aufgewachsen sei und sich Standard Englisch praktisch wie eine neue Sprache erschlossen habe, insofern müsse seine Fertigkeit in Black English eigentlich als Fremdsprache gewertet werden und für die Zulassung genügen. Marty legte dar, daß ihn seine Lesestörung zwar gehindert habe, die nötigen mathematischen oder fremdsprachlichen Fähigkeiten zu erwerben, aber nicht daran, sich auf anderen Gebieten zu qualifizieren. Er war zuversichtlich, das Studium erfolgreich abzuschließen, vor allem dann, wenn man bereit war, ihn mündlich zu prüfen oder ihm für die schriftlichen Arbeiten mehr Zeit zu geben.

Nachdem der Matrikelführer beschlossen hatte, ihre Zwischennoten als ebenso wertvoll einzustufen wie die fehlenden Abschlüsse, wurden beide angenommen und waren außer sich vor Glück – ihr schönster Traum hatte sich erfüllt.

Lesra war neunzehn und Marty zwanzig, und ihre Freizeitgestaltung war entsprechend. Sie besuchten Discos, gingen ins Kino oder zu Parties und hatten alle möglichen Jobs, waren aber auch viel zu Hause, zusammen mit ihren engsten Freunden – Sean (einem Weißen) sowie Earle und Junior (beide schwarz) –, die so oft vorbeikamen, daß sie schon zur Familie gehörten. Obwohl Lesra und Marty nie eine reguläre Schule besucht hatten, waren sie sehr beliebt und hatten viele

Freunde. Beide waren intelligent, gutaussehend, locker im Umgang und trotzdem ernsthaft. Daß Lesra Schwarzamerikaner war und aus New York kam, war der Gipfel von »cool« und gab zusätzliches Prestige. Martys Nähe zu Lesra wurde ebenfalls als Pluspunkt gewertet: Wer so »treu« zu einem Schwarzen stand, war nicht nur »hip«, sondern absolut zuverlässig.

An der Abendschule gab es einen Kursus, den Marty und Lesra beide belegt hatten: englische Literatur für die dreizehnte Klasse. Obwohl es sich um eine ziemlich große Gruppe handelte, war es unmöglich, Lesra und Marty zu übersehen, und so dauerte es nicht lange, bis auch Pauline auf das ungleiche, aber offenbar unzertrennliche Paar aufmerksam wurde. Beide strahlten Selbstsicherheit aus und waren die besten Redner in der ganzen Klasse. Sie waren ganz aufeinander eingespielt und pflegten oft die Sätze des jeweils anderen zu beenden. Sie nahmen Bücher auseinander wie Tiger ihre Beute, und Pauline hatte Marty sagen hören, Lesra sei sein Bruder aus New York.

Pauline war nie solchen Menschen begegnet und liebte es, den beiden zuzuhören. Sie war schwarz, auf Jamaika geboren, in London aufgewachsen und auf eigene Faust nach Kanada emigriert. Als sie den Literatur-Kurs belegte, war sie erst wenige Monate im Land und bemüht, sich weiterzubilden.

Nachdem sie in England als Krankenschwester gearbeitet hatte, war sie in Kanada nur als Kindermädchen zugelassen worden, um den Einwanderungsbestimmungen zu genügen. Sie fühlte sich ausgebeutet im Job, enttäuscht von Kanada und erwog ernsthaft, wieder nach England zurückzukehren.

Als der ganze Englisch-Kurs eines Abends im Theater war, um sich ein Stück anzusehen, das gerade auf dem Lehrplan stand, boten sich Lesra und Martin an, sie nach der Vorstellung zur Bushaltestelle zu begleiten. Unterwegs sprachen sie über das Stück, über Paulines Herkunft, ihren Eindruck von Kanada und ähnliches. Und Pauline stellte fest, daß sie keine Mühe hatte, sich frei und unbefangen zu äußern.

Bestärkt und unterstützt von ihren neuen Freunden, beschloß sie, in Kanada zu bleiben und sich durchzubeißen. Lesra begann, mit ihr auszugehen, Pauline wurde seine erste große Liebe und gehörte bald zur »Familie«. Die Lehrjahre in Kanada hatten sich also unverhofft auch in privater Hinsicht gelohnt.

»Wie geht's, Fremder?«

Es war das erste Mal seit dem letzten Dezember, daß die Kanadier wieder Rubins Stimme hörten, nach fast acht Monaten Pause. »›The Rose‹ braucht Hilfe«, fuhr er fort, »bei seinem Verfahren.«

Rubin klang wachsam und reserviert und schien nicht über sich selbst sprechen zu wollen. Der Anruf war »geschäftlich«.

Die Kanadier waren froh, daß Rubin die Tür wieder einen Spaltbreit geöffnet hatte, versuchten aber nicht, sie weiter aufzustoßen, sondern begnügten sich damit, über Sams Fall zu sprechen.

Rubin und die Kanadier hatten sich schon bei früheren Gelegenheiten um Sams Rechtsstreit gekümmert. Er war wegen Mordes zu dreißig Jahren Haft verurteilt worden und hatte Berufung eingelegt, allerdings keine glückliche Hand mit den Anwälten gehabt (sowohl im ersten Prozeß als auch bei der Beschwerde) und deshalb beschlossen, es mit Rubins juristischem Know-how noch einmal *pro se* (im eigenen Namen) zu versuchen. Rubin und die Kanadier verfügten über sämtliche Unterlagen zu seinem Fall, einschließlich der Gerichtsprotokolle, und hatten das Ganze vergleichsweise leicht verdaulich gefunden – ein paar hundert Seiten nur im Gegensatz zu Rubins Konvolut, das sich auf einige zehntausend belief.

Zweifellos war der Prozeß, der nur wenige Tage gedauert hatte, unfair gelaufen, und sein Anwalt hatte ihn schlecht vertreten. Mit einem Minimum an Recherchen hätte es der Verteidigung ohne weiteres gelingen müssen, seine Unschuld zu beweisen und ihm ein Alibi zu liefern. Dazu genügten die computergefertigten Lottoscheine (mit Datum, Uhrzeit und Ausgabestelle), die Sam zur Tatzeit gekauft hatte. Und daß er sich laut Kronzeugin der Anklage Tage später in einer Bar mit dem Mord gebrüstet haben sollte, war ebenfalls leicht zu widerlegen – er hatte sich zur angegebenen Zeit Meilen entfernt in einer anderen Stadt aufgehalten, mit seinem Bewährungshelfer.

Rubin und die Kanadier hatten alle denkbaren Fragen und Themen aufgelistet, die in diesem Fall auf »schwerwiegende Mängel der anwaltlichen Vertretung« hindeuteten, da Rubin beschlossen hatte, die gesamte Strategie an diesem juristischen Oberbegriff aufzuhängen. Er wußte zwar, daß es nahezu unmöglich war, sich auf dieser Basis vor Gericht durchzusetzen, allerdings waren die übrigen Einspruchsgründe bereits verwirkt, nachdem Sams Anwalt mit seinen Berufungsanträgen gescheitert war. Rubin hatte sich also darangemacht, das Ganze zu einem ordentlichen Schriftsatz zu bündeln, mit einer verfahrensrechtlichen Schilderung des Falles, einer Aufzählung der Fakten und Beweisgründe, er hatte die einschlägigen Präzedenzfälle und die verfassungsrechtlichen Hintergründe (Verletzung der Zusatzartikel 6 und 14) zitiert, die Anwendung der gesetzlichen Normen gefordert und dargelegt, inwiefern Sams Fall den genannten Standards entsprach. Auf diese Weise sollte ein Wiederaufnahmeverfahren oder zumindest eine »Beweismittelfeststellung« erwirkt werden, um die Indizien, die Sams Anwalt versäumt hatte beizubringen, aktenkundig zu machen.

Inzwischen hatte er den Schriftsatz fertiggestellt, aber beschlossen, sich bei den Kanadiern zu vergewissern, daß er sein möglichstes getan hatte. Um nicht allein verantwortlich zu sein, war es besser, den Entwurf noch einmal kontrollieren und feststellen zu lassen, ob er nichts ausgelassen und auch die korrekte und eleganteste Diktion gewählt hatte. Alles mußte perfekt sein, wenn es dem Gericht vorgelegt werden sollte. Schließlich verdiente Sam nur das Beste.

Die Kanadier waren einverstanden. In den folgenden Wochen feilten alle gemeinsam an der optimalen Fassung und tauschten immer wieder Korrekturen aus, die per Post über die Grenze hin und her flogen, bis schließlich ein Schriftsatz von fünfundsechzig Seiten (ohne Anlagen) entstanden war, den man bei Gericht vorlegen konnte. Rubins juristische Argumente und seine Dokumentation der gängigen Rechtsprechung waren meisterhaft, seine Beweisführung unantastbar. »The Rose« war tief gerührt angesichts der Sorgfalt und Energie, die man auf seine Sache verwendet hatte, und bedankte sich überschwenglich bei Rubin und der »Familie«.

Erst im Herbst 1983 wandte sich Rubin wieder den eigenen Problemen zu, nachdem er das ganze Jahr wie im luftleeren Raum gelebt hatte. Unterdessen hatte sich in seiner Sache nichts bewegt. Dem Bundesgerichtshof lag noch immer kein Antrag vor, und obwohl Rubins Anwälte endlich an die Caruso-Akten herangekommen waren, hatte er selbst noch nicht die Chance gehabt, sie einzusehen.

Außerdem war es Zeit, sein Verhältnis zu den Kanadiern zu klären. Er liebte sie, aber sie machten ihn auch zornig mit ihrer ständigen Anteilnahme. Schlimmer noch – sie zeigten ihm, daß er *selbst* Anteil nahm, und das machte ihn verletzlich. Er hatte nicht darum gebeten. Es war einfacher, sich darüber zu ärgern, daß sie sich dauernd in sein Leben einmischten, ihn ausfragten, Reaktionen »verlangten« und ihn »zwangen«, über die Gefängnismauern zu schauen. Andererseits war das Einfachste nicht immer das Beste, wie Rubin wußte.

Das zumindest hatte er in diesem Jahr der Trennung begriffen, und so rief er die Kanadier an und erzählte ihnen, zu welchen Einsichten er gekommen war. Daß er es endlich akzeptiert hatte, ihnen zu vertrauen, sie zu brauchen. Daß er sich verstanden fühlte und sie nötig hatte, um freizukommen.

»Wenn sich die Tür nach draußen heute öffnen würde«, fragten sie ihn, »würdest du dann gehen? Könntest du dein Gefängnis verlassen?«

Es war eine seltsame Frage, aber Rubin verstand, was sie meinten. Ihm fiel ein, was Kafka in seinem Buch *Der Prozeß* gesagt hatte: »Manchmal ist es besser, in Ketten zu liegen, als frei zu sein.« Er hatte erkannt, daß er den größten Teil seines Lebens in Gefangenschaft verbracht hatte. Er war Gefangener von Beruf, ein Meister in diesem Fach. Er wußte, wie man sich wegsperrte, wie man die Zeit absaß. Aber inzwischen war er nicht mehr »sicher« bei diesem Spiel. Um wirklich frei zu sein, mußte er etwas anderes versuchen.

Ja, er wollte frei sein, mehr als alles andere auf der Welt. Das war kein leeres Wort, keine flüchtige Laune – es war ihm ernst. Ernster denn je. Ja, er war gewillt, alles zu tun, um hier wegzukommen. Er war gewillt, sich ganz und gar diesem einen Ziel zu verschreiben. Er war bereit, durch diese Tür zu gehen.

»Ja«, sagte er schlicht.

Dritter Teil

Überwiegend stürmisch

Sich unterwerfen und sich somit ganz bewahren;
sich beugen und somit gerade sein;
leer und somit voll sein;
abgetragen und somit erneuert sein;
wenig haben und somit empfangen;
viel haben und somit in Verwirrung geraten.

Weil das alles so ist,
umfaßt der Weise die Einheit
und ist ein Vorbild für die Welt.
Weil er sich nicht hervortut,
wird er anerkannt;
weil er sich selbst nicht recht gibt,
wird er geehrt;
weil er sich seiner Verdienste nicht rühmt,
kommen ihm Verdienste zu;
weil er nicht prahlt, wird er lange hochgeachtet;
weil er nicht streitet,
streitet auch niemand in der Welt mit ihm.

Wenn unsere Vorfahren sagten:
»Sich unterwerfen und sich somit ganz bewahren«,
so sind das keine leeren Worte gewesen.
Auf diese Weise kann man sich bis zum Ende ganz bewahren.

Lao Tse, Kapitel 22

17

Wenn Amerikaner an Kanada denken – falls sie das überhaupt tun –, geschieht es meist in Verbindung mit Wetterfronten, die von Zeit zu Zeit in ihr Land einfallen, daß ihnen »der Arsch einfriert«. Wie im Herbst 1983, als ein steifer Nordwest über die Großen Seen nach Süden fegte und sich den Weg bahnte zu einem Wirbel, der eine Zeitlang über Trenton/New Jersey gekreist und seine Kräfte gesammelt hatte, um nun mit neuem Schwung loszubrechen und Rubins Peinigern stürmische Zeiten zu bescheren.

Es war der Auftakt zum achtzehnten Jahr, das Rubin unschuldig hinter Gittern saß; der Beginn einer neuen Zeitrechnung, in der Rubin und die Kanadier nur ein Ziel kannten und beschlossen hatten, alles auf eine Karte zu setzen.

Die »Kids« waren inzwischen aus dem Gröbsten heraus. Sie hatten die dreizehnte Klasse mit Erfolg absolviert und ihre Abschlußzeugnisse erhalten. Lesra war für seine herausragenden schulischen Leistungen mit einem Stipendium ausgezeichnet worden und hatte die gerahmten Urkunden zu seinen Eltern nach Brooklyn geschickt. Nun war es endlich soweit, daß sich Lesra und Marty auf die Universität von Toronto freuen konnten.

Vor diesem Hintergrund beschloß die »Familie«, sich in zwei Gruppen zu teilen. Eine sollte mit den beiden Studenten in Toronto bleiben, das Haus verkaufen und sich kleiner setzen, um auf diese Weise die andere Gruppe zu unterstützen, die nach New Jersey ziehen und vor Ort für Rubins Freilassung kämpfen sollte. Das war billiger und weniger strapaziös, als ständig hin und her zu pendeln. Man war Rubin näher, konnte ihm besser beistehen, sich voll auf seinen Fall konzentrieren und alles Nötige tun, um die Dinge voranzutreiben.

Rubin war fassungslos, daß es Menschen gab, die einen derartigen Aufwand auch nur in Betracht zogen. Die Kanadier hatten sich offenbar auf eine längere Expedition eingestellt, und so zogen die Pioniere Kathy, Michael und Lisa in ihrem betagten, aber neu gerüsteten Mercedes Sedan über die Grenze hinunter nach New Jersey.

New Jersey ist in mancher Hinsicht ein Staat der Superlative. Einst gerühmt als »Garten-Kolonie«, deren fruchtbare Böden und liebliche Landschaften dem britischen Mutterland in nichts nachstanden, hat sich New Jersey in nur zweihundert Jahren zum bevölkerungsreichsten, höchstindustrialisierten und umweltgeschädigsten Staat der USA entwickelt. Es ist Spitzenreiter im Verschwenden von Boden, von Autos, von Autobahnkilometern pro Kopf und beschäftigt mehr Polizisten pro Einwohner als die übrigen Staaten der Union. Insgesamt macht es auf Fremde eher den Eindruck eines streng bewachten, von rauchenden Schloten gesäumten Autobahnzubringers zwischen Philadephia und New York City. Nichtsdestotrotz kündeten die Autokennzeichen unerschrocken von New Jersey, dem »Garten-Staat« – und die Kanadier waren ausgezogen, ein wenig Unkraut zu jäten.

Mit dem Quality Inn in Borderton als Operationsbasis machten sie sich als erstes daran, eine Wohnung zu suchen. Nach den Anzeigen in den Lokalzeitungen zu urteilen, gab es jede Menge Angebote im Raum Trenton, doch wann immer Kathy oder Michael unter den genannten Telefonnummern anriefen, schien niemand zu wissen, ob die Wohnung noch frei war. Statt dessen wurden sie aufgefordert, doch vorbeizukommen und die Sache »persönlich« zu bereden, was die Kanadier ziemlich merkwürdig fanden. Schließlich mußte ein Hausverwalter doch wissen, ob das Appartement noch zu haben war oder nicht. Ebenfalls seltsam war die stereotype Antwort »sicher«, wenn man sich nach der Lage der Wohnung erkundigte und eigentlich Auskünfte wie »am Stadtrand«, »in einem Wohngebiet« oder »einer Geschäftsstraße« erwartete. Daß »sicher« gleichbedeutend war mit »weiß«, sollte sich erst später herausstellen.

Als sie schließlich persönlich erschienen, war die Frage nach der Verfügbarkeit der Objekte schnell vom Tisch. Es waren haufenweise Wohnungen zu haben, und mehr als ein Vermieter gab bereitwillig Auskunft, warum die Geheimniskrämerei notwendig war: »Man weiß ja heutzutage nicht mehr, wen man da am Telefon hat, deshalb muß man sich die Leute erst mal anschauen. Es ist ungesetzlich, ›denen‹ nichts zu vermieten, aber was wollen ›die‹ schon machen, wenn du ›denen‹ sagst, daß die Wohnung leider schon weg ist?«

Wenn ihr wüßtet, warum wir in Trenton sind, dachten die Kanadier, würde dieser Überfluß an Wohnungen schnell versiegen.

Schließlich mieteten sie sich in einem Flachbau ein, der sich hochtrabend als »Wohnpark« bezeichnete und im Ewing Township lag, einer Gegend, die zunehmend von Schwarzen erobert wurde und zwanzig Autominuten vom Staatsgefängnis entfernt war.

Sobald sie eingezogen waren, luden sie Isabell Carter (nicht verwandt mit Rubin) zu sich ein, eine Schwarze, die sie vom Gefängnis her kannten, wo Isabell den Vater ihrer beiden Töchter besucht hatte. Sie war eine herzliche, offene, patente Person Ende Zwanzig und wohnte ein paar Ecken weiter im gleichen Stadtteil. Die Kanadier hatten sich bald mit ihr und den Mädchen angefreundet – Dorothy war neun, Tina sieben –, und es dauerte nicht lange, bis Dorothy bei ihnen ein und aus ging. Sehr zum Leidwesen der übrigen Mieter, was die Kanadier allerdings erst bemerkten, als sie mit finsteren Blicken gestraft wurden und feststellten, daß das Haus ausschließlich von Weißen bewohnt war.

Eines Nachts wurden sie wach von lautem Geschrei. Die Mieter aus der Wohnung unter ihnen hatten Streit – eins von jenen Paaren, die am Sonntag frischgeschrubbt und anständig gekleidet pflichtschuldigst zur Kirche gingen –, und es war nicht zu überhören, worum es dabei ging. Die Frau tat kund, wie schlecht sie sich von ihrem Mann behandelt fühlte, wobei ihr mit zunehmender Lautstärke die gepflegte Wortwahl abhanden kam.

»Ich bin nicht dein Kind«, kreischte sie. »Ich bin nicht dein Hund. Ich bin nicht dein Nigger!«

Zu allem Übel erwies es sich auch noch als überraschend schwierig, an den einzigen Draht heranzukommen, über den Rubin mit ihnen Kontakt halten konnte – ein Telefon. Nach endlosen Verzögerungen und zahllosen Anrufen bei der Telefongesellschaft erschien schließlich ein Techniker. Auf die Frage nach den Gründen für sein langes Säumen druckste er ein Weilchen herum, um dann zu verkünden: »Na ja, Sie sind doch hier in der Gelbjacken-Zone«, als ob das alles erklärte.

»Sie reden nicht zufällig von Bienen oder Wespen, wie?« fragte Michael.

»Nein«, lachte der Mann, »eigentlich darf ich gar nicht darüber reden, aber so wird die Gegend nun mal intern genannt. Das Viertel gilt als instabil. Dringlichkeitsstufe ›ferner liefen‹ und hohe Sicherheitsauflagen. Es gibt jede Menge Schwarze hier – das ganze Haus ist regelrecht umzingelt. Aber Sie können noch von Glück sagen, daß wir hier nicht in der roten Zone sind wie in Trenton-Stadtmitte oder so. Dann müßten Sie noch monatelang auf Ihr Telefon warten.«

Vor diesem Hintergrund beschlossen die Kanadier, ihren Geschäften in aller Stille nachzugehen und darauf zu verzichten, ihr Firmenschild »Carter & Partner« auszuhängen.

Nachdem die Wohnung fertig eingerichtet war, wechselten Michael und Kathy nach Toronto, wo sie für Renovierungsarbeiten gebraucht wurden. Statt dessen kamen Sam und Terry, die sich ohnehin mit den Einzelheiten der Fälle von Rubin und »The Rose« besser auskannten.

Als erstes mußten ein paar lose Enden für den Berufungsantrag von »The Rose« festgezurrt werden. Dazu wurde ein Privatdetektiv namens Herbert Beil engagiert, der die nötigen Zeugenaussagen einholen sollte, die Sams Anwalt bisher nicht beigebracht hatte. Nachdem Beil, ein Afro-Amerikaner Anfang Vierzig, mit den Fakten des Falles vertraut war und erfahren hatte, was von ihm erwartet wurde, dauerte es nicht lange, bis er die gewünschten eidesstattlichen Erklärungen erhalten hatte, so daß Rubin, Terry und Sam den Schriftsatz erweitern und mit den vorgelegten neuen Beweismitteln eine Aufhebung des Urteils beantragen konnten.

Danach war es Zeit, sich wieder mit Rubins Sache zu befassen. Rubin hatte gerade eine Abschrift der lang erwarteten Caruso-Akte erhalten und bei der Poststelle für die Kanadier hinterlegt, obwohl er es selbst kaum erwarten konnte, die Unterlagen zu lesen. Es waren annähernd zweihundert Seiten, die man erneut kopieren mußte, bevor sie an Rubin zurückgehen konnten – ein umständliches Verfahren, das sich nach Lage der Dinge aber nicht vermeiden ließ.

Gemeinsam machten sie sich daran, die Caruso-Akte sorgfältig zu prüfen, die maschinegeschriebenen Berichte zu analysieren und die mysteriösen Stenogramme zu enträtseln. Es war eine sehr detaillierte, aber höchst fesselnde Lektüre und in der Tat ein »Topf voll Gold«. Er enthielt nicht nur Carusos eigene Notizen (deren Existenz die Staatsanwaltschaft stets geleugnet hatte) über seine 1976 gewonnenen Erkenntnisse bei der Sondereinheit, sondern auch den Bericht eines anderen staatlichen Ermittlers (namens Thompson), der etwas früher im Jahr auf Dinge gestoßen war, die dem Fall eine ganz neue, bislang unbekannte Dimension gaben. Plötzlich waren neue Akteure aufgetaucht, und die alten spielten eine ganz andere, überraschende Rolle.

Daß Rubin und die Kanadier schockiert waren, war noch milde gesagt – sie waren fassungslos. Natürlich hatte Rubin immer gewußt, daß man ihn reingelegt hatte, aber nun fühlte er sich gleich doppelt verschaukelt. Wie war er bloß auf die Idee gekommen, »der Staatsanwaltschaft auch nur ein beschissenes Wort über was auch immer abzukaufen?«

Über Jahre hinweg hatte die Anklage dieses simple Bild der Personen und Geschehnisse entworfen:

Patricia Valentine, eine alleinerziehende Mutter mit einem kleinen Kind, die sich mühsam durchs Leben kämpft und als Kellnerin in einem Restaurant gegenüber dem Gerichtsgebäude arbeitet, bringt am Abend des 16./17. Juni ihr Kind zu Bett und schläft dann erschöpft auf der Couch vor dem Fernsehapparat ein.

Plötzlich stört ein lautes Krachen ihren friedlichen Schlummer, und sie glaubt, daß unten die Tür zur Lafayette Bar zugefallen ist. Als es noch zweimal knallt, meint sie, der Barkeeper Jim Oliver müsse Probleme haben, den Laden zu schließen. Sie ist jetzt hellwach, der Fernseher läuft und zeigt das Testbild. Sie rechnet sich aus, daß es ungefähr 2 Uhr 30 ist, steht auf und geht zum Fenster. Ihr Appartement liegt im zweiten Stock, und das Wohnzimmerfenster führt auf die East 18th Street. Sie stellt fest, daß die Neonbeleuchtung der Bar noch eingeschaltet ist, kann aber sonst nichts erkennen. Da hört sie plötzlich eine Frau schreien:

»O mein Gott! Nein! Nein!«

Instinktiv stürzt sie ans Seitenfenster, das auf die Lafayette Street hinausgeht, und sieht, wie zwei Schwarze vom Bürgersteig unter ihrem Fenster zu einem weißen Wagen rennen, der an der Ecke geparkt ist. Beide Männer sind gut gekleidet, mit dunklen Hosen und Sportsakkos; einer trägt einen Filzhut.

Obwohl Valentine die Gesichter nicht sehen kann, erkennt sie am Nacken, daß es sich um zwei »Farbige« handelt. Sie schaut ihnen nach, während der Wagen mit rauchenden Reifen in der Dunkelheit verschwindet, und erkennt deutlich die dreieckigen Rücklichter, die wie Schmetterlingsflügel aufleuchten.

Dieses Szenario war von der Verteidigung nie bezweifelt worden, erwies sich aber anhand der vom Gericht versiegelten Dokumente der Caruso-Akte als reines Ammenmärchen.

Thompsons Ermittlungen hatten unter anderem ergeben, daß Valentine an dem bewußten Abend keineswegs allein gewesen war oder geschlafen hatte, wie die Staatsanwaltschaft behauptete. Statt dessen hatte sie sich mit ihrer Zimmergenossin Sandy im Nebenhaus aufgehalten, Lafayette Street Nr. 257, und mit ihren Nachbarn Louise und Avery Cockersham fröhlich gefeiert.

Offensichtlich war die Zeugin Valentine nicht das Muster an Tugendhaftigkeit, das die Staatsanwaltschaft gezeichnet hatte. Sie lebte weder allein noch von ihrer Hände Arbeit. Den Unterlagen Thompsons zufolge, gehörte die Wohnung über der Bar ihrer Freundin Sandy, einer zwanzigjährigen jungen Frau, die Valentine und ihr Kind aufgenommen hatte. Außerdem schien auch Ray, der Vater des Kindes, dort zu wohnen, und Valentines verheirateter Freund Steve pflegte ebenfalls an fünf Tagen der Woche vorbeizukommen (wenn Ray, der nachts arbeitete, im Dienst war) und gelegentlich bis zum Morgen zu bleiben.

Als Thompson Louise Cockersham im Jahre 1976 befragte, war sie inzwischen von Avery geschieden. Sie bestätigte, an dem bewußten Abend mit Valentine, Sandy und ihrem damaligen Mann gefeiert zu haben. Etwa um elf hatte sie die Party kurz verlassen, um nebenan in der Lafayette Bar eine Flasche Whisky zu kaufen. Zu diesem Zeitpunkt hatten sechs

Personen in der Bar gesessen, alles Weiße und Stammgäste, bis auf zwei Männer, die ihr unbekannt waren. Anschließend war Louise mit der Flasche nach Hause gegangen, und man hatte weitergefeiert, Platten gehört und getanzt. Nach einer Weile (ungefähr um eins, wie Louise annahm) war Valentine dann zurück in Sandys Appartement. Sandy hatte noch ein paar Gläser getrunken und sich – etwa eine Stunde später – auch verabschiedet. Kurz darauf, als Louise und Avery zu Bett gehen wollten, waren dann die Schüsse gefallen. Avery hatte aus dem Fenster geschaut und gesehen, wie irgendwelche Leute wegrannten.

Schließlich hatte Louise noch vorgeschlagen, doch besser Sandy zu befragen. »Schließlich hat sie mehr gesehen als der Rest von uns und zu Pat (Valentine) gesagt, daß sie der Polizei auf keinen Fall ihren Namen verraten soll.«

Nach einigen Mühen war es Thompson gelungen, »telefonischen Kontakt« mit Sandy aufzunehmen. Sie leugnete, in Louises Wohnung gewesen zu sein, und gab an, die beiden Cockershams nur von gelegentlichen Besuchen in der Lafayette Bar zu kennen. Auf den Einwand, daß sie laut Louise doch in deren Wohnung gewesen war, schwor sie heilige Eide, nie auch nur einen Fuß dort hineingesetzt zu haben.

Schließlich nahm Thompson sie persönlich in Augenschein. Sandy »war äußerst nervös (sic) und ausweichend« und erklärte, zum Zeitpunkt der Schießerei gar nicht zu Hause gewesen, sondern zu ihrer Mutter gegangen und dort gegen zehn oder halb elf am Abend angekommen zu sein. Sie betonte erneut, nie Louises Wohnung betreten und von der Schießerei erst am nächsten Tag erfahren zu haben. Thompson verabschiedete sich mit der Feststellung, daß ihre Angaben das genaue Gegenteil dessen seien, was Louise eidesstattlich versichert habe.

Nachdem er erneut mit Louise gesprochen und sie an ihrer Version festgehalten hatte, rief er noch einmal bei Sandy an, die »inzwischen darüber nachgedacht« hatte und sich erinnerte, am fraglichen Abend »tatsächlich in Louises Wohnung« gewesen zu sein. »Louise hatte (mich) und Pat (Valentine) eingeladen, bei ihr vorbeizukommen«, bekannte sie. Man habe dann den ganzen Abend über getrunken und getanzt, und Louise sei einmal kurz in der Lafayette Bar gewesen, um noch etwas Nachschub zu besorgen. Bei ihrer Rückkehr habe sie gesagt: »Jim (der Barkeeper) war wieder voll dabei. Er war total betrunken, hatte ein Fleischermesser in der Hand und fuchtelte damit herum ... dann sind zwei Schwarze reingekommen ... (Jim) hat sich geweigert, sie zu bedienen, hat ihnen gedroht und gesagt ... er will keine Nigger in der Bar, und sie sollen verschwinden.« Laut Sandy hatte Louise dann erklärt, in einem der Männer Rubin Carter erkannt und gehört zu haben, wie er beim Hinausgehen »gesagt hat, daß er wiederkommt«.

Ansonsten blieb Sandy dabei, ab halb elf für den Rest der Nacht bei ihrer Mutter gewesen zu sein, obwohl sie gleichzeitig bestätigte, Louises Wohnung erst nach Valentine verlassen zu haben, wobei Valentine etwa um eins gegangen war (weil »ihr Freund Steve noch vorbeikommen wollte«). Bei einer späteren eidesstattlichen Erklärung gab sie allerdings zu, in ihre eigene Wohnung über der Lafayette Bar zurückgekehrt zu sein, nachdem sie sich in den frühen Morgenstunden des 17. Juni von Louise verabschiedet hatte.

Als nächstes hatte Thompson Pat Valentines Freund Steve befragt, da ihm Louise gesagt hatte, daß Steve »etwas wissen könnte über die Schießerei«. Steve räumte ein, Valentine zu dieser Zeit häufig besucht und gelegentlich auch dort übernachtet zu haben, konnte sich aber nicht erinnern, ob er auch in der fraglichen Nacht bei ihr gewesen war. Er gab an, in diesem Punkt »möglicherweise mental blockiert zu sein«. Laut Thompsons Notizen war Steve »verkrampft, ausweichend und ängstlich«, »widersprach sich in vielen Punkten«

und wollte unbedingt wissen, was Pat Valentine ausgesagt hatte. In die Enge getrieben, »weigerte er sich, klar zu sagen, ob er in der fraglichen Nacht bei Pat gewesen war«. Er erklärte, keinen Ärger haben zu wollen, da er verheiratet sei, und »versuchte (Thompson) einzureden ... daß Pats anderer Freund (jetzt Ehemann)« und eine Frau namens Ruth ebenfalls dort gewesen sein konnten.

Thompson hatte auch Avery Cockersham aufgespürt, der zu diesem Zeitpunkt, 1976, allerdings an einem Hirntumor erkrankt war und in einer Klinik in North Carolina im Sterben lag. Averys damalige Frau Fanida erinnerte sich aber, daß ihr Mann oft von diesem Abend gesprochen und tatsächlich aus dem Fenster geschaut hatte, als die Schüsse fielen. Dabei hatte er die Männer gesehen, die aus der Bar gerannt waren, und die beiden auch erkannt. Carter und Artis waren es *definitiv nicht* gewesen, aber Avery war zu krank, um diese Angaben persönlich zu bestätigen.

Mit Pat Valentine hatte Thompson nur per Telefon sprechen können. Ihre erste Reaktion war identisch mit Sandys ersten Aussagen: Ja, sie kannte Avery und Louise Cockersham, aber »sie schwor zu Gott, nie in deren Wohnung gewesen zu sein«. Als Thompson darauf hinwies, daß sie »nach seinen Ermittlungen sehr wohl dort war ... reagierte sie deutlich ausweichend, ängstlich und feindselig« und beendete abrupt das Gespräch. Weitere Befragungen waren nicht möglich, da ihm die Staatsanwaltschaft nicht verraten wollte, wo sich Valentine aufhielt, außer vagen Andeutungen, daß sie irgendwo in Florida lebte.

Thompson Bericht endete mit der Feststellung, daß die Zeugen nicht ihr ganzes Wissen über die Vorfälle in der Lafayette Bar enthüllt, sondern statt dessen wichtige Informationen zurückgehalten hatten.

Wie aus der Akte zu ersehen war, trat nun Richard Caruso auf den Plan, was die Dinge noch um einiges brisanter machte.

Schon die ersten Worte seiner handschriftlichen Notizen waren verräterisch: »Ziemlich betroffen über die Art (Atmosphäre, Glaubwürdigkeit etc.), wie mich Chief zu dem Job befragt.« Mit dem Chief war Vincent DeSimone gemeint, der Carusos Vorgehen bei den Ermittlungen beunruhigend fand. »An die Informationen kam man entweder zu leicht dran oder gar nicht (Chefsache). Geheime Treffen, Codes, Notizen. Pat Valentine und Al Bello – nicht genügend unter Druck gesetzt.«

Als der Fall im März 1976 wiederaufgerollt wurde, war DeSimone offiziell von den Ermittlungen abgezogen worden, da er selbst schwer belastet war, seit Bello und Bradley widerrufen hatten. Tatsächlich hielt er aber, wie Caruso entdeckte, hinter den Kulissen nach wie vor die Fäden in der Hand.

Beim Versuch, dem Besitzer der Lafayette Bar Informationen zu entlocken, stieß Caruso auf einen Geheimcode, über den sich eine Gruppe von Zeugen (darunter auch Valentine) und verschiedene Mitarbeiter der Staatsanwaltschaft mit DeSimone verständigten, und der offensichtlich dazu diente, Carters Gegner von seinen Fürsprechern zu unterscheiden und allzu offene Gespräche mit letzteren zu verhindern. Wie Caruso erfuhr, waren Zeugen bereits gewarnt und auf die offizielle Lesart eingeschworen worden, bevor er noch die Chance gehabt hatte, mit ihnen zu sprechen. Und der Besitzer der Lafayette Bar gab zu: »Vince (DeSimone) hat mir gesagt, daß ich über gewisse Sachen nicht sprechen soll.«

Überhaupt gab es einiges an diesem Fall, das Caruso beunruhigte. Beispielsweise die Tatsache, daß keinerlei eindeutige Beweise vorlagen und viele Zeugen nicht mehr verfügbar waren. Unter dem Datum vom 22. Juli 1976 und der Überschrift »Ruhe in Frieden« waren allein dreizehn Personen aufgelistet, die inzwischen gestorben waren; darunter auch Avery Cockersham.

Die offizielle Version von Valentines Aktivitäten in der Tatnacht erschien ihm ebenfalls unglaubhaft. Statt dessen sprach alles für Thompsons Erkenntnisse, nach denen Valentine kräftig getrunken und den Abend nicht allein, sondern mit ihrem Freund und möglicherweise noch weiteren Personen verbracht hatte. Außerdem war »ihre Aussage nicht vereinbar« mit der tatsächlichen Beweislage (den Reifenspuren), ebensowenig wie mit ihren Möglichkeiten, vom Fenster aus die Dinge zu erkennen, die sie angeblich beobachtet hatte. Daß Valentine inzwischen ein Haus in Florida besaß, fand Caruso ebenfalls befremdlich, weil er sich fragte, wie die einst arbeitslose Mutter an das Geld gekommen war. Er hatte auch festgestellt, daß sich DeSimone dort heimlich mit ihr getroffen hatte, um ihr Fotos vorzulegen und ihre Aussage für den zweiten Prozeß abzusprechen. Insgesamt beschrieb er Valentine mit folgenden drastischen Attributen: »Skrupellos, unmoralisch, psychotisch, parteiisch, auf Linie getrimmt«.

Darüber hinaus war Caruso auf eine weitere Zeugin gestoßen, die sich zur Tatzeit in der Lafayette Bar aufgehalten hatte. Sie hieß Pat, war mit Valentine befreundet und regelmäßig mit keinem Geringerem als Alfred P. Bello ausgegangen. Im Juni 1966 traf sie sich außerdem mit Valentines Lebensgefährten Ray, nachdem sie ihren vorherigen Freund an Valentines Zimmergenossin Sandy verloren hatte – und das alles, während ihr Ehemann beim Militär war. Verblüffenderweise war sie die Nichte eines örtlichen Richters und obendrein verwandt mit einem County Detective, demnach also ein Teil des »Netzwerks«, an das Caruso trotz aller Anstrengungen nicht herankam.

Nachdem man ihm drei Monate lang alle erdenklichen Hindernisse in den Weg gelegt hatte, war ihm endgültig klar, daß die Staatsanwaltschaft, unabhängig von der tatsächlichen Beweislage, bewußt auf eine zweite Verurteilung hinarbeitete. Er verlangte, »daß ich versetzt werde oder ich würde auspacken. Sie waren einverstanden, haben mir aber nicht erlaubt, mich zu *Dienstgeheimnissen* zu äußern. (Abgeschoben) ins Archiv, bis ich endgültig abgedankt habe. Aus Rücksicht auf (drei namentlich aufgeführte Kollegen) keinen weiteren Staub aufgewirbelt.«

In einem Zeitungsartikel, der ebenfalls zur Akte gehörte und sich mit den Amtsvergehen der Polizei von Paterson befaßte, wurde die Staatsanwaltschaft von Passaic County beschuldigt, diesen Vorwürfen nicht nachgegangen zu sein. Die Seite davor enthielt Notizen über die Knapp Kommission (die sich mit der Korruption bei der New Yorker Polizei beschäftigte) mit folgendem Kommentar: »Die Untersuchung hat eindeutig ergeben, daß Personen, die ein Fehlverhalten der Polizei melden – auch Polizisten selbst –, Repressalien ausgesetzt sind.«

Rubin und die Kanadier waren wie erschlagen angesichts der Perspektive, den Fall nun wieder neu aufrollen zu müssen. Das mühsam erarbeitete Schaubild war keineswegs der Weisheit letzter Schluß. Es war schlicht überflüssig geworden, denn hier waren neue, zwingende Beweise – aus allererster (staatsanwaltlicher) Hand.

Endlich war klar, warum DeSimone ständig versucht hatte, die Vorgänge um diese Bar – Patersons spezielles kleines »Peyton Place« – zu verschleiern. Die Zeugen mußten versteckt werden, damit sie der Sache des Staates nicht schaden konnten. Pat Valentine mußte glaubwürdig sein, weil von Anfang an feststand, daß Bello es nicht war. Valentine war wichtig, um Bellos Story abzurunden und seine Aussagen über den Fluchtwagen zu bestätigen. Also mußte sie sauber sein, um jeden Preis. Und die übrigen? Vielleicht hatten *sie* auch gesehen, was Avery Cockersham gesehen – oder vielmehr, wen er *nicht* gesehen hatte.

Rubin bombardierte Beldock mit Anrufen und Briefen, um zu erfahren, ob die Verteidigung jemals von diesen neuen

Akteuren gehört hatte. Gab es beispielsweise »Erkenntnisse« – polizeiliche Notizen, Aussagen oder sonstwas – über Louise und Avery? Zusätzliche Informationen über Valentine? Die andere »Pat«? Und was war mit Sandy, Steve, Ruth oder Ray?

»Wer sind diese Leute, Myron?«

»Rubin, wir sind doch erst häppchenweise und ziemlich spät mit dem Fall in Berührung gekommen«, erklärte Beldock, »und die paar Figuren, die da noch übrig waren, haben sich so feindselig verhalten, daß wir dachten, sie werden uns mehr schaden als nützen.«

»Myron, wir können nicht einfach etwas auslassen, weil es möglicherweise riskant oder schädlich ist. Wie diese Sache mit Sandy, die behauptet, Louise hätte gesagt, daß ich in der Bar war und wiederkommen wollte. Ich weiß, wo ich *nicht* war, Myron, und wenn Louise das wirklich gesagt hätte, hätte man sie vor Gericht sofort beim Arsch gehabt . . . Schließlich hat sie selbst zu Thompson gesagt – und er hat das bestätigt –, daß sie in der Bar zwei *Weiße* gesehen hat.«

Sie diskutierten noch eine Reihe anderer Fragen, die sich aus der Caruso-Akte ergeben hatten. Unter anderem war Rubin neugierig, wo der Schwarze herkam, der anscheinend mit Louise und Avery in einem Haus gewohnt hatte.

»Wer war das?« fragte er Myron. »Der paßt doch nicht ins Bild, das die Anklage bei der zweiten Verhandlung entworfen hat – daß die Lafayette Bar in einer weißen Enklave lag, wo Schwarze nicht willkommen waren und sie deshalb auch als ›natürliches Ziel‹ für einen rassistisch motivierten Mord ausgeguckt haben, oder?«

»Jemand hat einmal gesagt, Myron«, schrieb er später in einem Brief, »man braucht ›nur ein wenig intelligente Einfalt, um etwas zu wissen‹. Nun, ich verfüge über eine Menge intelligenter Einfalt – ich weiß, was ich weiß, und was ich nicht weiß –, und jetzt will ich alles wissen! Können Sie mir helfen? Ich habe genug von Gefängnissen jedweder Art, und ich bin *bereit*, endlich hinauszugehen. Sind Sie auch bereit, mein Freund? Wir sind wieder auf dem Weg – auf dem Weg nach Hause.«

18

Weihnachten 1983 hatte wieder Unerwartetes zu bieten, diesmal allerdings im positiven Sinne. Es erreichte Rubin zusammen mit einem freundlichen Vermerk seines Anwalts Louis Raveson, einem Professor an der Rutgers School of Law, der ihn in New Jersey vertrat.

»Es hat lange gedauert«, schrieb Lou, »aber ich denke, es war ein wichtiger Sieg. Anliegend also das Bußgeld, das wir in Ihrem Verfahren gegen den Staat erstritten haben. Es beläuft sich auf 2.760 Dollar.«

Endlich hatte Rubin einmal etwas gewonnen – seinen Zivilprozeß *Carter ./. Klein*, den er wegen seiner unrechtmäßigen Einweisung ins *Vroom Building* (dessen Haftbedingungen nach Ansicht eines Bundesrichters »weit beschwerlicher waren als im Regelvollzug des Staatsgefängnisses von Trenton«) gegen die Gefängnisverwaltung angestrengt hatte. Nun war es offiziell und gerichtlich beglaubigt. »Carter wurde eines verfassungsmäßig garantierten Rechts beraubt«, hatte Dickinson R. Debevoise, Richter am Bundesbezirksgericht, in seinem Urteil geschrieben, und diejenigen »die ihm dieses Recht entzogen, haben gesetzeswidrig einzelstaatliche Rechtsnormen angewandt«.

Die Strafvollzugsbehörden hatten also zu Kreuze kriechen und etwas Geld ausspucken müssen: dreißig Dollar »Schadenersatz« für jeden der zweiundneunzig Tage, die Rubin bei Brot und Wasser im *Vroom* verbracht hatte. Außerdem hatte das Gericht verfügt, daß Carter aus seiner illegalen Unterbringung im *Vroom* keinerlei Nachteile entstehen durften, schon gar nicht über einen Eintrag in seine Führungsakte.

Obwohl die lumpigen Beträge nur ein schwacher Ausgleich waren für die schändliche Quälerei, obwohl sie erst zehn Jahre nach den Ereignissen kamen und nichts an dem Skandal änderten, daß Rubin ohnehin in *kein* Gefängnis gehörte, hob es doch die Moral, endlich einmal gewonnen zu haben. Ein Sieg war ein Sieg, und Rubin hatte gut daran getan, für sein Recht zu kämpfen. Ab jetzt wurden die Punkte neu gezählt, und das Spiel gegen den Staat stand 1:0 für Carter. Erfolg war eine Frage der Ausdauer.

Jemanden plötzlich und ohne Vorwarnung zu verlegen, gehört zu den Standardmethoden, um Gefangene zu demoralisieren. Eine Zelle hat man nie für sich, sie ist keine Zuflucht, kein Zuhause. Die »Burg« kann jederzeit gestürmt und geplündert werden. Blitzschnell kann der Häftling in eine andere Anstalt verfrachtet werden, während die Reste seiner Habe wochenlang hinter ihm herirren, Briefe und Fotos zerrissen oder verschwunden sind, der Fernsehapparat zertrümmert. In seiner Milde und Weitsicht sorgt das System der »Besserung« auch dafür, daß die Schwächsten stets die ärmsten Opfer sind. Im Gegensatz zu der weitverbreiteten Vorstellung, daß Gefangene ein bequemes, wenn nicht gar luxuriöses Dasein haben – bei freier Kost und Logis den ganzen Tag arbeiten und Geld verdienen oder sich weiterbilden, Sport treiben, lesen oder die halbe Nacht fernsehen – ist das Leben hinter Gittern ein Leben am Abgrund.

Ein paar Wochen vor Weihnachten hatte Rubin den Kanadiern von einigen »jungen Burschen« erzählt, die man gerade von Bordentown, einer halboffenen Erziehungsanstalt für jugendliche Straftäter, nach Trenton verlegt hatte. Es war eine der üblichen Nacht-und-Nebel-Aktionen gewesen, aus erzieherischen Gründen, die de facto darauf hinausliefen, daß man die Jungs von einer eigens angeheuerten Schlägertruppe terrorisieren und prügeln ließ, bevor man sie zurückschickte.

»Diese *Insassen*«, äffte Rubin die näselnde Stimme eines Vollzugsbeamten nach, wobei er bewußt ein Wort gebrauchte, das ihm besonders herabsetzend erschien, »müssen einfach mal einen Vorgeschmack davon bekommen, was es heißt, ›hinter der Mauer‹ zu sein. Schließlich sind sie nicht zum Vergnügen hier, sondern sollen lernen, wo die Grenzen sind. Das wird ihnen zeigen, was sie erwartet, wenn sie in Bordentown über die Stränge schlagen.«

Das Stichwort Bordentown erinnerte die Kanadier daran, daß sie Rubin noch von Bruce Curtis erzählen wollten, einem jugendlichen Landsmann, den man vor kurzem dort inhaftiert hatte.

»In Bordentown – hier in New Jersey? Weswegen?«

»Wegen Mord.«

»Großer Gott.«

Die Kanadier hatten von dem Fall aus der Zeitung erfahren. Bruce hatte 1982, im Alter von achtzehn Jahren, nach einem glänzenden Abschluß an einer exklusiven Prep School im Herbst mit dem Studium beginnen wollen – Astrophysik an der Universität von Dalhousie. Die Sommerferien verbrachte er bei seinem Freund Scott Franz in Monmouth/New Jersey, und dort begann der Alptraum: Franz erschoß seinen Stiefvater, der ihn gequält und mißhandelt hatte, und Bruce erschoß Franz' Mutter – aus Versehen, wie er immer wieder beteuerte. Beim Prozeß sagte sein Freund Scott gegen ihn aus, und so wurde Bruce wegen vorsätzlichen Totschlags mit der für New Jersey typischen Großzügigkeit zu zwanzig Jahren Haft verurteilt. Da sich die Kanadier inzwischen ausmalen konnten, was ein derartiges Los für ein High-School-Kid aus dem ländlichen Nova Scotia bedeutete, fragten sie Rubin, ob er eine Möglichkeit sah, ihm etwas Schutz und Hilfe zu geben.

Rubin benutzte einen der jungen Männer, die man vorübergehend nach Trenton verlegt hatte, als Kurier und ließ in Bordentown verbreiten, daß jeder, der Bruce Curtis zu nahe trat, mit dem Hurricane zu rechnen hatte und in keinem Gefängnis mehr sicher war. Rubins Ruf war legendär. Nur den Mund zu öffnen und sein Mißfallen kundzutun, konnte bereits drastische Folgen nach sich ziehen, wie die Kanadier bald erfahren sollten.

Schließlich schickte Rubin noch eine Weihnachtskarte, um dem jungen Bruce über die üblichen Festtagswünsche hinaus zu zeigen, daß er nicht allein war, daß es Menschen gab, die über ihn wachten.

Es war das erste Weihnachten, das die Kanadier mit Rubin zusammen verbrachten. Inzwischen hatte Trenton ein neues Gebäude, in dem die Besuche abgehalten wurden, ein leuchtendes Beispiel modernster Anstaltsarchitektur – backsteinrot mit Fensterschlitzen, die so schmal waren, daß man auf Gitter verzichten konnte, und streng getrennte Boxen, klein wie Karnickelställe. Das stolze Bauwerk, das es ermöglicht hatte, die Zahl der Insassen von zwölfhundert auf zweitausend zu steigern, bot Mauern aus nacktem Schlackenstein und eine verschwenderische Fülle von metallenem Zierrat, bemalt in den Grundfarben Blau und Rot. Diese Perle neuesten Gefängnis-Designs klebte an dem Altbau wie ein Pfropf, ein postmodernes Gewächs aus den Wurzeln eines vergangenen Jahrhunderts, und der Eindruck von jungfräulicher Frische wurde sofort getrübt durch den Anblick des heruntergekommenen Mobiliars (von den Häftlingen nicht zu reden), das man aus den antiken Kasematten mitgeschleppt hatte.

Die neue Besucherhalle war ein riesiger Raum voller harter, fest verankerter Plastikstühle. Während man sich früher – im Todestrakt – in die Augen gesehen hatte, saß man nun in

Reih und Glied. Während man sich früher berühren durfte, solange man dabei die Füße auf dem Boden behielt, war es nun bei Strafe verboten, einander zu küssen oder zu umarmen, außer zu Beginn oder Ende des Besuchs. Und die Wachen patrouillierten ohne Unterlaß.

In diesem Jahr fiel Weihnachten auf einen Sonntag, ohnehin der reguläre Termin für Kontakt-Visiten und immer gut besucht. Wegen des Weihnachtsfestes waren allerdings noch mehr Kinder gekommen als üblich.

Die Besucher hatten sich bereits auf ihren Plätzen niedergelassen, als eine Art Nikolaus versuchte, sich unauffällig zu nähern – ein schwieriges Unterfangen mit roten Cordhosen, einem roten, mit weißem Federflaum garnierten Jackett und einem ebenfalls roten Hut. Dazu trug er schwarze Biker-Stiefel mit hohen Absätzen und ein großes weißes Netz, durch dessen Maschen man viele bunte Päckchen mit Süßigkeiten blitzen sah. Alles in allem war es mit Abstand der kleinste, dünnste, blasseste und erbärmlichste Weihnachtsmann, den man sich vorstellen konnte. Obwohl offensichtlich selbst Häftling, ließ er sich abseits von seinen Genossen und deren Besuchern direkt neben zwei Wärtern auf einer Bank nieder, deponierte den Sack vorsichtig auf dem Boden zwischen seinen Stiefeln und schlug die Beine übereinander.

»Daddy, Daddy! Da ist der Weihnachtsmann! Ich geh . . .«

»Tu das bloß nicht, Junge!« meinte ein mißtrauischer Häftling. »Bleib schön weg von dem Weihnachtsmann, hörst du?«

Ein paar andere Väter redeten ähnlich auf ihre Kinder ein, bis es nach einigem Strampeln und Zappeln einem kleinen Mädchen gelungen war, sich von seinen Eltern zu befreien und zu dem Weihnachtsmann zu laufen. Zwei Schritte vor ihm blieb sie erwartungsvoll stehen, als müsse allein ihr Erscheinen ihm ein Geschenk oder wenigstens ein freundliches »Ho! Ho!« entlocken.

Aber der Weihnachtsmann hatte anderes im Sinn. Ohne sie zu beachten, ließ er seine Blicke durch den Raum schweifen, über die Besucher, neben die Besucher, hinter die Besucher – nur nicht auf die Kleine, die geduldig wartete. Im Warten war dieser Weihnachtsmann allerdings weitaus geübter als sie, und so zog sie schließlich ab, mit leeren Händen.

»Wieso muß ausgerechnet *der* das machen?« fragten die Kanadier, die sich vorstellten, welchen fabelhaften Weihnachtsmann jemand wie Zig abgegeben hätte, mit seiner imposanten Gestalt und dem breiten, freundlichen Lächeln.

»Ihr müßt nicht glauben, daß das ein Zufall ist«, erklärte Rubin. »Den hat die Verwaltung eigens ausgeguckt, und sie hat genau den Richtigen gefunden.«

Natürlich war auch der Sack um kein Gramm leichter geworden, als der Weihnachtsmann zum Ende der Besuchszeit die Halle verließ.

Der im Januar übliche Schneematsch klatschte gegen die Wagenfenster und hüllte die Landschaft entlang der Schnellstraße nach Manhattan in ein eintöniges Grau. Terry und Sam waren unterwegs zur Fifth Avenue, mit einer etwas ungewöhnlichen »Einkaufsliste«, die sie allerdings nicht zu Tiffany oder Saks, sondern in die Kanzlei Beldock, Levine und Hoffman führen und wohl den ganzen Nachmittag beschäftigen würde.

»Jetzt, da ich reich bin«, hatte Rubin nach Erhalt der »großzügigen Abfindung« aus seinem Rechtsstreit gesagt, »werden wir unsere eigenen Ermittlungen anstellen. Wir können einen Privatdetektiv engagieren und die Caruso-Akte als Aufhänger nehmen. Ich will endlich wissen, was in dieser Nacht wirklich passiert ist. Mit dem Geld können wir jemanden runter nach North Carolina schicken und nach dieser Fanida, Cockershams zweiter Frau, suchen lassen. Vielleicht kann er auch mit Averys Arzt oder der Krankenschwester sprechen, um festzustellen, ob die irgendwas gehört haben. Und seine erste Frau, diese Louise, kann er gleich mit besuchen. Ich will wissen, ob Avery jemals die Namen von diesen Killern genannt hat. Das Geld wird natürlich nicht sehr lange reichen, aber ich will auf jeden Fall mein möglichstes tun – auch wenn ich dafür leider auf meine Winterferien in Florida verzichten muß.«

Vorher mußten allerdings noch verschiedene Dokumente gesichtet werden, unter anderem die ursprünglichen Polizeiberichte, die bei beiden Verhandlungen vorgelegen hatten. Rubin hatte bereits so viele Unterlagen bei seinen Anwälten angefordert, daß Beldock meinte, Jahre zu brauchen, um das Richtige zu finden und alles zu kopieren.

Als Rubin vorschlug, ihm Helfer zu schicken, stimmte er bereitwillig zu, um so mehr, als ihm Rubin erklärte, daß seine Freunde mit dem Fall vertraut und gewissermaßen seine »Beine« waren. Myron brauchte nur die Akten herauszusuchen und ihnen alle gewünschten Unterlagen zur Verfügung zu stellen.

Die Lobby des Gebäudes in der Fifth Avenue Nr. 565 lag leer und verlassen bis auf einen Hausbediensteten, der vor den Aufzügen saß und zu den Klängen eines Kofferradios mit dem Fuß wippte. Die Kanadier waren sehr beeindruckt, daß sich ein Anwalt wie Beldock, der 250 Dollar am Tag wert war, die Zeit nahm, am Samstag ins Büro zu kommen und für einen mittellosen Mandanten Akten zu schleppen. Unabhängig davon, daß er und seine Firma inzwischen etliche Millionen in den Fall investiert hatten, war er auch sofort bereit gewesen, Rubins Abfindung aus dem gewonnenen Prozeß für einen Privatdetektiv zu verwenden.

Die Kanzlei lag im sechsten Stock links. Terry und Sam hatten die breite, mit schwarzem Leder bezogene Eingangstür noch nicht erreicht, als sich auf dem Gang eine andere Tür öffnete und ein Kopf mit einer Baskenmütze herausschaute.

»Terence und Sam – Rubins Beine, ja? Hier entlang, bitte! Hallo, ich bin Myron Beldock.« Beldock hatte einen kultivierten New Yorker Akzent, er war klein und im Freizeitlook, mit Jogginganzug, Tennisschuhen und seinem Markenzeichen, der Baskenmütze (einem Überbleibsel aus den fünfziger Jahren und seinen Zeiten an der Pariser Sorbonne).

Nachdem Terry und Sam erklärt hatten, daß sie sich geehrt fühlten, ihn kennenzulernen, und sein Engagement ebenso zu schätzen wüßten wie seine beeindruckenden Schriftsätze, folgten sie Beldock durch die leeren Büros zu einem riesigen Kopierer, neben dem zwei gewaltige Kisten mit Akten warteten. Es dauerte den ganzen Nachmittag, alles zu sichten und zu kopieren bis auf ein paar restliche Unterlagen, die Meldock versprach, selbst durchsehen und gleich als erstes in der kommenden Woche nachschicken zu wollen. Unter anderem hatte er sämtliche Ballistik-Berichte ausgegraben und diverse Fotos, die beim ersten Prozeß* als Beweisstücke gedient hatten – Schwarzweißaufnahmen von der Lafayette Bar, innen und außen, von den Opfern und von Rubins 1966er Dodge Polara.

Bevor sich die Kanadier verabschiedeten, erkundigten sie sich noch nach dem Stand der Dinge bei Gericht und erfuhren, daß am nächsten Freitag eine Anhörung vor Richter Leopizzi zu den Beweismitteln aus der Caruso-Akte stattfinden sollte. Beldock hoffte, bei dieser Gelegenheit eine Aufhebung des Urteils zu erwirken, da sich nun eindeutig nachweisen ließ, daß man wichtiges Beweismaterial unterdrückt hatte.

* U. a. war auch ein Beleg über den Prozeßkostenvorschuß aufgetaucht, den Pat Valentine 1979 geleistet hatte, um Bob Dylan und seine Plattenfirma Columbia wegen der Erträge aus dem Titel »Hurricane« auf eine »angemessene Entschädigung« zu verklagen. Sie fand sich durch den Song »in ein ungünstiges Licht« gerückt, mußte aber dann zugeben, daß jedes Wort stimmte, so daß die Klage gar nicht erst zu Gericht ging.

»Schon wieder Leopizzi? Ist das nicht ziemlich sinnlos?« fragte Terry. »Wieso nicht am Bundesgerichtshof?«

Wie Myron erklärte, mußte die Caruso-Akte als neues Beweismaterial zunächst dem beim Prozeß amtierenden Richter (sprich Leopizzi) vorgelegt werden, der mit dem Fall vertraut und theoretisch die beste Adresse war, um die Tragweite der neuen Erkenntnisse zu ermessen.

»Es ist nun mal gesetzlich vorgeschrieben, daß wir erst alle Rechtsmittel innerhalb der einzelstaatlichen Gerichtsbarkeit ausschöpfen.«

»Soweit wir den Fall kennen, sieht das nicht gerade nach einem besonders wirksamen Mittel aus«, meinte Terry eingedenk der Anhörung zu Bellos Lügendetektortest von 1981 oder dem Vorwurf der Befangenheit, den man zwei Jahre zuvor gegen einige Geschworene erhoben hatte. Die Verhandlungsprotokolle waren ihm noch gut in Erinnerung.

Nach dem Wiederaufnahmeverfahren von 1976 hatte John Adamo, einer der Geschworenen, sein Gewissen erleichtern wollen und Richter Leopizzi offenbart, daß ihm ernste Zweifel an der Unvoreingenommenheit bestimmter Geschworener gekommen waren (als Ersatz-Juror hatte er selbst nicht über Schuld oder Unschuld entscheiden müssen). So hatten drei Geschworene, die er auch benannte, Bemerkungen gemacht, die auf rassistische Vorurteile schließen ließen, einschließlich herabsetzender Bezeichnungen wie »Melanzana«, dem italienischen Wort für »Aubergine«, das aber üblicherweise als Synonym für »Nigger« verwendet wurde. Zwei weitere Geschworene hatten ihr Urteil bereits vor der Verhandlung gefällt und Adamo erklärt, auf weitere Beweise verzichten zu können. Ein anderer war ebenfalls negativ vorprogrammiert, weil seine Frau aus der Zeitung zu wissen glaubte, daß Carter beim Lügendetektortest versagt hatte (eine Fehlinformation, die die Staatsanwaltschaft eigens lanciert hatte, um diesen Effekt zu erzielen).

Adamos Bekenntnisse stießen allerdings auf wenig Beifall. Leopizzi bezichtigte ihn als »Wichtigtuer, der es »rücksichtslos« und »unfair« nur darauf angelegt hatte, sich bei einem Fall von nationalem Interesse in den Vordergrund zu spielen. Nach einer äußerst kurz gehaltenen Anhörung wies der Richter Adamos Zeugnis ab, untersagte der Verteidigung jeden Kontakt zu den übrigen Geschworenen und bestätigte deren Urteilsspruch.

»Ja«, stimmte Myron zu, »auf ein Mittel wie Leopizzi zurückzugreifen, kann eigentlich nur bedeuten, daß das Leiden schlimmer wird.«

»Aber Leopizzi hat Carusos Beweise doch schon mal abgeschmettert, oder?« fragte Sam.

»Verfahrenstechnisch leider nicht«, sagte Beldock und erläuterte, daß man formal-juristisch erst einen Antrag stellen mußte, damit ein Urteil wegen unterdrückter Beweise aufgehoben werden konnte. Wenn Leopizzi den Antrag abgelehnt hatte – was so gut wie sicher war –, konnte man auf die nächste Instanz, den New Jersey Supreme Court, hoffen, und da dieser sich gerade drei Jahre mit der Revision befaßt hatte, würde er wenig Lust haben, schon wieder in die Akten zu sehen und den Fall lieber an den Bund abgeben, wo man ja eigentlich auch hin wollte.

»Und was ist mit Bellos Lügendetektortest und den anderen Sachen, über die der Supreme Court bereits entschieden hat? Können die nicht in der Zwischenzeit schon mal dem Bundesgerichtshof vorgelegt werden?«

»Nein, das ist gegen die Regeln. Man kann nicht einzelne Streitpunkte des Berufungsverfahrens abtrennen und gesondert vorlegen, während der Rest des Falls noch vor dem Staat verhandelt wird. Das gilt als Mißbrauch der Prozeßordnung.«

»Wie bitte, der Prozeß wird mißbraucht? Meinen Sie nicht, daß die Prozeßordnung eher *andere* mißbraucht?«

Myron nahm seine Brille ab, seufzte tief und rieb sich die müden Augen. »Das ist nun mal der Weg, den diese Schlacht genommen hat, *mes amis*, und ich kann Ihnen gern die Wunden zeigen. Aber wir müssen weiterkämpfen.«

Beldock nahm an, daß das Verfahren vor den staatlichen Instanzen nur noch wenige Monate dauern konnte, so daß man sich spätestens im Sommer mit einer »Habeas-Corpus-Petition« an den Bundesgerichtshof wenden und dort alle Argumente einschließlich der Beweise aus der Caruso-Akte vortragen konnte. Der Sommer war noch weit, aber Recht und Gesetz folgten nun mal einer eigenen Zeitrechnung, wie die Kanadier inzwischen gelernt hatten.

»Offenlegung« war genau die treffende Bezeichnung für das, was Rubin und die Kanadier nun mit den gesammelten Papieren zu tun hatten. Die Unterlagen, die man der Verteidigung vor dem ersten Prozeß überlassen hatte, bestanden aus einem Wust von getippten Polizeiprotokollen (überwiegend ohne Unterschrift) und zahllosen Notizen, die Vincent DeSimone bei der Vernehmung verschiedenster Zeugen angefertigt hatte. Da er die Ermittlungen leitete, konnte er alle Informationen, die durch seine Hand gingen, nach Belieben filtern und hatte, wie er unter Eid vor Gericht aussagte, die Notizen und Berichte häufig umgeschrieben oder kombiniert und die Originale vernichtet. DeSimone hatte sämtlichen Unterlagen seinen Stempel aufgedrückt, und seine Handschrift war überall sofort zu erkennen.

Der Bericht eines gewissen Detective Howard Kline von der Polizei in Paterson fiel den Kanadiern als erstes ins Auge. Er datierte vom 1. Juli 1966 und besagte, daß man in der Tatnacht – also zwei Wochen zuvor – nach einem Detective verlangt hatte, weil es in der Lafayette Bar zu einem heftigen Streit gekommen war. Als Detective Kline dort erschien, traf er auf zwei Polizisten, die ihn auf eine Frau aufmerksam machten, die etwas über die Morde zu wissen schien. Kline schrieb dazu:

Ich ging um die Ecke... wo ich mit einer Negerin (klein, mittlere Statur, dunkelhäutig) sprach und sie fragte, ob sie mir ihren Namen sagt... sie sagte, daß sie Louise heißt... und daß sie in der Nr. 257 Lafayette Street wohnt; währenddessen stand ein Mann neben ihr, den sie als Avery Cockersham ausgab... ihren Ehemann.

Wie Louise weiter berichtete, hatten sie und Avery und ein weiterer Schwarzer am Poolbillard gestanden, als es einen Wortwechsel gab mit einem Weißen. Dann war die Polizei aufgetaucht und hatte den Weißen vor die Tür gesetzt.

Rubin und die Kanadier waren einigermaßen verblüfft, daß Louise und Avery gar nicht so weiß waren, wie sie bislang angenommen hatten. Daß sie statt dessen dunkle Haut hatten, war aus guten Gründen höchst überraschend. Zum einen, weil die Staatsanwaltschaft das Lokal wie dessen Barkeeper als »natürliches« oder »perfektes« Ziel für einen rassistisch motivierten Racheakt ausgemacht und den Barmann Jim Oliver – der ebenfalls ein Opfer war und sich nicht mehr wehren konnte – als voreingenommen Spießer beschrieben hatte, der an Schwarze keine Getränke ausgab. Aber Louise, die sich nun wundersamerweise als Schwarze erwies, war sehr wohl von ihm bedient und natürlich auch in die Bar gelassen worden, um sich mit neuem Whisky für ihre Party einzudecken! Außerdem hatte sie Detective Kline erzählt, daß Jim Oliver »ein netter Mann« gewesen war, der sie »selbst am Sonntag an den Whisky gelassen hatte, sogar ohne Geld...« Demnach waren Schwarze in dem angeblich »weißen« Viertel nicht nur zu Hause – sie waren auch Stammgäste in einem vermeintlich »weißen« Lokal, wo sie selbstverständlich bedient wurden und auch noch Kredit bekamen.

Noch bedeutsamer war vielleicht, daß eine schwarzhäutige Louise gegen Bellos *Straßen*-Story sprach und statt dessen die *Bar*-Version stützte, derzufolge er kurz vor der Schießerei eine Schwarze gesehen hatte, die ins Lokal gekommen war und an der Bar »ein Paket« (eine Flasche Schnaps) gekauft hatte. Daß er tatsächlich in der Bar gewesen war, wurde auch durch Louises Aussage vor dem Sonderermittler Thompson erhärtet, nach der sie zwei fremde Weiße in der Bar bemerkt hatte – von denen der andere vermutlich Bellos Kampfgenosse Bradley gewesen war.

Detective Kline hatte auch mit Pat Valentine gesprochen und von ihr erfahren, daß Louise gesagt hatte: »Wenn sie Rubin Carter weichkochen, packt er (Avery) aus und erzählt, wer's wirklich war.«

Valentine, Louise und Avery waren dann ins Morddezernat gebracht und vernommen worden. Um fünf Uhr früh hatte DeSimone Valentine und Louise »miteinander konfrontiert« und anschließend notiert »Alles Blödsinn«. Worauf sich das bezog, blieb offen, Rubin und die Kanadier argwöhnten jedoch, daß Louise es für ratsam gehalten hatte, die Bemerkung, man wolle Rubin Carter »weichkochen«, zurückzuziehen.

DeSimones Notizen waren bewußt irreführend, unzutreffend und unverständlich. Sie der Verteidigung zu übergeben, hatte nur dazu gedient, Verwirrung zu stiften und Rubins Anwälte davon abzuhalten, sich potentiell ergiebigeren Themen zuzuwenden. Im nachhinein und mit Hilfe der Schlüsselinformationen aus der Caruso-Akte ergab sich allerdings ein anderes Bild. Im Gegensatz zu Rubin hatte DeSimone sehr wohl erkannt, welche Bedeutung den Aussagen der Zeugen Louise und Avery Cockersham zukam. Unter der Überschrift »Avery Cockersham (sic)« hatte er notiert: »Ich habe Reuben (sic) Carter nie gesehen.« Insgesamt erweckten die Notizen den Eindruck, als habe Avery von der Schießerei erst am nächsten Tag erfahren und deshalb auch niemanden sehen können, am allerwenigsten Rubin Carter. Angesichts der Feststellungen von Thompson, daß Avery sehr wohl zu Hause gewesen war und sehr wohl zwei Männer hatte weglaufen sehen, war die Aussage »Ich habe Reuben Carter nie gesehen« von entscheidender Bedeutung und hieß unwiderruflich: Avery hatte zwei Männer gesehen, von denen *keiner* Rubin Carter war.

Am 20. Januar 1984 fand in Paterson die Anhörung zur Caruso-Akte statt. Mitten in einem Routine-Antrag der Verteidigung auf Zulassung eines Beweisstücks, stürmte Leopizzi aus seiner Richterbank und geiferte: »Genug davon, Sie machen mich krank mit Ihrem Blödsinn! So sei es!« Damit schlug er die Tür seines Büros hinter sich zu, um seinen Worten Nachdruck zu geben.

Beldock und Steel hatten sich anhören müssen, wie Leopizzi sie beschuldigte, das Justizsystem zu mißbrauchen, es an der gebotenen Sorgfalt fehlen zu lassen und die Caruso-Akte vorsätzlich zurückgehalten zu haben, »nur um wieder einmal das ganze Verfahren zu verschleppen«. Es kümmerte Leopizzi wenig, daß de facto die Verteidigung behindert worden war – zuerst durch die Staatsanwaltschaft, die das Caruso-Beweismaterial unterdrückt und dessen Existenz geleugnet hatte; zweitens durch Leopizzi selbst, der die Akte drei Jahre zuvor gar nicht erst zugelassen und statt dessen versiegelt hatte; und drittens durch den State Supreme Court, der die wiederholten Versuche der Verteidigung, an die Akte heranzukommen, jahrelang ignoriert hatte – nichtsdestotrotz bezichtigte Leopizzi die Verteidigung, die Dinge bewußt zu verzögern, bis der Supreme Court über die Sache mit Bellos Lügendetektortest entschieden hatte.

»Meiner bescheidenen Meinung nach muß dieser Fall endlich abgeschlossen werden«, erklärte er. »Es schadet dem

Ansehen der Justiz, wenn man zuläßt, daß sich ein Fall über achtzehn Jahre hinzieht . . . Diese Angelegenheit hat uns lange genug beschäftigt.«

Leopizzis vehementer Widerstand gegen einen dritten und neuen Prozeß machte Beldock Sorgen. »Ich fürchte, Leopizzi läßt uns begraben«, meinte er zu Rubin, als die Anhörung vorbei war. Rubin blieb jedoch optimistisch. Er hatte sich inzwischen zu weit nach oben gekämpft, um sich noch einmal begraben zu lassen.

19

Nach Lektüre der gesammelten Unterlagen konnten Rubin und die Kanadier Carusos Resümee nur beistimmen, »daß die Untersuchung der Lafayette-Bar-Morde bestenfalls stümperhaft war«. Es waren keine Waffen gefunden, keine Fingerabdrücke sichergestellt (zumindest nicht vorgelegt) worden, und man hatte keine Paraffintests durchgeführt, aus denen eindeutig hervorgegangen wäre, daß Carter und Artis keine Schußwaffen benutzt hatten. Und da nichts Konkretes zu finden war, hatte sich Rubin unentrinnbar in einem Netz von ständig wechselnden, verwirrenden, nicht zu widerlegenden Spekulationen verfangen.

Der Ballistik-Report war ein typisches Beispiel. Laut Polizeibericht war das Gelände rund um die Lafayette Bar von zehn, »vielleicht auch mehr«, namentlich aufgeführten Beamten minutiös abgesucht worden. Die Suche begann am 17. Juni 1966 bei Tagesanbruch und endete um 7 Uhr 30 »ohne Ergebnis«. Zur selben Zeit hatte allerdings ein Busfahrer namens John Opperly ohne sonderliche Mühe eine Geschoßhülse erspähen können, die gut sichtbar mitten auf der Straße lag, als er mit seinem Bus an der Lafayette Bar vorbeifuhr. Opperly hielt an, klaubte die Hülse auf und übergab sie der Polizei – eine Geschichte, die die Kanadier neugierig machte. Der Versuch, den Irrwegen der durchtriebenen Hülse zu folgen, kam allerdings einer Übung im Absurden gleich.

Man mußte kein Experte in Sachen Ballistik sein, um festzustellen, daß die Hülse durch den ganzen Bericht geisterte, auf drei verschiedene Arten beschrieben wurde (die sich jeweils ausschlossen), an drei (wenn nicht vier) unterschiedlichen Plätzen gelegen und dreimal den Besitzer gewechselt hatte, allen voran Busfahrer Opperly. Insgesamt waren die offiziellen Daten zu Art, Herkunft und Fundort besagter Hülse so abweichend und widersprüchlich, daß sich die Kanadier veranlaßt sahen, erneut ein Schaubild anzufertigen.

Die »Opperly-Hülse« selbst war nicht entscheidend, aber ein schlagendes Beispiel für die Unzuverlässigkeit *aller* Indizien dieses Falls. Rubin schickte das Schaubild seinen Anwälten, zusammen mit einem Stadtplan von Paterson, in dem er die gesammelten Fundorte der Hülse markiert hatte. Beldock war beeindruckt und guten Mutes, daß Rubins Analysen in die richtige Richtung führten.

»Verdammt gute Arbeit!« lobte er Rubin am Telefon. »Sie haben voll ins Schwarze getroffen!«

Seit er täglich an seinem Fall arbeitete, lebte Rubin nach »Außen«- oder »Real«-Zeit, in der man seinen Pflichten nachging, statt die Dinge schleifen zu lassen und Trödeln als Tugend zu erklären, wie es im Gefängnis üblich war. Real-Zeit bedeutete, daß man nicht mehr die Nacht zum Tage machte und den Tag verschlief, wie es Rubin getan hatte, bevor Lesra und die Kanadier aufgetaucht waren. Es bedeutete, die üblichen Bürozeiten einzuhalten, um mit den Anwälten telefonieren und Besuche empfangen zu können, und seine Briefe rechtzeitig fertig zu haben, wenn morgens die Wache kam, um die ausgehende Post einzusammeln.

Er entwickelte auch ein plötzliches Interesse für die Rundschreiben und Nachträge zum »Häftlings-Handbuch«, die der Direktor unter den »Insassen« zirkulieren ließ. Wer die neuesten Regeln zur Hausordnung gelesen hatte oder dem unverständlichen Kauderwelsch gar nicht erst folgen konnte, war gerne bereit, sich von den Merkblättern zu trennen, die Rubin dann zu ordentlichen Haufen schichtete. Die freien Rückseiten nutzte er für seine Notizen, da das bißchen Papier, das die Verwaltung erlaubte, schnell ausgegangen war.

Wenn er nicht gerade die Akten studierte oder Briefe an die Anwälte in seine Maschine hämmerte, war er am Telefon und diskutierte mit Terry, Lisa und Sam über seinen Fall, das Notizpapier griffbereit. Es waren immer noch R-Gespräche, obwohl die Kanadier inzwischen am Ort wohnten. In Rubins Trakt gab es nur zwei Münzfernsprecher für rund hundert Häftlinge, so daß jeden Tag eine Telefonliste erstellt wurde. Wer sich eingetragen hatte, durfte zehn Minuten telefonieren, was die Häftlinge gewöhnlich untereinander regelten und mitunter auch so handhabten, daß sie anderen ihre Zeit abtraten, wenn es aus irgendwelchen Gründen notwendig war. Und da jeder wußte, daß Rubin alles daransetzte, endlich freizukommen, waren die meisten Mithäftlinge und Wärter besonders großzügig und ließen ihn ans Telefon, sobald ein Apparat frei wurde.

Allerdings gab es auch andere Wärter, die ihn außerhalb der angemeldeten Zeit gar nicht erst aus der Zelle ließen. Oder ein »Abgewichster« – ein Quertreiber, wie er in jedem Gefängnis vorkam – besetzte aus purer Schikane das Telefon, nur um andere, und Rubin ganz speziell, zu ärgern. Mit dem Ergebnis, daß Rubin nie darauf zählen konnte, regelmäßig ans Telefon zu kommen.

Eines Tages, als er dringend seinen Anwalt anrufen mußte, kam ihm ein anderer Häftling in die Quere, der am Telefon herumkasperte und auf gut Glück irgendwelche Nummern wählte, um zu sehen, ob die Teilnehmer bereit waren, die Gesprächskosten zu übernehmen. Rubin marschierte ungeduldig auf und ab – was er sonst nie tat – und beschwerte sich bei einem Mithäftling, der gerade in der Nähe war, einem freundlichen Burschen, den er und die Kanadier »Sweet Al« getauft hatten.

Am selben Abend brannte die Zelle des »Abgewichsten« total aus. Er selbst war glücklicherweise gerade unterwegs, aber da die Zelle unbewohnbar und der Brand absichtlich gelegt worden war, entschied die Anstaltsleitung, daß seine Sicherheit gefährdet war, und verlegte ihn in einen anderen Trakt.

Als Rubin am nächsten Tag die Ebene Vier verließ, kam ihm Sweet Al freudestrahlend auf der Treppe entgegen und grinste von Ohr zu Ohr.

»He, Rubin! Schätze, der Wichser macht dir jetzt keinen Ärger mehr mit dem Telefon, was, Rube?«

Erst als Al in Lachen ausbrach, fiel Rubin wieder ein, daß er sich am Tag zuvor bei ihm beklagt hatte. »O Gott!« dachte er, »ich muß wirklich aufpassen, was ich sage.«

Eine Weile danach tauchte in seinem Trakt ein neuer Wärter auf, ein Weißer namens Cooper, der etwa in Rubins Alter war und sich schon nach wenigen Tagen die Sympathie der Gefangenen verscherzt hatte. Als ihn Rubin fragte, ob er nicht bemerkt habe, wie feindselig die Häftlinge auf ihn reagierten, stellte sich heraus, daß Cooper den Widerstand wohl spürte, sich aber nicht erklären konnte und gerne bereit war, einen Rat anzunehmen. Wenn er das Handbuch für Vollzugsbeamte richtig verstanden habe, begann Rubin, müsse die Wache nach dem Öffnen einer Zelle doch warten, bis der Häftling den Raum verlassen habe und ihm dann *unmittelbar* folgen, zur Dusche, zum Telefon oder sonstwohin – ob das zutreffe?

»Das ist richtig.«

»Überlegen Sie mal, wie sich jemand fühlen muß, der nach dreiundzwanzig Stunden in der Zelle endlich rausdarf und dann auf Schritt und Tritt einen Wärter im Nacken hat. Das ist einfach zuviel«, meinte Rubin und schlug Cooper vor, statt dessen ein Stück zurückzutreten, wenn er die Zelle geöffnet habe. »Machen Sie dem Mann einfach etwas Platz, und geben Sie ihm das Gefühl, daß er sein Tempo selbst bestimmen kann, wo immer er auch hin muß. So ein bißchen Rücksicht ist für einen Gefangenen sehr wichtig und für einen Wärter vielleicht noch wichtiger. Womöglich hat der Häftling gerade erfahren, daß seine Mutter gestorben ist oder daß man seine Berufung abgelehnt hat, und es könnte ziemlich gefährlich werden, ihm in einem solchen Moment zu nahe zu kommen.«

Ein paar Tage später kam Cooper zu Rubin in die Zelle und erzählte ihm, daß er schon seit gut neunzehn Jahren im Dienst war und bisher in Raiford, im Staatsgefängnis von Florida, gearbeitet hatte, einem allseits gefürchteten Knast, den er selbst für die Hölle auf Erden hielt. Dagegen sei Trenton geradezu ein Erholungsheim, aber er wolle Rubin trotzdem danken für seinen Rat.

»Wissen Sie«, sagte Cooper, »ich habe Sie beobachtet, wie Sie sich bewegen. Nach meiner Erfahrung – und ich habe wahrhaftig genug Gefangene gesehen – gehören Sie einfach nicht hierhin. Das hab' ich auch meiner Frau erzählt. Ich hab' ihr gesagt, daß ich einem Mann begegnet bin, von dem ich im tiefsten Innern weiß, daß er unschuldig ist. Und Sie sollen wissen, Rubin – so heißen Sie doch, nicht wahr? –, daß meine Frau und ich für Sie beten.«

In der Woche darauf hatte Cooper zum ersten Mal Dienst in der Besucherhalle, wo er Rubin mit den Kanadiern sitzen sah und einen älteren Kollegen fragte, wer das eigentlich sei.

»Rubin Hurricane Carter?«

»Nein«, sagte Cooper, »ich meine den kleinen Kerl da drüben.«

»Na, also, von dem red' ich doch. Das ist Rubin Hurricane Carter.«

Cooper überschlug sich fast, um zu Rubin zu eilen. »Sie sind Hurricane Carter? Echt? Davon haben Sie ja gar nichts gesagt!«

»Sie wußten doch, daß ich Rubin heiße«, lächelte Rubin.

»Meine Güte, wenn das meine Frau erfährt, für wen wir da die ganze Zeit beten!«

Rubin und die Kanadier hatten beschlossen, daß das Jahr 1984 seiner Bedeutung gerecht werden sollte. Nicht um Orwells Prognosen zu erfüllen, sondern als Schaltjahr im wahrsten Sinne des Wortes, das endlich die Wende, den Sprung über die Mauer bringen würde.

Mit dem Geld aus Rubins gewonnenem Prozeß wurde Herb Beil engagiert, der Privatdetektiv aus Plainfield/New Jersey, den sie bereits im Fall von »The Rose« eingesetzt hatten. Nachdem ihn die Kanadier mit dem nötigen Hintergrundmaterial, einschließlich der Caruso-Akte und einer Kopie des Schaubilds versorgt hatten, beriet er sich noch mit Rubin und fuhr dann nach New York, um mit Beldock zu sprechen. Da der Fall kompliziert lag, waren schon die Vorbereitungen extrem aufwendig.

Anschließend machte sich Bell als erstes auf den Weg nach Charlotte in North Carolina, um an Informationen über Avery Cockersham heranzukommen. Rubin hatte ihm eine Liste der Fragen mitgegeben, die er beantwortet haben wollte.

Dr. Boween vom Davis Community Hospital in Statesville nahm Bell freundlich in Empfang und war gerne bereit, seine Krankenakten zu öffnen. Danach war Avery von Januar bis März 1976 – als man Rubins erstes Urteil eben gekippt hatte – in der Klinik behandelt und dann in ein Pflegeheim für Veteranen verlegt worden, wo er im darauffolgenden Juli verstarb. Es gab keine Aufzeichnungen über irgendwelche Besuche von Polizeibeamten oder sonstigen Ermittlern, wohl aber eine Notiz, daß Avery am 26. Januar – also zwei Tage vor Thompsons Erscheinen – einen Kollaps erlitten hatte.

Die zuständige Krankenschwester hatte ebenfalls wenig zu sagen, und Fanida Cockersham, Averys zweite Frau, schien North Carolina verlassen zu haben, so daß Bell mit leeren Händen nach New Jersey zurückkehrte.

Rubin ließ sich jedoch nicht entmutigen, sondern beschloß, nun bei Louise Cockersham anzusetzen, die nach Thompsons Erkenntnissen zumindest bis 1976 in Paterson gewohnt hatte und vielleicht immer noch dort war. Um das herauszufinden, war sein Cousin Ed, der ebenfalls in Paterson lebte, die richtige Adresse. Ed kannte jeden und hatte innerhalb der schwarzen Gemeinde stets den Finger am Puls des Geschehens.

Edward Carter war einundfünfzig, fünf Jahre älter als Rubin. Obwohl der Kontakt inzwischen eingeschlafen war, hatten sich die beiden Cousins früher gut verstanden und in den sechziger Jahren gemeinsam für die Bürgerrechtsbewegung engagiert. Ed hatte Rubin nicht nur beim ersten Prozeß zur Seite gestanden, sondern ihn auch nach der Aufhebung des Urteils überallhin begleitet und während des ganzen zweiten Verfahrens unterstützt. Er war einsdreiundachtzig groß und schlaksig – »ein langer, dünner Schluck Wasser«, wie Rubin zu sagen pflegte – und mit Rubin zusammen eher komisch anzusehen. Ein ungleiches Paar, das die Kanadier an ein altes Foto von Lesra und William erinnerte.

Es war einen Monat vor Ostern, als Rubin bei Ed anrief. Bevor er sich noch nach Louise Cockersham erkundigen konnte, erklärte ihm Ed hocherfreut, daß er genau den richtigen Zeitpunkt erwischt habe, weil er ihm ohnehin etwas Wichtiges mitteilen müsse. Er sei vor kurzem in ein Taxi gestiegen und mit dem Fahrer ins Gespräch gekommen. Dieser Mann – ein Weißer, der eigentlich aus dem Süden stammte, aber schon seit Jahren in Paterson lebte – habe ihn als Cousin von Rubin »Hurricane« Carter erkannt und sich darüber ausgelassen, wie man Carter verschaukelt hätte.

»Ich weiß, daß Ihr Cousin unschuldig ist«, hatte er gesagt.

»Wie wollen Sie das wissen? Oder möchten Sie mir einfach nur was Nettes sagen?« hatte Ed eher spöttisch gefragt.

»Ich weiß es einfach.«

»Nun ja, aber zwei Schwurgerichte haben's anscheinend nicht gewußt.«

»Ich weiß es, weil ich ihn schließlich im Nite Spot gesehen habe, als die Schießerei in der Lafayette Bar lief.«

Wie sich zeigte, war er frühmorgens am 17. Juni über die East 18th Street gefahren und nicht um die Kurve in die Governor Street gekommen, weil ihm ein weißer Dodge den Weg versperrte. Als er feststellte, daß die Zündschlüssel steckten, und den Dodge eben zur Seite fahren wollte, gab ihm ein Mann, der draußen vor dem Nite Spot stand, zu verstehen, daß es besser sei, die Finger von dem Wagen zu lassen, wenn er nicht wolle, daß man ihm »den Arsch aufreißt«. »Wissen Sie denn nicht, wem der gehört? Das ist der Wagen vom Hurricane!« Auf die Frage, wo Hurricane Carter denn zu finden sei, hieß es: »Na, im Nite Spot, Mann.«

Der Taxifahrer warf sich also ins Getümmel des Nite Spot, fand Carter und bat ihn, seinen Wagen zur Seite zu fahren. Da sich Carter gerade bestens unterhielt, forderte er den Mann auf, das »verdammte Ding« doch selbst wegzuschaffen, was der Fahrer auch tat. Anschließend ging er noch einmal zurück und händigte dem Barkeeper die Wagenschlüssel aus, weil es inzwischen noch voller geworden war und er nicht mehr zu Rubin vordringen konnte.

Nachdem er wieder in seinem Taxi gelandet war, hörte er über Polizeifunk, daß es soeben »Ärger« in der Lafayette Bar gegeben hatte. Gleich darauf, als er sich mit seiner Fuhre wieder auf den Weg machte, ertönten bereits überall Sirenen.

Natürlich war ihm immer klar gewesen, daß sich Rubin unmöglich an zwei Orten zugleich aufgehalten haben konnte. Trotzdem hatte er geschwiegen, aus Angst vor den Repressalien der Polizei.

»Ich hab ihn dann noch mal getroffen, Rube, um zu sehen, ob ich noch was aus ihm raushole. Aber er hat mich sofort nach Drähten und Mikros abgesucht und kein Wort mehr gesagt. Er hat einfach Schiß, Rube.«

»Hör zu, Ed«, sagte Rubin. »Ich muß jetzt gleich weg vom Telefon, aber diese Sache ist wirklich wichtig. Ich möchte, daß du ein paar Freunde von mir anrufst, Terry und Sam, die hier in Trenton sind und mir helfen. Erzähl ihnen die ganze Geschichte, und sag ihnen alles, was sie wissen wollen. Sie gehören praktisch zur Familie.«

Nachdem er aufgehängt hatte, hielt Rubin auf der Rückseite von »Zusatzblatt Nr. 011-83 zum Häftlings-Handbuch« fest: »Ich denke, wir sollten Ed noch einmal mit Beldock und Bell auf den Burschen ansetzen und sehen, ob wir eine Aussage bekommen.«

Terry und Sam waren so begeistert von Eds Bericht, daß sie beschlossen, sich trotz der vorgerückten Stunde noch am gleichen Abend mit Beldock und Bell in Verbindung zu setzen. Allen Beteiligten war augenblicklich klar: Das war ein Alibi aus dem Bilderbuch.

Für die Kanadier, die die Akten inzwischen auswendig kannten, war auch klar, daß der Taxifahrer offenkundig den ersten Polizeiruf mitgehört hatte. Anfangs war nur von »Ärger« die Rede gewesen – nicht von Schießerei oder Mord. Fast unmittelbar darauf war ein Streifenwagen vor Ort gewesen, hatte den Fluchtwagen noch gesehen und erst an der

Brücke zur Autobahn nach New York aus den Augen verloren. Wie konnte das also Rubins Wagen gewesen sein, wenn sich Rubin zur selben Zeit im Nite Spot aufgehalten hatte? Außerdem war allseits bekannt, daß Rubin gewohnheitsmäßig den Zündschlüssel stecken ließ und seinen Wagen mit der typischen Arroganz eines Sport-»Stars« grundsätzlich so abstellte, daß er anderen im Wege war. Zumal er an dem besagten Abend gerade Cathy McGuire und deren Mutter nach Hause gefahren hatte und nur auf einen Sprung ins Nite Spot zurückgekommen war, um »Wild Bill« Hardney einzusammeln und mit ihm zu sich nach Hause zu fahren, um Geld zu holen. Daß das Lokal noch voller gewirkt hatte, als der Taxifahrer die Schlüssel zurückbrachte, paßte zu der Tatsache, daß die Band gerade aufgehört hatte zu spielen und die Gäste aus dem Hinterzimmer nach vorn zur Theke drängten. Zu diesem Zeitpunkt hatte Rubin seine Versuche, Hardney loszueisen, endgültig eingestellt und John Artis gebeten, ihn zu begleiten. Und da er ihm die Autoschlüssel gegeben hatte, konnten sie nicht mehr im Wagen gewesen sein, sondern mußten tatsächlich an der Bar gelegen haben. Alles paßte also ins Bild und machte Sinn.

Irritierend war nur, daß sich Rubin offenbar nicht an den Zwischenfall erinnert hatte. Allerdings hatte der Taxifahrer auch keinen Grund, sich die Geschichte auszudenken, noch dazu mit so vielen Einzelheiten, die sich in allen Punkten mit den übrigen Daten deckten und deshalb dafür sprachen, daß sich die Dinge tatsächlich so abgespielt hatten.

Obwohl Beldock in seiner Eigenschaft als Anwalt eher vorsichtig war, gab er zu, daß die Aussage des Taxifahrers Rubin ein hieb- und stichfestes Alibi verschaffen konnte. »Bevor wir damit zu Gericht gehen«, meinte er, »sollten wir aber ganz sicher sein und den Mann noch mal überprüfen«. Da es sich um »neue Beweise« handelte, mußte die Sache Richter Leopizzi vorgelegt werden. Der Taxifahrer mußte also nicht nur zur Aussage bereit, sondern auch absolut integer und standhaft sein, weil ihn Staatsanwalt wie Richter scheibchenweise auseinandernehmen würden.

Rubin wußte selbst nicht, warum ihm das Intermezzo mit dem Taxifahrer entfallen war. Wie er den Kanadiern erklärte, gehörte das zu den Dingen, die ihm nicht besonders wichtig oder einprägsam waren, so daß er nicht darauf geachtet hatte. Er habe aber nach Eds Anruf gründlich nachgedacht und versucht, die Szene zu rekonstruieren, und meinte, sich tatsächlich an einen Weißen zu erinnern, der ein großkariertes Hemd in hellen Brauntönen und braune Hosen getragen hatte und kurz vor Schluß ins Nite Spot gekommen war. Zu den Schlüsseln war ihm allerdings gar nichts eingefallen, ob er sie nun von ihm, vom Barkeeper oder sonstwem bekommen hatte.

In den folgenden Tagen machte Ed Carter zwei Versuche, ein Treffen zwischen dem Taxifahrer, Beldock und Bell zu arrangieren. Der erste Versuch scheiterte an einem Sturm – ausgerechnet einem Hurrikan –, der am 29. März unvermutet New Jerseys Küsten heimsuchte und dafür sorgte, daß der Passaic River das halbe Land überschwemmte. Beim zweiten Treffen, das im Hilton von Meadowlands stattfinden sollte, ließ sich der Taxifahrer gar nicht erst blicken. Es war offensichtlich, daß er einfach nicht reden wollte, und so mußte eine andere Strategie ins Auge gefaßt werden.

Nachdem Ed Carter die Taxigesellschaft ermittelt hatte, bei der der Mann beschäftigt war, postierte er sich dort, wartete, bis der Fahrer seinen Dienst antrat, enterte dessen Taxi und ließ sich zur East 18th Ecke Governor Street bringen. Es war eine lange Strecke, und der Fahrer war sichtlich nervös. Am Fahrtziel angekommen, wo einst der Nite Spot gelegen hatte, sprangen Beldock und Bell in den Wagen und versuchten, den überraschten Fahrer zu beschwichtigen.

Nachdem sie ihm versichert hatten, daß er keine Angst zu

haben brauche und ihn niemand zu einer Aussage zwingen wolle, schlugen sie vor, ihnen doch wenigstens zu zeigen, was er in der fraglichen Nacht mit Rubins Wagen gemacht hatte – wo der Wagen anfangs gestanden und wohin er ihn später gebracht hatte. Während der Fahrer dauernd wiederholte, daß er Angst hatte, seinen Job zu verlieren und mitsamt seiner Familie von der Polizei tyrannisiert zu werden, ging Ed Carter noch einmal die ganze Geschichte mit ihm durch, die der Mann auch keineswegs leugnete. Er beteuerte, daß er Rubin Carter gerne helfen wolle, aber fürchte, nicht den nötigen Schutz zu bekommen, wenn er weiter in Paterson leben wolle. Obwohl ihn Myron, Herb und Ed anflehten zu reden – schließlich saß ein Unschuldiger hinter Gittern –, blieb er dabei, mit Rücksicht auf seine Frau, seine Kinder und die Hypothek fürs Haus, leider nicht aussagen zu können. Immerhin schien er ehrlich verzweifelt zu sein, und so schlugen sie ihm vor, sich einem Geistlichen oder einer anderen verläßlichen Person anzuvertrauen. Schließlich gab ihm Beldock noch seine Karte für den Fall, daß er seine Meinung änderte.

»Es war wie im Kino, Rubin«, freute sich Myron abends am Telefon. »Unser Timing war perfekt. Wir waren wirklich ein starkes Team.«

Obwohl Beldock keineswegs darauf hoffte, daß der Taxifahrer seine Meinung änderte, war er inzwischen immerhin überzeugt, daß der Mann Rubin und den Wagen tatsächlich gesehen und die Geschichte nicht einfach erfunden hatte, um sich interessant oder wichtig zu machen. Er hatte eindeutig Angst vor den Sanktionen der Polizei – und das war schließlich in diesem Fall nichts Ungewöhnliches.

»Wir können leider wirklich nichts tun, um ihn zu schützen. Der Staat hat die Macht – wir haben keine. Trotzdem ist das sehr interessant, Rubin, und ich bin durchaus nicht entmutigt.«

20

Inzwischen machten Lesra und Marty an der Universität von Toronto Furore. Beide hatten im Hauptfach Anthropologie belegt und gemeinsam an einem Forschungsprojekt über Rassenvorurteile gearbeitet. Ihr mündlicher Vortrag zu den geschichtlichen und soziologischen Hintergründen des Rassismus gegen Schwarze in Kanada und den USA erregte einiges Aufsehen, da nur den wenigsten Studenten bewußt war, wie stark das Erbe der Sklaverei bis heute die Einstellungen und die Perspektiven beeinflußte.

Lesra hatte auch Philosophie belegt und für eine Arbeit über die Grundsätze von Recht und Gerechtigkeit eine Eins plus erhalten. Sein Tutor – ein Doktor der Philosophie – hatte die Abhandlung mit den Worten kommentiert: »Einfach hervorragend ... Sie sollten das unbedingt *sofort* veröffentlichen ... Sie bewegen sich auf einem Niveau, bei dem ich allmählich an *eigene* Grenzen stoße und nicht so ganz sehe, was ich Ihnen noch beizubringen hätte.«

Auch der Anthropologe und frühere Harvard-Professor Richard Lee wurde auf Lesra aufmerksam. Lee war international bekannt für seine Forschungen über die Khoisan, die sogenannten »Buschmänner« Südafrikas, ein Volk von Sammlern und Jägern, dessen egalitäre Traditionen des Miteinander und Teilens Lesra immer fasziniert hatten. Und so dauerte es nicht lange, bis er Lees Schützling geworden war.

Unterdessen war man auch in Trenton mit akademischen Studien beschäftigt. Wenn Sam, Terry und Lisa nicht gerade an Rubins Fall arbeiteten, kümmerten sie sich um Dorothy, die ältere Tochter ihrer neuen Freundin Isabell. Dorothy ging erst in die zweite Klasse, war aber hochintelligent, so daß die Kanadier nicht verstanden, warum man sie ein Jahr zurückgestuft hatte. Wie sich herausstellte, konnte sie lesen, allerdings nicht sehr gut, und brauchte etwas Nachhilfe, um flüssig zu artikulieren. Was sie aber vor allem brauchte, war ein bißchen Ermutigung. Ihre schulischen Leistungen waren schwach, weil die Lehrer nichts anderes von ihr erwarteten, und weil wir alle dazu neigen, den Erwartungen anderer zu *entsprechen*.

Es machte Spaß, sich mit Dorothy zu beschäftigen. Sie war ein besonders feinfühliges und bezauberndes Kind und ein willkommener Trost angesichts der deprimierenden Zwänge, denen Rubin ausgesetzt war, und der Klaustrophobie, die New Jersey inzwischen bei den Kanadiern auslöste. Sie kam drei- oder viermal pro Woche nach der Schule vorbei, um den Kanadiern laut vorzulesen oder mit ihnen zu spielen, unter anderem »Einkaufen« mit echten Münzen, wobei Dorothy lernte, Geld zu wechseln, nachzuzählen und richtig herauszugeben, und stets auf der Hut sein mußte, weil ihre Lehrer entweder nicht richtig rechneten oder dauernd versuchten, sie zu beschummeln. Außerdem mußte sie ständig auf Terry achten, dem es offenbar teuflischen Spaß machte, ihr die Schnürsenkel aufzuziehen, wenn sie am wenigsten damit rechnete.

Eines Abends, als die Schule einen Tag der offenen Tür veranstaltete, lernte Sam Dorothys Lehrerin kennen, eine sehr hellhäutige, fast schon gelbe Afro-Amerikanerin mit Sommersprossen. Im Vergleich zu ihr war Dorothy rabenschwarz. Da die Lehrerin Dorothys schulische Fähigkeiten sehr niedrig einschätzte, hatte sie das Mädchen der zweitschlechtesten Lesegruppe der Klasse zugeteilt und war tief beeindruckt, als ihr Sam überzeugend darlegte, daß er Dorothy unterrichtet hatte, sie für überdurchschnittlich intelligent und begabt hielt und keinen Grund sah, sie nicht der besten Gruppe zuzuteilen.

Wenn Dorothy bei den Kanadiern war, kam es auch vor, daß sie Rubins Anrufe entgegennahm und mit ihm plauderte.

Sie wußte alles über ihn, kannte die Fotos aus seinem Buch und den Rest aus den Erzählungen ihrer Mutter.

Eines Tages, als der Fernseher lief und gerade alte Sendungen der »Saturday-Night-Live-Show« wiederholt wurden, kreischte Dorothy plötzlich: »Schaut mal, da ist Rubin! Rubin ist im Fernsehen!«

Sie lag beinahe richtig. Es war eine Show aus dem Jahre 1976, etwa zu der Zeit, als man Rubins Urteil aufgehoben hatte. Man sah einen kahlköpfigen Pseudo-Hurricane hinter Gittern. Plötzlich öffnet sich die Tür seiner Zelle, er ist frei und eine Stimme sagt »Gehen Sie nie ohne aus dem Haus!«, während eine American Express Karte mit den Buchstaben »Rubin Hurricane Carter« bedruckt wird.

Am Ende des Schuljahrs war Dorothy in der besten Lesegruppe gelandet und wurde ausgezeichnet, die größten Fortschritte gemacht und am meisten gelesen zu haben. Im darauffolgenden Jahr lag sie bei einem landesweiten Schultest unter den ersten zehn Prozent aller Drittkläßler.

Rubin und die Kanadier hatten nie Zweifel, daß Rubins Freilassung eines Tages kommen mußte. Auf diese Voraussetzung richtete und stützte sich alles, was sie taten.

Ansonsten wurde die Einigkeit nur getrübt, wenn die Kanadier Rubin drängten, sich ins Staatsgefängnis Rahway verlegen zu lassen.

»Warum sollte ich?« meinte Rubin dann abfällig.

»Schon alleine deshalb, weil die Haftbedingungen erträglicher sind«, meinten die Kanadier.

»Knast ist Knast. Das ist überall gleich.«

Rubin wollte eigentlich nicht darüber sprechen, wußte aber, daß ihm nichts anderes übrigblieb, nachdem das Thema einmal auf dem Tisch war. Außerdem gab es durchaus Gründe, die für Rahway sprachen. Zum einen rein praktische: Es lag näher bei New York, was den Umgang mit den Anwälten und dem Ermittler erleichterte; es gab längere Besuchszeiten und, wie man hörte, auch bessere Möglichkeiten, zu telefonieren, so daß Rubin weniger Schwierigkeiten haben würde, die verschiedenen Aktionen zu koordinieren und den Lauf der Ermittlungen zu verfolgen. Cousin Ed war dabei, Louise Cockersham aufzuspüren; Herb Bell fahndete nach dem Fahrgast des Taxifahrers und anderen, die Rubin zur fraglichen Zeit im Nite Spot gesehen haben mochten; und Rubin entwickelte die juristischen Strategien mit Hilfe von Beldock und Professor Friedman.

Noch entscheidender war vielleicht, daß der Wechsel ein erster Schritt zur Entwöhnung vom Anstaltsleben war. Wenn er sich jetzt nicht bewegte, konnte es sein, daß er am Ende gar nicht mehr in der Lage war, das Gefängnis zu verlassen. Nach fast zwanzig Jahren im Knast war der Weg nach draußen weitaus kritischer als der Wechsel nach Rahway. In eine neue Umgebung geworfen zu sein, war bestimmt eine gute Übung, ein geeignetes Anpassungstraining an veränderte und weniger restriktive Bedingungen. In Rahway fanden Besuche bei gutem Wetter unter freiem Himmel statt, man war nicht an Stühle gefesselt, sondern konnte herumlaufen, gemeinsam Kaffee trinken oder etwas essen. Alles in allem ging es dort minimal menschlicher zu – aber dieses Minimum war einiges wert.

Andererseits mußte man auch die Risiken in punkto Ruhe und Sicherheit abwägen. In Trenton kannte man seine Art, mit der Gefangenschaft umzugehen, und ließ ihn in Frieden. Ob Mithäftling oder Wärter, jeder wußte, daß er nicht an den Freizeit- oder Arbeitsprogrammen teilnahm und weder Sozialarbeiter noch Psychologen um ihren Rat oder ihr Urteil bat. In einem anderen Gefängnis mußte er sich diesen Status erst wieder neu erkämpfen. Gar nicht zu reden von dem »Frischfleisch«-Syndrom. »Womöglich will einer sein Image aufpolieren und versucht, mich zu vögeln.« Nein danke, beschloß Rubin, da war es doch sicherer, wenn er in Trenton blieb.

Es brauchte noch einiges an Diskussionen und frustrierenden Versuchen, ans Telefon zu kommen, bis sich Rubin endlich für die Idee erwärmte und seine Verlegung beantragte. Es war eine weise Entscheidung, wie er bald feststellen sollte, denn die Atmosphäre in Trenton wurde äußerst angespannt.

»Kriegszustand« schrieb Rubin auf die dritte Mappe seiner provisorischen Notizen. »Von hier wegzukommen ...«

Es war der 15. Mai, acht Tage nach der Party, die die Kanadier zu seinem siebenundvierzigsten Geburtstag für ihn und den ganzen Trakt arrangiert hatten. Um dieses beispiellose gesellschaftliche Ereignis zu realisieren, waren »The Rose« und Brownie, Rockfish und andere Mithäftlinge eingesetzt und Einladungen an Rubins sämtliche Freunde in Trenton verschickt worden – an Cap'n Dick und A. J., an Zig und Smalls, Zeke, Glen und Ray, an Bruder Franklin und Gamu, Nick und »The Greek«, Saifuddin und Misra, die »Four Fives and a Nine«, Top Choice und »Swamp Man« Smitty. Man hatte eine riesige Geburtstagstorte angeliefert (die in vier Teile zerlegt werden mußte, bevor sie passieren durfte) und mit Sam Jennings, dem Betreiber des »Knast-Kiosk«, vereinbart, die Gäste mit Eis und Limonade zu bewirten. »The Rose« hatte sich allerhand Tricks einfallen lassen, um Rubin auf den Hof zu locken, während man drinnen auf dem Flur einen Tisch aufgebaut und ihn in Ermangelung einer Tischdecke mit einem Bettuch verhüllt hatte. Schließlich wurde das süße Büffet angerichtet und über allem ein Transparent befestigt, auf das Lenny geschrieben hatte: »Heute 16 Uhr in 6/links – Große Geburtstagsparty für Rubin – Alle sind eingeladen.«

Die Überraschung war perfekt, zumal es vielen geladenen

Gästen trotz der eingeschränkten Bewegungsfreiheit gelungen war, aus allen Teilen des Gefängnisses herbeizukommen. Alle waren restlos begeistert, Rubin ausgetrickst und derart verblüfft zu haben. Dazu Schokoladentorte mit Kuvertüre und Zuckerguß und obendrauf Vanilleeis? Die reinste Wonne!

Seither hatte sich die Stimmung im Trakt allerdings deutlich verändert. Wenige Tage zuvor war ein neuer Häftling eingewiesen worden, der nicht hierhingehörte. Er hatte sein eigenes Kind, ein Baby noch, mißbraucht und getötet – eine bodenlose, unsägliche Tat, die ihn zur Zielscheibe allgemeiner Empörung machte. Er war ein Fall für die Psychiatrie und hätte zumindest isoliert werden müssen, obwohl auch das keine Sicherheit garantierte. So kam es, daß sich Willis, der regelmäßig in Rubins Trakt Dienst tat, mit zwei Kollegen »auf die Lauer« legte, geduldig wartete, bis der Mann zur Dusche gegangen war und sich entkleidet hatte, um dann blitzschnell über ihn herzufallen und ihn bewußtlos zu prügeln. Nachdem sie ihn ausgiebig mit Fäusten und Füßen traktiert hatten, warfen sie ihn nackt, wie er war, in seine Zelle.

Das spitze Kreischen, das Willis bei dieser Attacke ausgestoßen hatte, kam Rubin bekannt vor. Er war sicher, den Ton schon gehört zu haben, und zwar im *Vroom Building*, wo einer der anonymen Schläger seine Kampfgenossen auf die gleiche Weise angefeuert und in einen regelrechten Blutrausch versetzt hatte. Angewidert mußte Rubin feststellen, daß Willis zweifellos dem sadistischen Rollkommando angehört hatte. Dabei war er der Sohn eines ehemaligen Vollzugsbeamten, den Rubin viele Jahre gekannt und stets geachtet hatte.

Er begann, Willis genau zu beobachten.

Als Willis an einem Dienstag den Zellentrakt noch vor Ablauf seiner Schicht verließ, kam Rubin der Verdacht, daß der Schweinehund nichts Gutes im Schilde führte, und nachdem das Licht nicht zur üblichen Zeit abgedreht worden war, gab es keinen Zweifel mehr, daß sich irgendwo in der Strafanstalt etwas Übles abspielte. Am nächsten Tag erfuhr Rubin, was passiert war. Ein »Runner« – ein Häftling, der als Laufbursche und Bote fungierte – überbrachte ihm die Neuigkeiten.

In der Nacht waren fünfzehn junge Straftäter aus dem Southern State Jugendgefängnis in Cumberland County nach Trenton verfrachtet worden, weil sich einer aus der Gruppe anscheinend über das dortige Abendessen beschwert und sich geweigert hatte, die Leber zu essen. Wie die Anstaltsleitung später behauptete, hatten anschließend ein paar Rädelsführer die anderen Insassen aufgewiegelt, sich dem Protest anzuschließen, und waren wegen »Anstiftung zu bzw. Beteiligung an einer Gruppendemonstration«, mit Handschellen und Fußketten verschnürt, in Transporter gestopft und nach Trenton überführt worden, wo man sie gnadenlos terrorisiert und verprügelt hatte.

Nachdem Rubin dem Runner erklärt hatte, daß er die Aussagen der betreffenden Leute brauchte, um etwas unternehmen zu können, erhielt er noch am selben Tag zehn handgeschriebene Erklärungen mit Namen und Unterschrift. Was er darin las, machte ihn rasend.

Ken:

Am 15. Mai 1984 wurde ich nach Trenton gebracht. Es fängt schon mal damit an, daß keiner von uns wußte, warum und was man uns überhaupt vorwirft ... Sobald wir drinnen waren in dem Bau bzw. den Empfangsbereich hinter uns hatten, mußten wir uns komplett ausziehen. Dafür haben sie uns genau 30 Sekunden gegeben ... Weil ich nach 30 Sekunden noch nicht fertig war, fingen die Wachen an, mir mit ihren Gummiknüppeln auf den Rücken und die Seiten zu schlagen.

Nachdem ich ausgezogen war, sollte ich mich in 30 Sekunden wieder anziehen. Ich war dann wieder nicht fertig in den 30 Sekunden, und so haben sie mich wieder mit ihren Gummiknüppeln bearbeitet. Als ich angezogen war, drehten sie mich um und fingen an, mich anzuschreien und mir lauter Schweinereien an den Kopf zu werfen. Sie haben mir die Handschellen angelegt und wieder auf mich eingedroschen, mit Gummiknüppeln und Fäusten. Dann haben sie mich an den Handschellen über den Flur gezerrt, und die Stahlkanten haben mir die Handgelenke aufgeschnitten. Vor einer Tür blieben wir stehen, und ich wurde gegen die Wand nebendran geschleudert. Als wir durch die Tür durch waren, haben sie mich dazu gebracht, so fürchterlich zu schreien, daß ich mich geschämt habe. Links und rechts vom Gang standen die Wachen aufgereiht, und ich wurde geschubst und gestoßen und geprügelt, während die ganzen Officer, Sergeants, Lieutenants und Captains dabeistanden und zusahen. Dann haben sie mich brutal den nächsten Flur hinuntergeschleift, um die Ecke und mir einen Stoß gegeben, daß ich hingefallen bin, und als ich am Boden lag, haben sie angefangen, mich mit Tritten durch die Gegend zu kegeln ... Ich wurde an den Handschellen hochgezogen, und der Officer fing an, mich zu irgendeiner Treppe zu zerren. Dabei hab ich meinen linken Stiefel verloren, und der Officer hat ihn aufgehoben. Auf dem Weg nach oben hat er immer wieder mit den Fäusten oder dem Gummiknüppel auf mich eingeschlagen. Er hatte mich bei den Handschellen gepackt und rannte die Stufen hoch, und wenn ich nicht mithalten konnte, hat er mir mit dem Stiefel eins über den Kopf gezogen. Das ging so über vier Etagen. Auf jedem Treppenabsatz hat er mich mit Stößen und Schlägen vor sich hergetrieben zum nächsten Aufgang. Als wir die Zelle erreichten, wurde mir befohlen, meine Hände durch die Futterklappe in der Tür zu strecken. Während mir der eine Officer die Handschellen abgenommen hat, hat ein anderer mit dem Gummiknüppel auf meine Hände eingedroschen. Alle anderen aus der Gruppe vom Southern State sind genauso traktiert worden ... Einer mußte sogar ins Krankenhaus eingeliefert werden und ist immer noch nicht zurück. Es ist auch kein Arzt erschienen, um unsere Verletzungen zu versorgen. Nur eine Krankenschwester, die aber nur Aspirin ausgeteilt hat ...

Joseph:

... Wir wurden aus dem Transporter gezerrt und sollten die Köpfe nach unten halten und kein Wort reden oder sonstwas ... Dann haben sie uns in den Flur getrieben, vor die Wand geknallt und gesagt, wir sollen die Wände küssen, und dann hab ich plötzlich ein Stechen gefühlt im Rücken, weil mir jemand in den Rücken geboxt hat, und sie haben uns dreien gesagt (wir waren aneinandergefesselt, mit Handschellen und Fußketten), wir sollen tanzen und erst wieder aufhören, wenn sie's sagen. Dabei haben sie mit ihren Knüppeln auf uns eingedroschen ... Mein Kopf wurde an die Wand gedonnert, und ich sollte weitertanzen, und dann mußten wir alle sagen, daß wir die Schwulis vom Trenton State sind, während sie uns mit den Knüppeln bearbeitet haben ... Dann hat mich ein Sergeant ... vom Southern State gefragt ... wer mit dem Freßstreik angefangen hat, ich hab' gesagt, ich weiß nichts von Streik und daß ich nie Leber essen, und dann hat er mich ins Gesicht geboxt, an den Haaren gepackt und mit dem Kopf gegen die Wand geknallt ... Dann hat mich ein Typ, ein leitender Officer, am Haar gepackt ... und in ein Zimmer gezerrt und gesagt, ich soll mich ausziehen, und dann haben sie gesagt, ich bin zu langsam und haben mich getreten und geboxt, und dann sollte ich mich beeilen mit dem Anziehen, und sie haben gesagt, das wär' zu langsam und haben wieder angefangen, mich zu schlagen und mit dem Kopf gegen die Wand zu hauen. Dann hat einer gesagt, ich soll

meine Sachen liegenlassen, und ein anderer, ich soll sie aufheben und abhauen, und noch ein anderer hat gesagt, warum rennst du weg, und hat mich geschlagen, weil ich weggelaufen bin, und dann haben sie mich den Gang runtergeschickt und den ganzen Weg über geboxt und geschlagen. Dann hat mich einer am Kragen gepackt und festgehalten, und ein anderer hat auf mich eingeprügelt. Dann wollte der eine, daß ich sage, ich bin die Pussi vom Trenton State, und der andere, ich bin der Homo vom Trenton State ... Ich habe nichts getan, womit ich die Schläge verdient habe, und es hat auch sonst kein Häftling oder Mensch überhaupt die Schläge verdient, die wir letzte Nacht bekommen haben. Ich habe immer noch keinen Arzt gesehen und bin wirklich schlimm zugerichtet!

James:

... Einem Häftling haben sie den Arm gebrochen ... Ich erinnere mich nicht an die Namen (der Wärter), aber ihre Gesichter werd' ich nie vergessen. Ihre Namensschilder und Rangabzeichen waren überklebt, so daß man sie nicht erkennen konnte ... sie sagten, guckt uns nicht an, ihr Arschlöcher, haltet den Kopf unten und laßt mal sehen, ob euer Arschloch auch groß genug ist für den Knüppel hier ...

Rubin versteckte die Blätter in einem dicken Aktenbündel, das er auf dem Weg zu einer Kontakt-Visite bei der Poststelle deponierte. Nach dem Besuch holten die Kanadier das Paket ab und schickten die Aussagen der Opfer zu Rubins Anwalt Jeff Vogel, der bereits erfolgreich gegen die Verlegung ins *Vroom Building* prozessiert hatte und inzwischen die American Civil Liberties Union (Verein zur Wahrung der bürgerlichen Freiheit) in New Jersey leitete.

Als Willis wieder Dienst hatte, rief ihn Rubin zu sich in die Zelle und sagte: »Ich weiß, wer Sie sind, Sie Mistkerl, und ich weiß, was Sie gemacht haben. Ihr Vater hätte sich für Sie geschämt.«

Willis, der zu Rubin immer freundlich gewesen war, spielte den Ahnungslosen.

Rubin sah ihm fest in die Augen und fuhr fort: »Eines Tages bekommen Sie die Quittung dafür, weil es nur eine Frage der Zeit ist, wann Sie jemandem wie mir begegnen, der nicht nach Ihrer Pfeife tanzt. Und Sie können mir glauben, daß ich selbst mit Handschellen und Fußketten noch verdammt viel Schaden anrichten kann! Wenn Sie wieder mal vorhaben, andere zu quälen, dann sollten Sie gut aufpassen. Sie könnten's mit jemandem zu tun bekommen wie mir!«

Binnen Tagen war die Geschichte der nächtlichen Terroraktion in allen Zeitungen, und der Newarker *Star-Ledger* titelte: »Essensverweigerung führte zu brutalen Mißhandlungen«. Drei leitende Vollzugsbeamte wurden ohne Fortzahlung ihrer Bezüge fristlos entlassen; Willis und andere sollten folgen. Sie verloren nicht nur ihren Job, sondern landeten selbst vor Gericht und schließlich im Gefängnis. Der Anstaltsleiter wurde zu untergeordneten Bürodiensten in die zentrale Justizverwaltung abgeschoben.

Unterdessen grübelte Rubin, ob in Trenton alles schlimmer wurde oder schon immer so schlimm gewesen war. Waren die letzten Vorkommnisse vielleicht ein Zeichen, daß es besser war, von hier wegzugehen? Wenn ja, dann hatte er die Botschaft verstanden.

Während einer Kontakt-Visite sprach er mit Lisa über den bevorstehenden Wechsel nach Rahway. Er war erstaunt, daß man ihn dort wieder aufnehmen wollte, nachdem man ihn 1974 so unsanft mitten in der Nacht rausgeworfen und ins *Vroom* abgeschoben hatte. Seither hatten sich die Verhältnisse und die Anstaltsleitung allerdings längst verändert.

Während sich die beiden unterhielten, starrte ein neuer

Aufseher, ein Weißer, penetrant und deutlich angewidert zu ihnen herüber. Er hatte Rubin bereits verwarnt, seinen Arm von Lisas Stuhllehne zu nehmen, aber Rubin hatte die Anordnung ignoriert. Als der Wärter sich nun erneut – diesmal von hinten – näherte und Rubins Arm berührte, hatte er sich damit einen fatalen Fehler geleistet. Bevor er noch sagen konnte »Nehmen Sie endlich den Arm da weg!« hatte sich Rubin bereits blitzschnell umgedreht, mit erhobener Faust.

Im Nu waren sämtliche Männer im Raum verstummt, während die Frauen ahnungslos weiterschwatzten.

»Schau her und lies mir von den Lippen«, artikulierte Lisa, die sich dicht zu Rubin vorgebeugt hatte. »Wenn du ihn anfaßt, schlag' ich dich k. o.«

»Was sagst du?« fragte Rubin so laut, daß alle im Raum erstarrten.

»Ich sagte, ich schlag' dich k. o., wenn du ihn anfaßt«, wiederholte Lisa todernst, aber so leise, daß es niemand außer Rubin hören konnte.

Rubin stand schon halb, die Faust immer noch drohend erhoben – und den kleinen Finger nicht abgespreizt, wie er es im Spiel zu machen pflegte. Inzwischen waren alle Augen auf ihn gerichtet. Ob Häftling oder Aufseher – jeder wußte, daß man Rubin nicht ungestraft berührte.

Und was tat der Hurricane? Plötzlich verzog sich sein Gesicht zu einem breiten Grinsen, und er brach in schallendes Gelächter aus, schüttelte und krümmte sich und plumpste auf seinen Stuhl zurück, während ihm die Tränen aus den Augen traten und er kaum sprechen konnte.

»Ich seh's schon vor mir«, kicherte er, »du haust mich einfach um! Kannst du dir vorstellen, wie schnell sich so was rumspricht? ›Frau schlägt Rubin k. o.! Kein Scheiß, Ehrenwort – ich hab's mit eigenen Augen gesehen!‹ Dann kann ich aber einpacken in dem Laden, und mein Leben ist einen Dreck wert. Ich hör' sie schon alle brüllen ›Niete, Niete‹!«

Lisa mußte ebenfalls lachen angesichts der Absurdität dieses Bildes. Sie gab sich keineswegs der Illusion hin, Rubin stoppen zu können: Wenn er ernsthaft vorgehabt hätte, den Wärter zu schlagen, hätte niemand schnell genug eingreifen können. In den vergangenen Jahren hatte Rubin nie gezögert, diese letzte Bastion seines Widerstandes zu verteidigen. Die Tatsache, daß er es jetzt getan, daß er ihr erlaubt hatte, ihn abzulenken, daß er bereit war, ihr zuzuhören, deutete darauf hin, daß er das menschenfressende Ungeheuer gebändigt hatte und *selbst* die Richtung bestimmte. Was er früher im Zorn gesehen hatte, sah er jetzt mit Humor.

Die Atmosphäre entspannte sich, der neue Aufseher wurde von den älteren Kollegen zurückgepfiffen, und man wandte sich wieder seinen Gesprächen zu. Später leistete der Wärter Abbitte, über Rubins Mithäftling und Freund Johnny D'Amico und über einen Kollegen. Er hatte Angst, sich persönlich zu zeigen, bevor die Entschuldigung offiziell überbracht und angenommen war, und sprach Rubin fortan nur noch mit »Mister Carter« an.

Aber Mister Carter zog es inzwischen nach Rahway.

21

Rubin mußte niemanden über seine neue Adresse informieren, da der Wechsel nach Rahway von allen Radiostationen und Zeitungen New Jerseys bekanntgegeben wurde, mit einem Zitat von James Stabile, dem Sprecher der Strafvollzugsbehörden: »Er ist älter geworden. Er hat lange Jahre abgeleistet und braucht keine Sicherungsverwahrung wie in Trenton. Seine Führung verdient einen Wechsel.« Außerdem hatte Stabile erklärt, daß Carter etwa im Jahr 2000 damit rechnen könne, auf Bewährung entlassen zu werden.

Am 29. Juni, dem Tag von Rubins Verlegung, zogen auch

die Kanadier nach Rahway, froh, dem trostlosen Trenton und den frostigen Nachbarn entronnen zu sein. Je weiter es nach Norden ging, desto heimischer fühlten sie sich, und Rahway war nur dreißig Autokilometer entfernt vom Lincoln Tunnel und Manhattan. Ihr neues Appartement lag in einem freundlicheren Teil des schwarzen Viertels und hatte einen Balkon mit Blick auf die Rotunde des Rahway Staatsgefängnisses – nicht gerade die Aussicht, die normalerweise als reizvoll empfunden wurde, aber für die Kanadier genau passend, solange Rubin dort war.

Im Gefängnis selbst hatte Rubin den Transporter noch gar nicht verlassen, als von draußen bereits eine laute Stimme ertönte: »Wo ist Carter? Wo steckt der Hurricane? Ich will ihn sehen. Er hat mir das Leben gerettet!«

Als Rubin endlich ans Licht kam, nahm ihn der Wärter, zu dem die Stimme gehörte, stürmisch in die Arme und drückte ihn so fest, daß Rubin ganz verlegen wurde. Er erinnerte sich an den Mann – es war Piscatelli, der im Flügel Drei Dienst getan hatte, als in Rahway der Aufstand ausgebrochen war, den er in seinem Buch beschrieben hatte. Das war 1971 gewesen, am Thanksgiving Day. Rubin hatte Piscatelli in der Toilette eingeschlossen, um ihn in Sicherheit zu bringen, und Piscatelli hatte dort eine lange Nacht und den größten Teil des nächsten Tages zugebracht. Selbst als die Unruhen vorbei waren, hatte er es nicht gewagt, sein Versteck zu verlassen und sich den Häftlingen zu zeigen. Schließlich hatte die Anstaltsleitung einen Baukran bestellt und mit einer Abbruchbirne die Außenmauer aufbrechen lassen, um ihn auf diesem Weg herauszuholen. Seither hatte er nie gezögert, jedem zu erzählen, daß ihm Rubin »Hurricane« Carter das Leben gerettet hatte.

Als »Neuzugang« wurde Rubin wie alle anderen frisch eingetroffenen Häftlinge (»Fische«) vorübergehend in einem Flügel mit der Bezeichnung »Ghetto« untergebracht. Der

Club der Lebenslänglichen schickte unverzüglich einen Runner mit einer »Notausrüstung« an Seife, Zahnpasta, Deodorant und Zigaretten (wie alle wußten, dauerte es eine Weile, bis die persönlichen Dinge eines Häftlings nachgeschickt wurden), und ein steter Strom von Bekannten wie Neugierigen kam vorbei, um hallo zu sagen.

Ein junger Mann, kaum älter als neunzehn, der schon seit Monaten im Ghetto saß, beobachtete fasziniert das Geschehen. Er hatte noch nie etwas Derartiges erlebt – es sah aus, als hätte sich Rubin in einem Hotel einquartiert und pausenlos den Zimmerservice antanzen lassen. Während sich ranghöhere Wärter sonst kaum in diesen Bereich verirrten, kamen jetzt bei jedem Schichtwechsel mehr – eine regelrechte Parade von Sergeants, Lieutenants und sogar Captains, die alle den Neuzugang begrüßen wollten. Wenn das ein »Fisch« sein sollte, entschied der junge Mann, dann war Mona Lisa ein Kerl!

Als Rubin seine Zelle verließ, um zu telefonieren, konnte der Junge seine Neugier nicht länger bremsen. »Wer bist du, Mann?« erkundigte er sich völlig verblüfft. Die Antwort mußte er sich allerdings bei einem anderen holen, da eben der Chief Deputy Keefer eingetroffen war, um ebenfalls seine Aufwartung zu machen.

Trotz des unerwartet herzlichen Empfangs dauerte es Wochen, bis sich Rubin an die neue Umgebung gewöhnt hatte. Alles war so anders. Andere Geräusche, andere Warnsignale, ein anderer Rhythmus, andere Menschen, auf die er sich erst einstellen mußte. Und es gab so viele neue Eindrücke zu verarbeiten und einzuordnen, daß er ständig auf der Hut war, auf dem Sprung.

Nach drei Tagen im Ghetto wurde ihm eine Zelle in Eins/Oben zugewiesen. Es war ein ruhiger Flügel, und die oberste Ebene mit etwa zwanzig Mann war von den darunterliegenden Etagen getrennt. Im Gegensatz zu Trenton mußte Rubin allerdings keine vier Treppen laufen, um an die einzig verfügbaren Telefone zu kommen. Hier hatte jede Ebene zwei eigene Anschlüsse, und er konnte mit einem Minimum an Einschränkungen auf seine Freilassung hinarbeiten.

Als erstes brachte er seine Zelle in Ordnung. Bevor er einzog, strich er die Wände und schrubbte den Boden. Dann packte er seine Sachen aus, zu denen auch die Verpflegung gehörte, die er in Trenton gehortet hatte: vakuumverpackte Fertigmenüs und Büchsen mit Thunfisch, Lachs und Nüssen. Auch eine alte Zwiebel fiel ihm in die Hand, die zu seiner großen Freude gekeimt und lange grüne Triebe gebildet hatte. Er konnte es kaum erwarten, Terry, einem begeisterten Gärtner, die Neuigkeit mitzuteilen.

»Du wirst es nicht glauben, Taif«, sagte Rubin – die liebevolle Abkürzung für »Taifun« gebrauchend, den Bruder des Hurrikans und den Namen, auf den er Terry getauft hatte*. »Diese Zwiebel will doch tatsächlich wachsen, Taif! Wie ist das möglich? Wieso wächst das Ding ohne einen einzigen Krümel Dreck?«

»Das heißt nicht ›Dreck‹, Rube«, lachte Terry. »In Gärtnerkreisen nennt man das ›Erde‹. Weißt du was, ich wette, du bringst die Zwiebel auch noch zum Blühen.«

»Glaubst du wirklich?«

»Klar. Eine Zwiebel ist schließlich eine Knolle und hat alles, was sie braucht, bei sich. Wenn du sie einpflanzt und ihr genügend Wasser und Licht gibst, entwickeln sich die Triebe zu festen langen Stielen, die dann oben kleine Blüten bekom-

* Rubin pflegte Terry bei Besuchen im Gefängnis als »Taifun, den Preisboxer aus Kanada« vorzustellen, da sich Terry bei einem Unfall in jungen Jahren die Nase gebrochen hatte und ein bißchen wie ein Boxer aussah. Allerdings war ihm das in der weitaus nobleren Kulisse des Upper Canada College, der Prep School für das kanadische Establishment, passiert.

men. Zwiebelblüten machen zwar nicht gewaltig viel her, aber es sind immerhin Blumen.«

Da niemand ahnte, was die beiden besprochen hatten, fragten sich alle, warum Rubin bei jedem Hofgang penibel etwas »Erde« abkratzte, in einen kleinen Plastikbeutel füllte und heimlich in seine Zelle schmuggelte.

Jeden Morgen gab Rubin den Kanadiern als erstes den aktuellen Entwicklungsstand der Pflanze durch. Sie schien es ausgesprochen eilig zu haben mit dem Wachstum.

In Rahway begann Rubin, wieder mit der Welt in Kontakt zu treten. Eine Veränderung, die vielleicht am ehesten auf den ungehinderten Zugang zum Telefon zurückzuführen war. Die Kanadier hatten in ihrer neuen Wohnung ein Telefon mit drei Anschlüssen legen lassen, so daß Rubin über R-Gespräch bei ihnen anrufen und sich dann direkt mit anderen Teilnehmern verbinden lassen konnte. Auch wenn es um so simple Dinge ging, wie etwa in einer Bibliothek anzurufen und nach einem juristischen Text zu fahnden, konnte Rubin »auf einen Sprung vorbeikommen«.

Was Rubins Verpflegung anging, so konnten ihm die Kanadier jetzt jeden Monat zwei Pakete à fünfundzwanzig Pfund schicken. Manchmal war Rubin gerade am Telefon, wenn sie für ihn kochten: Frühstück mit Schinken und Eiern und Pfannkuchen mit Ahornsirup; zu Mittag Fisch und Chips; für den Abend Schlemmermenüs wie Filet Wellington und Hummer mit Bechamelsauce; und himmlische Köstlichkeiten wie Mousse au chocolat, hausgemachte Eclairs und Millefeuilles. Rubin blieb am Telefon, während ihm die Kanadier beschrieben, was sie gerade kochten, wie es aussah und roch. Auch für die akustische Untermalung war gesorgt, indem sie den Hörer über die Pfanne hielten, wenn etwa der Speck gebraten wurde, und das Zischen und Brutzeln war Musik in Rubins Ohren.

Wenn er gehört hatte, wie sie alles einpackten, stellte er sich draußen im Gang ans Fenster und wartete, bis er sie über die lange, hufeisenförmige Zufahrt kommen und an dem Teich mit den kanadischen Gänsen vorbei zur Poststelle fahren sah, die sich außerhalb des umzäunten Geländes in einem separaten Bau auf der Rückseite befand. Von seiner Ebene aus – einer der wenigen im ganzen Gefängnis, die hoch genug war, um über die Mauer schauen zu können – konnte er noch eben den Teich mit den Gänsen überblicken und einen Teil der Zufahrt bis zur Poststelle. Interessanterweise war es ihm gar nicht in den Sinn gekommen, die Kanadier aus dem Fenster zu beobachten, bis sie ihn selbst auf die Idee gebracht hatten, und nun hielten sie immer gleich nach der Kurve hinter dem Hufeisen, damit er sie möglichst gut im Blick hatte. So sah er den Wagen, sah, wie sie ausstiegen, den Karton mit seinem Essen nahmen und mit ihm in Richtung Poststelle verschwanden. Es war ein wunderbares Gefühl, das alles von Anfang bis Ende verfolgen zu können.

Wenn Rubin das Essen erhalten hatte, konnte er Stunden damit zubringen, es einfach nur anzuschauen. Alles war säuberlich verpackt; jedes Menü in einem flachen Plastikbehälter, auf einem Salatbett angerichtet, garniert mit Kirschtomaten, jungen Karotten und Petersilie; auch die Kuchen, Törtchen und Pasteten waren prachtvoll dekoriert. Ein Fest für die Augen wie für den Gaumen, an dem er auch andere aus seinem Flügel teilhaben ließ, bis er den Rest (der möglichst zwei Wochen reichen sollte) wieder in der Styroporbox verstaute, dem einzigen »Kühlschrank«, der im Gefängnis erlaubt war.

Die Kanadier schickten ihm auch eine kleine Perserbrücke für den Boden, Kunstdrucke für die Wände (impressionistische Motive von Gauguin, Monet, Cezanne und den »Kopf eines Negers« von Peter Paul Rubens), Handtücher mit Monogramm – »RHC« –, ein Radio-Kassetten-Deck und Bänder mit seiner Lieblingsmusik: von Otis Redding, Wilson

Pickett, Merle Haggard, Sam und Dave, James Brown, Aretha Franklin, Johnny Paycheck, Johnny Cash, Buffy Sainte-Marie, Bob Dylan (den Song »Hurricane« und das Album »Highway 61 Revisited«), Elmore James, Gil Scott Heron, The Staple Singers, Percy Sledge, Memphis Minnie, Sweet Honey in the Rock, Lightnin' Hopkins, Willie Dixon und den Rolling Stones.

Auf diese Weise machten sie aus einer vergitterten Zelle ein Zuhause und sorgten dafür, daß Rubins Sinne ständig stimuliert wurden. Es war ein ziemlicher Kontrast zu den Zeiten, als Rubin noch den Fernsehapparat verweigert hatte, um sich nicht allzu heimisch zu fühlen. Doch je »komfortabler« er sich einrichtete, je mehr er sich der Außenwelt öffnete, desto unerträglicher wurde das Gefühl, gefangen zu sein.

In der Zwischenzeit waren die Nachforschungen in Rubins Sache weitergegangen, und was sie erbracht hatten, war so gut wie Dynamit.

Eine Bahn, der sie gefolgt waren, hatte bereits Caruso vorgezeichnet. Laut eigenen Aufzeichnungen hatte er sich angelegentlich mit dem »Timing der Aktion« beschäftigt und den Verdacht gehegt, daß die Tat deutlich früher stattgefunden hatte als um die von der Staatsanwaltschaft auf 2 Uhr 30 festgelegte Zeit. Das Timing war der kritische Punkt, weil sogar die Anklage akzeptiert hatte, daß Rubin fraglos schon vor zwei bis mindestens 2 Uhr 15 im Nite Spot gewesen war.

Caruso hatte dazu angemerkt: »Laut Sammelkladde Tatzeit kurz nach 2.00 Uhr. Laut Bericht 2 Uhr 30.« Diese Kladde gehörte offenbar der zweiten Pat (nicht Valentine), die sich angeblich in der Nähe der Lafayette Bar aufgehalten hatte, als das Verbrechen verübt wurde. Ferner hatte Caruso aus der Erklärung, die das überlebende Opfer William Marins am 22. Juni vor der Polizei abgegeben hatte, folgendes zitiert:

2:00 auf die Uhr gesehen – beschlossen, noch zu bleiben. »Plötzlich« (Anführungszeichen von Caruso) standen zwei Männer hinter Bob –

Außerdem hatte Caruso hervorgehoben:

Jean Wall, Telefonistin – vermerkt Anruf um 2:28 Uhr wg. Schießerei – ruft Polizei an, die sagt, daß Cop schon unterwegs (Zeit???)

Wenn die Polizei schon um 2:28 Uhr unterwegs gewesen war, mußte die Schießerei logischerweise vorher stattgefunden haben. Statt dessen hatte die Staatsanwaltschaft die Tatzeit jedoch auf 2:30 Uhr festgesetzt, und der erste Funkruf bei der Polizei war angeblich nicht vor 2:34 Uhr eingegangen.

Außerdem fand sich ein anderes interessantes Beweisstück, das den Darstellungen der Anklage widersprach: die Aussage eines Taxifahrers (nicht identisch mit seinem kürzlich entdeckten Kollegen) vom August 1966, die er vor einer Anklagejury abgegeben hatte, bevor Rubin und John erneut verhaftet wurden:

Das einzige Mal, daß ich was von der Schießerei gehört habe, war, als ich den Vater von Willie Marins zu Hause abgeholt habe. Da war's 2:25 oder 2:30 Uhr morgens, und er wollte zum Krankenhaus.

Wie konnte es sein, daß die Polizei bereits alarmiert und vor Ort gewesen war; daß die Ambulanz bestellt war und Marins ins Krankenhaus transportiert hatte; daß man Marins' Vater informiert und er die Zeit gehabt hatte, ein Taxi zu rufen und sich um 2:25 bis 2:30 Uhr abholen zu lassen, wenn die Schießerei nicht um vieles früher stattgefunden hatte, als die Polizei später behauptete? Den Ermittlungsakten zufolge waren die Aufzeichnungen der Taxigesellschaft, aus denen hervorging, um welche Zeit Marins' Vater angerufen hatte, von der Polizei beschlagnahmt, allerdings nie vorgelegt worden.

Wie war es also dazu gekommen, daß man vor Gericht von einer späteren Tatzeit ausgegangen war? Laut Aussage von Pat Valentine war sie von den Schüssen geweckt worden, hatte aus dem Testbild im Fernsehen geschlossen, daß es etwa 2:30 Uhr morgens sein mußte, und gleich darauf die Polizei angerufen. Außerdem hatten mehrere Officer aus dem Gedächtnis – nicht aus ihren Aufzeichnungen, die unauffindbar waren – wiedergegeben, daß die erste Funkstreife um 2:34 Uhr alarmiert und auf den »Ärger« in der Lafayette Bar angesetzt worden war. Eindeutige Beweise wie Tonbänder und Begleitprotokolle der Polizei oder Fahrtenbücher der Ambulanz hatten jedoch nicht vorgelegen. Angeblich hatte das Bandgerät, das die im Präsidium eingehenden Notrufe sowie die ausgehenden Funksprüche aufzeichnete, in jener Nacht »schlecht funktioniert«.*

Unnötig zu sagen, daß die Kanadier diese Widersprüche einigermaßen befremdlich fanden und in den Aufzeichnungen der Telefongesellschaften nach weiteren Hinweisen suchten. Wie sich herausstellte, stammte der von Caruso zitierte Vermerk nicht von Jean Wall, sondern von ihrer Vorgesetzten, die man nicht in den Zeugenstand geladen hatte. Ihre Initialen waren mit »LH« angegeben und standen oben auf der Liste, die nur als Abschrift vorlag, da sich das Original angeblich bei der Telefongesellschaft befand. War-

* Offenbar kein seltenes Ereignis, wenn es den Zwecken der Polizei entsprach. Wie Christopher Norwood in seinem Buch *About Paterson: The Making and Unmaking of an American City* berichtete, hatte auch die offizielle Untersuchung der Polizeiaktionen bei den Unruhen von 1968 gezeigt, daß »der Rekorder, der die Einsatzbefehle an die Männer vor Ort automatisch registrierte, mysteriöserweise versagt hatte«.

um man die Unterlagen nicht bei Gericht vorgelegt und »LH« geladen hatte, um ihre eigenen Notizen zu identifizieren, blieb den Kanadiern rätselhaft, bis sie allmählich merkten, daß die Schrift etwas sehr Vertrautes hatte, und plötzlich feststellten, daß sie mit Vincent DeSimones Schrift, von der es unzählige Proben gab, identisch war. Konnte es sein, daß dieses Memo eine Fälschung war?

Um sicherzugehen, schickten sie das verdächtige Papier zusammen mit vier Dokumenten, die eindeutig von DeSimone geschrieben waren, nach Toronto, wo sich Gus aufmachte, das fachkundige Urteil Linda G. Pitneys einzuholen. Sie gehörte zu den besten Schriftexperten Kanadas, hatte die erste Graphologie-Schule im Land gegründet – das Canadian College für Kinesiographie – und auch als Gutachterin vor Gericht gearbeitet. Sie erfuhr nichts über den Fall oder die Herkunft der Unterlagen, die Notizen der Telefongesellschaft wurden lediglich als »Prüf-Dokument« (PD) gekennzeichnet, das mit den vier »Standard-Dokumenten« verglichen werden sollte.

In der Zwischenzeit versuchten die Kanadier in Rahway, an die Originale der Aufzeichnungen heranzukommen. Es stellte sich heraus, daß die Telefongesellschaft New Jersey Bell ihre Unterlagen im allgemeinen fünf bis zehn Jahre aufbewahrte, so daß die Wahrscheinlichkeit, auf fast doppelt so alte Papiere zu stoßen, gen Null tendierte. Bei der Taxifirma ergab sich das gleiche Problem: Sie hatte 1981 nach einem Konkurs den Besitzer gewechselt und keinerlei Aufzeichnungen über die Jahre zuvor. Es war einfach zu viel Zeit verstrichen.

Nach eingehender Prüfung der vorgelegten Schriftproben kam Linda Pitney zu dem Schluß, daß sie allesamt von einer Hand stammten. Sie begründete ihre Ansicht auf fünf Seiten und listete ausführlich die einzelnen Merkmale auf, betonte aber auch, daß die Fälschung auf gewisse Grundkenntnisse forensischer Schrifttechniken hindeute, was es schwerer, jedoch nicht unmöglich mache, die Muster zu identifizieren.

Sie hatte auch ein Psychogramm des Fälschers entworfen, das sich verblüffend mit Rubins Wahrnehmungen von DeSimone deckte. Wie sie vermutete, war er als Kind mißbraucht worden und empfand jetzt (das hieß 1966, als er die Berichte geschrieben hatte) Rachegelüste. Er liebte es, die Dinge zu organisieren und Macht auszuüben, fürchtete allerdings, seine Macht an Jüngere zu verlieren. Er war schnell bei der Hand mit sarkastischen bis bösartigen Bemerkungen, beharrte auf festen ideologischen Grundsätzen und vergaß keine noch so geringfügige Kränkung.

»Wow!« lautete Myron Beldocks Reaktion, als er das Ergebnis der Analyse erfuhr. Obwohl ihm die Schriften auf dem PD und DeSimones Dokumenten auch ähnlich erschienen waren, war er doch skeptisch gewesen. »Ich denke, DeSimone ist viel zu gerissen, um sich einen derart groben Fehler zu leisten«, hatte er zu Rubin gesagt, »also werde ich meine Erwartungen nicht allzu hoch schrauben.«

Nun war er allerdings begeistert. »Das ist hochexplosiv! Wie setzen wir das jetzt am besten ein? Und wo?« überlegte er laut.

»Wir haben also einen Schlüsselbeweis«, fuhr er fort, »den der Architekt dieses Falles eindeutig eigenhändig gefälscht hat, um die eigentliche Tatzeit, die um einiges früher anzusetzen ist, zu verschleiern. Es geht also darum, daß die Anklage das entlastende Material nicht nur unterdrückt, sondern auch noch gefälscht hat. Soweit ist alles klar, Rubin – aber wir können uns nur auf *einen* Experten berufen. Es wäre also ganz hilfreich, wenn wir das Ganze dadurch bekräftigen könnten, daß wir uns eine Schriftprobe von dieser LH besorgen, die definitiv belegt, daß der Vermerk keinesfalls von ihr stammt.«

»Schon erledigt!«

Da Herb Bell ein vielbeschäftigter Mann war, hatten Rubin und die Kanadier ihm einen zweiten Privatdetektiv zur Seite gestellt – Mims Hackett, ebenfalls Afro-Amerikaner und ebenfalls aus New Jersey. Rubin hatte Mims in Trenton kennengelernt, wo er wegen Kidnappings eine dreißigjährige Haftstrafe verbüßen sollte. Das Gericht hatte ihn schuldig gesprochen, obwohl er zwei Zeugen benennen konnte (keine Familienangehörigen), die zur Tatzeit mit ihm in seinem Haus gewesen waren. Aufgrund einer Formsache durfte er seine Alibizeugen im Prozeß nicht aufrufen lassen, nach der Verhandlung widerriefen jedoch zwei Belastungszeugen und erklärten, ein Police Detective habe Mims reinlegen wollen. Nach einer Anhörung zu der neuen Beweislage kam der verhandelnde Richter zu dem Schluß, daß die Widerrufe der Zeugen »jeden Wahrheitsgehalt vermissen ließen« (was an Bellos und Bradleys Widerrufe erinnerte!), und man schickte Mims ins Staatsgefängnis von Trenton.

Eines Tages wandte sich Mims beim Hofgang an Rubin, um ihn zu fragen, wie man sich etwas Publicity verschaffen konnte. Rubin vermittelte ihn an seine Kontaktpersonen beim CBS-Fernsehen, und so wurde Mims Geschichte schließlich in der Sendung »60 Minuten« ausgestrahlt. Im Jahre 1980 entschied ein Bundesrichter nach der Habeas-Corpus-Doktrin und annullierte das Urteil, weil man Hackett das Grundrecht verwehrt hatte, seine Entlastungszeugen aufzurufen. Verglichen mit Rubin hatte Mims nur wenig Zeit im Gefängnis verbracht, aber sie hatte genügt, sein ganzes Leben zu ruinieren, und nun war er dabei, aus den Trümmern eine neue Existenz zu erschaffen. Glücklicherweise hatte er seine frühere Tätigkeit als Biologielehrer wiederaufnehmen können, und seine Frau Bernice und die Kinder hatten die Kraft aufgebracht, die Notzeiten zu überstehen. Allerdings waren sie kaum imstande, ihr Haus zu halten, und stotterten noch Jahre später die Anwalts- und Gerichtskosten ab.

Am 31. Juli 1984 erschien Mims als Bote eines Floristen in Paterson und lieferte bei einer gewissen Lenore Harkinson eine prachtvolle Pflanze ab. Die Empfängerin war eine ältere Frau in den Siebzigern, der es körperlich nicht sehr gutging. Obwohl sie nicht wußte, wer ihr das Angebinde zugedacht hatte, freute sie sich über die Blumen und schrieb bereitwillig ihre Initialen und das Datum auf die Empfangsbestätigung.

Mit Hilfe dieser Quittung sowie dieser Spektogramme und Vergrößerungen war Linda Pitney noch überzeugter, daß es sich bei dem Prüfdokument um eine Fälschung handelte. Drei weitere unabhängige Graphologen überprüften ihre Analyse und bestätigten das Ergebnis.

Um auch den letzten Zweifel auszuräumen, hielt es Beldock für ratsam, Harkinson durch einen Anwalt befragen zu lassen. Zusammen mit Lou Raveson, einem Kollegen aus New Jersey, erschien er an einem Mittwochnachmittag um 15:30 Uhr vor Harkinsons Haustür und klingelte. Als niemand reagierte, betraten sie das Haus und klopften an die Wohnungstür. Niemand öffnete, aber von innen waren Geräusche zu hören. Sie verließen das Haus und riefen in der Wohnung an. Besetzt. Als sie wieder ins Haus wollten, erklärte der Verwalter, er könne sie nicht einlassen, wenn die Frau offensichtlich nicht öffnen wolle. Sie riefen wieder an, es wurde abgenommen und gleich aufgehängt. Sie klingelten erneut. Nichts. Sie riefen an – besetzt. Um 18:00 Uhr gaben sie auf und gingen.

Am darauffolgenden Samstag machten sich Sam und William Perkins auf den Weg nach Paterson, wo sie um 9:15 Uhr eintrafen. Bill war gefahren und hatte Kassetten von Nat King Cole abgespielt, um Sam zu entspannen, der es schrecklich fand, in Paterson zu sein. Er wußte zuviel von dessen Geschichte, und der Niedergang dieser einstigen Industriemetropole entsprach seinen schlimmsten Erwartungen.

Trotzdem hatte er kommen müssen, da sonst niemand verfügbar war, um Bill über die Hintergründe der bevorstehenden Aktion zu unterrichten.

Rubin hatte immer eine besondere Vorliebe für Bill Perkins gehabt, der ein ebenso brillanter wie freundlicher Anwalt war, trotz seines vollen Terminkalenders beim geringsten Anlaß bereit, auf jede Weise zu helfen. Er hatte an der Universität von Iowa studiert, sprach fließend Spanisch und Russisch, konnte sich in Portugiesisch und Polnisch verständigen und hatte früher als Profi-Footballer bei den Minnesota Vikings gespielt. Ende der siebziger Jahre hatte er sich als Präsident des New Jersey State Assembly Judiciary Committee erfolgreich gegen die Wiedereinführung der Todesstrafe gewehrt, war dort bis in die frühen Achtziger geblieben, und betrieb nun eine eigene Kanzlei am Journal Square in Jersey City. Außerdem war er ein leidenschaftlicher Koch und hatte etwas von einem Renaissance-Menschen.

Bill war bestens präpariert. Bevor sie Lenore Harkinsons Haus betraten, vergewisserte er sich noch einmal, daß das Tonbandgerät in seiner Jackentasche funktionierte, und schaltete es ein, als sie das Gebäude betraten. Die Eingangstür stand einladend offen, und so marschierten sie unbefangen zum Aufzug, ließen sich in den achten Stock tragen, wanderten den Gang hinunter und klopften an die Wohnungstür. Von drinnen spähte jemand durch das Guckloch und fragte mit hoher, schriller Stimme: »Was wollen Sie?«

»Mrs. Lenore Harkinson? Mein Name ist William Perkins, Ma'am. Ich bin Anwalt in New Jersey und würde Ihnen gern ein paar Fragen stellen.«

»Nein! Ich beantworte keine Fragen!«

»Mrs. Harkinson, wir möchten Sie nur einen Moment sprechen. Könnten Sie nicht bitte die Tür aufmachen, Ma'am?«

»Ich mache für niemanden die Tür auf!«

»In Ordnung, Mrs. Harkinson, wie Sie wünschen. Wenn wir Ihnen einfach einen Zettel unter der Tür durchschieben, würden Sie dann vielleicht einen Blick darauf werfen?«

»Wenn Sie mir versprechen, daß Sie dann wieder gehen.«

Perkins versprach es, nahm eine Kopie des PD und schob es unter der Tür durch – bis auf eine kleine Ecke, damit er sehen konnten, ob sie das Blatt auch herauszog. Sie tat es, und man hörte, wie sie murrend nach ihrer Lesebrille suchte.

»Erkennen Sie dieses Memo?«

»Ja, ich kenne es.«

»Ist das Ihre Schrift?«

Sie zögerte. »Es sind meine Initialen.«

»Und was ist mit dem Rest? Ist der von Ihnen? Haben Sie das alles geschrieben?«

An diesem Punkt hob sie plötzlich die Stimme und fing an zu kreischen: »Ich sage nichts mehr! Gehen Sie! Gehen Sie!« Von dem Memo wollte sie sich auch nicht mehr trennen, bis ihr Bill und Sam versicherten, daß sie sofort verschwinden würden, wenn sie es wieder unter der Tür herschob, was sie schließlich auch tat.

Als sie das Haus verließen, entdeckten sie gleich auf der gegenüberliegenden Straßenseite einen Streifenwagen der Paterson-Police. Ein Officer stieg aus und ließ demonstrativ sein Pistolenhalfter sehen.

»O Scheiße!« murmelte Sam, dem die Knie weich wurden und das Herz bis zum Halse schlug. Er war überzeugt, daß die Alte die Cops gerufen hatte und man sie beide jetzt verhaften würde. Immerhin konnte er froh sein, einen Anwalt dabeizuhaben, obwohl die Tatsache, daß Bill schwarz war, ihn nicht sehr zuversichtlich stimmte. Ihm fiel ein, daß Malcolm X zu sagen pflegte: »Wie nennt ein Redneck (= Reaktionär) einen Schwarzen mit einem Doktortitel? – ›Nigger‹!« Und was die Paterson-Police Rubin angetan hatte, war auch nicht vergessen.

Düstere Visionen vom Passaic County Gefängnis tanzten durch seinen Kopf. »Scheiße, Scheiße!« murmelte er unablässig, während sie betont lässig ihren Weg fortsetzten, die Stufen hinunter und an dem Cop vorbei zu Bills Wagen. Niemand hielt sie auf, aber es dauerte Stunden, bis sich Sam von dem Adrenalinschub erholt hatte.

Später erfuhren sie von einem Nachbarn der Harkinson, daß die Frau siebenundvierzig Jahre bei der Telefongesellschaft gearbeitet hatte und 1971 im Alter von fünfundsechzig in den Ruhestand gegangen war. Wie sie dem Nachbarn erzählte, erinnerte sie sich sehr lebhaft an den Fall: »Ich hab' denen erklärt, daß ich auf keinen Fall aussage, kein Wort. Mit dem Gericht will ich nichts zu tun haben ... Ich hab' meine Initialen da drauf (auf den Vermerk) gesetzt, was wollen die also noch von mir? Schließlich ist das alles schon achtzehn Jahre her.«

»Wunderbar, Rube, aber das ist alles nur Hörensagen«, meinte Beldock, dem die Rolle zufiel, den Dingen aus juristischer Sicht einen Dämpfer aufzusetzen. »Wenn die Harkinson nicht mit uns reden will, läßt sich das nicht vor Gericht verwenden.«

22

Obwohl achtzehn Jahre vergangen und die Erinnerungen verblaßt waren, blieb die Angst, in den Fall verwickelt zu werden, in ganz New Jersey lebendig. Rubin und die Kanadier hatten allerdings trotzdem ein beeindruckendes Aufgebot an Zeugen und Beweisstücken zusammenstellen können.

Nachdem der Taxifahrer zu verängstigt war, um sich zu äußern, hatte man nach weiteren Zeugen aus dem Nite Spot gesucht und tatsächlich zwei Personen gefunden, die den

Vorfall mit Rubins Wagen bestätigen konnten. Mims Hackett hatte ihre eidesstattlichen und notariell beglaubigten Erklärungen beigebracht.

1. Zeuge:

Mein Bruder und ich sind spätabends am 16. Juni 1966 in den Nite Spot in Paterson gegangen. Als wir reinkamen, hab' ich als erstes Rubin Hurricane Carter gesehen. Er stand am anderen Ende der Theke und sprach mit ein paar Frauen, die an der Bar saßen. Um welche Zeit ich genau gegangen bin, weiß ich nicht mehr, aber ich erinnere mich, daß Rubin Carter noch dort war.

Als wir wegfahren wollten ... ich hatte gerade die Beifahrertür von unserem Wagen geöffnet, hab' ich gehört, wie jemand auf dem Bürgersteig gesagt hat »Du willst dir wohl Ärger einhandeln?« Ich hab mich umgedreht und gesehen, daß Rubins Wagen einem Taxi den Weg versperrt hat. Der Fahrer, ein Weißer, war aus seinem Taxi gestiegen und stand neben Rubins Wagen. Ich wußte, daß es Rubins Wagen war, weil ich ihn schon oft damit gesehen habe. Es sind dann noch einige Leute aus dem Nite Spot gekommen, und ich weiß noch, daß ein paar oben auf der Treppe gestanden haben.

An die Uhrzeit kann ich mich nicht mehr erinnern, aber ich weiß, daß ich am nächsten Morgen die Zeitung gelesen und gesagt habe ... daß Rubin das nicht gewesen sein kann, weil ich da mit ihm im Nite Spot war ...

2. Zeuge:

In der Nacht vom 16. zum 17. Juni 1966 bin ich auf dem Heimweg von der Arbeit ungefähr um Mitternacht oder 0:30 Uhr im Nite Spot eingekehrt ... So gegen 2:00 Uhr habe ich Rubin Carter gebeten, mich nach Hause zu bringen. Rubin sagte, daß er mich in fünf Minuten mitnimmt. Ich ging ins Hinterzimmer, wo die Band spielte und die Leute tanzten.

Ich weiß noch, daß ich diesen jungen Burschen namens John gesehen habe, wie er tanzte, und er tanzte wirklich gut.

Ungefähr um 2:15 Uhr bin ich zurück zur Theke. Hinten war gerade Schluß. Rubin war noch da ... aber ich wollte nicht mehr länger auf ihn warten und war froh, als ich meine Freunde – K. und H. – reinkommen sah.

Als ich vorne an der Tür stand, ist ein Taxifahrer reingekommen und hat gerufen: »Wem gehört der Wagen da mitten auf der Straße? Kann ich die Kiste wegfahren, damit ich vorbeikomme?« Der Mann war weiß, ungefähr eins achtzig groß und vielleicht fünfundsiebzig bis achtzig Kilo schwer. Er hatte dunkelbraunes Haar und einen Südstaaten-Akzent. Zu der Zeit stand Rubin irgendwo mitten in der Bar.

... Später ... sind wir dann alle nach draußen, und ich sagte Rubin, daß ich mit meinen Freunden fahre. Er sagte: »Hauptsache, du kommst nach Hause.« Er ist dann mit Bucks und John in sein Auto gestiegen, und John ist gefahren.

Als ich hörte, daß sie Rubin und John wegen dieser Morde festgenommen haben, war mir klar, daß sie die Falschen erwischt hatten, weil die beiden ja im Nite Spot waren, als irgendwo anders die Schießerei lief ...

Was ich eben ausgesagt habe, ist alles wahr. Ich habe nichts vergessen. Es kommt mir vor, als ob es erst gestern passiert wäre. Ich habe das alles oft erzählt. Wahrscheinlich kann ich es deshalb nicht vergessen, weil ich eigentlich ja mit Rubin fahren wollte und sie mich dann auch all die Jahre für etwas eingesperrt hätten, das ich nicht getan habe – ebensowenig wie Rubin und John.

Dieser letzte Zeuge hatte sich vor dem ersten Prozeß bei Ray Brown, Rubins Anwalt, gemeldet und war weggeschickt worden, weil Brown schon über 150 Zeugen hatte (zu diesem Zeitpunkt war DeSimone noch nicht aktiv geworden, um die Zeugen zu bearbeiten). Zeuge Nr. 1 hatte nichts unternommen, weil ihm zu Ohren gekommen war, daß man Rubin nach der ersten Vernehmung wieder freigelassen hatte. Kurz darauf war er nach Boston gezogen und »das nächste, was ich hörte, war, daß sie ihn verurteilt hatten. Und ich wußte nicht mal, daß er wieder in Haft war!«

Von einem dritten Zeugen, einem Sergeant vom Staatsgefängnis Trenton, erhielt Mims eine Erklärung, die sich zwar nicht auf den Taxifahrer bezog, aber dennoch Rubins Alibi stützte. Dieser Mann war William »Wild Bill« Hardney (Rubins Sparring-Partner von 1966) begegnet, im Frühjahr 1976, bei Muhammad Alis Kampf gegen Jimmy Young. Hardney hatte ihm erzählt, daß er beim ersten Prozeß nicht als Zeuge aufgetreten war, weil DeSimone gedroht hatte, ihn zu verhaften, allerdings habe er fest vor, beim bevorstehenden Wiederaufnahmeverfahren für Rubin auszusagen, auch wenn er weiterhin fürchten müsse, den Repressalien der Polizei ausgesetzt zu sein.*

Im Spätsommer 1984 hatte Lesra – der sich auf sein zweites Studienjahr vorbereitete – endlich die Gelegenheit, einen seiner Brüder nach Toronto einzuladen. Leland hatte es am eiligsten gehabt, ihn zu besuchen.

Leland war eine seltsame Mischung aus kindlich und erwachsen, sanft und hart, zurückhaltend und doch gänzlich unverstellt. Im Alter von dreizehn glaubte er sich auf dem »Gipfel« seiner Möglichkeiten, während Lesra mit seinen zwanzig Jahren bereits auf dem absteigenden Ast war. Seine tiefe Stimme, der er einen betont finsteren und drohenden Klang gab, stand in starkem Kontrast zu seiner eher schmäch-

* Hardney sagte tatsächlich aus, allerdings für die Anklage. Nachdem man ihn immer wieder mitten in der Nacht aus seiner Wohnung in Washington herausgeholt, mit Gefängnis bedroht, mit nicht weniger als fünfzehn Mann nach Paterson verschleppt und dort inhaftiert hatte, gab er dem Druck nach und dementierte, mit Rubin im Nite Spot gewesen zu sein.

tigen Gestalt. »Mann«, knurrte er, während er mit seinem Bruder über den ohrenbetäubend lauten Flughafenparkplatz auf den Wagen zusteuerte, »verdammt ruhje Ecke hier!« Und das war ernst gemeint.

Er blieb ein paar Wochen, paßte sich mühelos den häuslichen Gegebenheiten an und beteiligte sich freudig an allem, was die anderen gerade machten. Er steckte voller Energie, und sein Tatendrang war kaum zu bremsen. Selbst zur Arbeit ging er mit, und da die Gruppe gerade ein viktorianisches Haus restaurierte, legte er ebenfalls Hand an. Er liebte es, Türen abzuschleifen oder Wände einzureißen, und verdiente auf diese Weise genug Geld, um sich ein Paar »spitzenmäßige 'didas« Joggingschuhe zu kaufen, »mega-in«, mit Bändern, die man einfach so lässig und locker schnürte. Dazu trug er eine Baseballmütze, den Schirm zur Seite und hochgeklappt, wie das in Brooklyn angesagt war, wo schließlich die neuesten Trends in Sachen Tanz und Klamotten kreiert wurden.

In Toronto entdeckte Leland, daß er singen konnte, was er vorher noch nie versucht hatte. Er konnte zwar »rappen« und zwar ziemlich gut, aber das war eher ein Sprechen als richtiger Gesang. Man hatte ihn nie aufgefordert zu singen, nicht einmal in der Schule.

Gus und Lesra hingegen sangen oft und gern zur Gitarre. Gus hatte Lesra ein paar Grundakkorde beigebracht, und so stimmten sie gemeinsam alte Bluesballaden und Folksongs an, »Shorty George«, »The Midnight Special« oder Leadbellys »Bourgeois Blues«, und ermunterten Leland, einfach mitzusingen. Zu seiner eigenen Überraschung stellte sich heraus, daß er eine volle, wohltönende Stimme hatte, und so sangen sich Lesra und Leland halbe Nächte lang die Kehle aus dem Hals, während Gus die Gitarre klingen ließ. Eins ihrer Lieblingslieder war »The Tramp on the Street«, und wenn sie es anstimmten, versuchten sie, das gleiche Feuer hineinzulegen wie Ramblin' Jack Elliott:

Only a tramp was/Laz'rus that day
He lay down by/the rich man's gate,
He begged for some crumbs from
The rich man to eat,
But they left him to die like
A tramp on the street.

He was some mother's darlin',
He was some mother's son,
Once he was fair and
Once he was young,
Then some mother rocked him,
Little darlin' to sleep,
And they left him to die like
A tramp on the street.

Der in Toronto verbliebene Teil der »Familie« – der zu dieser Zeit aus Lesra, Marty, Kathy, Michael, Gus, Mary und Terry bestand – versuchte auch, Leland für Rubin zu interessieren, aber er zeigte sich nicht sonderlich beeindruckt. Nach einem Blick in *The Sixteenth Round* blieb er völlig gelassen und meinte nur abfällig: »Och, is doch noch gar nix!« Erst die Bilder weckten sein Interesse – vor allem das Foto von 1962, auf dem sich Rubin, die Muskeln angespannt, die Linke schlagbereit, drohend über Florentino Fernadez beugt, den er eben k. o. geschlagen hat –, und nachdem ihm Lesra die ersten sechs »Runden« vorgelesen hatte, war er sichtlich bewegt. Es war das erste Mal, daß er sich eine Gefühlsregung anmerken ließ. Was ihn am meisten erschütterte, war die Passage über Rubins Zeit im Jugendheim von Jamesburg und die Kämpfe, die er ausgefochten hatte, um zu überleben. Leland konnte selbst ein Lied davon singen.

Rubin lag daran, selbst mit Leland zu sprechen, und so ließ er sich bei einem seiner nächsten Anrufe in Toronto mit ihm verbinden. Leland konnte es gar nicht glauben, daß der Hurricane am Telefon war und eigens seinetwegen angerufen hatte. Es dauerte einen Moment, bis er sich gefaßt hatte, und danach fiel ihm nicht ein, was er sagen sollte.

Daß Lesra mit einem Mann wie Rubin so vertraut war, verschaffte ihm jedenfalls eine Menge Respekt in den Augen seines Bruders.

Der nächste Punkt, mit dem sich Rubin und die Kanadier bei ihren Nachforschungen befaßten, war die Frage, wie es zu der Identifikation des Wagens gekommen war. Auf einer Erklärung, die Pat Valentine gegenüber DeSimone abgegeben hatte, fand sich die Skizze einer Art Frackschleife, in deren Mitte statt eines Knotens eine Lücke zu sehen war – offensichtlich die stark vereinfachte Darstellung der Rücklichter, die Valentine an dem Fluchtwagen entdeckt haben wollte. Und natürlich hatte Valentine, wie die Unterlagen ergaben, auf Befragen von Artis' Anwalt Lew Steel diese Skizze als zutreffend identifiziert (Beweisstück D-508).

Laut Bello und Valentine hatten die Rücklichter des Fluchtwagens quer über das Heck »aufgeleuchtet wie Schmetterlingsflügel«, wie langgezogene Dreiecke mit breiten Außenseiten, die sich zur Mitte des Kofferraums hin zu zwei Spitzen verjüngten, zwischen denen eine Lücke von etwa 40 Zentimetern unbeleuchtet blieb. Wie Steel im Prozeß überzeugend darlegte, entsprach das exakt den Rücklichtern eines 1966er Dodge Monaco, und tatsächlich hatte Valentine den Fluchtwagen ursprünglich als solchen identifiziert. Die Rücklichter von Rubins 66er Dodge Polara wirkten zwar ähnlich in der Form, sahen aber – wie auch Zeugen bestätigt hatten – völlig anders aus, wenn sie eingeschaltet waren. Sie erstreckten sich *nicht* bis zur Heckmitte, sondern leuchteten nur an den äußeren Enden auf und hatten folglich weder mit Schmetterlingsflügeln noch der Zeichnung, die Valentine angefertigt hatte, die geringste Ähnlichkeit.

Leider hatten jedoch beim Prozeß nur Schwarzweißfotos von Rubins Polara vorgelegen, noch dazu bei Tag aufgenommen. Es gab weder Farbaufnahmen von seinem Wagen noch entsprechende Fotos eines Dodge Monaco, schon gar nicht bei Nacht mit eingeschalteten Rücklichtern, die eindeutig gezeigt hätten, daß man Rubins Wagen unmöglich mit dem Fahrzeug verwechseln konnte, das in der Dunkelheit verschwunden war.

Angesichts der Beweiskraft eines Fotos war es aber vielleicht noch nicht zu spät, wenigstens einen Bundesrichter von den eklatanten Unterschieden zu überzeugen. Also machten sich die Kanadier daran, die entsprechenden Wagentypen aufzuspüren, um sie mit eingeschalteten Rücklichtern zu fotografieren. Sie telefonierten mit Autohöfen und Schrotthändlern von New Jersey bis Pennsylvania, ernteten aber nur Gelächter, wenn sie ihre Wünsche vorbrachten. In den USA landete alles, was nicht gerade ein Klassiker war, in der Autopresse. Wenn es überhaupt eine Chance gab, derart alte Modelle zu finden, dann höchstens in Kanada. Und so kam Lesra zu einer Aufgabe.

Etwa zur gleichen Zeit ließ sich Rubin, zum ersten Mal seit Jahren, auf ein Interview mit David Gates von *Newsweek* ein. Gates hatte sich gründlich mit der Akte beschäftigt und fand, daß Rubin zu Unrecht im Gefängnis saß. Eine Überzeugung, in der er noch bestärkt wurde, nachdem er ihn persönlich kennengelernt und den Berg an neuen Beweisen gesichtet hatte, die Rubin ihm stolz präsentierte.

»Sie verkaufen sich sehr gut«, meinte Gates zu Rubin, »allerdings haben Sie auch einiges zu verkaufen.«

In der *Newsweek*-Ausgabe vom 8. Oktober 1984 beschrieb er Rubin als einen »warmherzigen, redegewandten Mann, der in seinen langen, wohlformulierten Sätzen nie den Faden zu verlieren scheint«. Äußerlich wirke Carter zwar immer noch genauso durchtrainiert und muskulös wie zu seinen Zeiten im Ring, habe aber »mit dem säuberlich gestutzten Afro-Look – in dem keine Spur von Grau vorkommt – und ohne den gewohnten Bart ... fast keine Ähnlichkeit mehr mit seinem Aussehen in den siebziger Jahren.« Unverändert sei hingegen seine Ausdauer. Zu »störrisch«, um aufzugeben, beteuere Carter unverändert seine Unschuld und verbringe die meiste Zeit mit der Arbeit an seinem sich endlos hinschleppenden, verworrenen Fall. Der ganzseitige Artikel endete mit dem Hinweis, daß Rubins Anwälte inzwischen einen möglichen Alibi-Zeugen beigebracht hatten, »nach der bisherigen Entwicklung des Falls allerdings wenig darauf hindeutet, daß (Rubin Carter) bald durch diese Tür gehen wird«.

Rubin und die Kanadier waren sehr angetan vom Grundton des Artikels, konnten aber dem pessimistischen Schluß nicht zustimmen. Die Dinge bewegten sich dynamisch auf eine Wende zu, und die Mühlen der Geschichte waren bekannt dafür, mitunter die Richtung zu wechseln.

Nach endlosen Telefonaten war es Gus und Lesra gelungen, einen 1966er Dodge Monaco aufzutreiben. Jemand wußte von jemandem im Raum Kingston – rund 300 km östlich von Toronto –, der seinerseits gerade dabei war, einen solchen Wagen zu restaurieren. Das Ergebnis der Expedition waren mehrere Nachtaufnahmen der voll illuminierten Heckansicht aus verschiedenen Entfernungen. Obwohl das kühle, herbstliche Nieselwetter die Auspuffgase sichtbar gemacht hatte, war die Schmetterlingsform der Rücklichter unverkennbar.

Auch die Suche nach einem 66er Dodge Polara verlief erfolgreich. Er fand sich auf »Archie's Wrecking«, einem Schrottplatz am Highway 124 zwischen Burk Falls und Sundridge, und Lesra war froh, auf diese Weise einmal in den

Norden Ontarios zu kommen. Archie McCabe, der Besitzer, war – wie Lesra glaubte – noch nie einem Schwarzen begegnet und schien nicht so recht zu wissen, wie er sich verhalten sollte, taute aber rasch auf, als ihm Lesra half, den Polara mit einer Batterie auszustatten, um das Licht einschalten zu können.

Nachdem Archie auch noch erfahren hatte, daß die Fotos für einen berühmten Mordfall in Amerika gebraucht wurden, war er nicht mehr zu halten und ließ den Wagen eigens aus dem Hof schleppen, damit klare und eindeutige Aufnahmen zustande kamen.

Als nächstes mußte die Tatzeit neu definiert werden, über den »Metzler Ambulance Service«, der die Opfer ins Krankenhaus gebracht hatte, allerdings 1978 verkauft worden war und seither unter dem Namen »Eagle Ambulance« figurierte. Aufzeichnungen aus den Jahren zuvor waren nicht vorhanden, aber – wie Sam am Telefon erfuhr – vielleicht über Mister Metzler persönlich zu bekommen. Mr. Metzlers Telefonnummer war nicht bekannt, man wußte nur, daß er in einem Ort außerhalb von Paterson wohnte, und empfahl, sich an die Auskunft zu wenden, was Sam nicht besonders optimistisch stimmte. Nach den bisherigen Erfahrungen mit dem paranoiden Klima, das hier herrschte, hatte anscheinend jeder, den man in Paterson erreichen wollte, eine Geheimnummer und vor allem wenig Neigung, über den Mordfall zu sprechen. Insofern war man meist auf die Telefonnummern aus den diversen Akten angewiesen, die teilweise acht, wenn nicht gar achtzehn Jahre alt waren.

Überraschenderweise war Mr. Metzler ordentlich gelistet und ausgesprochen freundlich am Telefon. Nein, Aufzeichnungen, die so weit zurückdatierten, habe er nicht, könne sich aber wohl an die Schießerei in der Lafayette Bar erinnern, zumal ihm die Stadt den Transport der Opfer nie bezahlt habe. Sein Sohn William wisse vielleicht mehr, da er zu der Zeit im Dienst gewesen sei. Er gab Sam die – nicht registrierte – Telefonnummer seines Sohnes und empfahl, erst am Abend bei ihm anzurufen.

Die Kanadier konnten es kaum erwarten. Endlich sollten sie mit jemandem sprechen, der tatsächlich vor Ort gewesen war, nur wenige Minuten nach der Schießerei, der die Opfer gesehen und die Überlebenden ins Hospital gebracht hatte. Inzwischen hatten sie so viel über den Fall gelesen, daß sie rein gar nichts mehr glaubten und sich allmählich fragten, ob das Verbrechen überhaupt stattgefunden hatte!

Abends um halb sieben war Sam am Telefon, erklärte William Metzler, daß er Nachforschungen über den Fall Carter anstellte, und fragte ihn, ob er sich an die Nacht zum 17. Juli 1966 erinnern könne. Metzlers Erinnerung war kristallklar, weniger an die genauen Zeiten als an die Schreckensbilder, die sich seinen jungen Augen geboten hatten. Ja, er war bereit, darüber zu sprechen, er wollte es loswerden, was er seit Jahren in sich verschlossen und nie vergessen hatte.

Metzler war 1966 gerade siebzehn und über den Sommer bei seinem Vater angestellt worden. Er war noch neu im Job und arbeitete in der Spätschicht von Mitternacht bis acht Uhr früh. Üblicherweise fing die Schicht damit an, daß man bei Kaffee und Donuts herumsaß, ein Weilchen schwatzte und dann abwechselnd zwei Stunden Wache hielt. An dem bewußten Abend waren allerdings schon kurz nach Schichtbeginn die ersten Funksprüche von hektischen und aufgebrachten Polizisten aufgelaufen und zwar »in den frühen Morgenstunden vor vier. Es könnte aber auch gut um zwei oder zwei Uhr fünfzehn gewesen sein.« Die Polizei führte darüber Buch, wann die Ambulanzen gerufen wurden und wann sie eintrafen, erklärte Metzler, und die Ambulanzdienste hatten Laufzettel, die von der Polizei kontrolliert und abgezeichnet wurden (und wie so viele andere Beweisstücke weder damals noch heute für die Verteidigung verfügbar waren).

Metzler erinnerte sich, daß die Einsatzbefehle der Polizei immer schneller und panischer gekommen waren. Der erste Funkruf hatte sich noch an einen einzelnen Streifenwagen gerichtet und vage von »Ärger« gesprochen. Kurz darauf war bereits von einer »Schießerei« oder einem »Überfall« die Rede gewesen, bis es im letzten Funkspruch hieß, es seien Schüsse gefallen. Metzler wußte auch noch, daß der erste Streifenwagen am Einsatzort bereits »Ambulanz-Code Eins« gesendet hatte, was bedeutete »Notfall – sofort kommen«.

Metzlers älterer Bruder Walt hatte ebenfalls Nachtdienst gehabt und den Wagen gefahren. Als die beiden die zwölf Häuserblocks bis zur Lafayette Bar zurückgelegt hatten, waren sie auf einen Streifenwagen und zwei Officer getroffen. Im Lokal selbst fanden sie »eine Wildwest-Szene« vor. Ein Mann auf einem Barhocker, kopfüber auf den Tresen gesackt; vor ihm ein randvolles Schnapsglas und das Geld für den eben bestellten Drink. Um den Kopf hatte sich eine Blutlache gebildet. Jenseits der Theke verstreute Münzen aus der offenen Kasse, auf dem Boden hingestreckt der tote Barkeeper. Hazel Tanis, das weibliche Opfer, in schlechter Verfassung, aber noch am Leben. Das vierte Opfer, William Marins, in einem »erstaunlichen« Zustand. »Er wanderte immer noch herum, redete völlig klar und erzählte, zwei Männer wären reingekommen, hätten gesagt ›Das ist ein Überfall‹ und sofort losgeballert, als der Barmann das Geld holen wollte.«

»Sind Sie sicher, daß er sich so ausgedrückt hat?« fragte Sam.

»Aber ja, hundertprozentig. Zumal es mich überrascht hat, daß er so klar war. Immerhin erstaunlich für jemanden, den man gerade halb totgeschossen hat.«

Sams Gedanken überstürzten sich. Mit dieser Eröffnung war ein weiteres Argument der Anklage vom Tisch. Marins konnte also (eine Stunde, nachdem ihm Metzler begegnet war) keineswegs »völlig *kopflos*« gewesen sein, als er Rubin und John im Krankenhaus entlastet hatte. Außerdem war das Verbrechen zweifellos nicht von wahnwitzigen Rassisten verübt worden, wenn es sich in Wirklichkeit um einen Überfall handelte, bei dem zwei Männer in die Bar spaziert waren und wortlos das Feuer eröffnet hatten. Auch die Polizei hatte gegenüber der Presse von einem Überfall gesprochen, und die Staatsanwaltschaft war erst sehr viel später auf die Version verfallen, keine Beweise für einen Raub entdecken zu können. Nun gut, hier waren die Beweise!

Wie Metzler berichtete, hatte die Polizei geholfen, die Überlebenden in den Krankenwagen zu laden. Die beiden Brüder waren zuerst zum General Hospital gefahren, das nur drei Minuten entfernt lag, allerdings nur die Frau aufnehmen wollte (mit zwei Schußverletzten war man offenbar überfordert). Sie waren dann weitergefahren und hatten Marins fünf Minuten später im St. Joseph Hospital abgeliefert.

»Alles ging so schnell«, sagte Metzler. »Es war grauenhaft. Ich vergesse nie, wie ich über die Seitentür in die Bar kam und g-g-gleich ausgerutscht bin auf dem ganzen Blut, alles war voll davon, und ich bin beinahe gefallen ... Es ist schrecklich schwer, darüber zu reden ... Mehr kann ich Ihnen wirklich nicht sagen.«

Nach monatelanger Suche war es den Kanadiern schließlich auch gelungen, Avery Cockershams erste Frau Louise aufzuspüren, die inzwischen neu verheiratet (und wieder geschieden) war und den Namen gewechselt hatte. Sie war inzwischen etwa fünfzig, lebte mit ihrer Tochter JoAnn in einem gepflegten Haus und arbeitete immer noch als Hilfsschwester im Krankenhaus. Sie bekam zweimal Besuch: den ersten von Mims Hackett und Ed Carter; den zweiten von Ed und den Anwälten Myron Beldock und Bill Perkins.

Louise bestätigte, daß Pat Valentine und Sandy in der fraglichen Nacht bei ihr gefeiert hatten. Sie selbst war zweimal in der Lafayette Bar gewesen, um für Nachschub zu sorgen, und bestritt energisch, jemals behauptet zu haben, daß sie Rubin Carter dort oder anderswo gesehen hatte. Stattdessen hatten ihr vier Stammkunden – alles Weiße – zugewinkt und hallo gesagt, ansonsten waren noch zwei andere, ihr nicht bekannte Weiße dagewesen, die am kurzen Ende der L-förmigen Theke gesessen hatten, gleich neben der Frau (Mrs. Tanis). Die beiden hatten miteinander geflüstert, Whisky getrunken und mit Bier nachgespült (Alfred Bellos übliches Gedeck, bekannt als »Dampfmacher«). Im Rückblick war sie sicher, daß die Männer etwas mit der Schießerei zu tun haben mußten.

Gegen ein Uhr morgens war Valentines Freund gekommen, ein Kriegsversehrter aus Vietnam, und hatte ihr Vorwürfe gemacht, daß sie zu oft ausging, zuviel trank und ihn dauernd mit dem Kind allein ließ. Er verlangte, daß sie mit ihm nach Hause ging und sich um das Kind kümmerte, was sie kurz darauf auch tat. Sandy blieb noch, für eine Stunde oder so.

Tochter JoAnn, inzwischen einunddreißig, war an dem Abend auch dabeigewesen und bestätigte Louises Geschichte in allen Punkten.

Louise hatte schon geschlafen, als die Schießerei losging. JoAnn hatte nicht nur Schüsse, sondern auch Avery gehört, der zu ihrer Mutter gesagt hatte, das sei nur ein Auto mit Fehlzündungen und sie solle wieder schlafen gehen. Später erzählte er dann, daß er zwei Männer gesehen hatte, die aus der Bar gerannt waren. Er hatte sie erkannt – und es waren weder Carter noch Artis –, aber nie die Namen genannt.

Am Abend darauf hatte es in der Lafayette Bar eine Auseinandersetzung gegeben, also direkt nach der Schießerei und nicht erst am 1. Juli, wie Detective Klines Bericht angab, und es war auch nicht um Avery gegangen, wie fälschlich behauptet wurde, sondern um Louise selbst. Sie hatte sich draußen vor der Bar mit Valentine gestritten, weil Valentines Aussage vor der Polizei gelogen war und sie ihr vorher eine andere Geschichte erzählt hatte (das erklärte DeSimones Notiz »Alles Quatsch«!). Wie Louise sagte, hatte ihr Valentine kurz nach den Morden erzählt, daß sie nur einen Mann gesehen hatte – und nicht zwei. Er war zu einem weißen Wagen gelaufen, einem Cadillac, der auf der anderen Straßenseite an der Tankstelle stand (und Bello besaß einen 66er Cadillac). »Wenn du die Wahrheit sagst«, hatte Louise zu Valentine gemeint, »dann braucht auch keiner auf dich sauer zu sein.«

Ein Detective (Howard Kline) hatte das gehört und alle mitgenommen aufs Revier: Avery, Louise und Valentine. Laut Louise hatte Avery vor den Cops erklärt: »Das war kein Rubin Carter nich.«

Wie sie erzählte, waren Avery und sie »vier Jahre später wegen einer Frau namens Mae auseinandergegangen«.

»Sind Sie Averys zweiter Frau Fanida einmal begegnet?« erkundigte sich Mims.

»Na, von der red ich doch gerade – Fanada Mae. Fanada Mae Blackwell. Die beiden sind nach North Carolina gezogen.«

Glücklicherweise war man in North Carolina nicht halb so paranoid wie in Paterson, und so genügten ein paar Anrufe bei der Auskunft und verschiedenen falschen Nummern, bis Fanada gefunden war. Zuerst sprach Mims mit ihr, dann nahm Rubin die Sache selbst in die Hand. Sie war nicht sonderlich überrascht, da sie Rubins Foto in der jüngsten Ausgabe von *Newsweek* gesehen hatte und sich noch aus den Jahren in Paterson an ihn erinnerte. Ja, Avery hatte ihr von den beiden Männern erzählt, die aus der Bar gerannt kamen, und er hatte gesagt, daß es nicht Carter und Artis gewesen waren. Ja, das hatte er auch einem Ermittler erzählt, kurz vor seinem Tod im Jahre 1976.

»Hat er denn auch erzählt, wen er gesehen hat?«

»Nein, dazu ging es ihm viel zu schlecht. Er hat sich immer so verhalten, als ob er genau wüßte, wer es war, aber er hat nie darüber gesprochen.«

Und nun hatte er sein Wissen mit ins Grab genommen.

23

Am Mittwoch, dem 14. November 1984, fand um acht Uhr morgens eine Lagebesprechung im Staatsgefängnis Rahway statt. Myron Beldock erschien als erster, und Rubin gab ihm die Fotos von den beiden Dodge-Modellen und die letzten Berichte der Handschriftenxperten. Dann trafen Lew Steel und Professor Friedman ein, letzterer mit einem vierundsiebzig Seiten umfassenden Skript, das er für seine Studenten an der Hofstra University Law School erstellt hatte. Es trug den Titel »Der neue Habeas Corpus aus höchstrichterlicher Sicht«, und dies war auch das Ziel des heutigen Treffens: der Bundesgerichtshof.

Beldock begann damit, Lew und Leon über den aktuellen Stand der Ermittlungen zu informieren. Rubin hörte zu und strahlte.

»Rubin hat Erstaunliches geleistet«, sagte Beldock. »Was inzwischen ans Tageslicht gekommen ist, übersteigt jede Vorstellung!« Er berichtete über den Taxifahrer, über Avery, Louise und Valentine und zeigte ihnen die Gutachten der Schriftexperten sowie die Fotos von den Rücklichtern der beiden Wagentypen.

Lew und Leon waren angemessen beeindruckt.

»Und was machen wir jetzt, Myron«, fragte Lew. »Wir

können den Fall doch nicht neu aufrollen. Dann würde ja alles wieder von vorn anfangen.«

»Wenn es zu einem dritten Prozeß kommt, werden wir vorbereitet sein, Lew.«

»Wir *müssen* einfach wieder von vorn anfangen«, warf Rubin ein. »Weil alles Stuß ist, was sie uns eingeredet haben!«

»Nicht so eilig, Rubin. Wir müssen uns an die Spielregeln halten. Ein neues Verfahren muß erst mal bewilligt werden. Wir werden also versuchen, eine neue Anhörung über die Caruso-Akte zu bekommen, und du wirst inzwischen weitere Beweise ausgraben.«

»Aber, Lew, hier geht's doch nicht um neue Beweise, hier geht's darum, daß die Beweise *unterdrückt* wurden. Das steht alles in dem Caruso-Material, also genau in den Unterlagen, die man uns bei dem Wiederaufnahmeverfahren vorenthalten hat.«

»Das ist richtig«, stimmte Myron zu. »Caruso ist der springende Punkt. Wenn wir damals die Informationen gehabt hätten – wozu wir eigentlich nach der *Brady*-Norm berechtigt waren –, müßten wir heute nicht hier im Gefängnis rumsitzen.«

Beldock fuhr fort und berichtete, wie DeSimone die Verteidigung düpiert und von wichtigen Entlastungszeugen wie Louise abgelenkt hatte. »Er hat uns ausgetrickst. Wir haben festgestellt, daß die belastenden Aussagen, die angeblich von Louise stammten, gar nicht gemacht wurden. Man hat einfach ein paar negative oder fragwürdige Bemerkungen ins Protokoll gewebt, und das Ergebnis war äußerst wirkungsvoll. Damit hat man uns von Louise ferngehalten und womöglich noch von Gott weiß wie vielen anderen Zeugen.«

»Und das alles konnten wir nur herausfinden«, ergänzte Rubin, »weil wir endlich an die Caruso-Akte herangekommen sind.«

»Okay, daß das Zeug eine Bombe ist oder ›ein Topf voll

Gold‹, war uns ja von Anfang an klar«, meinte Lew. »Aber laßt mich doch mal den Advocatus Diaboli spielen. Diese Sache mit dem Taxifahrer – die kam doch nicht von Caruso und hat insofern nichts mit der *Brady*-Norm oder der Unterdrückung von Beweisen zu tun. Das ist schlicht und einfach neues Material, und damit müssen wir erneut zu Leopizzi.«

Rubin wollte nichts hören von neuen Sysiphos-Anstrengungen. »Scheiß drauf!«

»Aber es muß sein, Rubin. Das Zeug ist Dynamit. Ein klarer Unschuldsbeweis, da kann man sich nicht einfach drüber wegsetzen.«

»Leopizzi schon. Man braucht sich nur vorzustellen, was er mit einem Zeugen anstellt, den wir nur unter Strafandrohung zur Aussage bewegen können.«

»Rubin meint, wenn wir erst mal am Bundesgerichtshof sind, könnten wir das alles in einem Schwung mit den Caruso-Beweisen vorbringen.«

»Richtig«, fuhr Rubin fort. »Wir müssen das einfach anders anpacken. Wir können auf keinen Fall zurück! Unser Problem war immer, daß der Staat die Sache im Griff behalten und nicht aus der Hand geben will. Nein, wir müssen etwas unternehmen und zwar sofort. Um es ganz klar zu sagen – dieser Ort hier ist unerträglich, und ich will das nicht länger mitmachen, das ist alles!«

Leon meldete sich zu Wort. »Rubin, ich war stets der Meinung, daß diese Caruso-Geschichte die ganze Angelegenheit verzögert, und ich habe schon nach der dritten oder vierten Entscheidung des State Supreme Court darauf gedrängt, daß wir endlich ans Bundesgericht gehen. Diese Caruso-Sache ist ein Segen und ein Fluch zugleich. Sie ist gut, weil wir schließlich wollen, daß ein übergeordneter Richter erfährt, daß es hier um Schuld oder Unschuld geht und nicht um formaljuristische Spitzfindigkeiten. Wir brauchen wirklich keinen neuen Rechtsstreit, Leute. Wenn das bedeutet, daß wir wieder für Jahre bei den Staatsgerichten hängen, muß man sich doch fragen, ist es das wert? Bellos Lügendetektortest und das angeblich rassistische Motiv geben genug her, um uns vor dem Bundesgerichtshof durchsetzen zu können. Und wir sollten es bald angehen, je schneller, desto besser.«

»Ich bin froh, das zu hören, Leon, weil es exakt meinem Empfinden entspricht. Wir sitzen hier wie gebannt und schlagen uns mit der Staatsgerichtsbarkeit rum, obwohl ganz klar ist, daß nur Scheiß dabei rauskommt. Wir wissen alle, daß unsere einzige Chance darin besteht, dem Staat die Sache aus der Hand zu nehmen und sie einem Bundesrichter zu unterbreiten. Also worauf, zum Teufel, warten wir noch? Darauf, daß Reagan und seine rechtsruckigen Freunde sich auch noch die Bundesgerichte unter den Nagel reißen?«

»Du weißt doch, Rubin«, beharrte Myron, »daß wir mit der Caruso-Vorlage erst weiterkommen, wenn wir die staatlichen Rechtsmittel ausgeschöpft haben. Das Material ist schließlich zu wertvoll, um es einfach aufzugeben. Wir können uns nicht auf Habeas Corpus berufen, wenn wir einen unerledigten Fall haben.«

»Es gibt kein staatliches Rechtsmittel, Myron! Wir bemühen uns seit Jahren, uns vor diesem Staat Gehör zu verschaffen. Ihr habt doch wohl nicht vergessen, wie Leopizzi aus der Bank gestürmt ist, während ihr versucht habt, eure Argumente vorzutragen, oder? Du hast gesagt, Myron, daß du die Caruso-Sache auf dem schnellsten Weg durchpeitschst bis zum State Supreme Court, und was ist passiert? Frag Ed Graves, er kann's dir sagen! Das Ding ist total festgefahren . . .«

»Ed Graves ist der neue Kollege in unserer Kanzlei«, klärte Myron den Professor auf. »Rubins Fall war seine Feuertaufe. Er hat den ganzen Schriftkram in der Caruso-Sache erledigt.«

»Und sie haben ihm den Arsch aufgerissen!« ergänzte

Rubin. »Anfang Februar legen wir den ersten Antrag vor, der angeblich verlorengeht oder verlegt wurde. Wir schreiben einen neuen, und er verschwindet in der Post. Dann werden wir monatelang von Pontius zu Pilatus geschickt, um irgendwelche Prozeßformulare aufzutreiben, die's gar nicht gibt. Wir drehen uns also munter im Kreis, weil wir das ja auch sollen. Schließlich legen wir im Mai unseren Schriftsatz vor, worauf die Staatsanwaltschaft versäumt, ihn rechtzeitig in die Sitzungsperiode vom Juni einzubringen, und es nicht einmal für nötig hält, sich für die Verzögerung zu entschuldigen. Wir beantragen, die Stellungnahme der Staatsanwaltschaft wegen unentschuldbarer Verschleppungsmanöver abzuweisen, aber ihr Schriftsatz wird natürlich doch zugelassen, zwei Monate später im August. Schließlich wenden wir uns an den Supreme Court und bitten, unsere Beschwerde direkt einlegen zu dürfen; die Staatsanwaltschaft protestiert, und wir werden abgeschmettert. Wie weit sind wir also inzwischen? Wir haben November, stecken immer noch in der ersten Beschwerde-Instanz und dürfen weiter warten!

Und, wißt ihr was – es könnte sogar noch schlimmer kommen. Was ist, wenn man am Ende unserem Antrag entspricht und eine neue Beweisaufnahme anordnet? Dann haben wir zwar eine Schlacht gewonnen, aber den Krieg verloren. Dann hängen wir endgültig bei der Staatsjustiz fest, weil sie den Fall mit Sicherheit wieder an Leopizzi verweisen – und das letzte Mal hat es fünfeinhalb Jahre gedauert, bis er zum Schluß gekommen ist und uns zu Kleinholz gemacht hat. Nein, wir müssen raus aus dieser Mühle und zwar schnell! Wir wollen eine neue Beweisaufnahme – aber nur vor einem unparteiischen, übergeordneten Gericht.«

»Ich muß Rubin zustimmen«, sagte Leon. »Wir sollten die Habeas-Corpus-Petition sofort einbringen. Es dauert ohnehin Monate bis zur Verhandlung, und inzwischen hat sich die Caruso-Sache entweder formaljuristisch erschöpft, weil der

Staat unseren Antrag abweist, oder wir argumentieren, daß *wir* erschöpft sind, weil man uns keine wirklichen Rechtsmittel einräumt und die Korrekturmechanismen der Staatsjustiz so unzulänglich sind, daß alle weiteren Entlastungsversuche ins Leere laufen.«

»Weiter so, Professor! Ich bin ganz Ohr!«

Lew und Myron nickten. »In Ordnung, Rubin. Ich denke, wir sind uns alle einig«, meinte Myron.

Das Treffen endete um 9:40 Uhr, und als Beldock ging, lächelte er Rubin noch einmal zu und sprach zu einem der Officer: »Wir sind bald hier raus.«

Habeas corpus kommt aus dem Lateinischen und heißt »Du habest den Körper«. Obwohl der Begriff ständig durch zahllose Hollywood-Filme geistert, sind nur die wenigsten mit den geschichtlichen Hintergründen vertraut.

Die »Große Schrift«, wie man die Habeas-Corpus-Akte allgemein nennt, hat eine singuläre und herausragende Stellung in der Welt der Jurisprudenz. Ursprünglich vom englischen Gewohnheitsrecht und der Magna Charta von 1215 abgeleitet, wurde sie lange Zeit als »das beste und einzig taugliche Mittel zur Wahrung der persönlichen Freiheit« angesehen und stand im Mittelpunkt eines liberal-individualistischen Rechtsbegriffs, der sich rasch in den britischen Kolonien – und somit auch in Amerika – verbreitete. Um es in den Worten des U. S. Supreme Court auszudrücken:

Die Habeas-Corpus-Akte ist ein verfahrensrechtliches Mittel, um exekutiv, legislativ oder privat bedingte Freiheitsbeschränkungen der Person einer eingehenden juristischen Überprüfung zu unterziehen. Im Bereich ihrer Gültigkeit sichert sie u. a. zu, daß ein Häftling von den Strafvollzugsbehörden verlangen kann, die Rechtmäßigkeit der Inhaftierung zu begründen. Mit diesem hohen Ziel ist die Akte in

England ... wie in den Vereinigten Staaten von Amerika zum Symbol und Hüter individueller Freiheit geworden.

Trotz der hehren Grundsätze sind die Möglichkeiten, sich auf die Habeas-Corpus-Akte zu berufen, stark eingeschränkt. Das liegt an der Besonderheit des amerikanischen Rechtssystems, in dem sich die Gewalt der Legislative in eine staatliche und eine Bundesebene teilt und nach dem Prinzip des »Einvernehmens« (bzw. der Rücksicht und Nichteinmischung in staatliche Belange) handelt. Tatsächlich werden die Bundesgerichte erst tätig, wenn das jeweilige Urteil ein verfassungsmäßig garantiertes Recht verletzt, und auch dann nur in Fällen, in denen die Klage bereits alle staatlichen Instanzen durchlaufen hat. Alles in allem nicht gerade ein Schnellverfahren, um sich gegen unrechtmäßige Inhaftierung zu wehren; man muß imstande sein, jahrelang im Gefängnis zu überleben, während die diversen Beschwerden ihren gewundenen Weg durch die staatlichen Instanzen gehen. Und selbst dann stehen die Aussichten schlecht, weil nur durchschnittlich drei Prozent der Petitionen positiv beschieden und viele davon ans Berufungsgericht zurückverwiesen werden.

Darüber hinaus ist es nicht Sache der unabhängigen Bundesgerichte, sich nach Anhörungen auf Staatsebene mit der »Feststellung von Fakten« zu befassen, die ohnehin als richtig »unterstellt« werden. Es geht nur um die korrekte Anwendung der Verfassung auf diese Fakten. Mit anderen Worten: Wenn der Staat Dinge zu Fakten erklärt, sind es auch Fakten und keine Fiktionen. Wenn also Leopizzi behauptet, Bello hätte vor der Lafayette Bar in der Hecke gestanden, dann stand er in der Hecke, auch wenn es weit und breit keine Hecke gab. Dieses »Unterstellen der Richtigkeit« ist eine Art Unfehlbarkeitsanspruch, der nur unter extremen Bedingungen überwunden werden kann und den Staatsgerichten eine Macht gibt, die man sonst nur Päpsten zugesteht.

Die erste Fassung der Petition ist äußerst kurz zu halten und beschränkt sich auf ein Formular mit siebzehn Fragen zur Fallgeschichte, den Beschwerdegründen und dergleichen. Auf diese Weise soll das Gericht, prozessual wie substantiell, einen Überblick gewinnen und zu einer schnellen Entscheidung finden (die üblicherweise von einem Richter getroffen wird), ob die Petition die nötigen Voraussetzungen für eine nähere Betrachtung erfüllt.

Rubins Fallgeschichte war so lang und kompliziert, daß die verschiedenen Entwürfe zwei Monate lang zwischen den Anwälten und Rahway kursierten. Inzwischen war Rubin außer sich vor Frustration und die Kanadier nicht minder.

Als sie Beldocks Petitionsfassung endlich erhielten, machte sich die Phantomfirma »Carter & Partner« – bestehend aus Rubin, Sam und Terry – an die Arbeit. Sie hatten alle Schriftsätze zu den verschiedenen Anhörungen gelesen, kannten die strittigen Punkte und beschlossen – beflügelt von den Ergebnissen ihrer bisherigen Recherchen –, daß sie nichts zu verlieren hatten, wenn sie auch sprachlich die stärksten Geschütze auffuhren. Was die Anklage Rubin angetan hatte, war so schändlich, daß es nur recht und billig war, wenn diese Schande dem Leser geradezu ins Gesicht sprang.

Rubin hatte eine neue Haltung bezogen. Er war nicht mehr der Angeklagte, er war Kläger und entschlossen, dem Staat den Prozeß zu machen. Die Staatsanwaltschaft würde sich für seine fortdauernde Inhaftierung rechtfertigen, sie würde sich verteidigen müssen.

Rubins Anwälte begrüßten seinen Nachtrag zum Petitionsentwurf. Ed Graves fand die Änderungen so zwingend, daß er sie anfangs für ein Produkt von Lew Steel hielt. Leon Friedman ließ sich ebenfalls anstecken von dem kühnen Schwung des Dokuments und webte gleich noch seinen eigenen Zauber in den Stoff. »Das Urteil, das hier angefochten wird, war mehr als achtzehn Jahre Gegenstand der staatlichen Gerichtsbarkeit von New Jersey«, schrieb er zur Einleitung einer Liste von »zwei kompletten Schwurgerichtsverfahren, vier Berufungsanträgen an den New Jersey Supreme Court, diverse extensiven Anhörungen ... und zahlreichen Entscheidungen über Dutzende anderer Streitfragen und Beschwerden.« Weiter hieß es: »Man darf wohl mit Fug und Recht behaupten, daß unter den großen Justizskandalen des zwanzigsten Jahrhunderts allenfalls noch Sacco-Vanzetti und Scottsboro ein vergleichbares Maß an Empörung und weltweitem Interesse erregt haben.«

Die Petition geriet schließlich ein Stückchen länger. Statt der üblichen drei bis vier Seiten umfaßte sie ganze siebenundfünfzig und legte zwölf gesonderte Gründe für einen Anspruch auf Habeas Corpus dar. Nummer zwölf war die Caruso-Sache, die formaljuristisch zwar immer noch beim Staat anhängig war, aber – so die Argumente – aufgrund der irregulären Verzögerung und der Zwecklosigkeit des Unterfangens als erledigt betrachtet werden konnte.

Nach etlichen weiteren Korrekturen war die Endfassung schließlich am 11. Februar 1985 bereit, konnte aber erst eingereicht werden, wenn Rubin unterschrieben hatte. Also zog Ed Graves mit den Papieren über den Hudson River nach Süden zum Rahway Staatsgefängnis.

Ed Graves war ein typisches Produkt der sechziger Jahre. Etwa gleichaltrig mit den Kanadiern und ihnen auch sonst in vielem ähnlich, war er erst als Mittdreißiger Anwalt geworden. Vorher hatte er sich als Musiker in einer Rockband betätigt und davor als Psychologe. Als Amerikaner irischer Abstammung hatte er nicht nur eine Schwäche für karibische Musik, sondern war auch ein großer Fan von Bob Dylan. Mit Rubins Fall befaßt zu sein, betrachtete er als Glücksfall. Er war beeindruckt von dessen juristischen Kenntnissen, seinen zwingenden Argumenten, der Klarheit und Objektivität seines Denkens. Er hatte oft mit ihm telefoniert, und Rubin hatte ihn jedes Mal mit seinem Enthusiasmus und seinem Tatendrang beflügelt. Wenn er ihn fragte: »Wie geht's denn so, Rubin?«, kam regelmäßig die Antwort: »Oh, mir geht's bestens, Bruder!« Und obwohl ihm diese Anrede einen Schock versetzte, den er prinzipiell als puren Dünkel ansah, war er überzeugt, daß Rubin jedes Wort ernst meinte.

Den legendären Rubin nun persönlich zu treffen, machte ihn ein wenig unsicher, und was sich dann während ihrer Begegnung abspielte, war alles weniger als geeignet, seine Ehrfurcht schwinden zu lassen. Nachdem ihn Rubin mit einer kräftigen Umarmung begrüßt hatte, wurden sie in das Büro eines Anstaltspsychologen geführt, und als Ed sich setzte, nahm auch der Psychologe wieder Platz.

»Tut mir leid, aber Sie werden wohl gehen müssen«, sagte Rubin, der immer noch stand und die Tür aufhielt.

»Das ist mein Büro, und ich würde gerne hören, was Sie zu sagen haben.«

»Nun, das hier ist mein Anwalt, und was wir zu besprechen haben, ist streng vertraulich.«

»Ich werde hier einfach nur sitzen und meinen Papierkram erledigen. Lassen Sie sich also nicht stören.«

Rubin deutete nur vielsagend nach draußen. Der Psychologe wurde ärgerlich, und Ed wurde nervös. Schließlich steckte er sich eine Zigarette an, und der Psychologe bequemte sich endlich, das Feld zu räumen. Rubin schloß die Tür und setzte sich. Während Ed sich noch fragte, wie eine harmlose Situation so unvermittelt prekär werden konnte, und wie es möglich war, daß ein Gefangener das Heft in der Hand behielt und – so hoffte er jedenfalls inständig – die Dinge unter Kontrolle hatte, flog plötzlich die Tür auf. Der Psychologe stand mit hochrotem Kopf und geblähten Nüstern im Raum.

»Lassen Sie gefälligst die verdammte Tür auf! Ich werde mich über Sie beschweren! Schließlich haben Sie nicht zu bestimmen in dem Zoo hier!«

»Zoo? Sie sollten sich besser überlegen, wen Sie hier als ›Tier‹ bezeichnen, Mister!« warnte Rubin und stand auf.

»Die Tür bleibt offen, verstanden? Hier stinkt es!« (So was will ein Psychologe sein? überlegte Ed.)

»Fick dich doch selbst«, sagte Rubin ruhig, schloß ihm vor der Nase die Tür und machte kehrt, um sich bei Ed für die Störung zu entschuldigen. »Sehen Sie jetzt ein, warum ich hier unbedingt raus muß? Also, wo soll ich unterschreiben?«

Am 13. Februar 1985 wurde Rubins Petition dem Federal District Court in Newark/New Jersey vorgelegt. Zu dieser Zeit gehörten dem Senat elf Richter an, denen die einzelnen Fälle nach dem Zufallsprinzip zugeteilt wurden (was man in Anwaltskreisen als »Glücksrad« bezeichnete). Den Altersvorsitz hatte Clarkson Fischer, der 1970 von Präsident Richard Nixon bestellt worden war. Rubin hoffte darauf, ihm zugeteilt zu werden, weil er wußte, daß Fischer ein fairer Richter war, der bereits bei der unrechtmäßigen Unterbringung im *Vroom* zu seinen Gunsten entschieden hatte. Er hatte sich nicht von Rubins ungepflegter Erscheinung abschrecken lassen (die nach drei Monaten im Loch nicht verwunderlich war), hatte Auge in Auge mit ihm gesprochen und sich bereitwillig angehört, was Rubin zu sagen hatte.

Am 14. Februar meldete sich Ed Graves bei Gericht und erfuhr, daß man Richter H. Lee Sarokin mit Rubins Fall betraut hatte. Rubin hatte den Namen noch nie gehört, und seine Hoffnungen schwanden.

Da Richter Sarokin für alle eine unbekannte Größe war, beschlossen »Carter & Partner« über *Who's Who in America* und diverse andere Quellen Näheres zu erfahren, und stellten fest, daß Sarokin in New Jersey geboren und aufgewachsen war. Sein Vater hatte dort den *Perth Amboy Record* herausgegeben, und der Sohn war nach dem Dartmouth College zur Harvard Law School gegangen, wo er 1953 das Examen ablegte. Anschließend hatte er fünfundzwanzig Jahre lang in Zivilrecht praktiziert und sich 1978 als Finanzberater für Bill Bradleys erfolgreiche Wahl in den U. S. Senat eingesetzt. Ein Jahr später hatte ihn Präsident Jimmy Carter ins Richteramt berufen.

So weit, so gut. Blieb die Frage, wie Richter Sarokin zu entscheiden pflegte. Rubin wandte sich an Lou Raveson von Rutgers, der ihm eine Liste zusammenstellte, die sich insgesamt auf sechsundneunzig Urteile belief und ihn als höchst produktiven Mann auswies. Nachdem Carter & Partner alle Entscheidungen, die rein Geschäftliches betrafen, aussortiert hatten, blieben verschiedene Kriminalfälle und eine Reihe von Sachen, die sich direkt mit Fragen bürgerlicher Rechte zu befassen schienen. Terry und Sam suchten die entsprechenden Entscheidungen in der nächstgelegenen Fachbibliothek heraus und fotokopierten die wichtigsten Beschlüsse, um sie gemeinsam mit Rubin zu studieren.

Das Ergebnis war beeindruckend. Hier war ein Richter mit Vernunft und Logik. Ein Richter mit Herz. Ein Richter, dem es nicht allein um Recht, sondern um Gerechtigkeit ging.

In einem Fall aus dem Jahre 1983 hatte Richter Sarokin zum Beispiel Reagans Business Administration, die von einer mittellosen, geistig verwirrten Witwe ein Darlehen über dreihunderttausend Dollar eintreiben wollte, mit folgenden Worten gegeißelt: »Besser gar keine Regierung als eine Regierung, die jedes Mitleid und den elementarsten menschlichen Anstand vermissen läßt.« In einer anderen Sache hatte er Stadträte, die sich nicht gescheut hatten, einer Verordnung zuzustimmen, die die Beschäftigung Minderjähriger bei der Feuerwehr erlaubte, mit »verkappten Terroristen« verglichen. Er nahm wahrlich kein Blatt vor den Mund; seine Sprache war blumig und kraftvoll, seine Logik bestechend.

Trotzdem war er keineswegs gegen die Staatsanwaltschaft eingestellt, wie sich aus einem Interview mit *The National*

Law Journal vom Mai 1985 ergab: »Wenn ich dafür sorge, daß die Rechte eines Angeklagten gewahrt werden, dann ist das nicht regierungs- oder staatsfeindlich. Es ist nichts weiter als meine Pflicht.« Seiner Vorstellung nach sollte jeder den Gerichtssaal verlassen können »mit dem Gefühl, daß das Ergebnis fair und gerecht war«. Die noble Gesinnung war keine leere Phrase, wie sich bei der Lektüre eines längeren Kriminalfalls herausstellte. Sarokin hatte den Vorsitz geführt und verschiedene Regierungsbeamte wegen Erpressung verurteilt, was den Dritten Berufungssenat veranlaßt hatte, seine übliche Zurückhaltung aufzugeben und Sarokins »ausgeprägten Sinn für Fairneß« zu loben. In einem anderen Fall hatte ein Schwarzer, den Sarokin mit einer längeren Freiheitsstrafe belegt hatte, ihm anschließend geschrieben, daß er stolz sei, von ihm verurteilt worden zu sein!

Mit anderen Worten: Richter Sarokin war alles, worauf Rubin gehofft hatte.

Am 20. Februar erging eine Verfügung an den Staat New Jersey, sich zu der Petition zu äußern und »sämtliche Schriftsätze, Anhänge, Gutachten, Plädoyers, Gerichtsprotokolle und Beschlüsse ... die zur Beantwortung der aufgeworfenen Fragen relevant sind« beizufügen.

Nach einer Verzögerung von über einem Jahr war das Berufungsgericht unvermutet in der Lage, binnen weniger Tage den Termin zur Caruso-Sache anzuberaumen und die Staatsanwaltschaft mit dem nötigen Zündstoff zu versorgen, um behaupten zu können, daß die Petenten ihre staatlichen Rechtsmittel nicht ausgeschöpft hatten. Inzwischen war Rubin jedoch unbeirrbar auf den Federal Court eingestellt und bat seine Anwälte, auf die Anhörung zu verzichten. »Ich mache die Spielchen nicht mehr mit – es sei denn, jemand von denen übernimmt meinen Platz, und wir haun die mal zur Abwechslung übers Ohr.«

Leon warnte ihn, daß er sich auf eine heiße Schlacht über

diese Rechtsmittel-Angelegenheit gefaßt machen mußte, bevor Sarokin überhaupt zum Wesentlichen kommen konnte.

»Na schön, Professor, dann lassen Sie mal Ihre Phantasie spielen. Schließlich sind Sie der Experte im Verfassungsrecht. Überlegen Sie, wie wir das System ausmanövrieren können.«

Es verging kein Tag, an dem Rubin nicht am Telefon war, um wenigstens mit einem seiner Anwälte, wenn nicht gar mit allen – Leon, Myron, Ed – neue Strategien zu planen und dabei immer zu versuchen, der Gegenseite ein paar Schritte voraus zu sein. Es kam so weit, daß Myron schließlich ins Telefon trällerte: »Ein Tag ohne Rubin ist ein Tag ohne Sonnenschein«; oder Leon sich zur Begrüßung ereiferte: »RUBIN! Wo warst du? Wir haben uns schon Sorgen gemacht – du hast dich zwei Tage nicht gemeldet!«

Die Anklagebehörde von Passaic County bewegte sich nun, da sie den sicheren Kokon des Staates verlassen mußte, auf unbekanntem Terrain. Auf dem Spielplatz des Bundes herrschten andere Regeln, hier war Professor Friedman zu Hause, und hier wurden die Regeln ernst genommen. Die Anklage versuchte ihre üblichen Tricks, konnte aber den Schwerlastzug, der da auf sie zurollte, nicht mehr aufhalten.

Der 31. März 1985 – der letzte Termin, an dem die Staatsanwaltschaft ihre Erwiderung abliefern konnte – kam, und es passierte nichts. Man hatte Richter Sarokins Anweisung ignoriert (beziehungsweise gar nicht erhalten, wie später behauptet wurde) und weder eine Stellungnahme noch irgendwelche Unterlagen geschickt. Rubin beauftragte unverzüglich seine Anwälte, eine Versäumnisbeschwerde einzureichen. »Ganz so einfach wird's nicht enden, Rubin«, meinte Leon. »Damit können wir sie allenfalls ein bißchen in Verlegenheit bringen, aber der Richter wird nie und nimmer auf der Basis einer solchen Beschwerde zu unseren Gunsten entscheiden.«

»Ich will ja nur, daß sie sich an die Regeln halten, Leon.

Wir werden sie zwingen, sich zu äußern. Und wir werden dem Richter mit unserer Promptheit und Entschiedenheit demonstrieren, daß wir unsere Geschäfte seriös betreiben.«

Um sich darüber hinaus für die schnelle Zulassung ihrer Petition erkenntlich zu zeigen, beschlossen sie, das Gericht zu unterstützen und ihm die Schriftsätze (von beiden Seiten), die Anhänge und Gutachten, selbst zur Verfügung zu stellen. Obwohl ein Teil der Anwälte von dieser Idee nicht begeistert war und meinte, daß kein Bundesrichter auch nur einen Blick darauf werfen würde, ganz zu schweigen von dem Papierberg, den es zu sichten galt, blieb Rubin fest. Und so machten sich Carter & Partner, zusammen mit Ed Graves, ans Werk, alles zu sammeln und zu fotokopieren, was eine gute Woche in Anspruch nahm. (»Okay«, sagte Ed zu Rubin, »bald sind wir so weit, daß wir den Stein zurückrollen können.«)

Am 10. April erschien Terry persönlich mit einem Karton voller Dokumente im Sekretariat des Federal District Court in Newark und wurde aufgefordert, ihn direkt in Richter Sarokins Amtsräumen abzuliefern, wo er die Unterlagen dem Büroleiter übergab – ein Paket von gut fünfundvierzig Pfund, dessen Inventarverzeichnis allein vier Seiten umfaßte. Nun mußte man abwarten, was die Anklage als nächstes unternahm.

Rubin blieb weiterhin mit den Anwälten in Verbindung, rief täglich an, spekulierte über die Reaktion der Anklage, wägte Möglichkeiten und Chancen ab und fragte allen Löcher in den Bauch, so daß die Stimmung mitunter gereizt war.

»Entschuldige, Myron, daß ich so lästig bin – aber das ist unsere letzte Chance.«

»Du tust nur, was du tun mußt. Und du bist nicht lästig.«

»Es ist einfach nur so, daß ich das Ende regelrecht riechen kann . . .«

Durch die Versäumnisbeschwerde sah sich die Staatsanwaltschaft gezwungen zu antworten – was auch der Sinn der

Übung gewesen war –, äußerte sich aber lediglich zu der noch anhängenden Caruso-Sache mit dem Hinweis, daß »die Petenten unterlassen haben, die verfügbaren staatlichen Rechtsmittel auszuschöpfen«, und es gebe »keinen ... Anlaß, die Petenten von der Erfüllung dieser Rechtsvorschriften zu entbinden«. Gleichzeitig ersuchte die Anklage um eine Entscheidung in diesem Punkt – um sich zur Hauptsache nicht äußern zu müssen –, allerdings nicht über einen korrekten formellen Antrag, so daß das Gericht handlungsunfähig war und die Angelegenheit auf Eis lag.

»Können wir nicht was machen, Leon, um die Sache zu beschleunigen?«

»Ich habe schon darüber nachgedacht, Rube. Wir könnten ein Schnellverfahren beantragen, was in etwa bedeutet, daß wir dem Richter sagen, ›Paß auf, wir haben hier Fragen, die so unstrittig und klar sind, daß es gar nicht nötig ist, die üblichen Anhörungen abzuhalten. Entscheiden Sie also bitte direkt nach Aktenlage.‹ Wir müssen dann zwar immer noch Schriftsätze abgeben und mündlich vortragen, aber das wär's dann auch. Zeugen können nicht geladen werden, wir dürfen uns nur auf die vorhandenen Akten berufen. Das ist eine etwas ungewöhnliche Strategie für eine Habeas-Corpus-Sache, die ich normalerweise nicht empfehlen würde, aber dafür ist sie schnell und effizient. Mit der Marschrichtung, Rube, bist du – schätzungsweise am zehnten Oktober draußen!«

»Leon, du bist ein Genie!«

»Das Problem ist die Caruso-Sache, Rubin. Nachdem sie die Frage aufgeworfen haben, müssen wir uns auch damit befassen, egal, ob es formal richtig gelaufen ist oder nicht. Wie du weißt, kann der Richter eine ›Misch-Petition‹ – die also erledigte wie unerledigte Ansprüche enthält – nicht berücksichtigen. Also sollten wir besser in einem gesonderten Schriftsatz darlegen, warum wir die Caruso-Sache als erledigt betrachten. Aber ich warne dich, nach derzeitiger Rechtslage stehen die Chancen, damit durchzukommen, gleich Null. Es kann sehr gut sein, daß wir Caruso abtrennen und die Petition korrigieren müssen, indem wir diesen Punkt streichen. In der Sache *Rose gegen Lundy,* die am Supreme Court verhandelt wurde, ist das jedenfalls so gehandhabt worden.«

»Was bedeutet, daß die Caruso-Beweise für immer verloren sind, oder?«

»Ich fürchte, ja; sie würden dann als ›akademisch‹ angesehen – es sei denn, der Staat hätte, bevor das Schnellverfahren anläuft, über die Sache entschieden. In diesem Fall hättest du dich formell erschöpft.«

»Aber ich *bin* erschöpft, Leon! Ich bin schließlich schon fast fünfzig.«

»Schon gut, ich hab' dich verstanden, Kleiner.«

»Okay, dann kann's ja losgehen!«

24

Das U. S. Courthouse- und Post-Gebäude liegt mitten in Newark zwischen der Franklin und Walnut Street und ist ein ebenso imposantes wie würdevolles Beispiel neoklassizistischer Architektur. Es wurde 1936 eröffnet, hat eine glatte, helle Kalksteinfassade, beherbergt auf der ersten Etage die Hauptpost von Newark und auf der dritten den United States District Court nebst Sekretariat, Verhandlungssälen und diversen Amtszimmern, darunter auch das von Richter Sarokin.

Als Terry und Sam im dritten Stock dem Fahrstuhl entstiegen, umfing sie ein Frieden wie nie zuvor während ihrer Zeit in New Jersey, eine Oase der Ruhe in der Hast und Trivialität des Alltags. Weite, hohe Flure, mit Stuckverzierungen, Marmorsäulen und Statuen im klassisch-griechischen Stil und gepolsterte Türen in wohlproportionierten, regelmäßigen Abständen. Wenn das Recht, das hier gesprochen wurde, der Harmonie dieser Umgebung entsprach, dachten die Kanadier, dann war es ausgewogen, wohlbedacht und von vornehmer Gesinnung.

Sie hatten noch viel Zeit. Es war neun Uhr früh am Freitag, den 26. Juli 1985, und der mündliche Vortrag zu ihrem Antrag auf ein Schnellverfahren war auf zehn anberaumt. Rubin wartete in der Strafanstalt auf ihren Anruf, der frühestens in vier Stunden erfolgen konnte. Sam und Terry hatten sich bereits nach Münzfernsprechern umgesehen und diverse Apparate geortet; in der Nähe der Fahrstühle, vor den Toiletten der Geschworenen-Lounge, vor dem Pressezimmer und zwischen dem Sekretariat und Richter Sarokins Amtsräumen.

Inzwischen waren auch die Anwälte eingetroffen: Professor Friedman, Myron Beldock, Lew Steel, Ed Graves. Gemeinsam betraten sie den holzgetäfelten Verhandlungssaal und nahmen ihre Plätze am Tisch der Verteidigung gleich neben der leeren Geschworenenbank ein. Leon wirkte sehr vornehm und offiziell in seinem marineblauen Anzug, das Haar auf Gelehrten-Art locker über dem weißen Kragen, die wachen Augen funkelnd in seinem sonnengebräunten Gesicht. Myron trug einen Anzug aus khakifarbener Baumwolle und hatte sich lässig, aber startbereit, zurückgelehnt. Lew hatte sich für einen blaugestreiften Leinen-Anzug entschieden und wirkte kämpferisch und selbstbewußt. Ed hatte sich den anderen diskret angepaßt, wie sich das für einen Juniorpartner gehörte. Alle hatten ihre Schriftsätze und Unterlagen ausgepackt und vor sich ausgebreitet.

Terry und Sam ließen sich hinter Ed Graves in der ersten Besucherreihe nieder, jenseits einer brusthohen Trennwand aus Holz. Terry balancierte zwei Schriftsätze auf seinen Knien. Sam einen offenen Aktenkoffer mit gelbem Notizpapier, um die wichtigsten Punkte der anstehenden Verhandlung mitschreiben und an Rubin weitergeben zu können.

Direkt hinter ihnen saß Rubins Cousin Ed Carter, der sich mächtig in Schale geworfen hatte und hochelegant aussah. In seiner Begleitung Norman »Lush« (= Säufer; ein Spitzname, den er wegen seiner strengen Abstinenz bekommen hatte) Brown, ein alter Freund von Rubin, der bei den Nachforschungen mitgeholfen hatte, und Barbara Samad, ebenfalls eine alte Bekannte, die zur moralischen Unterstützung mitgekommen war.

Am Tisch der gegnerischen Partei auf der anderen Seite saß John P. Goceljak, inzwischen stellvertretender Staatsanwalt von Passaic County, ein kahlköpfiger, mittelgroßer Mann mit einer Neigung zur Fettleibigkeit. In seinem Gefolge ein schon leicht betagter Ermittler und eine Gruppe diensteifriger junger Mitarbeiter aus seinem Büro.

Die Presse war nicht zugegen; keine Fanfaren, kein Medienrummel, nichts, das den Ablauf stören oder die Atmosphäre ruhiger Sachlichkeit trüben konnte.

Angetan mit einer langen schwarzen Robe, betrat Richter Sarokin den Verhandlungssaal. Mit ruhiger, sonorer Stimme bat er die zur Carter-Sache anwesenden Parteien um etwas Geduld, da er zunächst noch über ein dringendes anderes Gesuch zu befinden habe. Die Anwälte in dieser Sache traten vor zur Richterbank, und man hörte sie murmeln und weitschweifig polemisieren gegen die ihrer Ansicht nach irritierenden Begleitumstände, während der Richter milde, aber standhaft dagegenhielt. Sarokin war schlank, trug eine Brille, hatte ein freundliches Gesicht und einen fast schon kahlen Schädel. Ab und an stahl sich ein komisches, schiefes Lächeln auf seine Lippen, das ihm trotz seiner fünfundsechzig Jahre einen Hauch von jugendlichem Übermut gab.

Während vorn das Gesuch verhandelt wurde, sah Terry noch einmal die beiden Schriftsätze durch, die sie mit Rubin und dessen Anwälten in monatelanger intensiver Kleinarbeit und beharrlichen gemeinschaftlichen Anstrengungen erstellt hatten. Ein paar Auszüge aus dem kürzer gehaltenen »Memorandum zur Frage der Ausschöpfung staatlicher Rechtsmittel« in der Caruso-Sache kamen ihm besonders gelungen vor, und er nutzte die Pause, um sich noch einmal zu vergewissern:

... geht es inzwischen ins neunzehnte Jahr, daß die Sache vor Gericht anhängig ist.

Daß sich der Fall zu einer derart anhaltenden und zermürbenden Nervenprobe auswachsen konnte, hat vorrangig einen Grund: Die Petenten (Carter und Artis) sind zu keinem Zeitpunkt in den Genuß ihres verfassungsmäßig garantierten Rechts auf vollständige, faire und ohne Zwang zugestandene Enthüllung aller Fakten gekommen. Insofern ist es nicht nur grotesk, sondern geradezu unerträglich, daß die Anklage nun mehr anmahnt, alle Rechtsmittel auszuschöpfen. Ebensogut könnte man einem Menschen die Augen herausreißen, um ihm dann vorzuwerfen, daß er nichts sieht. Der Petent war stets bemüht um eine schnelle und effektive Rechtsfindung, und es ist lediglich dem permanenten Amtsmißbrauch des Staates zuzuschreiben, dies unter Vorschiebung legaler Gründe verschleppt und vereitelt zu haben.

Es folgte eine eingehende Schilderung der »systematischen Unterdrückung von Entlastungsmaterial und der gezielten Herausgabe einzelner, ausgewählter Fragmente«. Um die Bedeutung des Caruso-Materials hervorzuheben, hatten sie geschrieben, daß es

... den Argumenten der Anklage jede Grundlage entzieht ... und als Zeugnis aus den eigenen Reihen der Staatsanwaltschaft schlagend demonstriert, zu welchen Manipulationen

sich diese herbeigelassen hat, um ihren Fall zu untermauern – Machenschaften, die schließlich darin gipfelten, daß Caruso seinen Abschied nehmen mußte, weil er herausgefunden hatte, daß die neue Beweisfeststellung eine Farce war und die Indizien den Behauptungen der Anklage diametral widersprachen.

Das waren zwingende, überzeugende Argumente. Insofern fiel es schwer zu glauben, daß Professor Friedman, der sich jetzt erhoben und tönend zu Wort gemeldet hatte, im Begriff war, die schwerste Entscheidung zu verkünden, zu der sich Rubin je hatte durchringen müssen: Er würde offiziell auf das Caruso-Material verzichten, so wertvoll es auch war, um den Petitionsantrag nicht zu gefährden. Sie hatten keine andere Wahl, gingen aber davon aus, daß Sarokin ihr Memorandum in der Rechtsmittel-Frage gelesen hatte und insofern mit den Caruso-Unterlagen vertraut war. Wenn der Richter einmal wußte, was *sie* wußten, konnte man sich leisten, das Material fallenzulassen. Es war eine ähnliche Situation wie in manchen Schwurgerichtsprozessen, wenn die Geschworenen aufgefordert wurden, bestimmte Beweisstücke, die aus formalen Gründen nicht vorgeführt werden durften, »nicht zu berücksichtigen« oder gar zu vergessen, was sie natürlich nie taten. Rubin rechnete jedenfalls darauf, daß Richter Sarokin das Material auf diese Weise »nicht berücksichtigen« würde.

»Um mit der Frage der Rechtsmittelausschöpfung zu beginnen«, verkündete Professor Friedman mit lauter Stimme, »möchten wir unsere Eingabe korrigieren und bitten darum, den unerledigten Streitpunkt bezüglich der Caruso-Akten zu streichen. Unsere Petition umfaßt insgesamt zwölf Beweisgründe, und da es der Anklage beliebt, einen davon als unerledigt zu betrachten, um sich zu den übrigen nicht äußern zu müssen, ziehen wir die strittige Frage zurück.«

»Darf ich das als formellen Antrag verstehen?« fragte der

Richter, wohl wissend, welche Bedeutung dieser Schritt hatte.

»In der Tat«, erklärte Friedman und zitierte den Fall *Rose gegen Lundy*, in welchem sichergestellt sei, daß »der Häftling im Interesse ... einer möglichst schnellen Abhilfe durch höchstrichterlichen Beschluß« einen noch anhängigen Streitfall aus einem »Petitions-Paket« herausnehmen könne.

»Was uns betrifft, Euer Ehren, darf ich im Namen meiner Mandantschaft – wobei es sich um Rubin Carter handelt, da Mr. Artis in dieser Frage eine andere Position bezieht –, darf ich also im Namen von Mister Carter erklären ... daß diese anhängige Rechtsfrage ... nicht mehr zur Debatte steht und wir uns nunmehr der Hauptsache zuwenden können.«

Mit diesen wenigen Worten war das Caruso-Material verloren, für jede Art von gerichtlicher Verwendung, ob vor dem Staat oder dem Bund, für immer und ewig.

Goceljak blieb nichts anderes übrig, als die Sache ebenfalls als erledigt zu betrachten. Es gab keinen Aufschub mehr, und so war er seufzend bereit, sich zur Hauptsache zu äußern.

Professor Friedman mußte zuerst vortragen und begann mit dem vermeintlich rassistischen Tatmotiv, das die Anklage im Prozeß präsentiert und somit – laut Friedman – das verfassungsmäßige Recht der Beschuldigten auf Gleichbehandlung vor dem Gesetz verletzt hatte.

»Nach der Theorie der Anklage«, führte Friedman aus, »waren die Morde in der Lafayette Bar aus Rache verübt worden, weil am Abend zuvor ein Weißer (Conforti) einen Schwarzen (Holloway) getötet hatte. Die Staatsanwaltschaft hat der Jury mit höchst eindringlichen Worten dargelegt, daß hier drei Menschen ihr Leben gelassen hatten, nicht wegen eines Raubüberfalls, sondern schlicht und einfach deshalb, weil sie Weiße waren ...

... Was hat es also auf sich mit diesem Fall, daß die Anklage ein derart gesteigertes Interesse zeigte, ihn zu einer Art

Rassenkrieg hochzustilisieren? Gab es Anlaß zu der Vermutung, daß dem Mord (am Abend zuvor) rassistische Motive zugrunde lagen? Gab es wie immer geartete handfeste Beweise? Es gab keine, nicht den geringsten ... (Wie die Ermittlungen zeigten und die Anklage schließlich auch einräumte, war es lediglich zu einem, allerdings sehr heftigen, Streit zwischen zwei ehemaligen Geschäftspartnern gekommen.)

... Gab es Beweise, daß die Beschuldigten das Opfer kannten? Hatten sie Holloway überhaupt jemals getroffen? Nein und nochmals nein. Die Zeugenaussagen ergaben eindeutig, daß sie das Opfer nie gesehen hatten ...

... Gab es irgendwelche Hinweise auf Ressentiments gegen Weiße, bei Carter oder bei Artis? ... Nein ... und (die Anklage) bestreitet das nicht einmal ... Also können wir wohl davon ausgehen, daß die Angeklagten keinerlei Vorurteile oder Aversionen gegen Weiße hegten ...

... Und warum die Lafayette Bar? Gab es Grund zu der Annahme, daß es dort besonders rassistisch zuging? Laut Hörensagen aus dritter Hand von einem der Polizisten lag sie in einem streng weißen Gebiet ... war der Barkeeper ein Rassist, der Schwarze nicht bediente. Anderen Beweisen zufolge ... waren Schwarze dort Stammgäste und wurden sehr wohl bedient ... vor allem aber läßt sich nicht der kleinste Beweis entdecken, daß die Beschuldigten von dem dort angeblich geübten Rassismus gewußt hätten ...

... Alles in allem deutet absolut nichts darauf hin, daß die Beklagten gegen Weiße eingenommen wären, die Lafayette Bar als probates Ziel betrachtet oder etwa persönliche Motive gehabt hätten, irgendwelchen Weißen an welchem Ort auch immer nach dem Leben zu trachten.«

Ebensowenig, fuhr Professor Friedman fort, könne von einem simplen Racheakt die Rede sein. Conforti, der Holloway getötet hatte, war direkt nach der Tat festgenommen und inhaftiert worden. Die – vermeintliche – Rache hatte sich also weder gegen ihn selbst richten können, noch jemanden getroffen, der ihm nahestand. Die einzige Gemeinsamkeit zwischen beiden Verbrechen bestand darin, daß Opfer und Täter unterschiedlichen Rassen angehörten.

»Worauf das also hinausläuft ... oder was der Staatsanwalt zu den Geschworenen sagte, war folgendes: ›Meine Damen und Herren, die Angeklagten haben diese Menschen getötet, weil es Weiße waren und sie selbst Schwarze sind‹. Genau so hat er gesprochen und zwar in seinem Schlußplädoyer. Und er hat es nicht etwa beiläufig gesagt, daß man es hätte vergessen können, nein – er ist wieder und wieder darauf zurückgekommen: ›Wir denken alle nur ungern daran, daß es Haß gibt auf dieser Welt‹. Das Wort ›Haß‹, er hat es nicht einmal, er hat es ständig wieder gesagt: ›Menschen *hassen* Menschen wegen ihrer Hautfarbe‹.

So hat er gesprochen zu diesen Geschworenen ... und ich möchte betonen, daß ... es einige darunter gegeben hat, die rassistische Bemerkungen gemacht haben, wie ein Mitglied der Jury aussagte. Mithin ist es nicht so, daß diese Worte auf unfruchtbaren Boden gefallen wären ... Es war der richtige Humus für diese Art von Theorie, diese Art von Argumenten, es mußte nur oft genug und immer wieder gesagt werden: ›Dies ist eine Welt, in der man andere nicht nach ihrem Charakter, sondern nach ihrer Hautfarbe beurteilt ... eine Welt voller Menschen, die *hassen*‹. Und wieder von neuem: ›Niemand von uns gibt es gerne zu ... (aber) Vorurteile und Wut und Haß auf Menschen anderer Hautfarbe existieren in dieser Welt‹.

Dies war es also ... das Grundthema, das Hauptmotiv der ganzen Klageführung. Ein Motiv, das sich ausschließlich auf die Hautfarbe, auf die Rasse konzentrierte. Ein Motiv, für das es keinerlei Anhalt, keinerlei Beweise gab – und mithin keinerlei Rechtfertigung, es der Jury zu unterbreiten.«

Professor Friedman zählte nun eine Reihe von Fällen auf,

in denen das Habeas-Corpus-Recht allein aufgrund tendenzieller, auf Vorurteile und Rassismus deutender Bemerkungen der Anklage zuerkannt worden war. Im Vergleich dazu, fügte er hinzu, sei hier die Verletzung der Persönlichkeitsrechte noch um vieles gravierender, da die Staatsanwaltschaft den ganzen Fall auf Rassismus abgestellt hatte.

Danach setzte Friedman zu einer längeren Erklärung hinsichtlich Bellos Lügendetektortests und der *Brady*-Norm an: Wie man Bello mit falschen Testergebnissen manipuliert und damit der entscheidenden Aussage – Bellos angeblicher »Identifikation« der Beklagten – die Grundlage entzogen hatte. Anschließend streifte er verschiedene andere Beschwerdepunkte der Petition. Alles in allem sprach er fast anderthalb Stunden, und alle hörten ihm gebannt zu. Er war eloquent und überzeugend und angesichts der Komplexität des Falls relativ kurz und prägnant. Da er jahrelang Vorlesungen an der Hofstra University gehalten hatte, war er ein alter Hase in diesen Dingen und wußte, wie man einen komplizierten Sachverhalt verständlich rüberbringt.

Anschließend erhob sich Beldock, der eigentlich zu diesem Termin nicht hatte vortragen wollen, und klärte eine Reihe von Fragen, die Richter Sarokin aufgeworfen hatte.

Dann meldete sich Lewis Steel zu Wort, ebenfalls sehr dynamisch, und holte seinerseits zum Thema Rassismus aus:

»Wie wir wissen, hat der Ankläger seine These von einem rassistischen Racheakt gegenüber dem Richter damit begründet, daß er ohne dieses Konstrukt keine nennenswerte Chance sehe, den Fall zu gewinnen. Warum er das gesagt hat? Nun, im ersten Prozeß hat er immerhin zwei Augenzeugen, nämlich Bello und Bradley. Im zweiten allerdings nur noch einen, so daß er sich etwas einfallen lassen muß, um den Verlust wettzumachen und nicht ins Schleudern zu kommen.« Also, argumentierte Steel, wird zehn Jahre nach den Ereignissen das Thema Rassenhaß ausgepackt.

Danach erläuterte Steel, wie es der Anklage gelungen war, die Beschuldigten trotz gegenteiliger Beweise als rassistisch motiviert hinzustellen. Beispielsweise »sagt DeSimone auf dem Band (vom Oktober 1966): ›Nun, Bello‹ – er versucht nämlich, Bello zum Kronzeugen zu machen – ›nun, Bello, Sie wissen doch, wie die sind, diese Schwarzen, hängen dauernd zusammen und sind auf Krawall aus, nur weil sie schwarz sind und anders als wir‹ und so weiter und so fort.«

»Wie mir scheint«, fuhr Steel fort, »war es unter diesen Umständen mehr als gerechtfertigt, daß die Verteidigung DeSimone attackiert . . . und dargelegt hat, daß er keineswegs der unparteiische Ermittler war, als den er sich ausgab. Daß er vielmehr beseelt war von Rassismus, von vorgefaßten Meinungen, und alle Indizien, die er finden konnte, in diesem Sinne ausgelegt hat. Wenn wir das angeprangert haben, dann mit gutem Grund, meine ich. (Aber) ein Ankläger, der behauptet, daß alle Schwarzen töten, weil sie schwarz sind, daß sie alle darauf aus sind, Weiße zu töten . . .«

»Einen Moment«, unterbrach ihn Richter Sarokin. »So hat er das nicht gesagt. Er mag es angedeutet haben, aber er hat es nicht ausdrücklich gesagt in seinem Plädoyer.«

»O doch. Als er anfing, ›Bedenken Sie, was sich die Griechen und Türken und die Menschen in Nordirland* antun‹, hat er das wohl gesagt, Euer Ehren.«

»Indirekt.«

»Er hat über kollektive Schuld gesprochen, und ich wüßte kaum etwas, das den amerikanischen Rechtsvorstellungen so zuwiderläuft wie eben diese Denkweise. Wenn ich zurückdenke . . . sind dann alle Deutschen schuldig (am Holocaust),

* In seinem Schlußplädoyer verglich Staatsanwalt Humphreys die Rassenfeindlichkeit in Amerika mit den irischen Glaubenskämpfen und dem traditionellen Haß zwischen Griechen und Türken. Ein »passendes« Bild, da einer der Juroren »zufällig« aus Griechenland, ein anderer aus Nordirland emigriert war.

oder gibt es so etwas wie individuelle Schuld auf dieser Welt? Ich denke, daß unserer Gesellschaft wohl nichts, aber auch gar nichts so teuer ist wie der Sinn für Individualität, die Idee, daß wir alle das Recht haben, als Individuen betrachtet zu werden.«

Die Argumente der Anklage, führte Steel aus, bedeuteten »reine völlige Abkehr von allem, was wir in diesem Land aufgebaut, was wir in Jahrhunderten – und ganz gewiß seit 1954 mit der Entscheidung gegen die Rassentrennung an Schulen – erkämpft haben ...

Wir haben beide, Mister Beldock und ich, mit dem Richter (Leopizzi) gesprochen und ihm gesagt: ›Wenn diese Rassenthematik zugelassen wird, was sollen wir dann noch hier? Wir können nicht gewinnen, weil sie den ganzen Prozeß bestimmen und den Geschworenen eine Sicht vermitteln wird, die mit dem, was sie eigentlich entscheiden sollen, nichts zu tun hat. Das vergiftet den Prozeß, das zerstört ihn.‹ Und ich darf Euer Ehren daran erinnern, daß es genau so gekommen ist.«

Nach einer kurzen Unterbrechung erhob sich Goceljak und versuchte sein Bestes, den rassistischen Aspekt herunterzuspielen: »Nach unserer Theorie geht es hier nicht so sehr um einen rassistischen Racheakt als solchen – ich würde eher von einem Racheakt an sich sprechen, in dem rassistische Elemente bezogen auf die Beschuldigten mitschwingen ... Hier haben zwei Einzelpersonen aus freiem Entschluß gehandelt – das war unsere Position.«

Richter Sarokin war damit nicht zufrieden und wollte wissen, welche Beweise die Anklage ausgemacht hatte, die für ein *individuelles*, persönliches Motiv der Beklagten sprachen. Nachdem sich Goceljak eine Zeitlang gewunden hatte, mußte er schließlich zugeben, »weder Mr. Carter noch Mr. Artis sagten etwas, das diese Theorie unterstützt hätte.«

Goceljak war froh, sich dem Thema *Brady*-Norm zuwenden zu können, seine Argumente blieben jedoch matt und ohne Feuer. Die meiste Zeit begnügte er sich damit, den Richter auf die schon bekannten Schriftsätze zu verweisen und den Stellungnahmen der Anklage aus den vorangegangenen Verhandlungen zu folgen.

Wegen der bevorstehenden Gerichtsferien wurde der Anklage eine Frist bis zum 30. August eingeräumt – eine Woche länger, als sie beantragt hatte –, um ihren Schriftsatz und die nötigen Unterlagen beizubringen. Die Petenten wurden aufgefordert, bis zum 9. September ihre Erwiderung vorzulegen. Mit einer Entscheidung war also frühestens irgendwann im Herbst zu rechnen.

Richter Sarokin hatte die Sitzung kaum geschlossen und sich noch nicht einmal angeschickt, seine Bank zu verlassen, als Ed Carters tiefe Stimme durch den Saal schallte: »Schöne Ferien, Herr Richter!« Die Bemerkung klang seltsam deplaziert in der feierlichen Umgebung und war doch absolut angemessen. »Verdammt! Hoffentlich passiert dem Knaben nichts über den Sommer!« flüsterte Rubins Cousin Terry und Sam zu.

Während die Anwälte ihre Unterlagen zusammenpackten und zu den Fahrstühlen gingen, waren die Kanadier schon am Telefon und erstatteten Rubin Bericht. Als Sam die Anwälte kommen sah, streckte er ihnen den Hörer entgegen: »Hier, euer Mandant verlangt nach euch.« Rubin wollte sich bedanken, und die Herren Rechtsvertreter hatten ihre Freude an der Effizienz dieses Kommunikationssystems.

Rubin war nicht minder froh, daß er nun von mehreren Personen erfahren konnte, wie sie die Lage beurteilten.

Leon berichtete als erster: »Rubin, es ist *sehr* gut gelaufen. Der Richter hat sich wirklich bemüht, dahinterzukommen, wie das alles passieren konnte. Wie die Jury auf dieses Urteil verfallen ist, und wie's die Staatsgerichte geschafft haben, das auch noch durch die Berufung zu retten. Er war sehr angetan von unseren Argumenten in Sachen Rassismus, und wenn er heute entschieden hätte, wärst du schon draußen!«

Nun war Myron an der Reihe: »Rubin, wenn's morgen den großen Ausbruch gibt bei euch – bleib, wo du bist! Du schaffst es auf legalem Weg! Bislang hat sich unsere Strategie bezahlt gemacht. Ich hab' wirklich ein gutes Gefühl in der Sache.«

Ed Graves ging ans Telefon: »Ich denke, es hätte gar nicht besser laufen können, Rube. Null Vibrations von wegen Arroganz oder Aversionen oder so was festzustellen. Scheint echt das offene Ohr zu haben, der Mann. Seit heute hab ich wirklich ein gutes Gefühl. Mir ist regelrecht nach Feiern zumute, aber dafür ist es natürlich noch ein bißchen zu früh.«

Ed übergab den Hörer an Lush Brown, der sich freute, wieder mal mit seinem alten Freund zu sprechen. »Die Jungs hier ha'm mir echt Spaß gemacht, Rubin. War'n schwer in Form! An denen haste was. Vor allem der eine – Friedman – o Mann, hat der drauf rumgehackt, von wegen Vorurteile und dem ganzen Zeug, immer volle Kanne. Und der Staatsanwalt, die Pflaume, hat rumgestottert. Also, ich meine, wir meinen alle, das sieht echt gut aus.«

Auch Rubins Cousin leistete seinen Beitrag, Rubin aufzumuntern: »Professor Friedman hat mich wirklich überrascht – ein Redner vor dem Herrn, kann ich dir sagen. Und der Richter ist auch nicht ohne, ein heller Kopf; die Überlegungen, die der angestellt hat – und immer einen Schritt voraus. Hat mich wirklich beeindruckt. Deine Anwälte haben jedenfalls ganz klar gemacht, daß die ganze Rassenkiste nur getürkt war, damit die Geschworenen nicht auf die Idee kommen, die Beweise objektiv zu prüfen.

Und dann noch was Interessantes: Lewis Steel hat über eine Art Klassen-Schuld gesprochen, wie etwa bei Hitler und den Juden in Deutschland. Er hat gesagt: ›Wir können solche

Zustände nicht dulden in Amerika. Wenn wir heute zulassen, daß diese beiden hier schuldig sein sollen, wird es morgen alle treffen, die blondes Haar haben‹ – ein klassisches Argument ... Ich fand den Richter wirklich faszinierend als Menschen. Ich dachte ›*Okay, dann weiter so, Herr Richter*‹!«

Unter der Überschrift: »Mündliche Anhörung Federal Court« notierte Rubin: »Allem Anschein nach haben wir die Schlacht praktisch schon gewonnen – Wow! Der Richter hat dem Staat fünfunddreißig Tage gegeben, um sich zu äußern.«

25

Während er auf weitere Aktionen bei Gericht wartete, widmete sich Rubin einem neuen Projekt und begann, seinen Mithäftling Art (Jeremiah) Tucker zu trainieren, einen Halbschwergewichtler, der auf eine Profi-Karriere hoffte. Rubin wußte aus Erfahrung, wie benachteiligt man als Boxer war, wenn man aus dem Gefängnis kam, schließlich hatte er selbst den ersten Profi-Kampf direkt nach seiner Entlassung 1961 bestritten. Er hatte den Kampf zwar gewonnen, erinnerte sich aber noch deutlich, wieviel Energie es ihn gekostet hatte, auch nur die vier Runden zu überstehen. Entgegen landläufigen Vorstellungen sind Boxer, die aus dem Gefängnis kommen, möglicherweise zäh, aber nur selten stark. Sie können weder auf Trainer noch auf geeignete Geräte oder sonstige Einrichtungen zurückgreifen, was aber vor allem fehlt, sind hochwertige Proteine, ohne die ein richtiger Kämpfer nicht auskommt. Den Gefangenen selbst sind diese Nachteile allerdings meist nicht bewußt. (Es war ähnlich wie mit Leland, der sich auch um vieles stärker gefühlt hatte als Lesra, den er wegen seines guten Lebens in Kanada für verweichlicht hielt. Um so erstaunter war er, als ihn Lesra bei einem Wettlauf schlagen konnte, was schlicht daran lag, daß er genügend

Ruhe hatte, gut ernährt und belastbar war und seine Kräfte einzuteilen wußte.)

Als er anfing, Tucker durch ein Konditionstraining im Gymnastikraum zu schicken, ging seinem Zögling bald die Puste aus, was Rubin nicht hinderte, ihn gleich anschließend auf dem Hof ein paar Runden drehen zu lassen.

»Mr. Carter, sind Sie wahnsinnig? Seilspringen, Punching-Ball, Schattenboxen – das reicht wohl für einen Tag, Mann. Ich bin müde!«

»Gut, aber nicht müde genug. Solange Sie noch die Kraft haben, zu protestieren, wissen Sie gar nicht, was es heißt, müde zu sein«, meinte Rubin gelassen und ließ ihn weitermachen. Es war notwendig, um Tucker zu schützen und ihn vor Verletzungen zu bewahren, weil er nicht genügend vorbereitet war.

Nach ein paar Wochen fand Rubin, daß Tucker allmählich reif war für ein ordentliches Sparring, allerdings fehlte der geeignete Partner. Da er nicht selbst zum Handschuh greifen wollte, rief er in Philadelphia an, einer Stadt, die dafür berühmt war, die besten Kämpfer hervorzubringen, und forschte nach seinem alten Freund »Smokin'« Joe Frazier, der dort einen eigenen Box-Stall mit einem festen Team an Kämpfern betrieb. Joe war begeistert, wieder einmal vom Hurricane zu hören, und sofort bereit, seine »Abbruch-Truppe« nach Rahway zu bringen.

»Sowieso höchste Zeit, daß meine Jungs mal wieder was für ihre Kondition tun«, lachte Joe, »und wenn ich schon mal da bin, kann ich dir auch gleich deinen mickrigen Mittelgewichtlerarsch versohlen.«

»Yeah? Schlepp du mal erst deine lahme Schwergewichtskiste her, dann lernst du aber beten!« konterte Rubin. Solche Albernheiten waren üblich zwischen ihm und Joe (oder auch Muhammad Ali), es machte einfach Spaß, sich gegenseitig mit der »Keule« zu drohen.

Joe erschien mit schrill pinkfarbenen Boxerstiefeln und einer Wagenladung harter Jungs, darunter auch sein Sohn Marvis und »Smokin'« Bert Cooper. Sie sorgten für einigen Aufruhr innerhalb und außerhalb des Rings und gaben allen hoffnungsvollen Preisboxern diesseits der Gefängnismauern reichlich Stoff, ihre hohe Meinung von sich selbst noch einmal zu überdenken. Gegen Joes durchtrainierte Männer hielt sich keiner länger als ein paar wenige Runden, während Rubins und Joes verbales Sparring den ganzen Abend über anhielt.

Eines Tages lieferte ein Besucher bei der Poststelle in Rahway ein Paket mit Lebensmitteln ab und wartete, bis es die Kontrolle passiert hatte. Der Aufseher durchsuchte den Karton, lüftete probehalber den Deckel eines Plastikbehälters und förderte eine Art Kugel zutage, die in Farbe und Größe einer spanischen Zwiebel ähnelte und auch die dünne blättrige Haut einer Zwiebel hatte.

»Was ist das?« fragte er.

»Ein Gemüse.«

»Nie gesehen, so'n Ding. Was issen das für'n Gemüse?«

»Ein Gemüseknolle, aus Jamaica.«

»Ach, Tatsache?«

»Yeah, die heißen *obeah*.«

»Un' was macht man damit?«

»Man kocht sie.«

»Ah ja? Sieht nich' sehr appetitlich aus«, meinte er und legte die Knolle zurück in den Behälter. »Aber *ich* muß das Zeug ja auch nicht essen, also von mir aus alles in Ordnung.«

Tatsächlich war das »Zeug« nicht in Ordnung und schon gar keine *obeah* – das war nur der jamaikanische Ausdruck für »Voodoo«. Angesichts der strengen Gefängnisregeln sahen sich die Kanadier jedoch gezwungen, die Gesetze zu brechen, und da Rubin soviel Freude an seiner Zwiebelpflanze gehabt hatte, waren sie auf die Idee gekommen, alle Skrupel in den Wind zu schlagen und sich als Schmuggler zu versuchen. Als das Paket am Nachmittag heil in Rubins Zelle gelandet war, stand fest, daß sie das perfekte Verbrechen begangen hatten. Blumen waren streng verboten, und so war es ein beispielloser Sieg, eine Amaryllis-Knolle eingeschleust zu haben.

Da ein Verbrechen bekanntlich zum nächsten führt, ging es weiter mit Tulpenzwiebeln, und ein Ende war nicht abzusehen. Wenn Rubin genügend Erde zusammengekratzt und die Knollen eingepflanzt hatte, reichte er einen Teil der Beute weiter an seine Mithäftlinge, vor allem an die ganz harten Jungs, zu denen auch Watasi Leroi Gadsen gehörte. Watasi war so breit wie hoch, 1,65 m im Quadrat, hatte aber kein Gramm Fett und bestand nur aus Muskeln. Obwohl eher klein geraten, galt er als imposante Figur und wurde von allen, die ihn näher kannten – einschließlich Rubin – ernst genommen. Er kümmerte sich hingebungsvoll um die Pflanze, und das Ergebnis war so prächtig, daß alle, die an seiner Zelle vorbeikamen, das exotische Schauspiel bewunderten.

»He, wo hast du denn die Blume geklaut, Mann? Is ja irre, wie das Ding blüht!«

»Watasi, wie has'n du die Pflanze hier reinbugsiert?«

Watasi, selbst zu seinen besten Zeiten kein großer Redner, grunzte dann nur, drehte sich um und grinste stillvergnügt vor sich hin.

Mit einer anderen Pflanze beglückte Rubin einen Vietnamesen, der als extrem gewalttätig galt und große Probleme hatte, sich im Zaum zu halten. Erfreulicherweise wirkte es höchst beruhigend auf den Mann, die Triebe wachsen und gedeihen zu sehen. Er liebe seine Pflanze, erklärte er Rubin stolz; immerhin habe er sie nicht abgemurkst, sondern sie am Leben gehalten.

Was Rubins Amaryllis betraf, so schoß sie hoch zu langen,

grünen Stielen, die in fünf pralle Blüten explodierten – pulsierende rote Trompeten, die ihre Lust am Leben jedem entgegenschmetterten, der über den Gang kam. Die stets wachsamen Augen der Wärter schauten angelegentlich an ihr vorbei. Nur einer der Männer erkundigte sich betont beiläufig nach dem Namen einer Pflanze mit riesigen roten Blüten, die er »irgendwo« gesehen hatte und gerne seiner Frau schenken wollte.

Über die Jahre waren Rubin auch etliche anständige Aufseher begegnet, allen voran ein kräftiger Weißer namens Bobby Martin. Ihr Verhältnis beruhte auf gegenseitiger Bewunderung, schon seit Rubins erstem Aufenthalt in Rahway, und als Rubin dorthin zurückkam, war Lieutenant Martin einer der ersten höheren Dienstgrade gewesen, die ihn begrüßt hatten. Ohne besondere Aufforderung tat Lieutenant Martin sein Bestes, daß Rubin so oft wie möglich ans Telefon kam, um an seinem Fall arbeiten zu können, und sorgte dafür, daß ihn niemand schikanierte.

Beispielsweise bei dem Ärger mit Rubins Stereoanlage, die die Poststelle schon dreimal zurückgeschickt hatte, obwohl sie alle Auflagen erfüllte – sie war neu, originalverpackt, kam direkt aus dem Laden und war voll bezahlt. Die Kanadier waren mit ihrer Weisheit am Ende angesichts der offenbar unfähigen Bürokratie, und Rubin war frustriert. Als Lieutenant Martin davon hörte, marschierte er geradewegs zur Poststelle und forderte den diensthabenden Sergeant auf: »Rück sofort die verdammte Anlage für Rubin raus!« Anschließend empfahl er dem Mann, in Zukunft niemanden zu schikanieren, der das nicht verdient hatte. »Es ist immer ein Fehler«, erklärte er, »wenn du die Leute nach ihrem Kittel beurteilst. Wenn Rubin Carter wünscht, daß die Philharmoniker im Knast antanzen, dann kriegt er seine verdammten Philharmoniker, klar? Aber er will ja nur sein Stereo, also hör auf mit dem Scheiß!« Noch am gleichen Abend konnte sich Rubin an seinen Musikkassetten freuen.

Bobby Martin wurde bald darauf zum Captain befördert und nach Bordentown versetzt. Bevor er ging, bat ihn Rubin, sich um Bruce Curtis, den jungen Mann aus Kanada, zu kümmern, von dem er erfahren hatte, daß er inzwischen die Analphabeten unter den schwarzen Mithäftlingen im Lesen unterrichtete. »Behalten Sie den Jungen ein bißchen im Auge, okay, Bobby?« Mehr mußte nicht gesagt werden.

Der August wurde ein arbeitsreicher Monat für die Kanzlei Carter & Partner (C & P). Es galt, sich auf den Schriftsatz der Anklage vorzubereiten, da nur wenig Zeit blieb für die Erwiderung. Professor Friedman hatte eigens erklärt, daß man imstande sei, kurzfristig auf jedwede Stellungnahme der Anklage zu reagieren, so daß Richter Sarokin eine Frist von zehn Tagen angesetzt hatte. Und Rubin wollte keinesfalls um eine Verlängerung bitten müssen, damit klar war, daß sie ihren Antrag auf ein Schnellverfahren auch ernst meinten.

Also machten sich C & P ans Werk, und da es nahelag, daß die Anklage wieder mit ihren alten Hüten kommen würde, zogen sie deren Hauptschriftsatz vor dem State Court hervor und schrieben ihre Erwiderung auf die gesammelten Falschaussagen, Halbwahrheiten und Auslassungen im voraus. Als die Staatsanwaltschaft ihren hundersiebenundfünfzig Seiten umfassenden Gegenantrag vorlegte, hatten C & P die Fakten bereits im wesentlichen formuliert, so daß sich Leon Friedman ganz auf die eigentlichen Rechtsfragen konzentrieren konnte. Es sollte nicht ein Punkt der gegnerischen Behauptungen stehenbleiben, und so kostete es einige Nachtsitzungen mit den New Yorker Anwälten und Amanda, die fieberhaft auf den Computer einhämmerte, bis alles stand. Das Endprodukt von hundert Seiten (plus fünfzig Seiten Anlagen) wurde pünktlich eingereicht und war perfekt.

Myron ging so weit, die Liste der beratenden Rechtsbeistände um eine Fußnote zu ergänzen, in der zu lesen stand: »Die Prozeßbevollmächtigten danken dem Petenten Carter für seinen substantiellen Beitrag zur Klärung der beweisrelevanten Fakten dieses Schriftsatzes«. Beldock hatte auch die Kanadier einbeziehen wollen, die jedoch ablehnten. Rubin zu ehren, hieß, das ganze Team zu ehren.

Nachdem das Juristische erledigt war, begann wieder die Wartezeit. Rubin und die übrigen Mitstreiter der »Großen Offensive« waren überzeugt, daß das Ende in Sicht war und Rubin bald freikommen würde. Lesra überlegte bereits, ob Rubin auch etwas anzuziehen hatte, wenn er herauskam, und so ging er mit Marty einkaufen. Da inzwischen schon Herbst war, beschloß man, daß Rubin einen warmen Mantel brauchte, und hatte bald die ideale Lösung gefunden: eine gutgeschnittene Schaffelljacke. Dazu ein olivgrüner Pullover, ein Button-down-Hemd aus Baumwolle, eine Wollhose mit fester Bügelfalte und braune Lederstiefel als lässig-elegante Variante, da Krawatten und Sakkos im Gefängnis nicht erlaubt waren. Lesra, der inzwischen Rubins Größe hatte, probierte alles an, so daß man sich vorstellen konnte, wie Rubin in den Sachen aussah.

Alles passierte anstandslos die Kontrolle, bis auf die Stiefel. Der Beamte in der Poststelle zückte sein bewährtes Lineal, maß von der Spitze zur Ferse, vom Schaft zum Absatz, meinte: »Is nich. Kann ich nich durchlassen. ’n halben Zentimeter zu hoch«, und schob die Stiefel wieder zurück durch den Schalter.

Da die Kanadier bereits erprobte Schmuggler waren, ließen sie sich nicht so leicht entmutigen. Bei der nächsten Kontakt-Visite trug Sam ein Paar schöne braune Lederstiefel, die er beiläufig auszog, nachdem er mit Rubin in der Besucherhalle Platz genommen hatte. Rubin folgte seinem Beispiel und legte seine alten Schuhe ab, betont lässig, da er wußte, daß man im Knast eigentlich alles machen konnte, solange man es völlig selbstverständlich tat. »Es kommt nur auf die Art an«, pflegte er zu sagen. Als beide ihre müden Füße hinreichend gekühlt hatten, zogen sie ihre Schuhe wieder an, und so konnte Rubin den Raum mit ein Paar neuen Stiefeln verlassen, während Sam mit Rubins abgetragenen Schuhen nach Hause ging.

Während Woche um Woche verging, begann Rubin, seine Zelle auszuräumen, verschenkte Sachen an Mithäftlinge, sortierte Papiere aus, warf Überflüssiges weg und hinterließ den Rest, den er behalten wollte, bei der Poststelle, so daß die Kanadier bei jedem Besuch etwas mitnehmen konnten. Daß ein Häftling seine Sachen weggab, kam selten vor und galt dann als Zeichen, daß er entweder »hinüber« war, sprich den Verstand verloren hatte, oder demnächst »auf die Seite« gehen wollte oder einen Ausbruch plante. In Rubins Fall traf nichts von alledem zu. Wie er selbst sagte, folgte er »dem alten philosophischen Prinzip, so zu handeln, als hätte man das erwünschte Ziel bereits erreicht, um wirklich dort anzukommen – also tu ich so, als ob ich frei wär', dann werd' ich's auch.«

Anfang November war immer noch keine Entscheidung gefallen. Rubin war zunehmend angespannt, aber die Stimmung im Gefängnis noch um einiges mehr. Als erstes gab es eine Drogenrazzia in seinem Flügel, die er bereits hatte kommen sehen, weil er am Telefon stand. Er wußte sogar, wer »gesungen« hatte, und warnte die anderen vor der drohenden Gefahr, aber es nützte nichts. Lieutenant Magee, der beste Drogenhund im ganzen Knast, schlug zu und fand, was er suchte. Er zog sogar die große Show ab, um seinen Singvogel zu schützen, und schnüffelte einiges an Bargeld und Marihuana in dessen Zelle zusammen.

Dummerweise ließ die Gefängnisleitung den Verräter wie

den Verratenen im selben Trakt einschließen, und beide hatten »Klingen« (selbstgemachte Messer), so daß alles mögliche passieren konnte. Es konnte jeden treffen, jeder konnte verletzt, erstochen, getötet werden. Rubin haßte Denunzianten und hatte wenig Lust, solche Leute zu schützen, aber die Situation war bedrohlich und konnte jederzeit außer Kontrolle geraten, bis am Ende Blut fließen würde. Also wandte er sich an einen Officer und sagte: »Stecken Sie wenigstens einen von den beiden ins Loch, dann haben Sie gleich zwei Leben gerettet, von dem Rest nicht zu reden. Wenn Sie so dumm sind, bringen Sie den ganzen Bau in Gefahr.«

Es dauerte Stunden, bis sich die Anstaltsleitung bequemte, einen der Männer ins Loch zu stecken – und es war nicht der Singvogel. Aber die Atmosphäre blieb angespannt.

Später am Abend brachten Rubin und sein Freund Tayu ein paar Kartons mit Rubins Papieren zu den Müllcontainern am anderen Ende der Zellenreihe. Sie waren gerade dabei, das Papier zu zerreißen und in die Tonnen zu stopfen, als eine Wachmannschaft über die Treppe anrückte – das übliche Strafkommando, das nach einer Drogenrazzia die Häftlinge terrorisierte und aufmischte.

Als der Lieutenant, der den Trupp anführte, Rubin erblickte, brüllte er sofort los: »He, du da! Versuchst wohl, das Zeug loszuwerden, was? Na, warte, wir finden es schon! Dafür sind wir ja schließlich da.«

»Reden Sie mit *mir*?« fragte Rubin und schaute angewidert hoch.

»Na, klar! Du da, ich rede mit dir! Wie heißt du? Wer bist du?«

»Ich weiß, wer *Sie* sind«, sagte Rubin und zerlegte seine Papiere in noch kleinere Stücke.

»Na, warte, du Flasche, dir wer'n wir schon beibringen, was Sache ist.«

»Mister«, warnte Rubin und blickte wieder auf: »Sie sollten besser sehen, daß Sie mit Ihrem Maul keine Schecks ausstellen, die Sie mit dem Arsch nicht decken können!«

»Ich? Wer redet denn von mir? Ich hab hier'n paar Männer, die's gar nicht erwarten können, dir Bescheid zu stoßen, du Armleuchter!«

»Da müssen Sie schon mehr aufbieten, die paar kommen hier bestimmt nicht heil raus!« sprach Rubin, drehte sich auf dem Absatz um und schlenderte zu seiner Zelle zurück, ohne sich noch einmal umzuwenden. Tayu stand fassungslos da. So redete man doch nicht mit einem Officer und ging dann einfach seiner Wege ... Aber dann nahm er allen Mut zusammen, machte ebenfalls kehrt und folgte Rubin über den Gang.

Ein Officer, der hinter dem Lieutenant auf der Treppe gestanden hatte, war kreidebleich geworden und fragte seinen Vorgesetzten: »Wissen Sie, wer das war?«

»Yeah, irgendein ausgeflippter Blödmann.«

»Sie sollten besser wissen, wen Sie vor sich haben, wenn Sie sich hier drin mit jemandem anlegen.« Damit drehte er sich zu den anderen um und sagte: »Auf geht's, Männer, wir verschwinden. Das Ding ist gelaufen.«

Der Lieutenant war jedoch nicht bereit, so schnell aufzugeben, und wandte sich an den wachhabenden Officer, der den Zwischenfall von seinem Pult aus beobachtet hatte. »Wie heißt der Spinner? Geben Sie mir mal die Zellennummer.«

»Sie wollen den Namen wissen?«

»Yeah.«

»Rubin ›Hurricane‹ Carter.«

»Das war nicht Carter. Ich kenne Carter. Der sitzt doch in Trenton.«

»Nicht mehr. Jetzt ist er hier – und er war's wirklich.«

Tayu, der das Geschehen vom Wasserspender aus verfolgt hatte, beobachtete, wie der Lieutenant über den Gang eilte und an Rubins Zellentür klopfte. (Die Zellen in diesem Flügel hatten solide Türen.)

»Herein.«

Rubin saß auf dem Bett und war wieder dabei, Papiere zu sortieren. Er wirkte ruhig, aber sein Adrenalinspiegel schnellte hoch. Was hatte er vor, dieser Mann?

»Ich wußte nicht, wer Sie sind, Rubin.«

»Aber, wie ich schon sagte – ich wußte, wer Sie sind«, entgegnete Rubin und atmete leise auf. Offensichtlich wollte sich der Mann entschuldigen.

In diesem Augenblick klopfte Lieutenant Magee, der inzwischen wußte, daß es Ärger gegeben hatte, und vermeiden wollte, daß jemand zu Schaden kam.

»Kommen Sie«, sagte er zu seinem Kollegen. »Rubin hat mit dem ganzen Scheiß nichts zu tun, das weiß doch jeder.«

»Lieutenant Magee, würden Sie diesem Herrn bitte sagen«, erklärte Rubin gelassen, »daß er hier nichts findet, was die Anstalt zu haben wünscht. In diesem Raum lebt ein freier Mann.«

Am Mittwoch, den 6. November, meldete sich Sarokins Sekretariat und teilte Rubins Anwälten mit, daß der Richter um zehn Uhr am nächsten Morgen in seinen Amtsräumen die Entscheidung bekanntgeben werde. Die Stunde der Wahrheit war endlich gekommen.

Am Mittwochabend kam Terry zu einer Kontakt-Visite und nahm Rubins letzte Habseligkeiten mit. Bis auf einen Pyjama und die Sachen, die er anzuziehen gedachte, hatte Rubin alles weggegeben.

»Du hast dir ja die Haare schneiden lassen, Rube«, sagte Terry beim Abschied. »Hat das Carlos gemacht?«

»Nein, Taif, die sind nicht geschnitten.«

»Aber sie sehen kürzer aus als beim letzten Mal.«

»Sie sind . . . sie sind mir ausgefallen . . . büschelweise.«

»Wegen der Anspannung?«

»Taif, das ist meine letzte Chance! Wenn wir's jetzt nicht schaffen, mich hier rauszuholen, schaffen wir's nie.«

26

Es war Donnerstag, der 7. November 1985. Die weiten Flure im Federal Courthouse lagen leer und still. Kathy und Terry hatten am Telefon Posten bezogen. Inzwischen war es fast elf Uhr, und sie warteten seit halb zehn. Ed Graves und Lewis Steel hatten eben Richter Sarokins Amtsräume betreten, nach einer unvorhergesehenen Verzögerung, da die schriftliche Ausfertigung der Urteilsbegründung zu spät aus dem Drukker gekommen war. Es waren die längsten Stunden gewesen, seit alles angefangen hatte, aber nun, da sie sahen, wie Ed Graves um die Ecke bog und Richter Sarokins Entscheidung mit beiden Händen über dem Kopf schwenkte, war die Mühsal vergessen, das Warten ein Nichts.

»Wir haben's geschafft! Wir haben gewonnen! Gewonnen!« jubilierte Ed.

Die Worte flogen von Ed zu Terry und über das Telefon in Rubins Ohr. Er trank jeden Buchstaben, jede Silbe, genoß das Wunder in feierlicher Stille, sprachlos, fassungslos.

Und mit einem Mal brachen alle in Tränen aus – von den Fluren des Gerichtsgebäudes über das Gefängnis, die Wohnung in Rahway, die Kanzlei in New York bis zu Lesra und dem Rest der Gruppe in Toronto. Es war ein langer Kampf gewesen, ein herkulischer Kraftakt – und sie hatten gesiegt!

Durch die Wolke von Euphorie drang plötzlich Rubins Stimme: »Terry, Terry, was hat er gesagt? Was hat er gesagt?«

»Keine Ahnung, Rube, das Ding ist siebzig Seiten lang. Ich hab's grade erst bekommen. Ich weiß gar nicht, ob ich überhaupt in der Lage bin, das jetzt alles zu lesen. Aber hier – hör dir das mal an, Rube«, rief Terry und begann vorzulesen:

»›Aus den umfassenden Akten geht eindeutig hervor, daß die Verurteilung der Petenten auf rassistischer Indoktrination statt klaren Beweisen beruht und nicht durch Offenlegung, sondern durch planmäßige Verschleierung der Fakten zustande kam.

Den Geschworenen wurde erlaubt, von der rassischen Zugehörigkeit (der Beklagten) auf deren Schuld zu schließen, während man Informationen, die zu deren Entlastung beigetragen hätten, vorenthielt. Einen Schuldspruch zuzulassen, der sich allein auf den Appell an rassistische Vorurteile und das Zurückhalten entlastender Beweise stützt, ist ein Verfassungsbruch, dessen Verwerflichkeit den Verbrechen, für welche man diese Beklagten zur Rechenschaft gezogen und verurteilt hat, in nichts nachsteht.‹«

»Das hat er gesagt? Bist du sicher, daß er *das* gesagt hat, Taif? Hat der Richter das tatsächlich geschrieben?«

Statt die Antwort abzuwarten, drehte sich Rubin weg vom Telefon und schrie aus voller Kehle: »Halleluja! Ich bin frei!«

Terrys Versuche, weitere Auszüge vorzulesen, gingen im allgemeinen Triumphgeheul diesseits und jenseits des Telefons unter. Unterdessen wurde die Nachricht bereits im Radio verbreitet, und das ganze Gefängnis war außer Rand und Band, so daß sich niemand mehr so recht auf die fabelhafte Sprache der Urteilsbegründung konzentrieren konnte.

»Hier, Rube, das mußt du hören: ›Die Beweislage gibt keinerlei Anhalt für die Unterstellung eines rassistischen Rachemotivs. Carter und Artis waren weder militant noch darauf aus, Weiße zu töten, oder überhaupt feindselig gegen Weiße eingestellt ... Tatsächlich ist das einzige, allerdings *eklatante* Indiz für Rassismus in Bellos Zeugenausage vor Gericht zu finden, der zufolge ein Detective der Anklage bei Bellos Vernehmung im Oktober 1966 Schwarze als »Nigger« und »Tiere« apostrophiert hatte.‹

Und dann das hier: ›Die Petenten konnten selbst die stärksten Argumente der vom Staat vorgebrachten Beweiskette nachhaltig erschüttern‹. Dabei hat der Richter nicht mal die Caruso-Akte ansprechen können, Rube, und weiß nichts von dem ganzen anderen Zeug, das wir rausbekommen haben!«

»Taif, es ist einfach unglaublich!«

Der Richter hatte seine Entscheidung auf zwei Punkte gestützt: das vermeintliche rassistische Motiv und die Verletzung der *Brady*-Norm, weil die Anklage Bello mit falschen Lügendetektorergebnissen manipuliert hatte. Sich zu den übrigen Beschwerdegründen zu äußern, war offenbar nicht notwendig gewesen.

»Bei dieser *Brady*-Norm, Rube, ist Sarokin übrigens einer Meinung mit den drei Richtern vom State Supreme Court. Er zitiert zum Beispiel laufend die ziemlich deutlichen Äußerungen von diesem Clifford: ›Bello hat in jedem Punkt schlicht und einfach gelogen und war schlechterdings außerstande, die Wahrh . . .‹«

»Komm zum Punkt, Terry. Wie lautet der Schluß?«

»Warte, hier . . .ja, da ist es: ›Das Gericht hat es sich mit seiner Entscheidung nicht leicht gemacht; wohl wissend, daß sie dem (wenn auch 4:3 getroffenen) Urteil der sehr geschätzten Kollegen vom New Jersey Supreme Court widerspricht. Dennoch ist dieses Gericht der Überzeugung, daß eine Verurteilung, die auf rassistischen Stereotypen, Ängsten und Voreingenommenheiten beruht, die Grundrechte zu eindeutig verletzt, um die Wahrheitsfindung zugunsten kollegialer Rücksichten zu vernachlässigen.

Es wäre naiv, zu verkennen, daß wir alle mehr oder weniger von Vorurteilen, subjektiven Neigungen und unbestimmten Ängsten geleitet sind. Wenn wir aber zulassen, daß ein Urteil unter dem Druck solcher Faktoren zustande kommt oder mit Hilfe solcher Faktoren aufrechterhalten wird, begeben wir uns unserer eigenen fundamentalen, von der Verfassung garantierten Rechte.

Da die Staatsanwaltschaft überdies auf Mittel zurückgreifen kann, die der Verteidigung eines Beschuldigten nicht zu Gebote stehen, ist es unerläßlich, daß die Anklage alle relevanten Informationen zugänglich macht. Wenn wir davon ausgehen, daß die Aufgabe der Justiz darin besteht, die Wahrheit aufzudecken, statt sie zu verschleiern, muß eine volle und faire Offenlegung aller Fakten gewährleistet sein, um die Rechte des Beschuldigten gegenüber der bedenklichen Machtfülle eines Anklägers zu schützen und zu wahren.

Obwohl die ausufernde Beschwerde- und Berufungspraxis in Kriminalfällen oft kritisiert wird, läßt sich deren Notwendigkeit am vorliegenden Fall aufs Trefflichste belegen. In einer Gesellschaft, die sich von wachsender Kriminalität bedroht fühlt, ist die Gefahr, die verfassungsmäßig garantierten Rechte eines Beschuldigten einzuschränken, allgegenwärtig. Allerdings sollte die Notwendigkeit der Verbrechensbekämpfung nicht dazu herhalten dürfen, eine Erosion unserer elementarsten Rechte zu begründen. Die steigende Verbrechensrate sollte uns vielmehr noch wachsamer werden lassen, denn je höher die *Quantität*, desto größer das Risiko für die *Qualität* der Justiz.‹«

»Ich hör' die Botschaft wohl! Also, warum bin ich überhaupt noch hier? Wie komm' ich jetzt raus? Ist noch einer von den Anwälten da? Mit wem kann ich reden?«

»Lew ist hier, mit Myrons Partner Larry Levine. Leon ist zu diesem internationalen Juristentreffen, wo er den Vorsitz hat, und Myron mußte zu einem dringenden Gerichtstermin.«

»Dann laß mich mal mit Lew reden.«

»Keine Ahnung, wo er steckt, Rube. Er ist mit Larry irgendwohin, um die Urteilsbegründung zu studieren und sich auf die Fragen der Presse vorzubereiten. Aber hier ist Ed Graves.«

»Rube, wir haben's geschafft, Rube!«

»Ed, wie kann ich dir jemals danken, Bruder. Du bist einfach wunderbar.«

»Ich möchte dir auch danken, Rube. Ich kann dir gar nicht sagen, was es für mich bedeutet, dabeigewesen zu sein. Das ist das Wertvollste, das ich je zustande gebracht habe. Rube, du bist endlich draußen!«

»Darum geht's ja, Ed – wie komm' ich nun tatsächlich raus? Was ist der nächste Schritt? Was müssen wir tun?«

»Nach dem, was Richter Sarokin unter dem Passus ›Angemessene Abhilfe‹ gesagt hat, ist völlig klar, daß er dich sofort freilassen und den Staat anweisen will, dich nie mehr gerichtlich zu belangen. Allerdings ist er aufgrund dieses ›Einvernehmens‹ zwischen Staat und Bund gehalten, es dem Staat zu überlassen, ob er den Fall zurückzieht oder nicht. Er hat aber deutlich gesagt, daß ein weiterer Prozeß ›den Interessen der Justiz nicht dienlich wäre‹. Hier, hör' dir mal den Wortlaut an, Rube: ›Das Gericht gibt der Petition statt ... wohl wissend, daß der Staat ein Wiederaufnahmeverfahren verlangen kann, aber im Vertrauen darauf, daß die Achtung vor der Verfassung wie vor der Justiz und dem Gebot der Menschlichkeit dies verhindern möge.‹ Ich denke also, Rube, wir werden dem Gericht einen Antrag vorlegen, dich unverzüglich freizulassen. Mann, du bist sozusagen offiziell für unschuldig erklärt worden. Jetzt, wo das Urteil aufgehoben ist, kann die Anklage lange reden, warum du in Haft bleiben sollst. Wer weiß, vielleicht lassen sie die Sache einfach auf sich beruhen.«

Im Telefon herrschte einen Moment Stille. »Mach dir nichts vor, Bruder. Wenn die darüber zu entscheiden haben, lassen sie gar nichts auf sich beruhen. Aber du hast recht, wir sollten ihnen sofort den Antrag vorlegen, solange sie noch aus dem Tritt sind. Also, ran, Ed. Mach ihnen Druck, jetzt gleich!«

Ed besprach sich mit den anderen Anwälten und war

Minuten später wieder am Telefon. »Alle sind restlos hin, Rube! Aber sie sind der Meinung, daß es eine Frage des beruflichen Anstands ist, der Gegenseite ein paar Tage Zeit zu geben, bevor wir etwas unternehmen. Das heißt also bis Dienstag, weil der Montag ein Feiertag ist.«

»Anstand? Anstand? Hast du eben von *Anstand* geredet? War das etwa anständig, was die mit mir gemacht haben? Ich habe keinerlei Grund, mich anständig zu verhalten, Ed! Also, sag diesen Dreckskerlen von der Staatsanwaltschaft, daß sie sich das verdammte Ding gefälligst bis heute nachmittag reinziehen und dann vor Gericht antanzen sollen.«

»Rubin, ich werd's versuchen. Aber sie müssen nun mal zustimmen, das ist der einzige Weg, um schnell zu einer Anhörung zu kommen.«

Terry nahm Ed den Hörer ab. »Ich sag' dir was, Rube – du wirst, verdammt noch mal, nicht noch ein Wochenende da drinbleiben! Nicht nach *dieser* Entscheidung!«

»Dann tu was dran, Taif. Ich muß hier raus. Ich bin am Ende, verdammt.«

Kathy und Terry an seiner Seite, rief Ed Graves im Büro der Staatsanwaltschaft an und teilte Goceljak mit, daß er beabsichtige, um zwei Uhr nachmittags einen Antrag auf Rubins sofortige Entlassung vorzulegen.

»Wir haben den Beschluß doch noch gar nicht gelesen. Wir brauchen etwas Zeit.«

Ed ließ nicht nach. »In Ordnung, wir verschieben den Termin auf morgen um die gleiche Zeit. Sie haben also noch vierundzwanzig Stunden.«

Goceljak war einverstanden.

Terry und Kathy, die damit gerechnet hatten, daß die Anklage versuchen würde, einen längeren Aufschub auszuhandeln, waren erleichtert. Es war Ed gelungen, Goceljak zu überrumpeln.

Gegen halb zwölf war die Nachricht, daß man Rubin »Hurricane« Carters Verurteilung aufgehoben hatte, über alle Radiostationen im Lande zu hören, und immer mehr Fernsehsender unterbrachen ihr Programm, um die sensationelle Neuigkeit bekanntzugeben. Um zwölf war das Thema zur Spitzenmeldung auf sämtlichen Kanälen geworden, und man sah die üblicherweise zugeknöpften Reporter allenthalben lächeln und mit offensichtlicher Freude die markantesten Passagen aus Richter Sarokins Entscheidung zitieren.

Die Nachricht hatte wie eine Bombe eingeschlagen. Rubin hatte sich so lange von den Medien ferngehalten, daß niemand auf die sensationelle Wende gefaßt war. Auf allen Wellen ertönte Bob Dylans Song »Hurricane«; das Fernsehen zeigte Bilder, wie er in den Ring stürmte oder mit Muhammad Ali Demonstrationszüge anführte, und die Schlagzeilen sprachen von »Cause célèbre«, von »Verfassungsverletzung« und »Carters K.-o.-Sieg gegen Staat«. Es war eine Story von nationalem wie weltweitem Interesse, der Aufmacher für die nächste *New York Times* und die Titelgeschichte in Kanadas *Globe and Mail.*

Nach dem Zählappell wurde Rubin in das Büro des Anstaltsleiters Chief Deputy Keeper zitiert. Begleitet von Glückwünschen aus allen Ecken, von Häftlingen wie von Wärtern, machte er sich auf den Weg nach unten. Es war Essenszeit, und auf den Gängen herrschte großer Auftrieb. Hunderte von Männern versuchten, zu ihm vorzudringen, ihn zu berühren, zu umarmen, ihm die Hand zu schütteln, was auch immer. Es war ein regelrechter Aufstand, allerdings der positiven Art, ein Aufstand freudiger Gefühle.

»Sie können hier nicht stehenbleiben«, meinte ein Wärter, der sich mit größter Mühe durch das Gewühl zu Rubin vorgekämpft hatte. »Aber Sie kommen hier auch nicht durch. Vielleicht gehen Sie doch besser wieder in Ihren Trakt.«

Bewegt und dankbar für die spontane Anteilnahme, bahnte sich Rubin händeschüttelnd seinen Weg zurück in die Zelle, wo sich bereits Dutzende von Gesprächsanfragen häuften. Ob ABC, NBC, CBS, New York TV, Radiostationen oder Printmedien – alle wollten ein Interview. Aber er hatte bereits, zusammen mit den Kanadiern, beschlossen, sich nicht öffentlich zu äußern, um die Staatsanwaltschaft nicht unnötig zu reizen oder ihr gar eine Handhabe zu geben, gegen ihn Stimmung zu machen, wie sie das bei der Kampagne von 1976 getan hatte. Je häufiger er damals in den Medien aufgetaucht war, desto verzweifelter hatte sich die Staatsanwaltschaft gewehrt, desto unerbittlicher hatte sie ihr Ziel verfolgt, ihn erneut zu verurteilen und nie mehr freizulassen.

Es dauerte nicht lange, bis sich die Besucher vor seiner Tür drängten. Sie kamen aus allen Teilen des Gefängnisses, und wer nicht erscheinen konnte, hatte seine Emissäre geschickt. Am Nachmittag war das Gefängnis bereits belagert von Reportern, und oben kreisten Hubschrauber, um die Fernsehnachrichten mit Luftaufnahmen der Haftanstalt zu versorgen. Die Kanadier beobachteten das Geschehen vom Balkon ihrer Wohnung aus, während sie mit Rubin telefonierten und die Pläne für den nächsten Tag erörterten. Schließlich mußte Rubin auflegen, weil sein Cousin Ed zu einer Fenster-Visite erschienen war.

Kurz darauf hörten die Kanadier, wie der Nachrichtensprecher des New Yorker Fernsehens eine Direktschaltung nach Rahway ankündigte, von wo die Reporterin Gloria Rojas Neues zur »Hurricane«-Carter-Story zu berichten habe. Dann erschien Ms. Rojas im Bild und sprach sichtlich erregt ins Mikrofon:

»Wir versuchen gerade, ein Interview zu bekommen . . .« – jemand reichte ihr einen Telefonhörer – »einen Moment noch . . . ja, ich habe ihn am Apparat! Er ist hier am Telefon! Rick Rowe vom Verein der Lebenslänglichen! Mr. Rowe, haben Sie schon mit Mr. Carter sprechen können, seit die Entscheidung des Gerichts bekanntgegeben wurde?«

»Miss Rojas, ich versteh' Sie kaum bei dem Krach hier. Nein, ich bin noch nicht zu ihm vorgedrungen. Der Mann wird ja regelrecht belagert.«

»Könnten Sie uns beschreiben, was sich im Moment da drin abspielt?«

»So was hab' ich überhaupt noch nie erlebt. Das ganze Gefängnis steht kopf und feiert. Ich bin schon über zwölf Jahre in dem Bau, aber das ist mir noch nie vorgekommen. Es ist einfach unglaublich. Die sind total außer Rand und Band. Schwarze, Weiße, Hispanos, egal ... liegen sich alle in den Armen und heulen. Sogar die Aufseher. Rubin ist eben was Besonderes. Hat sich nie unterkriegen lassen und immer dafür gekämpft, daß er freikommt. Der hätte nie aufgegeben, *niemals*. Und jetzt hat ihn endlich einer gehört da draußen, und damit hat er uns allen hier Hoffnung gemacht!«

27

Freitag, der 8. November 1985. Als die Fahrzeugkolonne, die Rubin vom Staatsgefängnis Rahway zum Federal District Court in Newark eskortierte, vor dem Gerichtsgebäude ankam, warteten bereits Hunderte von Zeitungsreportern und Kamerateams. Oben kreisten Hubschrauber, während sich unten auf der Straße zahllose Schaulustige um die besten Plätze balgten und ein Großaufgebot an Polizisten versuchte, etwas Ordnung in das wachsende Chaos zu bringen.

Was sich den Blicken der Menge bot, war ein Mann mit Lammfelljacke und Sonnenbrille, der einem der drei Wagen entstieg, umgeben von einem undurchdringlichen Schild furchteinflößender, bewaffneter Marshals. Da der Haupteingang praktisch uneinnehmbar war, brachten ihn die Marshals zur Hintertür, die allerdings gleichfalls von Reportern und einem Heer von Kameraleuten belagert war, das sich in Dreierreihen über den Gehsteig und den Treppenaufgang erstreckte. Höflich, aber bestimmt schaufelte die Eskorte eine breite Gasse durch die neugierige Menge, während Rubin von allen Seiten mit Fragen bestürmt wurde.

Er selbst fand das alles ziemlich seltsam. Nicht, weil er von diesem Aufgebot an Bewaffneten umgeben war – damit hatte man ihn auch in den vergangenen zwanzig Jahren zur Genüge verwöhnt. Auch nicht deshalb, weil seine Bewegungsfreiheit eingeschränkt war, nachdem man seine Handschellen am Brustgurt festgezurrt und über Ketten mit den Fußfesseln verbunden hatte – er war an diese Art grober Behandlung gewöhnt und hatte mit den Jahren eine erstaunliche Fähigkeit entwickelt, sich trotzdem schnell und geschickt zu bewegen. Tatsächlich bewegte er sich so selbstverständlich, daß es kaum jemandem auffiel, wieviel Eisen er mit sich herumschleppte.

Nein, was ihn wirklich verblüffte, war die Tatsache, daß offenbar niemand wußte, wer er war. Sie waren alle nur gekommen, um ein Interview mit Rubin »Hurricane« Carter zu ergattern – dem Preisboxer, dem ehemaligen Anwärter auf die Krone im Mittelgewicht, diesem kahlköpfigen, bärtigen, kleinen Kraftpaket mit dem finsteren Blick, dessen Bild noch am Morgen von sämtlichen Zeitungstiteln und Bildschirmen des Landes geguckt hatte. Es waren nur alte Fotos von ihm vorhanden, und sie zeigten eine Person, die es nicht mehr gab.

»Wer ist das?« hörte er jemanden fragen. »Kommt er denn nicht zur Verhandlung?«

»Wer ist der Typ in der Lammfelljacke?« erkundigte sich ein Reporter bei seinem Kollegen

»Ist das ›Hurricane‹ Carter?« kam schließlich jemand auf die naheliegendste Idee.

»Ist er das wirklich?« rief ein anderer überflüssigerweise. »Wie fühlen Sie sich, Mr. Carter?«

Gute Frage, dachte Rubin, dem selbst tausend Fragen durch den Kopf gingen. *Was mach' ich, wenn der Richter beschließt, mich sofort freizulassen? Ich war gefangen in einem Kampf, der zwanzig Jahre gedauert hat – was mach' ich, wenn er jetzt auf einmal vorbei ist?*

Er hatte keine Zeit, seinen Gedanken Ausdruck zu geben. In der dritten Etage angekommen, nahmen ihm die Marshals die Fesseln ab, führten ihn durch eine Tür, und er sah sich unvermittelt in einem Saal voller Menschen. Er hatte soeben Richter Sarokins Verhandlungsraum betreten. Die Luft hier drin war elektrisch geladen. Überall drängten sich Leiber, auf den Sitzen, an den Wänden, in den Gängen, jede Lücke, jeder Kubikzentimeter freien Raums war gefüllt mit einer wabernden Masse Mensch, die kaum wahrnahm, daß Rubin von einem Marshal in Zivil zum Tisch der Verteidigung geführt wurde, wo ihn Myron Beldock mit unverhohlener Freude in den Arm nahm und an sich drückte. Der Rest der Mannschaft, bestehend aus Lew Steel, Ed Graves und den Kollegen aus New Jersey – Ron Busch, Jeff Fogel, Lou Raveson, Harold Cassidy – schüttelte ihm die Hand. Rubin bedauerte nur, daß Leon Friedman nicht von seinem Kongreß weggekommen war und diesen großen Tag miterleben konnte.

Bevor er sich setzte, warf er einen Blick nach hinten in die Menge und entdeckte Terry und Kathy, die sich aus der letzten Bankreihe erhoben und ihm unauffällig zunickten, zum Zeichen, daß alle Vorbereitungen planmäßig getroffen waren. Auch Ed Carter war unter den Besuchern und dessen achtundzwanzigjährige Tochter Charmaine, sprühend vor Tatkraft und Energie. Mims Hackett war mit einem jungen Freund erschienen, und Amanda George aus Beldocks Büro hatte sich ebenfalls eingestellt. Ganz hinten stand Sohn Artis mit seiner Frau Dolly und strahlte übers ganze Gesicht, dicht dabei die *New-York-Times*-Reporter Selwyn Raab und Dave Anderson.

»Alles erhebt sich!«

Als Richter Sarokin auf seiner Bank Platz nahm, sah ihm Rubin direkt in die Augen und dachte: *Der Richter wird sich fragen ›Wie siehst du aus? Was haben die zwanzig Jahre wohl aus dir gemacht?‹*

»Wer wünscht, uns ein Gesuch anzutragen?« fragte der Richter.

Beldock stand auf. »Ich wünsche Euer Ehren zu ersuchen, Mister Carter freizulassen... uneingeschränkt und vorbehaltlos gemäß Paragraph dreiundzwanzig (c). Wie Euer Ehren weiß... kann eine Freilassung bei schwebendem Verfahren vorweg angeordnet werden, wenn der Petition nachgegeben wurde. Das ist hier der Fall... Ich vertraue darauf, daß Euer Ehren keine weitere Sicherheitsleistung für nötig erachtet.«

»Vielleicht läßt mich die Staatsanwaltschaft wissen, was sie mir, wenn überhaupt, in diesem Punkt vorzuschlagen hat, anschließend werden wir dann entscheiden, was wir da machen können.«

John Goceljak, Erster stellvertretender Staatsanwalt von Passaic County, quälte sich hoch, Schweißtropfen auf der breiten Stirn, die sich fast bis zum Nacken erstreckte. Er sah aus wie ein wohlgenährter Siebenschläfer, den man unsanft aus einem langen, gemütlichen Schlummer gerüttelt hatte. Er war offensichtlich gereizt, eine öffentliche Niederlage paßte ihm ganz und gar nicht.

»Herr Richter, wir sind hier erschienen«, hob er an und deutete auf seinen Partner, »vor diesem Gericht, um darzulegen, warum der Petent Carter nicht entlassen werden soll. Wir sind hier, um Einspruch zu erheben gegen diese... Freilassung. Ich möchte darauf verweisen, daß es eine Revision geben wird... Wir sind bereit, dem Dritten Circuit

Court of Appeals gleich heute nachmittag einen entsprechenden Antrag vorzulegen.«

»Und was bedeutet das für die Zwischenzeit?« erkundigte sich der Richter.

»Das bedeutet, daß wir somit berechtigt sind ... vor diesem Gericht zu beantragen, den bestehenden Strafvollzug für die Dauer des ... Verfahrens fortzusetzen. Wir wissen, daß es im Ermessen Eurer Ehren liegt, über eine Freilassung einschließlich einer Kaution oder sonstiger Auflagen zu entscheiden, möchten aber darauf hinweisen, daß dieses Gericht der beklagten Partei wenigstens die Möglichkeit geben sollte, im einzelnen darzulegen ... was wir alles an Material bezüglich einer Bedrohung der Gesellschaft zusammengetragen haben. Mister Marmo, Chief Assistant der Staatsanwaltschaft, ist bereit, diesen Antragspunkt sogleich zu erörtern ...«

»Sprechen Sie von einer Bedrohung ...«, fiel ihm Richter Sarokin mit erhobenen Augenbrauen ins Wort, »... die sich erst im Anschluß an die bereits erhobenen Vorwürfe ergeben hat?«

Die Zuschauer im Gerichtssaal hielten den Atem an, als klar wurde, was die Anklage vorhatte. Sie wollten dafür sorgen, daß Rubin in Haft blieb, wollten ihr Opfer weiter quälen und demütigen! Rubin war fassungslos angesichts der Unverfrorenheit, die diese Leute an den Tag legten. *Man hat sie gerade ertappt, Beweise manipuliert und unterdrückt, an Rassismus appelliert und unschuldige Menschen ins Gefängnis geworfen zu haben – und nun bitten sie auch noch das Gericht, mich in Haft zu lassen, weil* ich *derjenige sein soll, der die Gesellschaft gefährdet!*

»Ja«, erwiderte Goceljak, »ich will mich dazu nicht äußern, aber Mr. Marmo ist entsprechend vorbereitet.«

»Nun«, meinte Richter Sarokin und wandte sich Goceljaks »Chef«-Wasserträger zu, »dann werde ich ja gleich hören, was Mr. Marmo vorzutragen hat.«

»Vielen Dank, Euer Ehren«, platzte Ronald Marmo heraus und sprang auf, hochrot vor Entrüstung. Er hatte jahrelang an diesem Fall gearbeitet, hatte jede einzelne Phase miterlebt und seit DeSimones Tod im Jahre 1976 die Nachfolge seines Mentors angetreten. Nun lag die Last auf seinen Schultern, es war seine Aufgabe, den guten Namen der Staatsanwaltschaft von Passaic County wiederherzustellen, den dieses Gericht schändlich besudelt hatte. Außerdem hatte er ein mehr als flüchtiges, persönliches Interesse daran, Rubin in Haft zu behalten. Wie Rubin zu sagen pflegte, konnte selbst ein dummer Staatsanwalt einen Schuldigen hinter Gitter bringen, aber bei einem Unschuldigen war es schon eine reife Leistung. Insofern stellte das Urteil gegen Rubin den Höhepunkt von Marmos Karriere dar, und er war sicher nicht kampflos bereit, sich diesen Sieg nehmen zu lassen. *Soweit es Marmo betrifft, können sie immer noch über mich verfügen, und um* Besitz *geht es schließlich bei neunzig Prozent der Gesetze.*

»Ich möchte Euer Ehren mit Informationen vertraut machen, die Sie aller Wahrscheinlichkeit nicht kennen und demzufolge auch nicht bei Ihrer Entscheidung berücksichtigen konnten. Wenn wir einmal einen Blick auf Carters Hintergrund werfen, Sir, werden Sie feststellen, Euer Ehren, daß dieser Hintergrund darauf schließen läßt, daß wir es hier mit einem Mann zu tun haben, der in jeder Hinsicht ein Risiko für die Gemeinschaft darstellt, der gefährlich und gewalttätig ist und unbestreitbar eine Bedrohung für die Gesellschaft bedeutet.

Wenn Sie sich einmal seine Strafakte ansehen, seine kriminelle Energie als Jugendlicher und später dann als Erwachsener ... wenn Sie seine psychologische Beurteilung verfolgen, werden Sie die erschreckendsten Befunde entdecken, die je in einem psychiatrischen Gutachten zu finden waren. Die selbst für mich – und ich bin seit achtzehn Jahren Staatsanwalt und gewöhnt, psychiatrische Diagnosen über alle möglichen Leute zu lesen ...

Wenn Sie also zurückgehen auf seine Jugend, Sir, gab es schon damals eine Strafakte ... nicht besonders auffällig, aber immerhin ein Start für die kriminelle Karriere eines Mannes, der sich nie an die Normen gehalten hat ... Sie werden sehen ... er war im Jugendarrest, ist dort ausgebrochen, ging zum Militär ... war (anschließend) wieder im Strafvollzug New Jerseys aktenkundig ... wurde schließlich nach seiner Entlassung erneut inhaftiert wegen tätlichen Angriffs und versuchten Raubs ... und er hat zugegeben, diese Delikte auch tatsächlich verübt zu haben ...

Soweit zu seiner Jugendstrafakte, Euer Ehren, die allein schon aufschlußreich und enthüllend ist, Sir. Diese Informationen sind von großer Bedeutung, möchte ich meinen, wenn es darum geht, ob man diesen Mann in die Freiheit entlassen kann. Wenn die Vorgeschichte ein Indiz ist, wenn sie überhaupt etwas bedeutet im Zusammenhang mit dem, was wir tun und wie wir mit diesem Mann umgehen sollten, dann haben wir hier eine Geschichte, die es nicht nur nahelegt, zu außergewöhnlichen Mitteln zu greifen, sondern unseres Erachtens dem Gericht geradezu zwingend gebietet, diesen Beklagten nicht freizusetzen, da er von seinem zwölften Lebensjahr an bis zum heutigen Tage hinreichend bewiesen hat, daß er gefährlich und gewalttätig ist und bleiben wird.

Was uns hier besonders beunruhigt, Euer Ehren, ist die Tatsache, wie ihn die Anstaltsleitung beschreibt: ›Er ist weiterhin unberechenbar, aggressiv, feindselig, ablehnend, sadistisch, er hält sich für überlegen, gibt sich größenwahnsinnigen, paranoiden Vorstellungen hin, dieses Individuum ist auch heute so gefährlich für die Gesellschaft wie zum Zeitpunkt seiner Inhaftierung‹.«

»Wann war das, wie ist das Datum?« fragte der Richter.

»Äh ... neunundfünfzig, murmelte Marmo und sprach hastig weiter, in der Hoffnung, daß ihn Richter und Protokollant nicht ganz verstanden hatten, »und die nämlichen Feststellungen sind übernommen und fortgeschrieben bis in die siebziger Jahre ... Wenn ich weiter zitieren darf, Euer Ehren ›Dieses Individuum ist heute so gefährlich für die Gesellschaft wie zum Zeitpunkt seiner Inhaftierung ...‹«

»Noch einmal«, unterbrach ihn Richter Sarokin, diesmal deutlich strenger, »ich wäre Ihnen dankbar, wenn Sie mir die genauen Daten geben würden.«

»Das ist neunzehnhundertneunundfünfzig, Euer Ehren«, bekannte Marmo, offensichtlich nur knapp bereit, sich von seinen Täuschungsmanövern abbringen zu lassen.

»Ich bin eher an den Gutachten interessiert«, beharrte Richter Sarokin geduldig, »die sich *nach* der letzten Festnahme ergeben haben.«

»Dazu komme ich gleich, Herr Richter«, erklärte Marmo leicht gereizt. »Dies hier stammt von Dr. Farrell: ›Er ist ein emotional instabiler, aggressiver Mensch, verbittert und feindselig. Wenn Rubin eines Tages begreift, daß seine Hoffnungen auf eine Karriere im Ring illusorisch sind, dürfte er noch aggressiver werden, und ich sage jetzt schon voraus, daß sich sein derzeit anstehendes Problem wiederholen wird.‹ Diese Prognose fand vor den Morden in der Lafayette Bar statt ... Es handelt sich um Untersuchungen, Diagnosen und Eindrücke aus den Jahren neunundfünfzig und sechzig, bevor sich die Ereignisse (in der Lafayette Bar) abspielten ... aus denen sich ein sehr genaues Bild dieses Mannes ergibt. Legen wir diese Feststellungen zugrunde – die wir gern im einzelnen dokumentieren würden, wenn Sie erlauben –, werden Sie sehen, daß sich diese Eigenschaften, diese Charakterzüge, diese alarmierenden Signale für eine Bedrohung der Gesellschaft bereits in der frühen Jugend dieses Mannes manifestiert haben.«

»Von wann stammt diese psychiatrische Untersuchung?« erkundigte sich Richter Sarokin.

»Das war neunzehnhundertsiebzig«, schoß Marmo zurück, überzeugt, daß er jetzt auf dem richtigen Weg war.

»Wollen Sie damit sagen, daß es in den letzten fünfzehn Jahren keine weitere gegeben hat?« forschte Sarokin.

»Ich weiß nicht, Herr Richter«, räumte Marmo widerstrebend ein. »Die Führungsakten aus der letzten Vollzugsanstalt liegen mir nicht vor.«

»Gibt es aus den letzten zehn Jahren irgendeinen Anhalt auf Gewalttätigkeit?« bohrte der Richter.

»Im Gefängnis«, sagte Marmo ausweichend. »Es gibt eine Akte über alle möglichen disziplinarischen Vergehen bis weit in die achtziger Jahre, die wir leider im einzelnen nicht beibringen konnten. Wir haben hier allerdings eine Übersicht, die uns die Haftanstalt im Anschluß an das Klageverfahren in dieser Sache überlassen hat. Sie enthält keine Details, aber eine ganze Liste von Disziplinverstößen.«

O Gott, dachten Rubin, Kathy und Terry, als ihnen aufging, daß Marmo offenbar von Rubins zweimaliger Verlegung ins *Vroom Building* sprach, wovon die erste – im Jahre 1974 – illegal gewesen war. Gegen diese hatte Rubin erfolgreich geklagt, und das Bundesgericht hatte den Staat angewiesen, den Vorfall aus den Akten zu tilgen und nie mehr zu seinem Nachteil zu verwenden. Nicht, daß das Marmo gekümmert hätte, aber er hatte soeben gegen diese Weisung verstoßen. Beim zweiten Mal war es dann die Episode mit dem Nicht-Stehen-und-Schwanz-durchs-Gitter beim Zählappell gewesen.

»Das mag alles sein«, sagte der Richter, inzwischen leicht gereizt, »aber ich hatte Sie nach Vorkommnissen von *Gewalt* gefragt.«

»Die Dokumente liegen mir nicht vor«, gab Marmo zurück. Er schien zu schwanken auf seinen hochgelegten

Schuhsohlen, und seine hellbraune Tolle rutschte verdächtig zur Seite.

»Nun, deshalb frage ich ja nach«, meinte der Richter spitz und ließ seinen Stuhl auf und ab wippen. »Was haben Sie denn aus jüngster Zeit an Beurteilungen vorliegen?«

»Die sind leider nicht zur Hand«, winselte Marmo, »weil wir in Anbetracht der kurzen Frist, von gestern auf heute, nichts unternehmen konnten, um an die Berichte heranzukommen.« In Wirklichkeit existierten gar keine Berichte, wie Marmo zweifellos wußte, da psychiatrische Interviews nur durchgeführt wurden, wenn jemand einen bedingten Hafturlaub beantragte, was Rubin nie getan hatte. Er hatte grundsätzlich nie mit Anstaltpsychologen gesprochen und hielt sie für notorische Spitzel, nur um einiges gefährlicher als die übrigen, weil sie vom Staat bezahlt wurden, um darüber zu entscheiden, ob ein Häftling resozialisiert war oder nicht. Und da Rubin unbeirrt daran festhielt, nie *de*sozialisiert gewesen zu sein, und standhaft seine Unschuld beteuerte, galt er bei den Psychologen als unbußfertig, aufsässig, rückfallverdächtig und definitiv unverbesserlich.

»Meine Frage lautet«, beharrte Richter Sarokin, »von wann die letzte Beurteilung stammt, über die Sie verfügen?«

»Die letzte ... der letzte psychiatrische Bericht, Sir, ich habe keinen Bericht«, hörte Marmo endlich auf zu bluffen. »Was ich vorgelesen habe, Euer Ehren, sind wörtliche Zitate aus dem Berufungsverfahren in den Siebzigern, das wir abgewiesen haben. Die Originale liegen mir leider auch nicht vor, aber ich habe die Berichte hier Wort für Wort in Kopie.«

»Und von wann datiert der jüngste dieser Berichte?«

»Nun, die letzte dieser höchst eindrucksvollen Aussagen stammt aus siebzig, glaube ich.«

»Gut. Vielen Dank, Mr. Marmo.« Damit drehte der Richter seinen Stuhl zum Tisch der Petenten.

Im Gerichtssaal herrschte fassungslose Stille angesichts

der Bösartigkeit von Marmos Hetzparolen. Die Anklage hatte wieder einmal ihr Bestes gegeben, um auch in diesem Richter die übelsten Ressentiments zu wecken, wie zuvor bei den Geschworenen in Passaic County. Kathy und Terry waren entsetzt und empört über die Dinge, die Marmo hier von sich gegeben hatte. Seine Stimme, seine Pose, seine Mimik – sein ganzes Verhalten zeugte von Besessenheit. Nie zuvor hatten sie erlebt, wie ein Mensch einen anderen Menschen mit so offenkundiger persönlicher Häme und Niedertracht attackiert hatte, und vielleicht war auch dieses Gericht nicht dagegen gefeit.

»Mister Beldock«, übergab der Richter das Wort.

Myron begann langsam und bedächtig. »Als Mr. Carter im Jahre neunzehnhundertsechsundsechzig verhaftet wurde, war er ein geachtetes Mitglied seiner Gemeinde ... Er war nicht nur ein prominenter Boxer, der sich anschickte, den Titel im Mittelgewicht zu erringen, er war darüber hinaus ein ganz normaler Familienvater, der in einer aus Schwarzen wie Weißen bestehenden Gemeinde lebte, in einem eigenen Haus mit seiner Frau und seinen Kindern. Er war ein Teil dieser Gemeinde, ging frei und offen mit allen um, wurde akzeptiert und respektiert.«

»Mister Beldock«, unterbrach ihn der Richter ebenfalls, offenbar bemüht, zum Kern zu kommen, »es mag gegen die Interessen Ihres Mandanten sein, aber ich möchte Sie trotzdem fragen: Wissen Sie von irgendwelchen Begebenheiten in den letzten zehn Jahren, die auf ein gewalttätiges Verhalten von Mister Carter hindeuten?«

»Nein, Euer Ehren«, erklärte Beldock entschieden, um dann auszuführen, daß Rubin noch ein halbes Kind gewesen war, als die psychologischen Gutachten, auf die sich Marmo bezogen hatte, entstanden waren; daß der angeblich 1970 gefertigte Bericht de facto von 1959 stammte und nur in der Akte von 1970 zitiert worden war; daß Marmo im Jahre 1976 mit dem nämlichen Bericht versucht hatte, Rubins Kautionsantrag abzuwehren, und der Richter schon damals – also vor zehn Jahren – den Inhalt für überholt und irrelevant erklärt hatte.

»Er versucht lediglich, alte Geschichten aufzuwärmen, mit der Absicht, Mister Carter in Haft zu behalten. Unabhängig davon weiß ich sehr wohl, daß sich Mister Carter neunzehnhunderteinundsiebzig bei den Unruhen im Staatsgefängnis Rahway – die vielen hier in New Jersey noch in Erinnerung sein werden – sehr positiv hervorgetan hat, indem er die Wachen und andere Bedienstete sowie den Anstaltsleiter *beschützte* – was im übrigen auch in seiner Führungsakte steht –, als diese potentiell um Leib und Leben fürchten mußten, weil einige Häftlinge außer Kontrolle geraten waren ... Mr. Carter und Mr. Artis ... setzten ihr Leben aufs Spiel ... als sie sich zwischen den entfesselten und unberechenbaren Mob und die bedrohten Vollzugsbeamten warfen.«

Myrons Stimme war inzwischen eine Oktave höher, und seine Hände wirkten etwas fahrig. Marmo hatte ihn leicht aus denn Gleichgewicht gebracht. Nach der gestrigen Freude über Sarokins Entscheidung hatte niemand mit solchen Vorwürfen gerechnet. Beldock nahm das Wasserglas von seinem Tisch, befeuchtete kurz seine Lippen, dann drehte er sich um und schaute direkt zu Rubin.

»Ich kenne Mr. Carter ... Er war in meinem Haus. Ich habe ihn mit meinen Kindern erlebt ... Alles, was wir hier gehört haben, sind Schauermärchen, nicht mehr und nicht weniger. Es sind die Schauermärchen von den herrschenden Vorurteilen in Paterson. Ich bedaure, es so deutlich sagen zu müssen, aber ... die Sicht, die Ihnen Mr. Marmo hier aufzudrängen versucht, ist eine Sicht, von der er sich nie trennen wird, die er nie ändern wird, ganz gleich, was die Fakten sagen, ganz gleich, wie viele Jahre, wieviel Leben man Mr. Carter genommen hat. Es ist einfach nicht fair. Es sind zwanzig lange Jahre – und ich meine, Mr. Carter sollte augenblicklich freigelassen werden.«

Mit diesem leidenschaftlichen Appell endete Myron und setzte sich, emotional ermattet, neben seinen Freund.

»Möchte sich noch jemand äußern?« fragte der Richter. Und, wie nicht anders zu erwarten, schoß Marmo wieder hoch.

»Herr Richter«, kreischte er in einem letzten verzweifelten Ausbruch und reckte ein Stück Papier in die Höhe, als sei es die Fackel der Freiheitsstatue. »Ich habe hier einen Verweis auf 1982 in der Übersicht, und er sagt nur – aber ich denke, das wirft vielleicht doch ein anderes Licht auf die Sache –, es ist vielleicht nicht ganz präzise, aber es heißt da: ›Dreizehnter Januar neunzehnhundertzweiundachtzig – aufgrund der Schwere des Vergehens, für das eine zusätzliche Haft angeordnet wurde, wird im Hinblick auf die Sicherung eines nicht-gefährlichen Verhaltens eine Wiedereingliederung derzeit für unangemessen erachtet‹.«

Rubin saß da und konnte nur staunen.

»Was ist das für ein Dokument, aus dem Sie da zitieren?« wollte Richter Sarokin wissen.

»Das stammt aus der Abteilung für Wiedereingliederung im Staatsgefängnis, vom New Jersey Departement of Correction Assignment, Disciplinary and Transfer Process Report.«

»Ist das diese Übersicht, von der Sie gesprochen haben?«

»Ja, und sie enthält jede Menge dieser Kurzzitate mit Daten, nicht das komplette Material. Ich kann die meisten Abkürzungen und Anmerkungen nicht klar zuordnen, aber es geht offensichtlich um diverse Disziplinverstöße, außerdem ist auch in regelmäßigen Abständen von einer Art Prozeß über die Dauer der Haftzeit und dergleichen die Rede. Es geht mir nur darum, darauf hinzuweisen, daß das für Euer Ehren doch von Interesse sein könnte.«

»Nun gut«, erklärte Richter Sarokin, »ich werde die Verhandlung jetzt für einen Moment unterbrechen und mir alles ansehen, was Sie mir vorzulegen wünschen. Dann werde ich zurückkommen und meine Entscheidung bekanntgeben. Das wird etwa fünfzehn Minuten in Anspruch nehmen.«

Nachdem ihm Marmo einen Stapel Papiere ausgehändigt hatte, zog sich der Richter zurück.

In der Zwischenzeit wurde Rubin von den Marshals über den Flur in einen kleinen Warteraum gebracht. Die Stimmung im Verhandlungssaal war angespannt. Alles war sichtlich nervös. Marmos Worte hingen wie eine Giftwolke im Raum.

Vierzig Minuten später war der Richter immer noch nicht zurück, und die Spannung im Saal wuchs ins Unermeßliche. Das Publikum murmelte und spekulierte. Einige Zuschauer liefen im Gang auf und ab, andere saßen reglos da. Auch Kathy und Terry rührten sich nicht, starr vor Angst.

Endlich trat das Gericht wieder zusammen.

»Meine Damen und Herren«, begann der Richter gelassen, sobald alle Platz genommen hatten. »Ich werde jetzt meine Entscheidung in dieser Sache bekanntgeben und wäre dankbar, wenn sich alle still verhalten würden, bis ich zum Ende gekommen bin. Ich habe mich sehr kurz gefaßt.

Ich habe das Material der Staatsanwaltschaft eingehend geprüft und in dem gesamten Angebot nichts entdecken können, das den Verdacht erhärtet, Mister Carter könnte eine Gefahr für die Gesellschaft darstellen. Gleichwohl kann ich nicht umhin, dem Staat Gelegenheit zu geben, sich in voller Länge zu äußern, und diese Anhörung mag in naher Zukunft stattfinden, falls der Staat darauf beharrt, Mr. Carter in Haft zu behalten.

In der Zwischenzeit kann ich es angesichts meiner bereits gewonnenen Erkenntnisse und des Unrechts, auf das ich gestoßen bin, nicht zulassen, daß Mr. Carter noch einen weiteren Tag oder auch nur eine Stunde im Gefängnis verbringt, zumal er bereits annähernd zwanzig Jahre in Gewahrsam war aufgrund ... eines Urteils, das ich als eindeutigen Verstoß gegen die Verfassung werten mußte. Dem Antrag auf sofortige Freilassung nicht stattzugeben, stünde also im Widerspruch zu meinem eigenen Beschluß und würde jedes Erbarmen bedeutungslos machen. Wenn meine Entscheidung richtig war, ist schon Mr. Carters vergangene Haftzeit ein Hohn, sie aber auch noch fortzusetzen, hieße, die Verhöhnung auf die Spitze zu treiben. Mit liegen derzeit keinerlei Beweise vor, die es zuließen, seine sofortige Freilassung als Gefährdung der Allgemeinheit anzusehen ... tatsächlich ist sie ein Gebot der Menschlichkeit. Seine Freilassung entspricht exakt dem historischen Auftrag der Habeas-Corpus-Akte, und sie nicht zu gewähren, hieße, dieses elementare Recht ad absurdum zu führen.

Somit ist der Petent unverzüglich auf freien Fuß zu setzen ohne Bewährung und Sicherheitsleistung; mit der einzigen Einschränkung, dem Staat seinen Aufenthaltsort anzuzeigen.«

Der Richter hatte den letzten Satz kaum gesprochen, als Charmaine bereits aufsprang, laut klatschte und ein schallendes »Yeah!« ertönen ließ. Dann setzte donnernder Applaus ein. Plötzlich waren alle auf den Beinen und machten ihrer Begeisterung Luft. Aus allen Ecken kamen gellende Pfiffe und Jubelrufe, die den ganzen Raum erfüllten. In einem halbherzigen Versuch, die Ordnung wiederherzustellen, ließ der Richter ein paar Mal seinen Hammer auf den Tisch fallen und sprach dann über das Getöse hinweg seine Schlußworte:

»Ich bin zuversichtlich, daß Mr. Carter dieses Gericht nicht enttäuschen wird, ebensowenig wie die vielen Menschen, die an ihn glauben. Die Verhandlung ist geschlossen.«

Der Saal tobte. Alles lag sich lachend und weinend in den

Armen. Rubin dankte seinen Anwälten, und jeder beglückwünschte jeden zu dem überwältigenden Sieg. Es war ein Wunder – David hatte Goliath bezwungen.

Endlich war es soweit, daß Rubin als freier Mann durch diese Tür gehen konnte. Nach dem Warten auf den Elektrischen Stuhl, nach zwanzig qualvollen Jahren hinter Gittern hieß es plötzlich: *Nichts für ungut! Du kannst gehen.* Die Ironie der Situation hatte etwas Unwirkliches.

Was die Medien betraf, war Rubin entschlossen, sich mit keinem Ton zu äußern, bevor der Krieg endgültig vorbei war. »Endgültig« hieß, daß der Staat das Urteil von 1966 aufhob und damit alle weiteren Verfahren oder sonstige Aktionen gegen ihn unmöglich wurden. Wenn er einfach nur still von hier verschwand, hatte die Staatsanwaltschaft vielleicht ein Einsehen und den Anstand, die Akte zu schließen. Wenn nicht, konnte man immer noch darauf hoffen, daß das Büro des Generalstaatsanwalts einschritt und dem Irrsinn ein Ende setzte. Jedenfalls war es klar, daß sich die Anklage durch einen triumphalen Auftritt in den Medien nur noch gedemütigter fühlen mußte und Marmo in diesem Fall eher sterben würde, als endlich aufzugeben. Also gab es keinen Grund, seiner Obsession auch noch Nahrung zu geben, diesmal sollte die Freiheit für ewig sein.

Mit den Kanadiern zusammen hatte er einen Plan entwickelt, wie er unbemerkt aus dem Gerichtsgebäude kam. Zu diesem Zweck war eine Limousine angemietet worden, die Mims Hackett vor dem Hinterausgang geparkt hatte.

Nachdem die Marshals Rubin von der begeistert tobenden Menge getrennt hatten, führten sie ihn in einen Raum hinter dem Verhandlungssaal, wo er seine Entlassungspapiere unterzeichnete. Die Presse war hier nicht zugelassen, aber Mims Hackett durfte mit seinem Ausweis als staatlich anerkannter Ermittler herein und hatte gleich seinen Freund, einen Afrikaner, mitgebracht. Unbemerkt von den anderen, gab Rubin dem Afrikaner seine Lammfelljacke und die Sonnenbrille und schlüpfte in dessen blauen Ski-Blouson.

Nachdem sich Mims Freund in »Mr. Carter« verwandelt und die Frage, ob »Mr. Carter« bereit sei, mit einem Nicken bejaht hatte, wurde er die Treppen hinunter zur Hintertür geführt, wo der Wagen wartete. Rubin folgte in seiner blauen Jacke, als Teil von »Mr. Carters« Begleitung.

Vor dem Haupteingang des Gerichtsgebäudes hatte sich ein regelrechtes Meer von Zeitungsreportern, Kameraleuten und Schaulustigen versammelt, das über die Treppen und Bürgersteige bis in die angrenzenden Straßen floß und den ganzen Verkehr blockierte. Als Rubins Anwälte aus der Tür traten, reckte sich ihnen ein Wall von Mikrofonen entgegen. Myron schaute mit einem entrückten Blick zum wolkenlosen Himmel und verkündete: »New Jersey hat noch nie so schön ausgesehen wie heute!« Anschließend erklärte er, daß der Fall Carter-Artis »nie hätte passieren dürfen. Er war von Anfang an geprägt von falschen Gefühlen, Neigungen und Vorurteilen. Und die Entscheidung des Richters hat dies laut und klar zum Ausdruck gebracht.«

Beldock fuhr fort: »Polizei und Staatsanwaltschaft stehen derart unter Druck, die Kriminalität zu bekämpfen und die Täter dingfest zu machen, daß Fairneß und Objektivität häufig auf der Strecke bleiben, weil alle Anstrengungen darauf gerichtet sind, die Tatsachen der Theorie anzupassen ... Der Verdächtige wird zum Opfer blindwütigen Eifers ... Wo es unter dem Druck der Öffentlichkeit darum geht, möglichst schnell zu Ergebnissen zu kommen und wen auch immer zu verurteilen, um zu demonstrieren, daß das System funktioniert, obwohl es de facto versagt – landet man schließlich bei Fällen wie Carter und Artis und vielen anderen, die man nie hätte verurteilen dürfen ... Insofern möchte ich diesen Sieg all denen auf dieser Weit widmen, die unschuldig hinter Gittern sitzen.«

Auf die Fragen der Reporter, wo »Hurricane« Carter denn jetzt stecke, antwortete Beldock: »Rubin will im Moment nur eins – irgendwo ein bißchen Ruhe und Frieden finden. Oder, um es mit den Worten Voltaires auszudrücken: Ein bißchen Zeit, um seinen Garten zu bestellen.«

Nachdem einige Reporter begriffen hatten, daß Rubin wohl nicht über die Vordertür kommen würde, lösten sie sich aus der Menge und rannten zur Rückseite des Gebäudes. Als sie die wartende Limousine entdeckten und den Mann in der Lammfelljacke, der sich eben darauf zubewegte, stürmten sie kreischend auf ihn zu. »Mr. Carter! Mr. Carter!« Jeder wollte der Held sein, der Mr. Carters erste Worte auffing, und niemand bemerkte, daß Mr. Carter Bluejeans und Turnschuhe trug, dreißig Jahre jünger geworden war und seinen Schnurrbart verloren hatte. Fixiert auf eine Lammfelljacke nebst Sonnenbrille, die eben in dem Wagen verschwanden, stießen sie Rubin zur Seite und rannten ihn in ihrem Eifer fast über den Haufen. Während die Limousine mit dem Afrikaner davonfuhr, stand Rubin da und beobachtete, wie die Reporter im gestreckten Galopp nachsetzten und sich einer auf ein Motorrad schwang, um dem Wagen über Meilen zu folgen.

Er wandte sich ab und spazierte mitten durch den Haufen enttäuschter Reporter zu einem unauffälligen Wagen, der direkt hinter der Limousine geparkt hatte. Er war frei. Zum ersten Mal seit Jahren öffnete er eigenhändig eine Autotür und setzte sich auf die Rückbank hinter Ed Carter und Mims Hackett, die hier gewartet und darauf gehofft hatten, daß ihr Täuschungsmanöver im allgemeinen Tumult unterging.

»Geschafft, Rube! Wir haben's geschafft!« jubelten sie und entspannten sich in einem schallenden Gelächter.

»Auf geht's, Jungs!« sagte Rubin. »Wir wollen das Glück nicht strapazieren. Nichts wie weg hier!«

Sie fuhren ein paar Häuserblocks weiter, um sicherzugehen, daß niemand folgte, und ließen Rubin schließlich an der vereinbarten Ecke aussteigen, wo er zu Kathy und Terry in ein »Rent-a-wreck«-Vehikel kletterte und in den sprichwörtlichen Sonnenuntergang verschwand. Tatsächlich endete die Reise jedoch im Appartement der Kanadier, mit einem Blick auf das Staatsgefängnis, in dem am Morgen seine Odyssee begonnen hatte. Es war nur eine knappe Meile entfernt, aber es hätten ebensogut Tausende sein können.

Dave Anderson, der bekannte Sportkolumnist der *New York Times* faßte die Ereignisse des Tages in einem Artikel zusammen, der Rubin und seinen Freunden Tränen in die Augen trieb.

Es ist ein schwüler Tag im Juni 1974. Während draußen vor dem Vroom Building in Trenton, New Jerseys Hochsicherheitspsychiatrie für Strafgefangene, das Thermometer im Glanz der Sonne auf 90 Grad (Fahrenheit) hochkocht, werden im Innern zwei Besucher von einem Officer durchleuchtet.

»Wir sind hier, um Rubin Carter zu sehen«, erklärt einer der Besucher.

Langsam schwingt eine hohe Stahltür auf. Die Besucher gehen hindurch, doch gleich darauf droht schon die nächste, während sich hinter ihnen die Stahlflügel schließen. Endlich öffnet sich die andere Tür, und sie können weiter. Auf der anderen Seite wartet der nächste Officer.

»Rubin Carter?« sagt er. »Folgen Sie mir.«

Während es einen langen, leeren Flur hinuntergeht, hört einer der beiden Besucher ein pfeifendes Geräusch. Er schaut sich um und stellt fest, daß es von den alten Heizkörpern unter den Fenstern herrührt, denen an einigen undichten Stellen heißer Dampf entweicht. Trotz der Gluthitze dieses Tages hat man im Gefängnis die Heizung angestellt.

Kurz darauf erscheint Rubin (Hurricane), finsteren Blickes und flankiert von zwei Wärtern. Der einst berühmte Mittel-

gewichtler, den man 1966 wegen dreifachen Mordes an den Stammgästen einer Bar in Paterson/N. J. zu lebenslanger Haft verurteilt hat, trägt einen Bart, doch sein Kopf ist blankrasiert. Man bringt ihn in ein kleines, fensterloses Gelaß, kaum größer als ein Schrank, zusammen mit den Besuchern. Während sie miteinander sprechen, rinnt ihnen der Schweiß übers Gesicht und tropft auf ihre Hemden.

»Rein interessehalber«, fragt schließlich einer der Besucher, »warum habt ihr hier eigentlich die Heizung an?«

»Weil sie im Winter«, antwortet Rubin Carter mit einem spöttischen Grinsen, »grundsätzlich abgedreht wird.«

Das muß genügen, um allen Dampf zu machen, die immer wissen wollen, wie's im Gefängnis aussieht.

Rubin Carter war fast zwanzig Jahre im Gefängnis, für ein Verbrechen, das er nach eigenem Bekunden nicht begangen hat. Am vergangenen Donnerstag hat nun ein Bundesrichter namens H. Lee Sarokin das Urteil aufgehoben – aus den nämlichen Gründen, die Rubin stets beteuert hat: wegen rassistischer Manipulation und Unterdrückung von Beweisen seitens der Anklage. Am darauffolgenden Freitag hat derselbe Richter – trotz eines schwebenden Berufungsverfahrens – erneut gegen die Anklage entschieden und Rubin Carters sofortige Entlassung verfügt ... Carters Freunde waren außer sich vor Freude. Und so hat Rubin zum ersten Mal als freier Mann Myron Beldock, Lewis Steel und seine drei übrigen Anwälte umarmt.

»Was er mir gesagt hat?« meinte Myron Beldock später. »Einfach nur ›Danke – wir haben's geschafft!‹«

Vor allem aber hat es Rubin Carter selbst geschafft. Einmal ein Kämpfer, immer ein Kämpfer. Einst hat er fünfzehn Runden durchgestanden für den Titel im Mittelgewicht – nun neunzehn Jahre für den Sieg gegen die Justiz von New Jersey. Mit seinen achtundvierzig Jahren ist er sicher keine Spur weicher geworden, aber doch milder ...

... Er hat nie aufgehört, für seine Freiheit zu kämpfen. Tiefschläge, Clinch und Tricks waren nie sein Stil, weder im Ring, wo er sich stets auf seinen linken Haken verlassen konnte, noch in diesem viel größeren Kampf ...

Um zu begreifen, wie lange dieser Kampf gedauert hat, müssen wir nur daran denken, daß Muhammad Ali schon damals seit fast drei Jahren Schwergewichts-Champion war, John Torres im Halbschwergewicht regierte, Emile Griffith im Mittelgewicht und Carlos Ortiz im Leichtgewicht.

All diese Größen haben seit langem aufgehört zu kämpfen – bis auf Rubin Carter. Nun ist er Sieger nach Punkten, vielleicht für immer.

Wie dem auch sei – noch hat der Hurricane nichts dazu gesagt. Nach seiner Freilassung am Freitag ist er auf und davon, durch die Hintertür des Gerichtsgebäudes. Keine Kameras, keine Fragen, kein Wort.

»Er verschwand«, so sagt man, »in einer Limousine.«

28

Die Kanadier in Rahway hatten sich darauf eingerichtet, Rubin sofort nach Toronto mitzunehmen. Alles war gepackt, auch die Sachen, die Rubin aus dem Gefängnis geschafft hatte, die Flüge waren reserviert, und das Haus in Toronto war gerichtet. Lesra und die anderen hatten den Rasen gemäht, das Laub weggeharkt, alles mit frischen Blumen geschmückt und Rubins Lieblingsgerichte vorbereitet, um den Empfang so perfekt wie möglich zu gestalten. Es war schlimm genug, daß sie nicht zu dieser letzten Verhandlung hatten kommen können, um den Triumph mit ihm auszukosten. So blieb nur der Trost, sich auf sein baldiges Erscheinen zu freuen.

Aber dazu kam es nicht – noch nicht.

Rubins Freilassung war mit der Auflage verbunden, sich bis zum Abschluß des Berufungsverfahrens innerhalb der Gerichtsbarkeit der Vereinigten Staaten aufzuhalten. Es war eine Standardregelung, die er gebeten hatte, ihm zu erlassen, was ihm die Staatsanwaltschaft – »Weltspitzenarschlöcher bis zum bitteren Ende«, wie Rubins Kommentar lautete – selbstredend verweigert hatte.

Inzwischen war Pauline zu der Gruppe in Rahway gestoßen, was sich in Anbetracht ihrer Fertigkeiten als Krankenschwester als Segen erweisen sollte. Bevor sich Rubins erster Tag in Freiheit dem Ende näherte, war er plötzlich erblindet. Die Sicht auf dem rechten Auge hatte er schon vor Jahren verloren, aber nun hatte sich auch das linke so stark entzündet, daß es wie versiegelt war und er nichts mehr sehen konnte. Es lag wohl daran, daß er jeden Funken Energie darauf verwendet hatte, am Leben zu bleiben und endlich freizukommen, und nun hatten der extreme Druck und die permanente Anspannung ihren Preis gefordert. Er war völlig erschöpft und ausgelaugt, aber es machte ihm nichts aus. Er war frei. Endlich konnte er sich den Luxus leisten, sich einfach fallenzulassen, und diese Blindheit war nur ein vorübergehendes Symptom. Er hatte ein Heim, er hatte Freunde, die ihn liebten und für ihn sorgten, die ihm alles an emotionaler und finanzieller Unterstützung gaben, was ein Mensch brauchte, der so abrupt aus dem starren Gefüge einer Strafanstalt fiel und millionenfach von fremden Eindrücken, Zwängen und Forderungen bombardiert wurde.

Binnen weniger Tag hatte es sich auch zu Rubin und seinen Freunden herumgesprochen, daß die Polizei von Paterson die Parole ausgegeben hatte, Carter für alle Zeiten ins Loch zu stecken »wenn er auch nur einmal irgendwo in New Jersey auf den Bürgersteig spuckt«. Als sie das Gerücht zum zweiten Mal hörten, begannen sie es – eingedenk der guten alten Gefängnisregeln – ernst zu nehmen. Beim dritten Mal verließen sie New Jersey und zogen nach Manhattan. (Rubin blieb offiziell bei Verwandten in New Jersey gemeldet, um die Auflagen des Gerichts zu erfüllen.)

Auf der Public School 296 in Brooklyn wurde Leland Martin irgendwann mitten im Unterricht wach, als er den Lehrer von den Zeitungsmeldungen der Woche sprechen hörte und erfuhr, daß sich eine der Stories mit dem früheren Boxer Rubin »Hurricane« Carter beschäftigte, der soeben aus dem Gefängnis entlassen worden war.

»Den kenn' ich!« fuhr Leland aus seinem Schlummer hoch. »Mit dem hab' ich gesprochen! Am Telefon, als ich oben in Kanada war!«

Die Klasse bog sich vor Lachen. Sie hatten einiges an Stories gehört, diese Kids, und waren viel zu clever, um ihm ausgerechnet diese abzukaufen.

»Ehrlich! Ich spinne nich«, beteuerte Leland und setzte sich kleinlaut wieder hin.

Als Rubin von Lelands mißlicher Lage erfuhr, nahm er ein altes Hochglanz-Foto im Großformat, auf dem er gerade Emile Griffith ausknockte, warf in seiner schwungvollen Handschrift eine persönliche Widmung für Leland darauf und schickte ihm das Foto per Post. Er wußte, wie man sich fühlte, wenn einem nicht geglaubt wurde. Als Leland dann mit dem Autogramm von Rubin »Hurricane« Carter in der Schule auftauchte, war er mit einem Schlag der große Star.

Noch toller war aber, daß Lesra zu Thanksgiving nach Manhattan kam und den Hurricane mitnahm nach Brooklyn. Die ganze Covert Street von Bedford-Stuyvesant stand Kopf, um so mehr, als die beiden einen fünfundzwanzig Pfund schweren Truthahn mitbrachten, gefüllt und fertig gebraten, mit allen Beilagen. Stolz präsentierte Lesra seine Familie, die älteste Schwester Starlene mit ihren Töchtern Lakisha und Lashawn; Nonie mit ihrem Mann Turk; seinen Neffen Shiquan, den Sohn seines älteren Bruders Fru, und die jüngeren Brüder Elston, Leland und Damon. Und der Gipfel von allem war, daß Rubin Leland und Elston und ein paar ihrer Freunde irgendwann zur Seite nahm und ihnen ein paar Box-Tricks zeigte, einschließlich seines berüchtigten linken Hakens.

Lesras Eltern Earl und Alma waren kaum weniger begeistert über ihren prominenten Besuch, zumal ihnen Rubin versicherte, welch wichtige Rolle Lesra in seinem Leben gespielt hatte. »Und deshalb«, bekräftigte Rubin, »ist es auch genau richtig, wenn ich mein erstes Thanksgiving in Freiheit hier mit Ihnen allen verbringe.«

Inzwischen waren sechs Wochen vergangen, ohne daß die Gegenseite ein Wort von sich gegeben hatte, so daß allmählich ein Funke Hoffnung aufkeimte, Hoffnung darauf, daß die Anklage oder der Generalstaatsanwalt ein Einsehen hatte und die Sache als beendet betrachtete. Bis Rubin dann wenige Tage vor Weihnachten eine Aufforderung erhielt, sich binnen vierundzwanzig Stunden zu einer dreihundert Seiten starken Eingabe zu äußern, die Marmo und Goceljak dem Dritten Circuit Court of Appeals vorgelegt hatten und deren Grundtenor darauf hinauslief, daß Rubin als Risikofaktor für die Allgemeinheit augenblicklich wieder inhaftiert werden mußte, bis über das Berufungsverfahren entschieden war – was noch Jahre dauern konnte. Außerdem sollte Rubin sofort einer psychiatrischen Überprüfung unterzogen werden. Zu diesem Zweck hatte Marmo denselben Müll recycelt, mit dem er Richter Sarokins Verhandlungssaal verpestet hatte. Dennoch mußte das Pamphlet beantwortet werden, wenn man nicht riskieren wollte, daß Rubin zu Weihnachten wieder im Gefängnis saß.

Rubins Anwälte ersuchten um eine Fristverlängerung um zehn Tage, die auch gewährt wurde. Im Ergebnis stand damit

Rubins erstes Weihnachten und Neujahr in Freiheit unter der Bürde, sich zu dreihundert Seiten skurrilster bis infamer Vorwürfe äußern zu müssen. Ronald Marmo hatte alle Register gezogen und sich keinerlei Zurückhaltung auferlegt, das übelste Gift zu versprühen und die ohnehin dehnbaren Grenzen staatsanwaltlicher Ethik bis zum äußersten zu strapazieren.

»Rubin Carter ist ein gefährlicher und höchst gewalttätiger Mörder ... er war es und wird es immer sein«, zitierte ihn ein Artikel der Chicagoer *Tribune*. Soviel zum Frieden auf Erden und dem guten Willen gegenüber allen Menschen.

Die Anwälte und C & P machten sich mit der üblichen Bravour ans Werk, zerpflückten jedes Argument, jede angebliche »Tatsache« und legten unmißverständlich dar, daß die Forderungen des Staates keinerlei rechtliche Basis hatten. Die Erwiderung umfaßte vierhundert Seiten, einschließlich diverser Gegendarstellungen und Empfehlungsschreiben von prominenten Personen wie William Cahill, dem ehemaligen Gouverneur von New Jersey.

Zwei Wochen später, nach einer Anhörung in Philadelphia, verlor der Staat die nächste Runde gegen den Bund. Rubin blieb auf freiem Fuß.

Die Anklage erhielt eine Frist bis Ende März 1986, um ihren Schriftsatz zu den materiell-rechtlichen Gesichtspunkten der anhängenden Berufung vorzulegen. Inzwischen warf die Anklage die Steuergelder der Bürger von Passaic County mit vollen Händen aus dem Fenster, um ihrem Glaubenskrieg zu frönen. Das Büro der Staatsanwaltschaft spuckte Unmengen von Papier aus, insgesamt gut und gerne 150 000 Seiten. Jeder Richter am Appellationshof bekam einen anderthalb Meter hohen Stapel Kartons mit hundert verschiedenen Schriftmappen, die auf 20 000 Seiten das gesammelte Material enthielten, das nach dem Willen der Anklage zu prüfen war – neben Marmos Schriftsatz, der weitere zweihundert Seiten umfaßte. Um der staunenden Öffentlichkeit zu demonstrieren, daß man keine Mühe scheute, ihre Interessen zu schützen, hatten sich die Herren Ankläger zusätzlich von einem Zeitungsfotografen dabei ablichten lassen, wie sie ihren fabelhaften Berg von Papier eigenhändig auf mehreren Rollwagen zum Gericht karrten. Am Gründonnerstag – pünktlich zum Fest – erschienen die Osterhasen der Anklage auch bei Rubins und Johns Anwälten, um ihre Gaben zu überbringen.

C & P verschwendeten keine Zeit mit einer eingehenden Lektüre. Sie waren zur Genüge mit der Akte vertraut und entdeckten sofort, daß die Anklage einen ganzen Haufen Material eingeschleust hatte, das schon die unteren Instanzen abgewiesen hatten, weil es überwiegend irrelevant, unzulässig und präjudizierend war. Insofern galten diese Unterlagen als »außen vor« und durften einem Appellationshof nicht vorgelegt werden.

Rubin kannte diese Rechtsvorschriften sehr genau. Schließlich hatte er aus denselben Gründen auf die Caruso-Akte und das übrige Entlastungsmaterial verzichten müssen, und erinnerte sich noch gut, wie enttäuscht und verärgert er gewesen war, weil ihm seine Anwälte nicht einmal erlaubt hatten, Richter Sarokin wenigstens die Farbfotos der verschiedenen Rücklichter vorzulegen. Er hatte versucht, sie zu überzeugen, daß der Richter unbedingt die Unterschiede zwischen dem Polara und dem Monaco sehen mußte, aber die Anwälte hatten darauf beharrt, daß die Fotos – so entlarvend sie auch waren – keinesfalls herangezogen werden konnten, da sie nie Gegenstand einer Verhandlung gewesen waren. Um den Petitionsantrag nicht zu gefährden, hatte er sich schließlich dem Rat seiner Anwälte gebeugt.

»Und wenn ich gezwungen war, mich an die Regeln zu halten«, argumentierte Rubin, »wird das auch Marmo lernen müssen. Solange ich keine Beweise vorlegen darf, aus denen die *Wahrheit* hervorgeht, laß' ich todsicher nicht zu, daß er auch nur einen Fetzen Papier einbringt, um seine Lügen zu untermauern.«

»Aber, Rube«, versuchte Professor Friedman einzulenken, »vielleicht solltest du sie ruhig einreichen lassen, was immer sie wollen. Es spielt ohnehin keine Rolle. Wir wollen doch nicht den Eindruck erwecken, als ob wir kleinlich wären oder irgendwas zu verbergen hätten.«

»Ah, ich verstehe, Leon. Wenn wir mit den Wagen-Fotos aufkreuzen oder der Caruso-Akte, darf man uns abschmettern, weil wir die Vorschriften verletzen. Aber wenn *die* Dokumente manipulieren oder Sachen aufwärmen, die sogar von den Richtern in Paterson für unzulässig erklärt worden sind, sollen wir womöglich einen schlechten Eindruck machen, weil wir uns dagegen wehren? Nein, Leon – da mach' ich nicht mit! Wir müssen uns hier nicht mehr rechtfertigen. Sollen die sich doch zur Abwechslung mal verteidigen für den Mist, den sie gebaut haben!«

Leon gab nach, und so beantragten sie, die Staatsanwaltschaft anzuweisen, ihre Anlagen auf das zulässige Material zu beschränken.

Damit begann eine Serie von Verhandlungsschlachten.

25. März 1986: Carters Berufungsantrag wird stattgegeben, im Namen einer dreiköpfigen Kammer unter Richter John J. Gibbons.

28. März: Die Staatsanwaltschaft ignoriert die Anweisungen des Bundesgerichtshofs und legt dem Circuit Court unzulässiges Material vor.

2. April: Carter legt Beschwerde ein und verweist auf die Anordnung des obersten Gerichts.

29. April: Der Kammervorsitzende Gibbons reicht die Sache weiter an Richter Sarokin, um sicherzustellen, daß die Anlagen nur zulässiges Material enthalten.

28. Juli: Richter Sarokin hält eine Anhörung ab. Obwohl Professor Friedman vierzehn eindeutig unzulässige Posten nachweisen kann, weigert sich Marmo, sie zurückzuziehen. Richter Sarokin erklärt es für »unfaßbar«, sich über derart konkrete Dinge zu streiten, und weist die Parteien an, sich außerhalb des Gerichts zu einigen. Professor Friedman und Ed Graves erscheinen im Büro der Staatsanwaltschaft von Paterson und erreichen nichts.

20. August: Erneute Anhörung vor Sarokin, der Marmos Einlassungen für »grotesk« erklärt und folgende Stellungnahme abgibt: »Ungeachtet der klaren Richtung (höchstrichterlicher Behandlung von Berufungssachen und der Anweisung des Dritten Circuit Court wie der Weisungen dieses Gerichts), hat es der Staat vorgezogen, sich darüber hinwegzusetzen, und beharrt auf seinen Anstrengungen, die Akte um Material zu erweitern, das zu der Sache nicht herangezogen werden darf.« Sarokin stellt fest, daß der Staat seinem Begehren vor dem Circuit Court vierzehn unzulässige Anlagepunkte beigefügt hat.

8. September: Carter erneuert seinen Antrag vor dem Circuit und bittet, die beanstandeten Punkte zu streichen.

11. September: Die Staatsanwaltschaft beantragt, die betreffenden vierzehn Punkte zuzulassen.

2. Oktober: Richter Gibbons gibt Carters Antrag im Namen der Kammer statt und weist das Gesuch der Anklage ab. Die Staatsanwaltschaft zieht ihren Schriftsatz nebst Anhang zurück, formuliert den Schriftsatz um und nimmt die strittigen Punkte aus den Anlagen.

30. Oktober: Die Staatsanwaltschaft legt die korrigierten Anlagen und den neuen Schriftsatz (von 200 Seiten) vor.

31. Oktober: Das Sekretariat des Circuit Court verweigert die Annahme eines Schriftsatzes von mehr als fünfzig Seiten, gibt der Anklage auf, innerhalb von zehn Tagen eine neue, den Vorgaben entsprechende Fassung einzureichen, und fügt hinzu: »Wir weisen vorsorglich darauf hin, daß der vorliegende Schriftsatz vernichtet wird, wenn ihn die Partei nicht binnen zehn Tagen hier abholt.«

5. November: Die Anklage wendet sich direkt an die Kammer und bittet einen der Richter, die Auflage abzuweisen.

12. November: Richter Aldisert lehnt ab.

17. November: Die Anklage legt Aldiserts Ablehnung der ganzen Kammer vor.

11. Dezember: Die Kammer schließt sich der Auffassung Aldiserts an.

16. Dezember: Die Anklage greift zu der nie dagewesenen Maßnahme, für eine rein verfahrensrechtliche Angelegenheit den gesamten Senat (sprich alle neun Richter) des Dritten Circuit Court anzurufen.

5. Januar 1987: Der Senat lehnt einstimmig ab und weist die Staatsanwaltschaft an, ihren Schriftsatz auf fünfzig Seiten zu begrenzen.

23. Januar: Die Anklage legt die gewünschten fünfzig Seiten vor – ihre »revidierte und reduzierte« Fassung. Unterdessen hat sich am Third Circuit bereits ein gewaltiges Konvolut von Beispielen angesammelt, mit welcher Kompromißlosigkeit die Staatsanwaltschaft von Passaic County richterliche Weisungen übergeht und Regeln, die normale Sterbliche befolgen müssen, grundsätzlich mißachtet.

23. März: Professor Friedman legt die fünfzigseitige Erwiderung von Friedman, Carter & Partnern vor.

22. Juni: Mündlicher Parteienvortrag in Philadelphia, Marmo für den Staat, Friedman für Carter. Die Kammer besteht aus dem Vorsitzenden Richter Judge Gibbons, dem früheren Präsidenten Richter Ruggero J. Aldisert und dem Kollegen Joseph F. Weis.

21. August: In einem einstimmigen Votum, das von Richter Aldisert formuliert wird, bestätigt die Kammer Richter Sarokins Entscheidung und die Gewährung des Habeas-Corpus-Rechts.

Rubin hatte wieder eine Runde gewonnen, eine entscheidende Runde; Punktestand Carter gegen New Jersey somit 14:0. Unbegreiflicherweise war der Kampf allerdings noch immer nicht vorbei. Nun mußte man abwarten, ob die Staatsanwaltschaft verrückt genug war, sich den letzten Tritt vom United States Supreme Court holen zu wollen. Inzwischen war Rubin seit achtzehn Monaten aus dem Gefängnis, ohne auch nur als unachtsamer Fußgänger aufgefallen zu sein.

Da sich der geplante Rückzug ins Privatleben auf unbestimmte Zeit verzögert hatte, war die Phantom-Kanzlei C & P inzwischen in das elegante alte Delmonico-Building auf der 59th Ecke Park Avenue gezogen, gleich über »Regine's« Diskothek. Die Lage war strategisch ideal, mitten zwischen Beldocks Midtown-Büro und Friedmans Domizil auf der Upper East Side, und hatte den zusätzlichen Vorteil, daß man nur zwei Blocks vom Central Park entfernt war.

Wann immer sie sich von dem Blizzard an Papieren erholen mußten, den die permanenten Anträge und Gegenanträge nach sich zogen, machten sie lange Spaziergänge im Park, wo sie eines Tages in der Nähe des Kinderzoos auf ein zahmes Murmeltier stießen, das bei den Fliegenden Händlern und Stammbesuchern des Parks als »Fifth-Avenue-Phil« bekannt war. Rubin war ganz fasziniert von Phil und bot ihm ein Stück Schokolade an. Zur Überraschung aller – und zur grenzenlosen Freude von Hector und Benny, zweier Händler, die das große Geschäft witterten –, kam Phil geradewegs auf ihn zu, stellte sich auf die Hinterbeine, knabberte vorsichtig die Schokolade von Rubins Fingern und schmatzte zufrieden, als ihn Rubin streichelte. Von da an erschien Rubin täglich zur Fütterung – allerdings mit Salat und anderem Gemüse –, während Dutzende von Kindern den »gefährlichen und gewalttätigen Mörder« umringten und sich von ihm zeigen ließen, daß sie keine Angst haben mußten vor dem harmlosen kleinen Tier. Die glücklichen Eltern machten Fotos von ihren Kindern mit Phil und dem netten dunkelhäutigen Mann, und niemand hatte eine Ahnung, wer er war.

Rubin liebte Tiere. Er hatte selbst früher zwei Pferde gehabt, von denen er sich trennen mußte, als er verhaftet wurde. Im Gefängnis hatte er oft davon geträumt, eines Tages wieder reiten zu können. Nun, da er frei war, hatte sich bald ein passender Reitstall gefunden. Er lag in der Bronx, im Van Cordtland Park, wo es Hunderte von Reitwegen gab. Das erste Pferd, das Rubin nach der langen Pause bestieg, war ein stämmiger Brauner namens »Mighty Mite« – halb Quarter Horse, halb Morgan –, ein schönes Tier mit üppiger goldener Mähne und passendem Schweif. Allerdings war Mighty Mite von seinem Vorbesitzer mißhandelt worden, galt als scheu und bockig und hatte schon etliche Reiter abgeworfen, um dann allein zum Stall zurückzutraben. Rubin fand ihn etwas stürmisch, aber hochanständig und von großer Klasse, und die beiden waren bald ein festes Gespann. Wie Rubin später bei einem Fernsehinterview der BBC sagte: »Er ist mein Freund, ihm ist ziemlich übel mitgespielt worden in der Vergangenheit ... Als ich aus dem Gefängnis kam und dieses Tier fand, war das wie eine Art Spiegelbild, also haben wir die Chance wahrgenommen und uns gegenseitig wieder in die Gesellschaft integriert.«

Wenn Terry oder Gus mit Rubin ausritten, nahmen sie einen gefleckten Appaloosa, der auf den originellen Namen »Apples« hörte und trotz einer gewissen Ähnlichkeit mit einem Maulesel ein kühnes Herz und ein ungebundenes Temperament besaß. Es dauerte nicht lange, bis sie beide Pferde gekauft und die früheren Eigentümer froh gemacht hatten, weil die Tiere nun zu Leuten gekommen waren, die deren Qualitäten zu schätzen wußten. Das erste, was die frischgebackenen Pferdebesitzer taten, war, den Tieren neue Namen zu geben. Aus Mighty Mite wurde »Red Cloud«, nach dem großen Sioux-Krieger, und Apples wurde auf »Lakota« getauft, was »die Menschen« hieß und der Name war, den sich die Sioux selbst gegeben hatten.

Während sich Rubin in New York mit seinem schwebenden Verfahren vor dem Circuit Court beschäftigte, erreichte ihn ein Anruf seiner Cousine Harriet aus South Jersey. Drei Männer – drei Weiße – hatten sie zu Hause aufgesucht, sich als Rubins Freunde ausgegeben und nach ihm gefragt. Sie hatte sofort Verdacht geschöpft, weil man sie als Harriet angesprochen hatte und nicht mit dem Kosenamen, den Rubin üblicherweise verwendete. Als sie verlangte, daß sich die drei legitimierten, hatten sie schließlich zugegeben, von der Staatsanwaltschaft Passaic County zu kommen, und gefragt, ob Rubin bei ihr wohne. Sie hatte das bestätigt und sie aufgefordert zu gehen, da sie keinen Durchsuchungsbefehl vorweisen konnten. Ein paar Tage später waren sie wieder erschienen, hatten die Nachbarn befragt und einen älteren Mann über Rubins Kommen und Gehen ausgequetscht. Harriets fünfzehnjährigem Sohn hatten sie ebenfalls aufgelauert, um ihn auszuhorchen. Ein paar Häuser weiter hatten sie eine Frau gefragt, ob sie wisse, daß sie mit Rubin Carter einen dreifachen Mörder in der Nachbarschaft habe. »Aber er ist doch freigesprochen worden!« hatte die Frau gesagt.

»Aber nur von einem Richter!« lautete die Antwort. »Für vierundzwanzig Geschworene war er schuldig!«

Rubin war froh, daß es offenbar noch Menschen gab, die sich vorstellen konnten, was er durchgemacht hatte, und immun waren gegen das Gift, das die Staatsanwaltschaft allenthalben versprühte.

Im Sommer 1986 kam Bob Dylan nach New York zu einer Reihe von Konzerten im Madison Square Garden und ließ für Rubin und seine Freunde Eintrittskarten und Passierscheine für die Garderobe an der Kasse hinterlegen.

Beim Konzert vom 17. Juli hieß er Rubin von der Bühne aus herzlich willkommen – »meinen guten Freund Rubin ›Hurricane‹ Carter, der heute nacht irgendwo da draußen ist«. Nach der Vorstellung kamen Rubin und die Kanadier nach hinten auf die Bühne, wo sich gerade Andy Warhol, Tom Petty und Ron Stood, der Gitarrist der Rolling Stones, versammelt hatten.

Über einen langen Korridor voller lärmender Fans ging es nach hinten zu einem kleinen Raum, in dem sich Bob Dylan in aller Ruhe mit ein paar Freunden unterhielt. Vor der offenen Tür hockte ein riesiger Hund, nur geringfügig kleiner als Rubins Pferd. Der Bühnentechniker, der Rubin hierhergeführt hatte, ging zu Dylan und flüsterte ihm etwas ins Ohr, während Rubin im Türrahmen stand und den Hund streichelte. Bob warf einen Blick zur Tür, schüttelte den Kopf und erklärte: »Nein, das ist er nicht.« Schließlich schaute er noch einmal hin und stand zögernd auf. »Na, los, Bruder«, sagte Rubin, die Arme ausgestreckt, »komm an meine Brust!«

»Tatsache, du bist es! Rubin, du bist es ja wirklich! Ich hab' dich nicht erkannt, Bruder«, rief Dylan, und die beiden fielen sich in die Arme.

Anschließend nahm ihn Dylan bei der Hand, um ihn mit Jacques Levy bekanntzumachen, der den Songtext für »Hurricane« geschrieben hatte. Dylan pries den glücklichen Zufall, der Rubin und Levy an diesem Abend zusammengeführt hatte, und alle fühlten, wie stark Rubin und Bob trotz der langen Trennung noch immer miteinander verbunden waren.

Man verabredete sich auf den nächsten Tag, um etwas ausführlicher miteinander zu reden, und Bob lud Rubin ein, mit ihm auf Tournee zu gehen. Als er erfuhr, daß Rubin nicht weg konnte, weil er an seinem Fall arbeitete und die Staatsanwaltschaft immer noch hinter ihm her war, konnte er nur den Kopf schütteln.

In den vergangenen Jahren hatte Lesra seine Eltern schon oft gebeten, ihn in Kanada zu besuchen, aber irgend etwas hatte sie immer davon abgehalten. Einmal waren sie sogar bis zum Flughafen gekommen, doch Earl hatte sich plötzlich so krank gefühlt, daß sie nicht in die Maschine gestiegen waren.

Nun hatte Lesra beschlossen, den bevorstehenden Geburtstag seiner Mutter zum Anlaß zu nehmen, seine Eltern nach Toronto zu holen. Rubin und er hatten einen perfekten Plan entwickelt, damit diesmal nichts dazwischenkam. »Wenn wir's geschafft haben, mich aus dem Gefängnis zu holen«, hatte Rubin gemeint, »werden wir's ja wohl fertigbringen, deine Eltern von Brooklyn loszueisen.«

Also hielt eines schönen Sommertages eine Stretchlimousine vor dem Haus der Martins, und Rubin ging hoch, um Earl und Alma und deren Koffer einzusammeln. Vor der Tür wartete, wie vereinbart, der Chauffeur in vollem Wichs, begrüßte seine Fahrgäste mit Namen, verstaute ihr Gepäck und half ihnen, im Wagen Platz zu nehmen. Durch die getönten Scheiben sahen Earl und Alma, wie die ganze Nachbarschaft am Fenster hing und das Schauspiel fassungslos beobachtete. Als sich der Wagen in Bewegung setzte, meinte Alma befriedigt: »Ich finde, ich war ausgesprochen cool, Rubin. Ich hab zwar noch nie in so einer Staatskarosse gesessen, aber wenn mir alle dabei zusehen, muß ich doch wohl wenigstens so tun, als ob ich mein Leben lang nichts anderes getan hätte.«

Rubin brachte die beiden zum Abfertigungsschalter der Air Canada und wartete, bis er sicher sein konnte, daß die Maschine mitsamt den Martins gestartet war. Am Pearson International in Toronto standen Lesra und Pauline bereit, und so verbrachten die Martins ein paar wundervolle Tage mit ihrem Sohn. Lesra hatte eine große Geburtstagsparty für seine Mutter organisiert mit einem Haufen Geschenke für sie und einer kleinen Überraschung für seinen Vater. Nach monatelanger Suche war es ihm gelungen, eine 45er-Schallplatte der Del Vikings mit dem Song »Come go with me« aufzutreiben. Earl war tief gerührt und hatte Tränen in den Augen, als er die vertrauten Klänge hörte.

Als der Herbst kam, wurde Rubin und den Kanadiern allmählich klar, daß sich das Berufungsverfahren noch über Jahre hinziehen konnte, und sie beschlossen, sich irgendwo auf dem Land niederzulassen. Es dauerte nicht lange, bis sie das Glück hatten, nur fünfundvierzig Autominuten nördlich von Manhattan in Westchester County ein Haus mit einem kleinen Stall und etwas Weideland zu finden – ideal für sie und ihre Pferde.

Dankbar, dem Gefängnis entronnen zu sein, und froh, auch einmal etwas für andere tun zu können, lud Rubin seinen Cousin Ed nach Westchester ein, in der Hoffnung, daß ihm die Ruhe und die frische Landluft guttun würden, nachdem man festgestellt hatte, daß er an Krebs erkrankt war. Ed verbrachte einige friedvolle Wochen auf dem Land, bevor ihn Rubin schließlich doch zu einem Spezialisten ins Sloane-Kettering Hospital nach Manhattan brachte, um an einem Versuchsprogramm für Patienten im Endstadium teilzunehmen, aber für Ed kam jede Hilfe zu spät. Er starb wenige Wochen darauf, und sein Verlust traf Rubin um so schmerzlicher, als ihm bewußt wurde, wie viele schöne gemeinsame Jahre sie durch seine lange Haft verpaßt hatten.

Am 12. November 1987 bat die Staatsanwaltschaft in einem offiziellen »Gesuch um Aktenanforderung«, dem United States Supreme Court ihren Fall vorlegen zu dürfen. Carter & Partner mußten erneut die Fakten zusammentragen, während Professor Friedman die rechtlichen Fragen bearbeitete. Am 14. Dezember reichten sie den fertigen Schriftsatz ein.

Man verbrachte ein weiteres Weihnachtsfest mit der Unsicherheit um Rubins Zukunft, aber immerhin in guter Gesellschaft. Lesra und Marty kamen aus Toronto, zusammen mit ihren Freunden, und auch viele von Rubins alten Freunden stellten sich ein. Fred Hogan war darunter (der einst Bello und Bradley zu ihrem Widerruf bewegt hatte) mit seiner Familie, Dave Anderson, Marvelous Marvin Hagler, Ed Carters Angehörige – und so hatte Rubin ein herrliches Weihnachten, umgeben von Menschen, die ihn liebten.

Das schönste Geschenk traf erst im neuen Jahr ein, am 11. Januar 1988. Der United States Supreme Court hatte den Antrag des Staates abgewiesen, was bedeutete, daß sich das höchste Gericht im Land Richter Sarokins Urteil angeschlossen und seine Entscheidung definitiv abgesegnet hatte – 15:0 für Carter.

Trotzdem hatte der Staat noch die Möglichkeit, einen neuen Prozeß in Passaic County anzusetzen, und verblüffenderweise war Marmo, selbst zweiundzwanzig Jahre nach den eigentlichen Ereignissen, völlig versessen darauf, diese letzte Chance zu nutzen, bis der Generalstaatsanwalt einschritt und erklärte, genug sei genug. Am 26. Februar 1988 verfügte ein Richter von Passaic County, die Anklage fallenzulassen, und damit war das Drama endlich vorbei.

An eine Haftentschädigung war freilich nicht zu denken, weder für Rubin noch für John. Man würde auch keine Untersuchung einleiten, um festzustellen, was falsch gelaufen war, nein – niemand hatte auch nur den Anstand zuzugeben, daß man einen Fehler gemacht hatte.

Am Wochenende richteten Myron Beldock und seine Frau Karen ein großes Fest für Rubin aus. Zweiundvierzig Personen, darunter auch die Kanadier und ein Großteil der zahlreichen Anwälte, Ermittler und der übrigen halbamtlichen oder privaten Helfer waren in das Loft in Greenwich Village gekommen, um miteinander zu tafeln und den erfolgreichen Ausgang des wahrscheinlich diffizilsten Rechtsstreits der amerikanischen Kriminalgeschichte zu feiern. Es war unfaßbar, geradezu sträflich, wieviel Zeit und Geld es verschlungen hatte, dieses eine Unrecht aus der Welt zu schaffen. Allein Beldocks Kanzlei hatte mehr als 11 000 Arbeitsstunden und 100 000 Dollar an Bargeld investiert, und die Kosten für alle Anwälte hätten sich rein rechnerisch auf vier bis fünf Millionen belaufen.

Alle waren gleichermaßen ergriffen von der Größe, vom Glanz dieses Sieges; von den Wundern, die Menschen bewirken können, wenn sie selbstlos ein gemeinsames Ziel verfolgen. Es war eine Erfahrung, von der niemand, der mit diesem Fall zu tun gehabt hatte, unberührt blieb. Selbst Richter Sarokin gab in der Folgezeit bei vielen Gelegenheiten öffentlich bekannt, daß er Rubin Carters Befreiung als wichtigste und lohnendste Tat seiner Laufbahn betrachtete: »Es gibt nichts Schöneres und Sinnvolleres für einen Richter, als einem Menschen, der unschuldig hinter Gittern sitzt, die Freiheit wiederzugeben.« (Und er pflegte hinzuzufügen, daß Carters Schriftsätze die besten gewesen waren, die er im Laufe seiner Amtszeit gesehen hatte.)

Endlich war es soweit, daß sich Rubin Carter öffentlich äußern konnte. An einem denkwürdigen Tag – passenderweise der 29. Februar eines Schaltjahres – wurde eine Pressekonferenz einberufen, die Selwyn Raab in der *New York Times* des folgenden Tages so beschrieb:

Begleitet vom Donnerhall des »Hurricane«-Songs, den Bob Dylan einst zu seinen Ehren komponierte, erschien gestern Mr. Carter im Barockzimmer des Plaza-Hotels unter dem frenetischen Beifall seiner Freunde und Anhänger.

Der Kontrast zur Kulisse seiner letzten Interviews aus den 70ern hätte kaum größer sein können – der düsteren Trostlosigkeit des Todestrakts im Staatsgefängnis Trenton, dem öden Grau der Wände, dem nackten Beton der Böden, dem kalten Stahl der Sitze.

Nun der rosige Glanz des Barockzimmers im Schein der Kristalleuchter, der weite Blick über den Central Park, eifrige Kellner, die mit Gebäck, Canapées, Kaffee und Tee aufwarten . . . und Mr. Carter im eleganten lohfarbenen Wildlederjackett, mit weißem Hemd, dunkler Krawatte und dunkelblauen Hosen.

Vor einem Heer von Reportern gaben zunächst Rubins Anwälte – Myron, Lew, Leon und Ed – eine kurze Stellungnahme ab. Dann ergriff Rubin das Wort:

Meine Damen und Herren,

als ich vor zweiundzwanzig Jahren, am Abend des sechzehnten Juni neunzehnhundertsechsundsechzig, mein Haus in Paterson verließ, um mich mit meinem Manager zu treffen und die Modalitäten eines anstehenden Wettkampfs zu besprechen, deutete nichts darauf hin, daß ich damit das Ende meiner Karriere als Boxer und den Anfang eines ganz anderen Kampfes einläuten sollte, eines Kampfs um mein Leben – und um meine Freiheit.

Nun, wir haben ihn soeben gewonnen, diesen Kampf. Die letzte, die sechzehnte Runde ist geschlagen. Sie ist vorbei – Halleluja!

Der Staat New Jersey sieht sich nun endlich in der Lage, die gegen mich erhobenen Vorwürfe zurückzuziehen und die Klage fallenzulassen – die nämliche Klage, mit der sie vor zweiundzwanzig Jahren versucht haben, mir das Leben zu nehmen und die Todesstrafe zu erwirken. Es freut mich, Ihnen mitteilen zu können, daß die Sache mit der Todesstrafe nicht ganz geklappt hat. Statt dessen hat man mich zu einem Dasein als lebender Toter verurteilt – anders läßt sich das Gefängnisleben nicht charakterisieren. Es zerstört alles, was für einen Menschen von Bedeutung ist. Es zerstört seine Familie – wie es meine zerstört hat, es zerstört seine Würde und seine Selbstachtung auf so mannigfaltige Weise, daß hier gar nicht die Zeit bleibt, das Thema auch nur anzureißen – es hat auch mich getroffen, obwohl ich wußte, daß ich unschuldig war! Es trifft jeden.

Ich habe Menschen sterben sehen im Gefängnis, sinnlos sterben sehen, aus reiner Nachlässigkeit, weil es an der einfachsten medizinischen Versorgung fehlte. In dieser Beziehung konnte ich mich immer noch glücklich schätzen, weil ich schließlich nur ein Auge verloren habe. John Artis, der damals noch ein halbes Kind war, den ich kaum kannte und der nie im Gefängnis gelandet wäre, wenn er mich an diesem verhängnisvollen Abend nicht begleitet hätte – John Artis ist weit weniger glimpflich davongekommen. Er hat sich in der Haft ein unheilbares Kreislaufleiden zugezogen. Inzwischen sind ihm mehrere Finger und Zehen amputiert worden, und die Zukunft wird ihm weitere Verluste dieser Art bescheren. Das ist wirklich schlimm! Und warum das alles? Einzig und allein, weil er das Pech hatte, sich von mir nach Hause fahren zu lassen. Es ist unfaßbar.

Was mich aber wohl am meisten getroffen hat bei meiner Entlassung, war die Erkenntnis, daß man mich zwanzig Jahre lang als Gefahr für die Allgemeinheit angesehen hat. Man hat mich weggesperrt in einen Käfig, nicht für die Dauer eines Lebens, nein, gleich dreimal lebenslänglich. Ich war ein Gefangener, eine Nummer, ein Ding, das man bewachen mußte, mit einem Maximum an Sicherheitsvorkehrungen und einem Minimum an Erbarmen. Ich war keine Person, kein menschliches Wesen, nur ein Leib unter Leibern, die man fünfzehn- oder zwanzigmal am Tag durchgezählt hat. Selbst als ich entlassen werden sollte und dem Federal Court vorgeführt wurde – und ich denke, daß viele von Ihnen dabei waren und das bezeugen können –, selbst da hat man mich in Fesseln gesehen, mit Fußketten und Handschellen. Drei Wagenladungen schwerstbewaffneter Männer mußten mich in Schach halten, so gefährlich war ich. Ein Monstrum, vor dem ich selbst Angst hatte!

Und im nächsten Moment – mit einem einfachen Federstrich des Richters – bin ich plötzlich frei! Ganz und gar frei – mit allen Rechten und Sicherheiten, die für jeden hier selbstverständlich sind. Ich kann einfach aus der Tür spazieren, als ob die letzten zwanzig Jahre nie stattgefunden hätten. Als ob die Gesellschaft, die ich gerade noch bedroht habe, mir sagen würde: ›April, April, nichts für ungut!‹ Eben noch der Preisboxer, der beliebte Champion, im nächsten Moment – und für die folgenden zwanzig Jahre – beschimpft als Mörder, als dreifacher Mörder. Und wieder einen Moment später bin ich plötzlich das arme Unschuldslamm, das zu Unrecht im Gefängnis gesessen hat. Ich weiß nicht, ob Sie *sich darauf einen Reim machen können – ich weiß nur verdammt sicher, daß ich es* nicht *kann! Es ist einfach zu viel!*

Jedenfalls dürften nach meinen Erfahrungen mit der Strafjustiz ein paar Rückschlüsse gestattet sein. Erstens und vor allem, was die Todesstrafe betrifft: Ich bin nicht der erste und gewiß nicht der letzte Unschuldige, den der Staat zu exekutieren wünscht. Das hat es in der Vergangenheit gegeben, und das wird es auch weiter geben. Und wenn es mir passiert ist, kann es auch Ihnen *passieren! Es kann* jedem *passieren! Und wenn Sie schwarz sind oder arm, wenn Sie nicht so brillante Anwälte haben wie ich – hat der Staat gute Chancen, sein Ziel zu erreichen. Ein ziemlich entscheidendes Ziel, denn der Tod ist endgültig. Er ist irreversibel und von Dauer!*

Zweitens – und es mag einige unter Ihnen geben, die das nicht gerne hören –, zweitens ist das Gefängnis wahrlich kein

Country-Club oder ein Erholungsheim. Ich weiß es, denn ich habe gerade zwanzig Jahre dort verbracht. Und ich kann Ihnen versichern, daß Gefangene keineswegs verhätschelt werden. Sie wollen Beweise? Nun, dann brauchen Sie nur knapp hundert Kilometer nach Süden zu einem Ort namens Trenton zu fahren. Dort, im lieblichen New Jersey, werden Sie eine Einrichtung finden, die sich das ›Vroom-Besserungs-Institut‹ nennt, und ich bin sicher – wenn auch nur ein Reporter jemals seinen Fuß in dieses Gebäude setzt, wenn er diese verheerenden Zustände sieht und allen Menschen davon berichtet, bleibt garantiert an diesem Bau kein Stein auf dem anderen, bevor noch die Sonne untergeht. Was wir alle verstehen, was wir uns alle klarmachen müssen, ist die Tatsache, daß brutale Strafen, verabreicht in einem gemeinen, feindseligen Umfeld, nichts dazu beitragen, Verbrechen zu verhindern. Absolut gar nichts. Wenn diese Gesellschaft ernsthaft daran interessiert wäre, das Verbrechen auszumerzen – und ich kann eigentlich nicht erkennen, daß das der Fall ist –, sollte sie sich vernünftigerweise darauf konzentrieren, es bei den Wurzeln zu packen und die Ursachen zu beseitigen – Drogen, Armut, Analphabetismus, Arbeitslosigkeit und Rassismus. Die stupide Methode »Einsperren-und-Schlüssel-wegwerfen« bewirkt nur eins – daß diejenigen, die ohnehin schon zu einem Leben in Gewalt und Verzweiflung verdammt sind, dafür auch noch zusätzlich bestraft werden. Wenn die Opfer von Verbrechen unser Mitleid verdienen – und das tun sie! –, trifft das für alle Opfer zu. Weil nur dort Frieden herrschen kann, wo die Vernunft regiert.

Drittens werden viel zuviel Mittel für die örtliche Strafverfolgung bereitgestellt und viel zuwenig, wenn überhaupt, für deren Kontrolle. Beispielsweise konnte die Staatsanwaltschaft von Passaic County – die leider kein Einzelfall ist – John Artis und mir zwanzig Jahre lang nachstellen und enorme Mengen an öffentlichen Geldern verschwenden, ohne sich *irgendeine Beschränkung auferlegen zu müssen. Nichts hat sie davon abgehalten – weder die Wahrheit noch die Fakten noch die Justiz. Selbst jetzt macht sie niemand für die Folgen ihres Tuns verantwortlich – sie sind und bleiben immun. Und das, meine ich, ist wohl ganz sicher außer Kontrolle und ohne jedes Maß.*

Viertens habe ich erfahren, daß eine höchstrichterliche Überprüfung staatlicher Strafverfahren oder das, was wir unter dem Habeas Corpus verstehen, absolut unerläßlich und lebensnotwendig ist. Allzuoft beugt sich die Staatsgerichtsbarkeit politischen Interessen und lokalen Zwängen, die nichts mit der Wahrheitsfindung oder dem Recht zu tun haben. In unserem Fall hat es neunzehn Jahre gedauert, um der staatlichen Justiz zu entkommen und ein übergeordnetes Gericht anzurufen – neunzehn Jahre! Und als wir das einmal geschafft hatten, war es nur noch eine Frage von wenigen Monaten, bis der Federal Court feststellte, worauf der Staat seinen Schuldspruch stützte, nämlich – und ich zitiere jetzt – ›allein auf den Appell an rassistische Vorurteile und das Zurückhalten entlastender Beweise‹. Der District Court ist davon ausgegangen, daß mich die Jury ohne diese gravierenden Verfassungsverstöße für schuldlos erklärt hätte, und hat meine sofortige Entlassung verfügt. Und alle übrigen Bundesgerichte bis zum United States Supreme Court haben sich dieser Auffassung angeschlossen . . .

Leider ist selbst ein höchstrichterlicher Ratschluß keine Gewähr für Gerechtigkeit, denn deren mächtigster Feind ist die Trägheit, das Aufrechterhalten des Status quo, das Stillschweigen. Und deshalb will ich hier und jetzt ein Loblied singen auf Richter H. Lee Sarokin vom Federal District Court, dessen Klarsicht, dessen Weisheit, dessen tiefes Verständnis ohne Beispiel sind. Denn er allein hat den Mut aufgebracht, eine Wahrheit beim Namen zu nennen, um die sich die Staatsgerichte neunzehn Jahre lang gedrückt haben –

die Tatsache, daß das Gift des Rassismus den ganzen Fall durchdrungen hat. Einen Schuldspruch auf dieser Basis zuzulassen, schrieb Richter Sarokin, ist ein ebenso verwerfliches Verbrechen wie das, für welches man uns zu Unrecht verurteilt hat. Und das war ein ebenso offenes wie großes Wort, meinen Sie nicht?

Bleibt die Frage, die unweigerlich in diesem Zusammenhang auftaucht, die ich schon früher gehört habe und wohl auch weiter hören werde: ›Sind Sie nicht verbittert, Rubin?‹

Dazu kann ich nur sagen: Nach allem, was geschehen ist, was gesagt und getan wurde, angesichts der Tatsache, daß man mir die produktivsten Jahre meines Lebens gestohlen, daß man mich von meinen Kindern getrennt und mir die Möglichkeit genommen hat, sie aufwachsen zu sehen – meinen Sie nicht, daß ich da genügend Grund hätte, verbittert zu sein? Hätte nicht jeder das Recht, unter solchen Umständen verbittert zu sein? In der Tat, es wäre sehr *leicht. Aber es war noch nie meine Art – oder vielleicht auch mein Los –, mir die Dinge leichtzumachen. Wenn ich etwas gelernt habe im Leben, dann dies: daß Bitterkeit nur die Haut zerstört, in der sie steckt. Zuzulassen, daß mein Leben in irgendeiner Weise von Bitterkeit vergiftet oder bestimmt wird, hätte nur bedeutet, daß ich diesen Leuten, die mich eingesperrt haben, auch noch erlaube, mir weit mehr zu nehmen als diese zweiundzwanzig Jahre, die man mir gestohlen hat. Es hätte bedeutet, mich zum Komplizen ihres Verbrechens zu machen – und wenn jemand glaubt, daß ich auf so was reinfalle . . . tja, dann kann ich dem Greenhorn nur sagen: Bleib am Boden, und sieh zu, daß du noch etwas wächst!*

Ich danke Ihnen.

Es war eine flammende und bewegende Rede gewesen, und nachdem der Beifall verrauscht war, blieb es eine lange Weile sehr still, und niemand rührte sich.

»Ich würde mich freuen, nun Ihre Fragen beantworten zu dürfen«, sagte Rubin.

Niemand meldete sich. Die gesamte Presse war noch immer so gebannt, so ergriffen von seinen Worten, daß sie völlig vergessen hatte, wozu sie gekommen war. Rubin war ebenfalls einigermaßen sprachlos, als er in die Menge blickte und vergeblich nach einer erhobenen Hand Ausschau hielt. »Also keine Fragen? Wunderbar!« kicherte er schließlich und tat so, als ob er gehen wollte. Damit war der Bann gebrochen, alles lachte, überhäufte ihn mit Fragen, und am Ende entließ man ihn mit stehenden Ovationen.

Nachdem er die Presse im ganzen bedient hatte, gab er Carol Martin von WCBS-TV in Manhattan noch ein Einzelinterview, sein erstes seit langen Jahren. Am nächsten Morgen ließ er sich noch bei Charlie Gibsons »Good Morning America« auf ABC-TV sehen. Dann war es Zeit, zu Sam und Terry in den guten alten Mercedes zu steigen.

Es ging nach Norden, nach Kanada.

Epilog

Manche Dinge ändern sich, manche nie.

Lesra hat an der Universität von Toronto seinen Bachelor of Arts gemacht, mit Auszeichnung, und bereitet sich jetzt auf seinen Abschluß als Master in Anthropologie an der Universität von Dalhousie in Halifax, Nova Scotia vor. Als Folge dieses Buchs überlegt er, ob er nicht noch Jura studieren soll. John Artis lebt inzwischen in Virginia und berät jugendliche Straftäter. Bruce Curtis, der 1988 auf Bewährung entlassen wurde und nach Kanada zurück durfte, studiert an der Queen's Universität. Sam Leslie – »The Rose« – kam im Mai 1990 frei, nachdem sein Urteil aufgrund des Schriftsatzes, den Rubin Carter und seine kanadischen Freunde sieben Jahre zuvor verfaßt hatten, aufgehoben wurde.

Richter Bruno Leopizzi sitzt weiter auf der Bank des Superior Court in Passaic County. Der frühere Ankläger Burrell Ives Humphreys amtiert weiterhin als Richter in Hudson County. Der ehemals stellvertretende Staatsanwalt Ronald Marmo ist jetzt Richter am Superior Court von Passaic County. John Goceljak gehört immer noch zur Anklagebehörde und leitet inzwischen das Drogen-Ressort. Alfred Bello hat die ganzen Jahre unter einem anderen Namen in Albuquerque/New Mexiko gelebt.

Die Täter des dreifachen Mordes in der Lafayette Bar von Paterson wurden nie gefunden – noch jemals gesucht.

Anhang

Der Fall Carter: Eine Chronologie von 22 Jahren.

17. Juni 1966 – In der Lafayette Bar von Paterson werden zwei Männer und eine Frau erschossen; Rubin Carter und John Artis werden vernommen, von den überlebenden Opfern nicht als Täter identifiziert, einem Lügendetektortest unterzogen und wieder freigelassen. Die Polizei erklärt, sie nicht als Verdächtige in Betracht zu ziehen.

29. Juni 1966 – Carter und Artis sagen freiwillig vor einer Anklagejury in Passaic County aus und werden vollständig entlastet. Desgleichen von den Anklagejuries, die im August, September und Oktober zusammentreten.

14. Oktober 1966 – Alfred Bello, ein aktenkundiger Krimineller, der selbst verdächtig ist, behauptet, Carter und Artis am Tatort gesehen zu haben. Carter und Artis werden festgenommen und des dreifachen Mordes beschuldigt.

27. Mai 1967 – Eine ausschließlich von Weißen besetzte Jury spricht Carter und Artis schuldig. Der Staatsanwalt fordert die Todesstrafe, die Geschworenen sprechen sich für eine Begnadigung aus. Carter und Artis werden zu dreimal lebenslänglich verurteilt.

Juli 1974 – Carter verklagt den Staat wegen illegaler Überführung vom Rahway Staatsgefängnis zum Vroom Readjustemeint Unit (VRU). Nach einer Anhörung vor dem United States District Court verfügt Richter Clarkson S. Fisher Carters sofortige Entlassung aus der VRU-Haft.

September 1974 – Viking Press veröffentlicht Carters Buch *The Sixteenth Round.* Bello und Arthur Bradley, die beiden einzigen Zeugen, die behaupten, Carter und Artis am Tatort gesehen zu haben, widerrufen ihre Aussagen und erklären, von den Detectives der Paterson Police zu falschen Beschuldigungen gezwungen worden zu sein; als Gegenleistung waren 10 000 Dollar Belohnung und Straffreiheit für die von ihnen begangenen Delikte ausgesetzt.

8. Dezember 1975 – Bob Dylan gibt sein Benefiz-Konzert »Night of the Hurricane« im Madison Square Garden.

17. März 1976 – Der New Jersey Supreme Court hebt die Urteile einstimmig auf, stellt fest, daß die Anklage entlastendes Beweismaterial unterdrückt hat und beraumt ein Wiederaufnahmeverfahren an. Carter und Artis werden aus der Haft entlassen.

22. Dezember 1976 – Nach einem zweiten Prozeß, in dem die Staatsanwaltschaft erstmalig und ungehindert auf einen rassistischen Racheakt plädiert, werden Carter und Artis erneut verurteilt und mit den nämlichen Strafzeiten inhaftiert.

22. Dezember 1981 – Artis wird nach fünfzehn Jahren Haft auf Bewährung entlassen.

17. August 1982 – Der New Jersey Supreme Court weist mit 4:3 Stimmen den Antrag auf ein neues Verfahren ab.

17. Februar 1983 – Carter gewinnt seine Klage gegen den Staat wegen der illegalen Unterbringung im VRU. Federal District Richter Dickinson R. Debevoise verfügt, daß Carter keine Nachteile entstehen dürfen.

7. November 1985 – Richter H. Lee Sarokin vom United States Supreme Court in Newark hebt die Urteile aus dem zweiten Prozeß auf wegen »schwerwiegender Verfassungsverstöße« der Staatsanwaltschaft und empfiehlt, im Namen der Gerechtigkeit und der gebotenen Milde, von einem dritten Verfahren abzusehen.

8. November 1985 – Die Staatsanwaltschaft erklärt Carter für gefährlich und verlangt eine Haftfortsetzung für die Dauer des schwebenden Berufungsverfahrens. Richter Sarokin findet keinen Anhalt für eine Gefährdung der öffentlichen Sicherheit und verfügt Carters sofortige Freilassung »aus Gründen des einfachsten menschlichen Anstands«. Carter war neunzehn Jahre in Haft.

19. Dezember 1985 – Die Staatsanwaltschaft wendet sich mit den alten Argumenten an den United States Third Circuit Court of Appeals und verlangt Carters erneute Inhaftierung für die Dauer des schwebenden Berufungsverfahrens.

17. Januar 1986 – Der United States Court of Appeals weist den Antrag der Staatsanwaltschaft ab. Carter bleibt frei.

21. August 1987 – Der United States Court of Appeals bestätigt Richter Sarokins Entscheidung, das Urteil aufzuheben.

11. Januar 1988 – Der United States Supreme Court weist den Antrag der Staatsanwaltschaft ab und folgt Richter Sarokins Beschluß.

19. Februar 1988 – Die Anklagebehörde von Passaic County verzichtet auf einen dritten Prozeß und beantragt, die Urteile gegen Carter und Artis aufzuheben.

26. Februar 1988 – Ein Richter aus Passaic County hebt die Verurteilungen offiziell auf. Die zweiundzwanzigjährige Prozeßschlacht ist vorbei.

Danksagungen

Dieses Buch wäre nie zustande gekommen ohne die Hilfe der vielen Menschen, die über Jahre hinweg zur Freilassung von Rubin Carter beigetragen haben.

Für ihre Freundschaft und den unschätzbaren juristischen Rat geht mein Dank vor allem an Leon Friedman, der noch dazu grenzenlosen Enthusiasmus und Zeit in dieses Buch gesteckt hat, sowie an Myron Beldock und Lewis Steel – allesamt Anwälte und ebenso unbeugsame, beharrliche wie vorbildliche Vertreter ihres Standes.

Ferner an alle übrigen Kollegen, die ihren Beitrag geleistet haben: Edward Graves, Larry Levine, Elliot Hoffman, Richard Bellman, Ronald Busch, Louis Raveson, Jeff Fogel, Harold Cassidy, William Perkins, Robert Utsey, James Myerson, Benjamin Hooks, Charles Carter, Grover Hankins, Nancy Baxter, Kathleen Wresien, Cynthia Rollings, Elliot Sagor, Karen Dippold, Evan Steinberg, David Korzenik, Stanley Van Ness, John Noonan, Michael Blacker, John Flynn, Jack Doran, Raymond Brown, Arnold Stein, William Kunstler, Ron Kuby, Florence Kennedy, Russell Grayson, Seymour Wishman, Alfred Slocum, Irene Hill-Smith, Governor William Cahill, Donald Belsole, N. J. Attorney General Carey Edwards, U. S. Rep. John Conyers, Cedric Hendricks, Edward Bennett Williams.

An die Ermittler: den »unentbehrlichen« Fred Hogan, an Herb Bell, Mims Hackett, Brenda Wilkes. Und die übrigen, die bei den Ermittlungen geholfen haben: Ed Carter, Shahid Ali, Henry Wimberley, Norman »Lush« Brown, Rudy Davis, Glenn Carlos, Barbara Samad, Cephas Phillips, Luther Wallace, Violet Fells, Rebecca Roach, Alvin Moses, Reverend William Sloan Coffin, Vater Luis Gigante, Reverend Neil Connally, Archie McCabe, Linda Pitney, Cornbread Givens, Reginald Poe, Chris Norwood, Tony Liccione, Thom Kidrin.

An die engagierten Gehilfen und Assessoren der Kanzlei Beldock, Levine und Hoffman: Amanda George, Stephanie Jacobs, Sandi Gonski, Jill Levy, Ancilla Black, Diego Caldron.

Dank auch an Bob Dylan, Muhammad Ali, Joe Frazier, Angelo Dundee, Charmaine Carter, Dave Anderson, Selwyn Raab, Dr. K. Chen und Michael Murnaghan für ihr Verständnis und Entgegenkommen.

Sämtlichen Mitgliedern der Familie Martin aus New York, den Carters aus New Jersey – und ganz besonderen Dank an John Artis.

Allen, die gewartet haben, und noch immer dort in New Jersey ausharren, ebenfalls ein Gruß: Jimmy Blake, A. J. Hawk, Glen Turner, Johnny D'Amico, Watasi, Louie Van Dyne, Tommy Trantino, Arnette Thomas (Tayu), Rockfish, Ray Cieslak, Smalls, Mobutu, Nicola Chalet, Nick der Grieche, Bruder Franklin, Jap Wilder, »New York«, Smurf und Li'l Bit, Fred »Bugsy« Siegle, Chuck Carter, »Hey Baby«, Jomo, Big Muhammad, »Honky Tonk« Bud, John Hall, Omar Mathis, Sugar Earl Best, Rick Rowe, Quadi, The Rose und Rosemary, Zig und Sheila, Isabell Carter, Saifuddin und Marion, Lenny Hinson, »Sweet Al«, Gamu, Misra, »Top« Choice, Luis Diaz, »Swamp Man« Smitty, Tony »Baby Bull« Ayala, Fox, Country, Money, Sam Jennings, Vickie und Snookie, Dawson, Shaky Brown, Tariq Darby und Belinda, Billy »Red« Smith und Loretta, Mr. und Mrs. Jimmy Landano, Bruder Dozier, Captain Dick und seine Familie, einschließlich Jahad, Tyrone Parker, Ricky und Anne Roots,

Malone, Jim-Jim Rainey, »Homeboy«, Charlie Chandler, Goldie und Marie, Tony D'Amato, Der Leichenbestatter, Wolf, Bruder Kamau, Danny und Sheila, Malik, Brownie und Connie, Trish und Greg, Steve und Donna, Dave und Brianne Collins, Greg und Belinda, Dagu Abdul Wasi, Gerald Stewart, Carole, Joyce, Bill und Pat, Earl Doyle, Werton, Bruder Lilly, Mr. Richter, Joe Arnez, Bruder Battle, Joe Wright, John Redding, Carson Edwards, Larry Ianuzzi, Dwight Mason, Sam Clark, Willy Ham, Alfonse Leake, Todd McCuaig, Samad, Robert Holmes, Esther Eves, Zeke und Rena, Thomas und Sis, Patty und »Ricky« Nelson, Jeanette und Zeke, Barbara und Lonnie, Dave und Doris, Brown, Diane und Rocky, Rajan, Hillard Phillips, Tommy Tyson, Jose Velez, »Butterfly«, Melvin, Jimmy Mack, Bob Jolley, Omar Shabazz, George Jacques, Bob Parrish, Jamil, Bruder Middleton, Bruder Ali, Royster, Frederick, Nate, Richard, Frank, Julio, Jack, Barry, Walter, David, Oscar, Sekou, Hassan, Basir, Stokes, Joseph, Tony Puchalski, Royal, Jeffrey, William Gebhardt, Leroy »Duke« Snyder, Robert Woodley, Wannamaker, Charles, Donald, James Wattlington, Giles Williams, Lawrence, Clarence, Clemmins, Kareem, Larry Pease, Sam Vanderhorst, Cooper, Mareno, Bobby Martin, Jerry Lucas, John Rafferty, Johnson, John Julian – und viele andere, die nie vergessen sein werden, auch wenn ihre Namen nicht genannt sind.

David Johnston, unserem Agenten für Kanada, möchten wir danken für den einfallsreichen Titel zu diesem Buch und für die Empfehlung an Iris Skeoch, die beste Lektorin, die wir im Penguin Books Verlag, Kanada, hätten finden können. Wir bedanken uns für ihre kooperative Einstellung, ihre klugen Anmerkungen, ihren erfrischenden Sinn für Humor und ihr Vertrauen. Dank auch an Cynthia Good für ihren tatkräftigen Einsatz, ihr Engagement und ihre Fürsorge. An Catherine Marjoribanks für ihre treffenden und freigiebig erteilten Korrekturvorschläge. An Brad Martin, Christeen Chidley-Hill, Lori Ledingham, Bruce Bond, Pat Cooper, Karen Cossar, Scott Sellers, Wilf Clarke, Jeff Boloten, Jacqueline Rothstein und die übrigen Verlagsmitarbeiter für den freundlichen Empfang, den sie uns und unserer Geschichte bereitet haben.

Und natürlich an Lazarus und den »Hurricane«, ohne die es kein Buch zu schreiben gegeben hätte.